Gerhard Fink
Die griechische Sprache

Gerhard Fink

# DIE GRIECHISCHE SPRACHE

Eine Einführung
und eine kurze Grammatik
des Griechischen

Patmos

FÜR MARLIES

Bibliographische Information der Deutschen Bibliothek
Die Deutsche Bibliothek verzeichnet diese Publikation
in der Deutschen Nationalbibliographie;
detaillierte bibliographische Daten sind im Internet
über http://dnb.ddb.de abrufbar.


Umschlaggestaltung: butenschoendesign, Lüneburg
Umschlagmotiv: Unterricht im Schreiben,
Außenbild einer attischen Schale, um 485
Printed in Germany
ISBN 3-491-69124-9
www.patmos.de

# INHALT

# ÜBER DIESES BUCH

Vorbemerkungen zu einem Buch, so sagt man, sind meist unnötig; man liest sie also besser gar nicht. In unserem Falle muß diesem Satz widersprochen werden, denn die Lektüre dieser Seite kann den Leser rascher als das Buch selbst darüber informieren, ob es seinen Interessen und Absichten entspricht. Denn dieses Buch handelt zwar von Sprache, aber es ist kein Sprachbuch und schon gar kein Sprach-lehr-buch.
Wer sich also mit dem Griechischen – oder genauer: mit dem Altgriechischen, von dem hier vor allem die Rede ist – in der Absicht befassen will, möglichst rasch die für den Erwerb bestimmter Zertifikate nötigen abprüfbaren Kenntnisse zu erwerben, der ist mit einem Lehrbuch weit besser beraten.
Wer jedoch Lust und Muße hat, sich ganz geruhsam in die Sprache und damit in die gesamte Lebensweise, in Denken, Reden und Handeln der Griechen einführen zu lassen, der kann nach einiger Zeit zwar noch keine Prüfung bestehen, wohl aber sich an griechischen Texten als Liebhaber versuchen und ihnen, unterstützt von den unentbehrlichen Hilfsmitteln des Übersetzers, dem Wörterbuch und der Grammatik, noch etwas mehr abzugewinnen trachten, als eine gedruckte Übersetzung ihm bieten kann.
Das Buch wendet sich also an Freunde des Griechischen, die verschüttetes Schulwissen wieder etwas auffrischen möchten, aber auch an solche, die auf der Schule nie Gelegenheit hatten, in eine der reichsten und für unsere kulturelle Entwicklung zweifellos wichtigsten alten Literaturen Einblick zu gewinnen – und schließlich hoffen wir sogar auf den einen oder anderen von denen, die sich irgendwann einmal mit Griechisch abgeplagt und – aus welchen Gründen auch immer – keinen anderen Eindruck mitbekommen haben als den einer unübersehbaren Fülle tückischer Formen.

Es ist leider wahr, daß die Schule vor das Erlebnis der Homer- und Platonlektüre oft die aus heterogenen Einzelsätzen errichtete Mauer der Formenlehre und Syntax türmt, so daß mancher, enttäuscht vom mühseligen Vorankommen, weitab vom reizvollen Ziel resigniert.
Wir suchen diesen Fehler zu vermeiden, indem wir das, was man wissen sollte, möglichst gefällig verpacken zwischen Dinge, die zu lesen vergnüglich, die zu erfahren interessant sein dürfte.
Dabei folgen wir Hans Poeschel, der es auf anderem Weg, aber mit demselben Ziel vor beinahe vierzig Jahren erstmals unternahm, »die ehrwürdige griechische Sprache nicht tändelnd, aber doch für jedermann anziehend darzustellen«[1].
Unser Bemühen, griechische Sprache und griechische Welt aus möglichst vielen Blickwinkeln zu zeigen, mag dabei dem Ungeduldigen gelegentlich ärgerlich sein: er meint, auf Umwegen geführt zu werden oder gar in ein Labyrinth geraten zu sein. Doch ein Gebilde wie die in Jahrtausenden gewachsene griechische Sprache ist nun einmal kein angemessener Gegenstand für Kurzlehrgänge – daher wünschen wir dem Leser dieses Buchs, daß er etwas Zeit dafür finde.

Mittlerweile wurde diese Liebeserklärung an das Griechische zum zweiten Male aufgelegt – das heißt, sie hat im Lauf der Zeit etliche tausend Leser gewonnen. Die *FAZ* hat sie gewürdigt, die *Anregung* fand, daß die Lektüre des Buchs »vergnüglich« und die gesteckten Ziele »voll verwirklicht« seien, und eine italienische Rezension lobte *la chiarezza dell'impostazione e del dettaglio.* Was kann sich ein Autor mehr wünschen, der für eine von vielen verloren gegebene Sache eintritt?

*G. F.*

1) Hans Poeschel, Die griechische Sprache. Geschichte und Einführung. München (Heimeran) 1968[5], S. 5.

# EIN STÜCKCHEN GRIECHENLAND

*(Das griechische Alphabet – Altgriechisch, Neugriechisch)*

Das Haus ist alt, ein häßlicher Backsteinkasten, und an seiner rissigen Brandmauer verkündet – von irgendeiner Bürgerinitiative gemalt und aufgehängt – ein schon recht verrußtes Transparent, daß ihm der Abbruch drohe. Das wäre allerdings bedauerlich, jedoch weniger wegen des Hauses selbst als wegen des Ladens, der sich in seinem Erdgeschoß eingenistet hat und mit seinem bunten Gemüse- und Obstangebot auch einen Teil des Gehsteigs okkupiert.
Auberginen und Zucchini, Honigmelonen und Granatäpfel, Broccoli, Radicchio und Löwenzahnsalat kann man hier finden und erkennt so schon vor dem Betreten des Geschäfts, daß es gewiß kein durchschnittlicher Grünzeugladen, sondern etwas Besonderes ist.
Und dann entdeckt man über der Tür den beleuchtbaren Glaskasten mit der Inschrift

ΕΛΛΗΝΙΚΑ ΤΡΟΦΙΜΑ.

Nun ist es auch klar, welcher Gast aus dem Süden sich hier niedergelassen hat, um seinen in Deutschland arbeitenden Landsleuten vertraute Kost zu verkaufen: Nahezu alle anderen Völker des Mittelmeerraums, die Mitbürger in unsere Städte entsenden, von den Portugiesen bis zu den Türken, bedienen sich der lateinischen Schrift; nur das kleine Griechenland hält stolz an seinen eigenen Zeichen fest. Gerade die Großbuchstaben lassen dabei erkennen, daß das fast 3000 Jahre alte griechische Alphabet sowohl dem lateinischen des Westens wie dem kyrillischen des Ostens als Vorbild diente.
Dementsprechend stoßen wir bei unserem Ladenschild auf drei Gruppen von Zeichen: solche, die auch wir mit demselben Lautwert benützen wie A, E, I, O, K, M, N, solche, die

uns zwar vertraut vorkommen, aber im Griechischen einen anderen Lautwert haben wie H und P (das P kennen wir aus der kyrillischen Abkürzung CCCP als R), und schließlich solche, die uns unbekannt sind wie Λ und Φ. Auch diese Zeichen haben Entsprechungen im Kyrillischen: Л/Λ = L und Φ = F. Nun können wir die beiden griechischen Worte bis auf einen Buchstaben lesen: Ell?nika trofima steht da, und wenn wir uns daran erinnern, daß man in gehobener Sprache die Griechen bisweilen noch als Hellenen, Griechenlandbegeisterte aber als Philhellenen bezeichnet, dann werden wir uns für die Lesung (h)ellenika trofima entscheiden (wohin das H entschwunden ist, darüber grübeln wir später) und auch eine Übersetzung versuchen:

griechische ... Lebensmittel??

Diese angesichts des Angebots unseres Ladens erratene Lösung können wir mit Hilfe von Fremdwörtern stützen, die aus dem Griechischen entlehnt sind: enthält ein Gewässer durch Einleitung phosphathaltiger Abwässer zu viele Nährstoffe, dann ist es eu-trophiert, ›wohl-genährt‹, und beobachten wir bei irgendwelchen Organismen übermäßiges Wachstum, dann sprechen wir von Hypertrophie. Der erste Teil dieses Wortes, ὑπέϱ, entspricht dem lateinischen super, und hinter dem uns schon bekannten zweiten steckt das Verbum τϱέφω: ich ernähre.

Nun ist es aber an der Zeit, daß wir uns einen Überblick über das gesamte griechische Alphabet verschaffen und vor allem die Kleinbuchstaben kennenlernen, die nur höchst selten eine größere Ähnlichkeit mit lateinischen aufweisen.

Die angegebenen Lautwerte und die deutsche Umschrift der Buchstabennamen beziehen sich auf das Altgriechische, die Sprache Homers, Platons und der großen Dramatiker, in die dieses Buch einführen will.

Wie diese Tabelle zeigt, unterscheidet das Griechische bei E und O zwischen langen und kurzen Lauten. Das lange E, eta, dürfte im Klang eher nach ä tendiert haben; trotzdem wird es

# DAS GRIECHISCHE ALPHABET

| Groß-buch-staben | Klein-buch-staben | Laut-wert | Namen (grie-chisch) | (in deutscher Um-schrift) |
|---|---|---|---|---|
| Α | α | a | ἄλφα | alpha |
| Β | β | b | βῆτα | beta |
| Γ | γ | g | γάμμα | gamma |
| Δ | δ | d | δέλτα | delta |
| Ε | ε | e | ἒ ψιλόν | e psilon |
| Ζ | ζ | z | ζῆτα | zeta |
| Η | η | e (lang)/ä | ἦτα | eta |
| Θ | θ | th | θῆτα | theta |
| Ι | ι | i | ἰῶτα | iota |
| Κ | κ | k | κάππα | kappa |
| Λ | λ | l | λάμβδα | lambda |
| Μ | μ | m | μῦ | my |
| Ν | ν | n | νῦ | ny |
| Ξ | ξ | x | ξῖ | xi |
| Ο | ο | o | ὂ μικρόν | o mikron |
| Π | π | p | πῖ | pi |
| Ρ | ϱ | r | ῥῶ | rho |
| Σ | σ, ς | s | σῖγμα | sigma |
| Τ | τ | t | ταῦ | tau |
| Υ | υ | y | ὖ ψιλόν | y psilon |
| Φ | φ | ph | φῖ | phi |
| Χ | χ | ch | χῖ | chi |
| Ψ | ψ | ps | ψῖ | psi |
| Ω | ω | o (lang) | ὦ μέγα | o mega |

niemand für wünschenswert halten, deswegen Ἥβη, die junge Dame, die den Göttern ihren Nektar kredenzte, künftig mit Häbä zu umschreiben oder den Philosophen Σωκράτης mit Sokratäs, zumal ihn auch die alten Römer – für die ae noch ein Diphthong war – als Socrates schrieben.
Diphthonge, ›Zwielaute‹ oder Doppellaute (zusammengesetzt aus griechisch δίς, zweifach, und ὁ φθόγγος, der Laut), besitzt das klangvolle Griechisch in beträchtlicher Zahl. Am häufigsten begegnen αι, αυ (au), ει (als e-i getrennt zu sprechen, also nicht wie unser Ei), ευ (eu), οι ,ου (u), seltener ηυ (eu) und υι (üi); gelegentlich weist ein unter einem Vokal stehendes ι, das nicht mehr gesprochen wird, auf eine Entwicklung vom Diphthong zum Monophthong (μόνος: allein, einzeln) hin. In dem Wort ὁ φθόγγος stoßen wir noch auf eine kleine Besonderheit der griechischen Orthographie (ὀρθός: recht, richtig; γράφω: ich schreibe): Vor K-Lauten, also vor γ, κ und ξ (gs/ks!) hat γ den Lautwert n; ἄγγελος lesen wir also als angelos. Das Wort, das ursprünglich ›Bote‹ bedeutete, ist über das Neue Testament in unsere Sprache als ›Engel‹ (englisch: angel) gelangt.
Von den zwei Zeichen für das kleine Sigma, σ und ς, wird das zweite grundsätzlich am Wortende verwendet, wie in ὁ φθόγγος und ὁ ἄγγελος zu beobachten war.
Bei den Buchstabennamen fallen dem aufmerksamen Betrachter fünf – gelegentlich miteinander kombinierte – Zeichen auf, die sich in zwei Gruppen einordnen lassen: ´ ` und ˜ sind Betonungszeichen (Akzente), die zur Erleichterung der richtigen Aussprache in der Zeit eingeführt wurden, als Griechisch Weltsprache war; sie gaben an, wo man die Stimme zu heben (´) oder zu senken (`) hatte oder wo ein langer Laut mit auf- und absteigender Intonation zu sprechen war. Wir probieren das lieber nicht, und auch die heutigen Griechen, die die drei Akzente als historisches Erbe teils noch bewahren, teils auch weglassen, kämen nicht auf einen solchen Einfall. Für sie sind auch die beiden Hauchzeichen ῾ und ᾿ funktionslos, während wir immerhin das eine, den sogenannten spiri-

tus asper (῾) als h lesen wollen, wenn wir uns mit altgriechischen Texten befassen. Der andere spiritus bezeichnet jenen schwachen Hauch, den wir spüren können, wenn wir ein mit Vokal anlautendes Wort aussprechen. Daß die gründlichen Grammatiker in Alexandria, die diese Sprechhilfen erfanden, etwas, das sich von selbst einstellt, bezeichnen zu müssen glaubten, mag überraschen – aber vielleicht wollten sie mit dem sogenannten spiritus lenis in erster Linie anzeigen, daß hier eine intensivere Behauchung zu unterlassen sei. Angesichts der verschiedenen ch in den semitischen Sprachen mag ein solcher Hinweis durchaus seinen Sinn gehabt haben, jedenfalls zu einer Zeit, als das Griechische in jene Gebiete des vorderen Orients eindrang, aus denen einst, durch Vermittlung phönikischer Kaufleute, das *Alphabet* zu den Griechen gekommen war – denn semitische Wörter verstecken sich hinter den gut griechisch klingenden Buchstabennamen ἄλφα und βῆτα, Wörter, die das einzelne Zeichen ursprünglich abbildete, wie Gestalt und Name auch heute noch hie und da erkennen lassen: 𐤀, das Aleph, stellt einen Rinderkopf dar, 𐤁 den Grundriß eines einfachen Hauses (beth, uns bekannt aus Beth-lehem: Haus des Brotes), und 𐤂 – gimel oder gamal – einen Kamelhöcker. Daraus wurden bei den Griechen ἄλφα (A), βῆτα (B) und γάμμα (G), bei den nüchternen Römern A, Be und Ce bzw. Ge.

Übrigens hatten schon die Phönikier die geniale Idee gehabt, grundsätzlich den Anlaut der bildlich dargestellten Begriffe als Lautwert des jeweiligen Zeichens zu nehmen, also beth als b und gamal als g zu lesen. Das Aleph allerdings war für sie ein Hauchlaut und Zeichen für jenes leichte, mit dem Sprechansatz verbundene Knacken, das auch wir bei genauem Hinhören vor dem a von aleph wahrnehmen.

Auf solche Feinheiten waren die Griechen des neunten vorchristlichen Jahrhunderts aber nicht erpicht: sie hatten für die in ihren Augen unnötigen Zeichen des phönikischen Alphabets eine bessere Verwendung und bezeichneten damit die Vokale, die in allen semitischen Schriften höchst stiefmütterlich behandelt werden, vielleicht, weil die Wortbedeutung in den entsprechenden Sprachen weit zuverlässiger durch die Konsonanten als durch die verblüffend wandlungsfähigen Klangträger festgelegt wird. So kann beispielsweise der Wortstamm mlk, das semitische Wort für König, die Lautgestalten malakh, melek, molokh (Moloch!) oder mulk annehmen.

Es wäre im übrigen unmöglich gewesen, das klangvolle Griechisch auf semitische Weise zu schreiben, zumal es in dieser Sprache nicht wenige Wörter gibt, die ausschließlich aus Vokalen bestehen, z. B. ἀεί (immer) oder ἐάω (ich lasse). Also nahmen die Griechen von ihnen sonst nicht benötigte Zeichen des phönikischen Alphabets für ihre Vokale, beließen ihnen aber ihren alten Platz in der Zeichenfolge, woraus sich die scheinbar willkürliche Mischung von Konsonanten und Vokalen erklärt. Der letzte der griechischen Vokale, das υ, war ursprünglich ein dunkler Laut, dem u vergleichbar, wie der Stamm des lautmalenden Wortes μυκᾶσθαι, muhen, erkennen läßt. Denn zweifellos haben auch altgriechische Kühe nicht mü, mü oder gar mi, mi gebrüllt. Später freilich sprach man das υ als ü bzw. i und schrieb den Laut u als Diphthong, bestehend aus ο und υ.

Merkwürdig verlief die Übernahme bei dem semitischen Hauchlaut H (het): bei jenen Griechenstämmen, die später mit den italischen Völkern in kulturellen Austausch traten, diente er, ebenso wie danach im Lateinischen und nun bei uns, als h, andere zerlegten ihn in zwei Laute ⊢ und ⊣, woraus sich die schon vorgestellten spiritus entwickelten, und wieder andere benützten ihn als Vokalzeichen ᾿Ητα. Wie wir sehen, treten bei Großbuchstaben Akzente und Hauchzeichen neben den Vokal, zu dem sie gehören; bei Diphthongen siedeln sie sich auf dem zweiten Laut an, also: ταῦ.

Als letzte kleine Auffälligkeit griechischer Schreibung sei noch erwähnt, daß auch bei anlautendem oder innerhalb eines Wortes verdoppeltem ϱ eine Behauchung wahrgenommen und durch spiritus bezeichnet wurde: ῾Ρόδος ist die Rosenin-

sel Rhodos, und Πύῤῥος jener König von Ἤπειρος/Epirus, der durch seine ungemein verlustreichen Pyrrhussiege sprichwörtlich geworden ist. Auch in zahlreichen Fremdwörtern griechischer Herkunft hinterließ der mit dem ρ verbundene spiritus asper seine Spuren, etwa im Rhinozeros (ῥινοκέρως: Nas-horn), im Rhythmus (ῥυθμός), in der Rhapsodie (ῥαψῳδία), womit man einst den Vortrag von Heldenliedern bezeichnete, in der Rhetorik (ῥητορική) und der Myrrhe (μυῤῥίνη), aber auch in der lästigen Diarrhoe (διαῤῥοή), dem ›Durchfluß‹, im Gegensatz zur καταῤῥοή, dem ›Herabfluß‹, den wir Katarrh nennen.
Von hier aus könnten wir über Rheumatismus und Rhinorhagie – den Fachausdruck für heftiges Nasenbluten, der ›Nasenbruch‹ bedeutet und Assoziationen an Wolkenbrüche stiftet – in ein geradezu unüberschaubares Gebiet vorstoßen und die zahllosen Fachausdrücke aufspießen, die die Medizin für Krankheiten und deren Heilmittel aus dem Griechischen entlehnt hat, doch wir erinnern uns noch rechtzeitig, daß wir vor einem Laden stehen, der uns gewiß Erfreulicheres zu bieten hat als Schnupfen, Durchfall und Verwandtes.
»Hellenika trofima« lasen wir eben, wobei wir, ohne daß es freilich einen Unterschied machte, das φ besser mit ph wiedergeben sollten. Doch seitdem die Photographen, die φωτογράφοι (›Lichtschreiber‹) sich in Fotografen verwandelt haben, ist die über die Römer auf uns gekommene ph-Schreibung auf dem Rückzug. Wie lange werden wohl die Philosophen (φιλόσοφοι: Freunde der Weisheit) noch die Stellung halten, ehe sie zu Filosofen mutieren?
Ein heutiger Grieche würde uns die Aufschrift ein klein wenig anders als ellinika trofima vorlesen, also unbehaucht – die heutigen Griechen nennen sich nicht mehr Hellenen, sondern Ellines (Ἕλληνες) –, und mit einem I-Laut für das Ἦτα. Die Tendenz zur Verdünnung vollerer altgriechischer Laute zum I, Itazismus genannt, setzte schon in der Antike ein und erfaßte auch die Diphthonge ει und οι. Auch bei den Konsonanten vollzogen sich im Lauf der Jahrhunderte auffäl-

lige Wandlungen der Klanggestalt; so wird θ heute ähnlich dem englischen th ausgesprochen, γ teilweise wie j. Doch überlassen wir die manchmal recht vertrackte Aussprache des Neugriechischen den entsprechenden Sprachführern, fassen wir uns ein Herz und betreten wir endlich den Laden.
Beim Öffnen der Tür bimmeln mehrere Glöckchen melodisch, und eine ganze Symphonie von fremdartigen Gerüchen erfüllt unsere Nasen. Das Mädchen hinter dem Ladentisch hält uns anscheinend für Landsleute, denn es grüßt uns freundlich mit καλιμέρα (guten Tag); vor zweieinhalbtausend Jahren hätte sie uns nicht καλὴν ἡμέραν gewünscht, sondern χαίρετε gerufen: freut euch!
Wir erwidern den Gruß und sehen uns zunächst einmal um. Da gibt es in geräumigen Gefäßen Oliven jeder Größe, die einen sind gelbgrün und prall, die anderen pechschwarz und runzelig. Daneben ruhen auffallend weiße, teils runde, teils eckige Käse in einer wasserhellen Flüssigkeit, gleich als ob sie badeten. Brot in Laiben, Stangen und welligen Fladen füllt einige Regale, und aus einer Kühltruhe sehen uns Fische aus glasigen Augen an, Fische, denen man trotz der Eiskristalle, die sie bedecken, rasch die Herkunft aus fernen Gewässern ansieht.
Oliven und Käse, Brot und Fisch – das waren auch die wichtigsten Bestandteile griechischer Mahlzeiten in der Antike. Dabei spielte die Frucht des genügsamen Ölbaums, die wir Nordländer höchstens als aparte Beigabe schätzen, eine besonders wichtige Rolle; das Öl, das man aus ihr preßte, diente sowohl zur Ernährung wie zur Körperpflege und zum Füllen der kleinen, tönernen Lampen.
Der Ölbaum aber galt als kostbare Gabe der Götter, und die Athener, die besonders erfolgreiche Ölproduzenten waren, wußten dazu folgende Geschichte zu erzählen:
In grauer Vorzeit stritten sich Athene und Poseidon um den Besitz des attischen Landes und kamen schließlich überein, daß demjenigen das Gebiet zufallen sollte, der ihm die beste Gabe spende.

Schiedsrichter sollte Kekrops sein, der erdentsprossene, schlangenfüßige Urkönig Attikas. Vor seinen Augen stieß Poseidon, der Herr der Gewässer, seinen Dreizack tief in den Fels, der später die Akropolis tragen sollte, und ließ eine frische Quelle entspringen. Athene aber senkte ihren Speer und siehe, ein Schößling brach aus dem Gestein und wuchs durch die Zauberkraft der Göttin rasch zum fruchttragenden Ölbaum heran. Als Kekrops diesen sah und in seiner Weisheit dessen Nutzen erkannte, sprach er Athene den Sieg und das Land zu.

Es ist bezeichnend, daß der Wert des Ölbaums an etwas gemessen wird, das in den heißen, steinigen, wasserarmen Landschaften Griechenlands als äußerst kostbar galt: Kann man sich etwas Wunderbareres vorstellen als eine frische Quelle auf kahler, felsiger Höhe? Ἄριστον μὲν ὕδωρ sagt der Dichter Pindar: »Das Beste ist das Wasser« – aber Kekrops entschied für den Ölbaum, und seine Entscheidung war gut. Der Reichtum an Öl begründete den relativen Wohlstand Athens und verschaffte Menschen verschiedenster Gewerbe Arbeit und Nahrung. So dürfen wir sicher sein, daß die Kunst der Töpfer und Vasenmaler ohne den Export des Öls nie jene Höhe erreicht hätte, die heute noch unsere Bewunderung hervorruft.

Nach der Erinnerung an die herrlichen Vasen Attikas fällt es schwer, von Käse zu reden, zumal er offensichtlich keine Künstler inspiriert hat. An Bedeutung für die Ernährung der ›kleinen Leute‹ stand er jedoch dem Öl kaum nach. Er wurde hauptsächlich aus der Milch von Ziegen und Schafen gewonnen und würzte schon in der Antike, mit der Raspel gerieben, den Bohneneintopf oder das Lattichgemüse.

Die Helden Homers schätzten solch frugale Genüsse weniger – sie waren hemmungslose Fleischesser. Wenn sie jedoch gerade nichts anderes zu beißen hatten, fanden sie nichts dabei, fremder Leute Käse wegzuschaffen, wie zum Beispiel Odysseus aus der Höhle des Polyphem. Die Hauptnahrung dieses bei Gelegenheit auch kannibalischen Riesen, Käse,

Milch und Fleisch, wird in späteren Zeiten als ›typisch barbarisch‹ empfunden – man vermißte das Brot, das jedoch wegen der Kargheit des Ackerlands im alten Griechenland keineswegs dieselbe Rolle spielte wie heute.
So gab es in Athen erst seit dem 5. vorchristlichen Jahrhundert öffentliche Bäckereien; bis dahin war ἄρτος, Weizenbrot, eine Delikatesse auf den Tischen der Reichen, während die ›kleinen Leute‹ sich mit Gerstengrütze begnügten. Da auch Fleisch rar und teuer war, aß man dazu in Öl gebackene Fischchen. Wirklich große Fische gingen auch in der Antike nur selten ins Netz und kosteten einen entsprechenden Preis, sofern sie der Fischer nicht gleich, in Erwartung einer fürstlichen Gegengabe, einem hohen Herrn zum Geschenk machte wie zum Beispiel in der Geschichte von Polykrates und seinem Ring.
Für das frühe Christentum hoben sich Brot und Fisch von den anderen Nahrungsmitteln deutlich ab – jenes, weil Christus von ihm gesagt hatte, Τοῦτό ἐστιν τὸ σῶμά μου – »Dies ist mein Leib« (Luk. 22, 19), der Fisch aber, weil sich in seiner griechischen Bezeichnung ἰχθύς in geheimnisvoller Weise eine Glaubensaussage verbarg:

| | | |
|---|---|---|
| ἰ | Ἰησοῦς | Jesus |
| χ | Χριστός | Christus |
| θ | θεοῦ | Gottes |
| ύ | υἱός | Sohn |
| ς | σωτήρ | Heiland |

So wurde das Bild des Fisches zum Christussymbol und zum Geheimzeichen der Christen in der Zeit der Verfolgung.
Wie wir sehen, kann man sich über ganz alltägliche Dinge einer fernen Vergangenheit nähern, wenn man um Zusammenhänge weiß und die nötigen Brücken zu schlagen vermag. Vielleicht kommen wir den alten Griechen sogar noch etwas näher, wenn wir uns nun Brot und Fisch, Oliven und Käse für eine attische Mahlzeit kaufen, als wenn wir uns in den Anblick der Venus von Milo versenken. Gerade die schwärmerische Begeisterung, in der das vergangene Jahrhundert

alles Griechische idealisierte, übersah, daß sie Menschen waren wie wir, mit vielen kleinen Sorgen und prosaischen Bedürfnissen. Statt dessen machte man sie zu steifen und pathetischen Akteuren auf einer Bühne, hoch über dem wirklichen Leben, und ließ sie nur Großes, Edles, Hehres und unsagbar Tragisches sprechen, tun und erleiden.

In unserem Falle wäre es tragisch genug, wenn wir den griechischen Laden verließen, ohne uns mit Wein versorgt zu haben. Wein gehört zu einem antiken Mahl, und zwar nicht irgendeiner, sondern der mit dem typischen Harzgeschmack, den die heutigen Griechen ῥετσίνα nennen. Er kommt antikem Wein wenigstens relativ nahe, wenn er auch nicht so stark, nicht in Amphoren abgefüllt und nicht zur Konservierung geräuchert ist.

»Ἔχετε ῥετσίνα, παρακαλῶ;« fragen wir also das Mädchen hinter dem Ladentisch, und sie antwortet lachend ναί und wirft dabei den Kopf zurück. Dieses ναί – gesprochen ›nä‹ – und die eigenartige Bewegung ist eine griechische Spezialität, die schon manchen Fremden verwirrt hat: Beides bedeutet nämlich »ja« und keineswegs das Gegenteil. Die Auswahl an Retsina, die uns geboten wird, ist denn auch beträchtlich: Φῖνο, Κεχριμπάρι, Τσάνταλι, Κουρτάκι – uns fällt die Wahl schwer! Die klangvollen Namen sind im übrigen keine Herkunftsbezeichnungen, sondern entweder Marken oder die Familiennamen der Hersteller. Schade, daß die Vornamen nur abgekürzt erscheinen: sie würden uns gewiß vertrauter vorkommen als Nachnamen wie Παπαδόπουλος oder Χαζιγιαννιδάκης.

Hinter einem A. könnte sich beispielsweise ein Ἀριστοτέλης verbergen, hinter einem Γ. ein Γεώργιος.

Die alten Griechen kannten keine Nachnamen; vielmehr setzten sie zum Personennamen im Bedarfsfall noch den Vatersnamen im Genitiv und ein Adjektiv, das die Herkunft aus einer bestimmten Stadt oder einem Stadtteil angab, z. B. Σωκράτης Σωφρονίσκου Ἀθηναῖος, also: Sokrates, Sohn des Sophroniskos aus Athen.

Aus der Gegend von Athen stammt auch der Wein, den wir uns schließlich aussuchen: ’Αττικὸν προιόν, attisches Erzeugnis, lesen wir auf der Flasche; προιόν könnten wir natürlich auch mit Pro-dukt übersetzen und so bewußt machen, daß das griechische Wort aus zwei Teilen besteht, einer Vorsilbe, dem lateinischen pro- vergleichbar, mit der Bedeutung »vor, hervor«, und einer Ableitung von dem Stamm i-, der auch im Latein »gehen« bedeutet. Mit unserem -ιόν ganz nahe verwandt sind die Ionen, die Anionen und Kationen, auch wenn diese Fremdwörter sprachlich nicht ganz sauber gebildet sind: ἰών, Genitiv ἰόντος, ist ein Partizip und bedeutet ›wanderndes Teilchen‹. Da der Stamm des Wortes auf -ντ endet, müßte man eigentlich von Ionten sprechen. Doch wir wollen die Physik nicht umkrempeln! Außerdem möchten wir mit unserer Etikettenlektüre auch nicht den Eindruck erwecken, daß Neugriechisch für den des Altgriechischen Kundigen so ziemlich problemlos sei. Leider ist das Gegenteil der Fall, und unsere Flasche verschleiert die Probleme nur, indem sie den Wein οἶνος nennt und nicht κρασί, wie man heute dazu sagt. Warum das so ist, sei kurz erklärt: Nachdem Griechenland nach vierhundertjähriger türkischer Herrschaft seine staatliche Selbständigkeit wiedergewonnen hatte, wurde der kühne Versuch unternommen, der durch Entlehnungen aus dem Slawischen, Türkischen, Albanischen und Italienischen ›verwilderten‹ Volkssprache eine gereinigte Schriftsprache auf der Basis des Altgriechischen gegenüberzustellen, die sich die Kinder in der Schule wie eine Fremdsprache aneignen mußten. Doch was in diesem Jahrhundert in Israel gelang, nämlich die Wiederbelebung und Aktualisierung einer über Jahrhunderte hinweg nahezu toten Sprache, das geriet im neuen Hellas zu einer langen Folge von Rückzugsgefechten: Die Volkssprache gewann der ›Gereinigten‹ Position um Position ab und ist längst auch literaturfähig. Wer daher mit einigen Grundkenntnissen des Altgriechischen nach Athen reist, sollte dieses Wissen nicht überschätzen: Die Schrift wird ihm vertraut sein, schon das Lesen aber dürfte

wegen einiger orthographischer Besonderheiten hin und wieder schwer fallen: ΜΠΑΡ ist nichts anderes als eine Bar – weil im Neugriechischen B zu W geworden ist und für den weichen B-Laut ein Ersatz gefunden werden mußte. Mit dem Sprechen und Verstehen wird es vollends hapern, einmal wegen der Besonderheiten der Aussprache, zum andern aber vor allem deswegen, weil gerade die alltäglichen Dinge neue Bezeichnungen bekommen haben. Denn während man im italienischen aqua, pane, vino unschwer die lateinischen Wörter aqua, panis, vinum erkennt, führt kein Weg von ψωμί zu ἄρτος (Brot), ist νερό durch keine Klammer mit ὕδωρ (Wasser) verbunden – und οἶνος wurde, wie schon gesagt, durch κρασί verdrängt.
In diesem Falle ist freilich das neue Wort kulturgeschichtlich sehr aufschlußreich, denn es bedeutet ›Gemisch‹. Das soll keine Spitze gegen die Weinproduzenten sein, nein, der Stamm κρα-, den wir in κρατήρ (Mischkrug) wiederfinden, erinnert an den altgriechischen Brauch, den Wein in der Regel mit Wasser zu verdünnen. Je konzentrierter das Naturprodukt war, desto kräftigere Mischung vertrug es. Der Wein, mit dem Odysseus bei Homer den Kyklopen berauschte, soll gar von solcher Schwere gewesen sein, daß selbst bei einem Mischungsverhältnis von eins zu zwanzig (Maß Wasser, versteht sich!), noch ein göttlich-süßer Duft aus dem Mischgefäß aufstieg. Normalerweise mischte man in Hellas im Verhältnis eins zu drei und erkundigte sich beim Einkauf, ob der Wein das wohl noch vertrage. Bei den συμπόσια, die man besser nicht mit »Gastmähler« übersetzen sollte – συμπόσιον bedeutet wörtlich »Zusammen-Trinken« –, bestimmte der gewählte Leiter des Umtrunks das jeweilige Mischungsverhältnis und konnte so die Stimmung anheizen oder auch wieder für Ernüchterung sorgen. Er konnte also auch, wenn es ihm erwünscht schien, ›Unvermischten‹ kommandieren; im allgemeinen aber galt es als lasterhaft, den Wein unverdünnt zu trinken. Polyphem mag wiederum als abschreckendes Beispiel dienen, der, von Odysseus' starkem Wein sinnlos be-

trunken, zu Boden sinkt und in ekelhafter Weise Getränk und Menschenfleisch erbricht.
Wollen wir also mit unseren zwei Litern Retsina Maß halten – sie vertragen durchaus einige Flaschen Mineralwasser –, denn μέτρον ἄριστον – »Maß ist das beste« sagt einer der Sieben Weisen.

métron áriston

# HANDLICHE WEISHEIT

*(a-/o-Deklination)*

Von den Sieben Weisen, deren wir eben gedachten, soll im folgenden etwas ausführlicher die Rede sein, wenn wir, gekräftigt durch die antike Mahlzeit, die auch auf geistige Kost Appetit machen sollte, die Sprache der alten Griechen etwas näher ins Auge fassen. Die Sieben Weisen haben wir uns für den Anfang deshalb ausgesucht, weil ihre Aussprüche knapp, klar und sprachlich schlicht und weil ›Weltbestlisten‹, in die man die sieben gescheitesten Leute oder die sieben touristischen ›musts‹ der Alten Welt aufnahm, sehr typisch sind für die griechische Neigung zum Vergleichen, Werten und Bestimmen von Höchstleistungen. Kein anderes Volk der Alten Welt verwendete eine solche Mühe darauf herauszufinden, wer gerade am raschesten laufen oder den Speer am weitesten schleudern könne. Der ἀγών, das sportliche Kräftemessen, war zudem in Hellas nicht auf körperliche Fähigkeiten in der Art der genannten beschränkt, auch wenn diese die größte Aufmerksamkeit fanden; es gab auch musische Agone, in denen man den besten Sänger, Flötenspieler oder Rezitator ermittelte – und wenn in der Sage vom Ursprung des Trojanischen Kriegs drei Göttinnen von einem jungen Mann namens Paris wissen wollen, welche von ihnen die schönste sei, dann erleben wir hier – lange vor der Erfindung der Miß-Wahlen – einen Agon in Sachen Schönheit. Schon in diesem Bereich fehlt es an den klaren Kriterien, die die Entscheidung im Wettlauf so leicht machen, und das Unterfangen, ein Maß für Weisheit finden zu wollen, kann vollends nur als optimistisch bezeichnet werden. Es verwundert daher nicht, wenn die Antike an die zwanzig bedeutende Männer zu den Sieben Weisen zählte. Wenn wir Heutigen uns einen Begriff von

Weisheit machen wollten, so käme wohl etwas sehr Sublimes heraus; für die Griechen – und auch das ist bezeichnend – manifestierte sich Weisheit in der Bewältigung der Alltagsprobleme und in der vernünftigen Führung des Gemeinwesens. Ihre ›Weisen‹ waren Persönlichkeiten des 7. und 6. Jahrhunderts v. Chr., die sich durch Lebensklugheit und politische Weitsicht hervorgetan hatten. Selbst Tyrannen sind darunter, Alleinherrscher in Stadtstaaten wie Periander von Korinth und Pittakos von Mitylene auf der Insel Lesbos, von dem noch lange beim Mahlen des Getreides das folgende Liedchen gesungen wurde (carm. pop. 20 Diehl):

Ἄλει, μύλα, ἄλει,
καὶ γὰρ Πιττακὸς ἄλει, μεγάλας
Μυτιλήνας βασιλεύων.

Mahle, Mühle, mahle,
denn auch Pittakos mahlte, des großen
Mytilene Beherrscher.

Das Liedchen zeigt, daß selbst bei den freiheitsliebenden Griechen Alleinherrscher eine Chance hatten, wenn sie vernünftig und zu harter Arbeit bereit waren. Beides traf auf Pittakos zu, der als Sohn eines thrakischen Einwanderers sich von ganz unten hatte hocharbeiten müssen und der in den politischen Auseinandersetzungen seiner Zeit eine bemerkenswerte Wendigkeit bewies.

Bevor wir drei seiner Aussprüche betrachten, werfen wir noch einen Blick auf das Liedchen und suchen die deutschen Wörter den entsprechenden griechischen zuzuordnen. Bei μύλα (Mühle) und den Eigennamen ist das leicht, den Stamm μεγα- (groß) kennen wir von Megawatt und Megatonne, Megaphon und Megalith-(Großsteingräber-)Kultur. Βασιλ- signalisiert Königliches: Basilikum ist ein königliches Kraut, eine Basilika eigentlich eine Königshalle, und der russische Name Wassilij hat sich aus βασιλεῖος, der Königliche, ent-

wickelt. Bei den Verbformen lernen wir das Staunen: offenkundig ist ἄλει zweimal Imperativ und einmal Imperfekt. Nun fehlen noch die beiden Bindewörter, bei denen wir die Wortfolge in der Übersetzung nicht beibehalten konnten, weil γάρ (denn, nämlich) nie am Anfang eines Satzes stehen kann. Καί, eines der häufigsten griechischen Wörter, bedeutet »und« bzw. »auch«.
Und folgende Erkenntnisse oder Empfehlungen wurden dem Müller und Tyrannen Pittakos zugeschrieben:

Χαλεπὸν ἐσθλὸν ἔμμεναι.
Schwer (ist es), edelmütig zu sein.

Καιρὸν γνῶθι.
(Den) (rechten) Zeitpunkt erkenne!

Πιστὸν γῆ, ἄπιστον θάλασσα.
(Etwas) Zuverlässiges (ist) (die) Erde, (etwas) Unzuverlässiges (das) Meer.

**Vokabeln,** nach Wortarten geordnet:

*1. Substantive:*

| | |
|---|---|
| ὁ καιρός | der Zeitpunkt, Augenblick, die günstige Gelegenheit |
| ἡ γῆ | die Erde |
| ἡ θάλασσα | das Meer |

*2. Adjektive:*

| | |
|---|---|
| ἐσθλός, ἐσθλή, ἐσθλόν | edel, edelmütig |
| πιστός, πιστή, πιστόν | treu, zuverlässig |
| ἄπιστος, ἄπιστον[1] | untreu, unzuverlässig |
| χαλεπός, χαλεπή, χαλεπόν | schwer, schwierig |

*3. Verbformen:*

| | |
|---|---|
| ἔμμεναι (Nebenform zu εἶναι) | (zu) sein (Infinitiv) |
| γνῶθι | erkenne! (Imperativ) |

1) Manche griechische Adjektive, vor allem zusammengesetzte (un-treu!), haben keine eigenen Femininformen.

**Grammatisches:**

1. Das Griechische verfügt, wie das Deutsche, über einen bestimmten Artikel, der in den drei Geschlechtern, dem männlichen (masculinum) weiblichen (femininum) und dem sächlichen (neutrum), in Einzahl (Singular) und Mehrzahl (Plural) folgendermaßen gebeugt (dekliniert) wird:

| | *Singular* | | | | | | *Plural* | | | |
|---|---|---|---|---|---|---|---|---|---|---|
| | m | | f | | n | | m | f | n | |
| N | ὁ | der | ἡ | die | τό | das | οἱ | αἱ | τά | die |
| G | τοῦ | des | τῆς | der | τοῦ | des | τῶν | τῶν | τῶν | der |
| D | τῷ | dem | τῇ | der | τῷ | dem | τοῖς | ταῖς | τοῖς | den |
| A | τόν | den | τήν | die | τό | das | τούς | τάς | τά | die |

Wenn man vergleicht, was die deutsche Form ›der‹ alles bezeichnen kann, registriert man für das Griechische eine bemerkenswerte Klarheit und Eindeutigkeit.

2. Der griechische Artikel kommt in vier Fällen vor, dem Nominativ, Genitiv, Dativ und Akkusativ. Bei den Substantiven kommt noch ein Anredefall, der Vokativ, hinzu, dem oft die Partikel ὦ (o!) vorangeht: ὦ φίλε (mein) Freund!
3. Bei den Wörtern, deren Stamm auf -o endet (o-Deklination), unterscheidet man Maskulina (z. B. ὁ καιρός) und Neutra (z. B. τὸ δῶρον: das Geschenk); die meist weiblichen Wörter der a-Deklination enden teils auf -α, teils auf -η.
Beide Deklinationssysteme finden sich im Tabellenteil auf S. 300–302.
4. Die Adjektive auf -ος, -η (-α), -ον folgen der Deklination der entsprechenden Substantive.

Das war nun ein dicker Brocken Grammatik, sicher zu viel für die paar Sätzchen, aber ein Vorrat, von dem wir in diesem Kapitel zehren können. Immerhin wurde uns in dem, was von und über Pittakos gesagt wurde, schon das Tückischste aus dem Bereich der ersten beiden Deklinationen vorgeführt:

μεγάλας Μυτιλήνας βασιλεύων – des großen Mytilene Herrscher,

so hatte das Müllerliedchen den Tyrannen genannt und den Übersetzer vor die Frage gestellt, in welchem Fall »das große

Mytilene« steht. Wäre es ein Pluralwort wie 'Αθῆναι (Athen), dann hätten wir einen Akkusativ Plural vor uns – aber im Wörterbuch steht »Μυτιλήνη: Hauptstadt von Lesbos, jetzt Kastro«; so ist's also ein Genitiv Singular, der im Dialekt Attikas μεγάλης Μυτιλήνης lauten müßte. Im Lesbischen enden auch die Feminina, deren Stamm im Attischen auf -η ausgeht, auf -α.

Auch bei χαλεπόν, ἐσθλόν und καιρόν ist die Bestimmung von Geschlecht (Genus) und Fall (Kasus) ein kleines Problem. Eindeutig ist's bei καιρόν, denn ὁ καιρός ist ein männliches Hauptwort (Substantiv), die Form muß also Akkusativ sein und ist es auch – als Objekt zu γνῶθι.

Καιρός, der günstige Augenblick, wurde von den Griechen auch als Gottheit verehrt. Sie stellten sich ihn geflügelt vor, mit einer Waage in der Hand, einem Haarschopf über der Stirn und mit kahlem Hinterhaupt, ähnlich wie später die Römer – in ungalanter Übertragung der Kahlheit auf eine Dame – ihre Göttin Fortuna.

Unsere Redensart »die Gelegenheit beim Schopf packen« basiert auf dieser Vorstellung: Wer zu spät zugreift, rutscht ab am glatten Schädel.

Daß in unserem Satz über den καιρός kein Artikel steht, entspricht der Knappheit von Sinnsprüchen, die darauf auch im Deutschen ebenso verzichten wie auf Hilfszeitwörter: ›Ende gut, alles gut‹.

Ergänzt man sich die entsprechende Verbform in dem Satz χαλεπὸν ἐσθλὸν ἔμμεναι, so erweist sich χαλεπόν als Neutrum. Doch wie steht es mit ἐσθλόν? Gemeint ist doch, daß es schwer sei, ein edelmütiger Mensch zu sein; die Form ist somit männlich – warum lautet sie dann nicht ἐσθλός?

Wenn man die Frage nach dem Subjekt des Satzes stellt (»was ist schwer?«), erhält man die Antwort »edelmütig zu sein«. Grammatisch gesprochen, liegt hier ein Subjektsinfinitiv mit einem Prädikatsnomen (edelmütig) vor. Dieses muß im Griechischen, ebenso wie im Lateinischen (wo der Satz difficile est honestu*m* esse lautete) im Akkusativ stehen.

Wie wir sehen, steckt einiges an Syntax (Satzlehre) in diesen knappen Sprüchen – doch wie steht's mit ihrer ›Weisheit‹? ›Wahr‹ sind sie allesamt: Wer ist nicht darauf bedacht, seine Chance zu nützen, wer wüßte nicht, welche Überwindung es kostet, niedrige Gefühle wie Neid und Rachsucht zu unterdrücken und sich edel zu geben? Daß Wasser keine Balken hat, ist eine banale Erkenntnis; daß sie dem Inselgriechen Pittakos einen Spruch wert war, überrascht besonders: Wir stellen uns die alten Hellenen als eine Nation von begeisterten Seefahrern vor – doch vielleicht irren wir uns mit der ›Begeisterung‹: Gewiß war es weniger die Faszination des nassen Elements als die Kargheit des Landes, die die Menschen dazu veranlaßte, sich den launischen Wellen anzuvertrauen!
Bevor wir uns enttäuscht von dem ›weisen‹ Pittakos abwenden, sollten wir uns erinnern, daß die Griechen des 6. vorchristlichen Jahrhunderts unter σοφία (Weisheit) nicht weltfernes Grüblertum, sondern praktische Lebensklugheit und nüchternes Herangehen an die Fragen des Lebens verstanden. Und wenn man dies als Maßstab nimmt, dann war Pittakos gewiß kein Tor.
Inselgrieche wie Pittakos war auch Kleobulos; er stammte aus Lindos von der Roseninsel Rhodos. Von ihm teilt die Überlieferung folgendes mit:

Κλεόβουλος Λίνδιος ἔφη
Kleobulos aus Lindos (›der Lindier‹) sprach:

Μέτρον ἄριστον.
Maß (ist das) Beste.

Φιλήκοον εἶναι καὶ μὴ πολύλαλον.
Hörfreudig sein und nicht vielgeschwätzig.

**Vokabeln:**

| | |
|---|---|
| τὸ μέτρον | das Maß |
| ἄριστος, -η, -ον | der (die, das) beste |
| ἔφη | er sagte |
| μή | nicht |
| πολύλαλος, φιλήκοος | (S. 32 behandelt) |

Πολίταις τὰ βέλτιστα συμβουλεύειν.
Mitbürgern das Beste raten.

Ἡδονῆς κρατεῖν.
(Seiner) Lust Herr sein.

Μηδὲν βίᾳ πράττειν.
Nichts mit Gewalt ausführen.

Τέκνα παιδεύειν.
Kinder erziehen.

Τὸν τοῦ δήμου ἐχθρὸν πολέμιον νομίζειν.
Den Gegner der Volksgemeinschaft als Feind betrachten.

**Vokabeln:**

| | |
|---|---|
| ὁ πολίτης, τοῦ πολίτου | der Bürger, Mitbürger |
| ἡ ἡδονή | die Freude, Lust |
| ἡ βία | die Macht, Gewalt |
| τὸ τέκνον | das Kind |
| ὁ δῆμος | das Volk, die Unterschicht (lat. plebs) |
| ὁ ἐχθρός | der (persönliche) Feind |
| ὁ πολέμιος | der Feind (im Krieg) |
| βέλτιστος, -η, -ον | der (die, das) beste |
| συμβουλεύειν | raten |
| κρατεῖν | beherrschen |
| πράττειν | tun, handeln |
| παιδεύειν | erziehen |
| νομίζειν | glauben, (für etwas) halten |
| μηδέν | nichts |

**Grammatisches:**

1. Häufiger als im Deutschen kommt der Genitiv im Griechischen als Ergänzung bei Verben vor, wobei er bald den von einem Vorgang betroffenen Bereich bezeichnet, bald, wie im Falle ἡδονῆς κρατεῖν, das, worüber jemand die Oberhand gewinnt.
2. Als Attribut (Frage: Was für ein?) wird der Genitiv in ›geschlossene Wortstellung‹ genommen; im letzten Satz bilden ἐχθρόν und der zugehörige Artikel τόν den Rahmen für das Genitiv-Attribut τοῦ δήμου. Ähnliche Verschachtelungen gibt es auch im Deutschen:

›*Die* bei dem schweren Eisenbahnunglück vom letzten Freitag erheblich verletzten und in Krankenhäuser gebrachten *Personen* . . .‹

3. Auch der Dativ erfüllt im Griechischen unterschiedliche Aufgaben. Unter anderem dient er, wie im Deutschen, als Objekt: τοῖς πολίταις (*wem* soll man raten?).
Außerdem kann er auch das Mittel bzw. die Art und Weise angeben: βίᾳ mit Gewalt, gewaltsam.
4. Die Verbformen der Sätze stehen sämtlich im Infinitiv Präsens Aktiv; der Ausgang -ειν ist erheblich häufiger als das uns von εἶναι/ἔμμεναι bereits bekannte -ναι.
5. νομίζειν hat neben einem Akkusativ-Objekt noch ein Prädikatsnomen im Akkusativ bei sich (»doppelter Akkusativ«):
ἐχθρὸν πολέμιον νομίζειν
(wen?) (wofür?)
den Widersacher als Feind ansehen/für einen Feind halten.

Der erste Satz des Kleobulos zeigt uns, daß μέτρον, Maß(einheit), Neutrum ist; wir müßten also ›das Meter‹ sagen, wie wir uns ja auch nicht daran stören, ›das Thermometer‹ und ›das Barometer‹ zu benützen – aber die Macht der Gewohnheit ist wohl stärker, und außerdem müßte man damit rechnen, ausgelacht zu werden.
Im zweiten Satz, als dessen Prädikat man sich ein »es ist nötig« zu denken hat, liegt wiederum ein Subjektsinfinitiv vor; es gilt also, was eben zu Pittakos' χαλεπὸν ἐσθλὸν ἔμμεναι gesagt wurde. Wortbildungen wie φιλ-ήκοος und πολύ-λαλος sind eine Spezialität des Griechischen, das, ähnlich dem Deutschen und in deutlichem Gegensatz zu dem in dieser Hinsicht wenig flexiblen Latein, eine ausgeprägte Neigung zu Zusammensetzungen zeigt.
In φιλήκοος stecken zwei Stämme: φίλος (Freund, Liebhaber) – wie in φιλόσοφος (Freund der Weisheit) – und ἀκου- (hören), das uns an die Akustik erinnert. Ebenso ist πολύλαλος aus πολύ- viel, z. B. poly-phon, poly-valent – und einem lautmalenden Verbum λαλεῖν (lallen, plappern) zusammengesetzt.

In zwei Sätzen stoßen wir auf Pluralformen des Neutrums, die im Nominativ und Akkusativ genau wie im Lateinischen mit -α gebildet werden: τέκνα zu τέκνον, Kind, und τὰ βέλτιστα, eigentlich »die besten Sachen«.
Wenn wir den Inhalt der Statements des Kleobulos betrachten, dann ist der in der antiken Überlieferung an erste Stelle gerückte Satz μέτρον ἄριστον gewiß in höchstem Maße ›griechisch‹: die Einhaltung des rechten Maßes, wohl eine der Hauptursachen für den ästhetischen Reiz griechischer Kunstwerke, und die Ablehnung alles Über-mäßigen sind kennzeichnend für das Denken dieses Volkes, das in Mythos und Geschichtsdeutung die Folgen der Hybris, des Sich-Überhebens, eindrucksvoll darstellte:
Da ist Niobe, eine mächtige Königin und Mutter von vierzehn Kindern, die in törichtem Stolz über die Göttin Latona spottet, weil diese nur einen Sohn, Apollon, und eine Tochter, Artemis, habe. Die Rache der beleidigten Gottheit ist fürchterlich: Niobe verliert alle ihre Kinder und wird selbst in Stein verwandelt. Von dem übermäßig glücklichen Tyrannen Polykrates und von dem Lyderkönig Kroisos, der sein Glück über das aller anderen Menschen setzen wollte, berichtet Herodot, der ›Vater der Geschichte‹. Beide wurden gewarnt, und beide erfuhren erst im tiefen Sturz, wie unbeständig alles ist, worauf Menschen bauen.
Τὸ ἄριστον bezeichnet das, was in einer Reihe den ersten Platz einnimmt; τὸ βέλτιστον dagegen ist das sittlich Beste. So bedarf denn auch unsere Übersetzung des Satzes

Πολίταις τὰ βέλτιστα συμβουλεύειν

noch einer Ergänzung: Kleobulos meint, der politisch Handelnde solle seine Empfehlungen an die Allgemeinheit an ethischen Gesichtspunkten messen und sich weder vom Egoismus des Demagogen, der die Masse für seine eigenen Ziele einspannt, noch vom Pragmatismus des Machiavellisten leiten lassen. Der Satz »Gut ist, was dem Volke nützt« wäre von Kleobulos gewiß nicht akzeptiert worden.

Solon von Athen, Staatsmann, Gesetzgeber, Dichter und ›Weiser‹, brachte in einem ähnlichen Ausspruch einen weiteren Gesichtspunkt ins Spiel:

Symbúleue mä ta hädista, allä ta beltista toîs ---

> Συμβούλευε μὴ τὰ ἥδιστα, ἀλλὰ τὰ βέλτιστα τοῖς πολίταις.
> Rate nicht das Angenehmste, sondern das sittlich Beste den Bürgern!

Solons Kritik zielt auf die, welche den Leuten nach dem Munde reden und lieber Gefälligkeiten ausstreuen als Leistung verlangen; er hatte, als er eine schwere politische Krise seiner Heimatstadt durch gerechte Verteilung der unvermeidlichen Opfer und Einschränkungen beilegte, sicher hinreichend Gelegenheit, über menschliche Schwächen zu klagen, Schwächen, die im Zusammenleben der Griechen anscheinend so offen zu Tage traten, daß der Satz des Bias als ›weise‹ anerkannt wurde:

Oi pleístoi ántropoi ---

> Οἱ πλεῖστοι ἄνθρωποι κακοί.
> Die meisten Menschen sind schlecht.

Wer würde das heute, angesichts Rousseaus Vision vom ursprünglich ganz und gar guten Menschen, noch zu sagen wagen?
Für die stoischen Philosophen allerdings ist diese Welt ein Krankenhaus, in dem sich manche immerhin auf dem Weg der Genesung von ihren πάθη, den durch ihre Leidenschaften bedingten Leiden, befinden, aber nur ganz wenige die Vollkommenheit des Weisen erlangen.

Die eben zitierten Sätze von Solon und Bias – die man beide ebenfalls zu den Sieben Weisen rechnete – enthalten ein paar neue Vokabeln und ein bißchen Grammatik:

**Vokabeln:**

| | |
|---|---|
| ὁ ἄνθρωπος | der Mensch (Phil-anthrop: Menschenfreund) |
| τὸ ἥδιστον | das Angenehmste |
| κακός, -ή, -όν | schlecht |
| οἱ πλεῖστοι, αἱ πλεῖσται, τὰ πλεῖστα | die meisten (Pleisto-zän: Epoche der Erdgeschichte, in der die *meisten* der heute existierenden Arten schon vorhanden waren) |
| ἀλλά | aber, sondern |

**Grammatisches:**

| | |
|---|---|
| συμβούλευε | rate! Dies ist ein Imperativ (Befehlsform); |

Der Plural lautet συμβουλεύετε – erinnern Sie sich noch an den schönen Gruß χαίρετε?

In der Frage, ob der Mensch seinen Neigungen und Leidenschaften nachgeben dürfe oder ob er sie niederzuhalten habe, bezieht der Satz ἡδονῆς κρατεῖν klar Position. Die Forderung nach Selbstbeherrschung spielt auch bei Sokrates und seinem großen Schüler Platon eine wichtige Rolle; ein anderer Sokratesschüler aber, Aristipp von Kyrene, dem später Epikur und seine Schule folgten, vertrat die Ansicht, jedes Lebewesen strebe nach Lust als dem höchsten Gut und suche Schmerz als das höchste Übel zu meiden.

Der ›Hedonismus‹ des Aristipp schloß allerdings höhere Bestrebungen und Interessen keineswegs aus: »Man sollte seinen Kindern Güter mitgeben«, soll dieser Philosoph seinen Schülern geraten haben, »die ihnen weder die Ungunst des Schicksals noch revolutionäre Umwälzungen noch ein verheerender Krieg wegnehmen können.« Dieser Gedanke dürfte auch im Rat des Kleobulos stecken τέκνα παιδεύειν; noch klarer tritt er in der berühmten Anekdote von dem weisen Bias zutage, der nach der Eroberung seiner Vaterstadt Priene durch feindliche Truppen leichten Schritts davonging, während alle anderen Flüchtlinge sich mit gerettetem Gut abschleppten, und auf die verwunderte Frage, ob er nichts zu tragen habe, zur Antwort gab: »Ich trage all das Meine bei mir.«

Der Rat des Kleobulos, μηδὲν βίᾳ πράττειν, hat in zweieinhalbtausend Jahren nichts von seiner Bedeutsamkeit verloren: Wir wissen, daß jeder, der Probleme mit Gewalt zu lösen sucht, neue und meist schwerere Probleme heraufbeschwört. Unglücklicherweise neigen gerade die, die über Macht und Einfluß verfügen, nur zu gern dazu, mit dem groben Knüppel dreinzuschlagen.

Gegenüber Kleobulos' Mahnung zur ›Gewaltfreiheit‹ klingt

τὸν τοῦ δήμου ἐχθρὸν πολέμιον νομίζειν

recht aggressiv. Um das Gemeinte zu erfassen, muß man zunächst wissen, daß ἐχθρός den persönlichen Widersacher, πολέμιος aber den Staatsfeind bezeichnet; im Lateinischen würden *adversarius* und *hostis* entsprechen. Ferner müssen wir das Wort δῆμος unter die Lupe nehmen, womit bald das gesamte Volk, bald die Masse der kleinen Leute, die Plebs, gemeint sein kann.

Beigefügte Genitive könnten für Klarheit sorgen:

ὁ τῶν Ἀθηναίων δῆμος – das Volk der Athener (Genitiv-Attribut in Klammerstellung)

ὁ δῆμος τῶν Ἀθηναίων – die Unterschicht der Athener
(hier bezeichnet der Genitiv einen Teil des Ganzen, daher die andere Stellung)

Da uns eine solche Hilfe fehlt, müssen wir kombinieren: Nachdem ein Feind des gesamten Volks selbstverständlich ein Staatsfeind ist, wäre der Satz wenig weise, falls hier δῆμος für »Volk« stünde. Kleobulos meinte wohl, derjenige sei als Staatsfeind zu betrachten, der gegen die Interessen der großen Masse des Volkes handle; insoweit ist der Satz demo-kratisch in dem Sinn, wie ihn vor allem die Athener in der Spätphase ihrer Demokratie diesem Begriff gaben: Herrschaft der Unterschicht, Kampf den Aristo-kraten! Doch vielleicht hat es Kleobulos nicht so polemisch (πολέμιος) gemeint.

# IM SCHWEIGEN DER NACHT

*(Dritte Deklination; Indikativ Präsens Aktiv)*

Mit dem alten Sparta verbindet man im allgemeinen die Vorstellung von einer Art permanentem Heerlager, in dem man die Kinder sobald wie möglich den Müttern wegnahm, um sie allem erdenklichen Drill und grausamen Mutproben zu unterwerfen und zwischendurch nur kärglich mit der berüchtigten schwarzen Suppe zu füttern – Sparta, das ist der Gleichschritt marschierender Heere, die Heimat der unüberbietbar knappen, ›lakonischen‹ Antworten, der Staat, der große Teile der Peloponnes brutal versklavte. Können wir es uns vorstellen, daß es einmal eine Zeit gab, zu der in diesem Staatswesen ein Dichter und Musiker höchstes Ansehen genoß, der zarte Lyrik schrieb, der Mädchenchöre für Götterfeste einstudierte und Gesang und Tanz auf der Kithara begleitete?

Diesen Mann gab es tatsächlich; er lebte in der zweiten Hälfte des 7. Jahrhunderts v. Chr., hieß Alkman, stammte angeblich aus dem kleinasiatischen Sardeis, der Stadt des superreichen Kroisos, und wurde später von den alexandrinischen Gelehrten als Begründer der Gattung Chorlyrik geführt. Daß er in Sparta offene Ohren für sein umfangreiches dichterisches Werk fand, ist nur für den überraschend, der den spartanischen κόσμος, diese schon von den antiken Nachbarn als befremdlich empfundene besondere Lebensweise, als von Anfang an unabänderlich vorgegeben betrachtet. In Wirklichkeit aber vollzog sich in Sparta unter dem ständigen Zwang, die große Masse völlig rechtloser Staatssklaven, der Heloten, einer kleinen Herrenschicht unterworfen zu halten, die oben beschriebene totale Militarisierung der Gesellschaft etappenweise – Alkmans Sparta war heiterer als das des

folgenden Jahrhunderts, in dem die Zahl der ›Herrenmenschen‹ abgenommen hatte, während die der Unterworfenen gewachsen war.
Alkmans Lyrik ist leider nur in verstümmelten Resten auf uns gekommen, doch befindet sich darunter ein Bruchstück, das als das schönste Beispiel griechischer Naturlyrik gelten darf und das mit Recht immer wieder mit Goethes »Über allen Gipfeln« verglichen wird.
Wir wollen diese Verse nun auf uns wirken lassen und die Ruhe genießen, die von ihnen ausgeht – der Schrecken kommt noch früh genug! (frg. 58 Diehl)

Εὕδουσι δ' ὀρέων κορυφαί τε καὶ φάραγγες,
πρώονές τε καὶ χαράδραι,
φῦλα τ' ἑρπετ', ὅσα τρέφει μέλαινα γαῖα,
θῆρές τ' ὀρεσκῷοι καὶ γένος μελισσῶν
καὶ κνώδαλ' ἐν βένθεσσι πορφυρέας ἁλός.
εὕδουσι δ' οἰωνῶν φῦλα τανυπτερύγων.

Es ruhen der Berge Gipfel und die Klüfte,
die Hügel und Schluchten,
das kriechende Getier, das die schwarze Erde nährt,
auch die wilden Tiere, die im Gebirge leben, und das Volk der Bienen,
die Ungeheuer in den Tiefen des purpurnen Meers –
es schlafen die Schwärme der flügelausspannenden Vögel.

Über ein solches Gedicht viel zu sagen, erübrigt sich: es spricht aus sich selbst. Aber wir haben – und deshalb die Ankündigung künftigen Schreckens – Schlimmeres mit ihm vor als es interpretierend zu zerlegen: wir wollen uns seiner als Wegweiser in neue Gebiete der Grammatik bedienen. Alkman und unsere Leser mögen's uns verzeihen, aber die Schlichtheit dieser Zeilen verlockt uns dazu, das nicht durch eine Überfülle von Problematischem verwirrte Auge des Betrachters auf einige Elemente der Formenlehre zu richten. Da sind zunächst zwei neue Verbformen: τρέφει – er (sie, es) nährt (den Stamm kennen wir schon aus den Ἑλληνικὰ τρόφιμα) und εὕδουσι – sie schlafen, also eine 3. Person im Singular bzw. Plural des Indikativ Präsens Aktiv, deren Ausgänge -ει bzw. -ουσι(ν) wir in Tab. 7.1.1 rasch wiederfinden.

Bei Substantiven und Adjektiven sondern wir anhand der Ausgänge zunächst aus, was wir bereits bestimmen können, das heißt alles, was zur a- und o-Deklination gehört:

κορυφαί ist Nominativ Plural zu ἡ κορυφή, der Gipfel, die Spitze; unser Fremdwort ›die Koryphäe‹ leitet sich davon her, womit man eine Leuchte der Wissenschaft bezeichnet, also etwas anderes als einen Star oder Top-Manager.

Auch χαράδραι ist Nominativ Plural, zu ἡ χαράδρα, die Schlucht. Im Singular stehen (ἡ) μέλαινα γαῖα (γῆ), die schwarze Erde und die Genitivform πορφυρέας (zu πορφύρεος, -α, -ον: purpurn).

Den Stamm von μέλας (Genitiv: μελανός), μέλαινα, μέλαν erkennen wir im Melanom, einem bösartigen Geschwür, das in seinen Zellen gehäuft Melanine, braunschwarze Pigmentfarbstoffe, ablagert. Die Mela-nesier sind die dunkelhäutigen Inselbewohner Poly-nesiens, des Viel-Insel-Landes oder besser -Ozeans, der Humanist Melan-chthon hieß eigentlich Schwarzert und übersetzte seinen Namen, einem Brauch der Zeit folgend, ins Griechische, und hinter der Melan-cholie steckt die von den großen Ärzten der Antike vertretene Vorstellung, das Wesen des Menschen werde von der Mischung bzw. der Dominanz eines der vier Körpersäfte bestimmt, von Blut, Schleim (φλέγμα), gelber oder schwarzer Galle (χόλος bzw. μέλας χόλος).

In der folgenden Textzeile gehört ὀρεσκῷοι als Nominativ Plural zu den θῆρες; μελισσῶν ist Genitiv Plural zu ἡ μέλισσα, die Biene. Dieses nützliche Insekt galt den Griechen mehr noch als die Ameise als Inbegriff des Fleißes; der Mädchenname Melissa oder Melitta enthält also einen ganz bestimmten Wunsch.

Was das ›kriechende Getier‹ angeht, so haben wir hier ziemlich frei übersetzt: τὸ φῦλον bedeutet ›Stamm, Sippe, Geschlecht, Gattung‹, und φῦλα ist demzufolge Nominativ Neutrum Plural, wozu das Adjektiv ἑρπετ(ά) gehört, dessen Ausgang aus Gründen des Versmaßes entfallen ist. Ἑρπετόν bedeutet ›kriechend‹; wenn man weiß, daß dem griechischen Hauchlaut ʽ im Lateinischen oft ein s- entspricht, kommt man rasch auf die Wurzel serp- (kriechen), die uns aus der Serpentine, der Schlangenlinie, bekannt ist. Auch ὅσα (zu ὅσος, -η, -ον ›wie viel‹) gehört als Neutrum Plural – im Akkusativ, abhängig von τρέφει – noch zu den φῦλα ἑρπετά, und auch hinter dem um seinen Ausgang verkürzten κνώδαλ(α) verbirgt sich ein Neutrum: τὸ κνώδαλον, das Untier.

Wollte man sich das Wort merken, dann würde man vielleicht das plumpe Monster respektlos mit einem Knödel assoziieren – doch das Vokabular unseres Gedichts besteht zumeist aus Raritäten. Was häufiger vorkommt, wird am Ende der Formenbetrachtung zusammengefaßt. Als Genitive des Plurals bestimmen können wir οἰωνῶν (zu ὁ οἰωνός: Vogel), die dazugehörige Adjektivform τανυπτερύγων, ein typisches Schmuckwort gehobener Sprache, und ὀρέων, ›der Berge‹.

Mit den beiden letzten Formen haben wir allerdings – ganz unvermerkt – die Schwelle zur Dritten Deklination bereits überschritten, die uns, wie wir sehen, die Freude macht, im Genitiv Plural dem Beispiel der a- und o-Deklination zu folgen. Für die Bestimmung der weiteren Formen geben wir nun Hilfestellung:

| | Salz, Meer | | (wildes) Tier | |
|---|---|---|---|---|
| | *Singular* | | *Singular* | *Plural* |
| N | (ὁ/ἡ) ἅλς | | (ὁ) θήρ | θῆρες |
| G | ἁλός | | θηρός | θηρῶν |
| D | ἁλί | | θηρί | θηρσί(ν) |
| A | ἅλα | | θῆρα | θῆρας |

Damit lassen sich ἁλός als Genitiv Singular, θῆρες, φάραγγες und πρώονες als Nominative des Plurals und βένθεσσι als ein Dativ Plural identifizieren, und alles sieht recht einfach aus, bis wir die Formen des Nominativ Singular vergleichen:

> ἅλς, θήρ, φάραγξ (Schlucht), πρώων (Hügel), dazu ὄρος (Berg), γένος (Geschlecht), βένθος (Tiefe) und τανυπτέρυξ (flügelspannend).

Wer sich aus einst erlebtem Lateinunterricht noch entsinnt, was dort alles unter dem Zeichen ›Dritte Deklination‹ firmiert, ist nicht überrascht und stellt sich mutig der Erkenntnis, daß die Formen des Nominativ Singular recht heterogen wirken: Bisweilen haben sie, wie ἅλς, eine Endung: -ς, bisweilen ist dieses -ς nicht vorhanden wie bei θήρ, bisweilen ist es mit einem stammauslautenden Konsonanten verschmolzen wie bei φάραγξ (aus: φάραγγς) oder τανύπτερυξ (-γς). Entsprechend wird auch zu dem Stamm φυλακ- (bewachen) das Substantiv φύλαξ, φύλακος (der Wächter) gebildet. Ich kannte noch einen Hund, der so hieß!
Auch für die Verbindung eines b-Lauts mit s besitzt das Griechische im ψ ein eigenes Zeichen. Darum heißt der Araber Ἄραψ. Die übrigen Endungen, -ος, -ι, -α; -ες, -ων, -ας fügen sich brav an den konsonantischen Stamm, also Ἄραβος, des Arabers, usw., nur der Dativ Plural macht eine Ausnahme, weil dessen Endung -σι(ν) ja wieder mit σ beginnt und daher wieder ein ψ hervorruft: Ἄραψιν.
Einfacher liegen die Dinge, wenn solche Verschmelzungen ausgeschlossen sind, etwa bei ἅλς, ἁλός, das als Maskulinum Salz (im Deutschen s-Anlaut statt der griechischen Behauchung!) und als Femininum Meer bedeutet. Entfällt freilich das -ς, dann ist mit einer sogenannten ›Ersatzdehnung‹ eines sonst kurzen Stamm-Endvokals im Nominativ Singular zu rechnen, also πρώων, Genitiv πρώονος. Ähnlich ergeht es dem Rhetor (ῥήτωρ, ῥήτορος) und auch dem Hirten (ποιμήν, ποιμένος); nicht einmal der Dämon bleibt verschont (δαίμων, δαίμονος).

Was schon immer lang war, bleibt natürlich in allen Kasus lang, z. B. ἀγών, ἀγῶνος (der Wettkampf, Agon), Ἕλλην, -ηνος (der Grieche) und Πλάτων, Πλάτωνος, der berühmteste Schüler des Sokrates.
Auch θήρ, θηρός, das wilde Tier aus den Bergen, gehört hierher. Einige Adjektive folgen den unterschiedlichen Vorbildern der Substantive, z. B. τανύπτερυξ, τανυπτέρυγος (flügelausbreitend) in unserem Gedicht oder σώφρων, σώφρονος (beherrscht, vernünftig). Nun, das war alles noch ganz harmlos; schlimmer wird's, wenn ein Substantiv einen auf -s- endenden Stamm hat; dieses s neigt nämlich zwischen Vokalen dazu, schlicht zu verschwinden, was die verbliebenen Vokale dazu veranlaßt, gelegentlich noch engere Lautverbindungen in Form der sogenannten Kontraktion einzugehen.
In unserem Text sind ὄρος (Berg), βένθος (Tiefe) und γένος (Geschlecht, Gattung) solche Wörter und – im Widerspruch zu dem vertrauenerweckenden – ος im Nominativ Singular – sämtlich Neutra. Durch den Wegfall des -σ- wird aus γένεσος über γένεος schließlich γένους, durch Verschmelzung von ε und ο zu ου. Im Nominativ und Akkusativ Plural führt der Weg über γένεα zu γένη. Das nah verwandte lateinische Wort genus gehorcht anderen Lautgesetzen. Da hier s zwischen Vokalen zu r wird, lautet die entsprechende Form genera. Die restlichen Fälle sind leichter zu bestimmen,

der Dativ Singular γένει (aus γένεσ-ι),
der Genitiv Plural γενῶν (aus γενέσ-ων, γενέ-ων) und
der Dativ Plural γένεσιν (aus γένεσσιν)[1]

1) Das Alkmangedicht bewahrt noch ältere Formen in ὀρέων (statt ὀρῶν) und βένθεσσι (statt βένθεσι).

In ein handliches Schema gebracht, sieht das Ganze so aus:

| τὸ γένος: Geschlecht | | |
|---|---|---|
| | *Singular* | *Plural* |
| N/A | γένος | γένη |
| G | γένους | γενῶν |
| D | γένει | γένεσιν |

An häufigeren **Vokabeln** können wir uns merken:

| | |
|---|---|
| τὸ φῦλον | Stamm, Sippe, Geschlecht |
| τὸ γένος, -ους | Geschlecht, Art, Gattung |
| τὸ ὄρος, -ους | Berg |
| ὁ/ἡ ἅλς, ἁλός | Salz, Meer |
| ὁ θήρ, ϑηρός | (wildes) Tier |
| ὁ ῥήτωρ, -ορος | Redner, Rhetor (Redelehrer) |
| μέλας, μέλαινα, μέλαν | schwarz |
| ὁ φύλαξ, -κος | Wächter |
| σώφρων, -ονος | vernünftig, verständig |
| τρέφειν | ernähren |
| (καθ)εύδειν | schlafen |
| τέ | (ähnlich dem lateinischen -que die Betonung des vorangehenden Wortes verändernd) und |
| τέ ... καί | sowohl – als auch |
| δ', δέ | (meist unübersetzbares Füllsel) aber, nun |

Den bei γένος beobachteten strengen s-Gesetzen haben sich auch Σωκράτης und der starke Held Ἡρακλῆς zu fügen, doch dürfte es nicht schwer fallen, die folgende, von uns absichtlich in Unordnung gebrachte Deklinationsreihe wieder in die richtige Abfolge zu bringen: Σωκράτη, Σωκράτης, Σωκράτει, Σωκράτους.

In Angleichung an τὸν πολίτην (den Bürger) gibt es übrigens auch die Akkusativform Σωκράτην.

Nach so viel Grammatik ist wieder etwas Erholung fällig – vertiefen wir uns also in die folgenden Verse (frg. 120 Diehl):

Ἔσπερε, πάντα φέρεις, ὄσα φαίνολις ἐσκέδασ' Αὔως·
φέρεις ὄιν,
φέρεις αἶγα,
φέρεις ἄπυ μάτερι παῖδα.

Abendstern, alles bringst du, was die Strahlende zerstreute,
die Morgenröte:
du bringst das Schaf,
du bringst die Geiß,
bringst fort der Mutter ihr Kind.

Da wir uns mit unserer Übersetzung wiederum energisch an die griechische Wortfolge gehalten haben, hat es mit der sprachlichen Erläuterung gute Weile – nennen wir erst die Dichterin, der wir diese reizvollen Zeilen verdanken, Sappho aus Lesbos, die um 600 v. Chr. in Mytilene, der Stadt des weisen Pittakos, lebte. Sie ist die erste Frau, deren Stimme über die Jahrhunderte hinweg aus dem alten Griechenland bis zu uns zu dringen vermochte, und die erste Dichterin der Griechen. Aus adligem Haus stammend und wirtschaftlich unabhängig, sammelte sie einen Kreis von Mädchen um sich, die sie in Gesang und Tanz unterwies. Zu einigen Mitgliedern dieses Kreises scheint Sappho – wie aus ihrem lyrischen Werk hervorgeht – leidenschaftliche Zuneigung empfunden zu haben, was zu mannigfachen Spekulationen Anlaß gab, zumal den Frauen von Lesbos insgesamt der Hang zu gleichgeschlechtlicher Bindung, zu ›lesbischer Liebe‹, nachgesagt wurde. Was man hier als auffällig registrierte, war freilich unter der Männerwelt von Hellas gang und gäbe, die der homosexuellen Beziehung vielfach einen höheren Rang beizumessen bereit war als der zum anderen Geschlecht.
Späte Erfindung ist wohl die Geschichte, daß Sappho sich aus unglücklicher Liebe zu einem jungen Mann namens Phaon

(»der Strahlende«) von einem Felsen ins Meer stürzte. Den Sapphofelsen zeigen die Lesbier den Fremden trotzdem noch heute.
Ungewiß ist auch, ob die Dichterin in ihrer Heimat oder in Sizilien starb, wohin sie zumindest zeitweilig vor politischen Wirren in ihrer Vaterstadt fliehen mußte.
Ihr Werk umfaßte in der Bibliothek von Alexandria neun Bücher, in denen die einzelnen Gedichte nach Themen (z. B. Hochzeitslieder) und Versmaßen geordnet waren; sie alle sind uns bis auf karge Fragmente verloren. Ein etwas größeres Stück blieb uns, auf eine Scherbe gekritzelt und mit auffällig vielen Abschreibfehlern durchsetzt, durch Zufall erhalten. Es war wohl die Strafarbeit eines ziemlich dummen Schülers und beweist, daß solche Aufgaben doch gelegentlich zu etwas nütze sind.
Das Faszinierende an Sapphos Dichtungen ist die Tiefe des Gefühls und die rückhaltlose Äußerung ganz persönlicher Empfindungen, dazu eine sehr modern anmutende Selbstbeobachtung, die alle seelischen und körperlichen Äußerungen von Trennungsschmerz und Eifersucht genauestens registriert:

> ... starr ist meine Zunge, ein leichtes Feuer
> fühle ich prickeln, ich sehe nichts mehr,
> es dröhnt in den Ohren, Schweiß bricht aus,
> ich zittre am ganzen Leib, werde leichenblaß ...

Leider ist das Gedicht, dem diese Passage entstammt, für uns im Augenblick noch zu schwer, und wir scheuen uns davor, es durch zu viele Erläuterungen zu zerfetzen. Aber der römische Dichter Catull, der ebenso wie sein Landsmann Horaz Sappho als großes Vorbild schätzte, hat es übersetzt. Aus seinem carmen 51 lösen wir die eben mitgeteilten Zeilen heraus:

> ... lingua sed torpet, tenuis sub artus
> flamma demanat, sonitu suopte
> tintinnant aures, gemina teguntur
>     lumina nocte ...

Als Nachdichter ging Catull relativ frei mit seinem Vorbild um und gab dem Gedicht auch einen recht eigenwilligen Schluß, im Versmaß aber hielt er sich genau an die als ›sapphisch‹ bezeichnete Strophenform, die wir bald auch im Original kennenlernen werden.
Das Gedicht an den Abendstern hat allerdings einen anderen Rhythmus und ist folgendermaßen zu lesen:

Ἕσπερε, πάντα φέρεις, ὅσα φαίνολις ἐσκέδασ’ Αὔως·
– ◡ ◡ | – ◡ ◡ |– ◡ ◡ | – ◡ ◡ |– ◡ ◡ | – –

φέρεις ὄιν,
◡ – |◡ – |

φέρεις αἶγα,
◡ – | – ◡

φέρεις ἄπυ μάτερι παῖδα.
◡ | – ◡ ◡ | – ◡ ◡ | – ◡

Die erste Zeile wird von Daktylen beherrscht; diese Versfüße mit jeweils einer Länge und zwei Kürzen haben ihren Namen von ὁ δάκτυλος, der Finger. Wenn wir unseren Zeigefinger betrachten, sehen wir, daß er ein langes und zwei kürzere Glieder hat.
Der letzte Versfuß von insgesamt sechs ist in der ersten Zeile unseres Gedichts eine Doppellänge, ein sogenannter Spondeus.
Diese Verkürzung des letzten Fußes um eine Silbe ist im Hexa-meter, (ἑξά-μετρον), dem Sechs-maß, die Regel.
Der Hexameter ist der typische Vers der erzählenden Dichtung, also vor allem der Ilias und Odyssee. Dadurch, daß grundsätzlich jede Doppelkürze durch eine Länge ersetzt werden kann, ist er außerordentlich wandlungsfähig. In unserem Fall schaffen die vielen Kürzen lebhafte Bewegung, man fühlt förmlich, wie am Morgen alles davonrennt, wie die Herden am Abend wieder heimwärts streben.
Im Mittelfeld tritt durch Iamben (◡ –) eine gewisse Ruhe ein, Spannung wird geweckt, bevor – wieder mit raschen Daktylen – das Gedichtchen, das vermutlich nur Teil eines größeren

Ganzen, vielleicht eines heiteren Hochzeitslieds war, seinem Schluß und seiner Pointe zueilt. Diese Heiterkeit, die sich in dem Spiel mit φέρεις, du bringst, manifestiert, ist freilich hintergründig: das Glück des jungen Mannes, der eine Braut gewonnen hat, ist der Schmerz der von ihrem Kind getrennten Mutter ...

Zum Schluß unseres Exkurses in die Metrik müssen wir noch erklären, woran man lange Silben erkennt: Einmal, wenn ihr Vokal lang ist (immer lang sind im Griechischen η, ω und die Diphthonge, z. B. ει), zum andern, wenn auf den silbentragenden Vokal zwei oder mehr Konsonanten folgen. Dabei zählen auch die des folgenden Wortes mit. Von dieser Regel gibt es natürlich Ausnahmen; trotzdem sollten Sie, lieber Leser, sie einmal an unserem Alkmangedicht erproben und es so zum Klingen bringen – das ist gar nicht so schwer!

Nach dieser Atempause können wir freilich nicht mehr umhin, das Liedchen an den Abendstern sprachlich zu untersuchen – lange genug haben wir diese Aufgabe zurückgestellt, und zwar nicht aus schlechtem Gewissen: Wie wir meinen, haben unsere Leser ein Recht darauf, das schöne Griechisch an schönen und gehaltvollen Texten kennenzulernen; jenes andere Verfahren, die Grammatik zunächst an disparatem Satzmaterial zu traktieren, erinnert uns an den Münchner Komiker Karl Valentin, der dem Buben eines Bekannten eine Violine ohne Saiten geschenkt haben soll mit der Bemerkung: »Zum Lernen geht's schon!«

Was wir mittlerweile gewiß gelernt haben, ist eine neue Person des Zeitworts, die zweite im Indikativ Präsens Aktiv:

φέρ-εις: du bringst, trägst (lateinisch: fer-s).

In der Form Ἕσπερε erkennen wir den bereits avisierten Anredefall, den Vokativ (vgl. S. 28).

Ὁ ἕσπερος bzw. ἡ ἑσπέρα bezeichnet den Abend, den Abendstern (als männliches Adjektiv: ὁ ἕσπερος ἀστήρ) und den Westen; Hesperien ist also das Abendland, und die

῾Εσπερίδες, deren goldene Äpfel Herakles holen mußte, dachte man sich fern im Westen. Wenn es Abend wird, grüßen die heutigen Griechen mit καλισπέρα, sie wünschen also, altgriechisch, καλὴν ἑσπέραν.

Von Alkman kennen wir das Relativum ὅσα, und um die Verbform ἐσκέδασ(ε), er zerstreute, machen wir einen vorsichtigen Bogen – wir haben mit den Nomina noch genug Probleme!

Da steht zum Beispiel πάντα, herzuleiten von πᾶς (aus παντ-ς, daher Genitiv παντός); die Form könnte Akkusativ Singular des Maskulinums oder neutraler Nominativ/Akkusativ Plural sein – hier wird sie durch ὅσα auf das Neutrum festgelegt. Die entsprechende Singularform lautet πᾶν. Der Hirtengott Πάν (Genitiv: Πανός) hat damit nichts zu tun, auch wenn die Griechen seinen – vermutlich ungriechischen – Namen damit erklärten, er heiße so, weil alle (πάντες) Götter schallend gelacht hätten, als sie das Neugeborene mit seinem Bocksbart, den Bocksfüßen, dem Schwänzchen und den kleinen Hörnern, erblickten. Bei Plutarch, einem sehr produktiven Autor des ersten nachchristlichen Jahrhunderts, lesen wir, daß Seefahrer einmal eine Insel passiert hätten, von der laute Klage ertönte. Als sie näher kamen, forderte sie eine Stimme auf, die Nachricht weiterzuverbreiten: Πὰν ὁ Μέγας τέθνηκε – »der Große Pan ist tot!« Aber Pan ist nicht tot, er lebt weiter im christlichen Teufel, dem er sein Aussehen geliehen hat, und im ›panischen Schrecken‹, der Hirten und Herden im alten Griechenland nicht etwa in schweigender Nacht, sondern in der drückenden Schwüle des hohen Mittags, zur Stunde des Pan, ganz plötzlich befiel und in wilder Flucht davonstürzen ließ.

Als Adjektiv hat πᾶς auch ein Femininum, πᾶσα, das in seiner Beugung der a-Deklination, Mischklasse (Tab. 1.3), folgt.

Ähnlich wie bei πᾶς verschwindet auch bei παῖς (Kind, Junge, Mädchen) vor Endungs-s ein d-Laut. Der Genitiv lautet παιδός, und in der Markenbezeichnung Paidi-Bett steckt ein schöner Dativ: fürs Kind. Auch bei Nomina auf -ις (in unserem Text: φαίνολις, strahlend) kann vor dem ς ein t-Laut ausgefallen sein, z. B. bei ἐλπίς, ἐλπίδος (Hoffnung) oder bei χάρις, χάριτος (Reiz, Charme, Dank). Die drei für diese liebenswerte Eigenschaft zuständigen Göttinnen nannte man Χάριτες, lateinisch Gratiae, Grazien; sie wurden in der Kunst gern bei der Aufstellung zum Reigen abgebildet.

Das von χάρις abgeleitete Adjektiv χαρίεις hat einen auf -ντ- auslautenden Stamm; der Ausfall dieser Buchstabengruppe im Nominativ Singular bewirkte die Dehnung der letzten Silbe.

Bei manchen Nomina auf -ις geht der Stamm nicht auf einen t-Laut, sondern vokalisch aus, was zur Bildung auffälliger Ausgänge im Genitiv Singular (-εως durch Längentausch zwischen Endung und vorletzter Silbe) und im Akkusativ des Singulars und Plurals führt (-ιν bzw. -εις). Von πόλις (Stadt) ließ sich χάρις anstecken und bildet den Akkusativ χάριν, während ἐλπίς bei ἐλπίδα blieb.

Überraschendes geschieht auch bei den Wörtern, deren Stamm auf einen v-Laut endete, den man in ältester Zeit mit dem Zeichen Ϝ (Di-gamma, Doppelgamma, nach der äußeren Erscheinung) schrieb. In unserem Text gehört οἶς zu dieser Gruppe, ursprünglich also ὄϜις, lateinisch ovis. Bis auf die Akkusative οἶν und οἶς ist das Wort harmlos, so wie Schafe eben sind: Man braucht nur die üblichen Endungen an das οἰ- zu hängen und nicht vor dem Dativ οἰί zu erschrecken.

Störrischer ist da schon βοῦς, das Rind, lateinisch bos, bovis: da gibt es βοός, βοΐ, βόες, βοῶν, aber auch βοῦν, zweimal βοῦς und βουσίν. Wer das alles aktiv zu beherrschen trachtet, hat eine ziemliche Aufgabe vor sich, wer sich aber nur dafür rüstet, die in griechischen Texten doch nicht so häufig begegnenden Rinder im Bedarfsfall nach Fall und Zahl zu bestimmen, kommt mit weit geringerer Mühe zum Ziel.

Noch etwas dicker als bei βοῦς kommt's bei ναῦς, dem Schiff, lateinisch navis: im Nominativ Singular lebt das Digamma als υ weiter, im Genitiv hat Längentausch stattgefunden (νεώς aus νηός), im Dativ heißt's νηί, und der Akkusativ ναῦν erinnert an die lateinische Form navem. Demgegenüber ist der Plural mit νῆες, νεῶν, ναυσί und ναῦς nachgerade harmlos – wir haben uns an die Kapriolen dieses Worts gewöhnt.

Als letztes Beispiel aus der Digamma-Gruppe stellen wir βασιλεύς, den König, vor. Zu Digamma-Zeiten dürfte der Nominativ ›basilefs‹ geklungen haben, und die heutigen Griechen sprechen ›wasilefs‹ – das Wort ist im Begriff, nach 3000 Jahren Sprachentwicklung wieder zum Ausgangspunkt zurückzukehren, nur daß es mittlerweile in Hellas keinen König mehr gibt.

Im Vergleich mit πόλις registrieren wir ziemliche Ähnlichkeit; die Hauptunterschiede entdecken wir im Akkusativ:

| | ἡ πόλις die Stadt | | ὁ βασιλεύς der König | |
|---|---|---|---|---|
| | *Singular* | *Plural* | *Singular* | *Plural* |
| N | πόλις | πόλεις | βασιλεύς | βασιλεῖς |
| G | πόλεως | πόλεων | βασιλέως | βασιλέων |
| D | πόλει | πόλεσιν | βασιλεῖ | βασιλεῦσιν |
| A | πόλιν | πόλεις | βασιλέα | βασιλέας |

Wir leiten daraus die allgemeine Erkenntnis ab, daß man in der Dritten Deklination

a) im Genitiv Singular neben -ος[1] auch -ως zu erwarten hat
b) im Akkusativ Singular neben -α auch -ν (bei den Neutra ist der Akkusativ stets dem Nominativ gleich!)
c) im Akkusativ Plural neben -ας auch Diphthonge mit -ς.

Mit diesem Grundwissen kommt man auch Ausgefallenem bei, etwa dem seit Seite 20 bekannten Fisch (ἰχθύς):

ἰχθύς, ἰχθύος, ἰχθύι, ἰχθῦν
ἰχθύες, ἰχθύων, ἰχθύσιν, ἰχθῦς

---

1) In Kontraktion: -ους.

Ganz sicher vor Überraschungen ist man freilich nie; so verschmelzen z. B. bei αἰδώς (Scham) im Akkusativ das stammauslautende ο und die Endung -α zu ω: αἰδῶ. Genitiv und Dativ aber passen in unseren Raster: αἰδοῦς, αἰδοῖ.
Zu der exklusiven Gruppe von Wörtern, deren Stamm auf -οσ-, -οι- oder -οϝ- endete, gehört auch der Name unserer Dichterin, Σαπφώ, und die Göttin der Morgenröte, die im Attischen Ἕως, im Äolischen, dem Dialekt der Sappho, Αὔως hieß.
In diesem Zusammenhang ist der Hinweis angebracht, daß es im alten Griechenland und seinen Kolonien eine ganze Anzahl zum Teil deutlich voneinander verschiedener Dialekte gab; unter ihnen erlangten das Ionische, gesprochen in Attika, auf den Inseln des Ionischen Meers und an der kleinasiatischen Küste, das Dorische (u. a. die Sprache der Spartaner), das Achäische und Äolische als die Sprachen der vier wichtigsten in Griechenland eingewanderten Stämme die größte Bedeutung.
Der Name Αὔως geht zurück auf Αὔσωσα, woraus sich im Lateinischen Aurora entwickelte – hier wurden ja die im Griechischen ausfallenden s zwischen Vokalen zu r. Denselben Stamm finden wir in Auster (Südostwind), Austria (lateinische Bezeichnung für Österreich), Australien – und auch im deutschen Wort Osten.
Ἕως/Αὔως ist die Frühaufsteherin unter den Göttern – wenn Homer einen neuen Tag beginnen läßt, verwendet er gern folgenden Vers:

> ἦμος δ' ἠριγένεια φάνη ῥοδοδάκτυλος Ἠώς
>
> als nun die Frühgebor'ne erschien, die rosenfingrige Eos ... –

und die Griechen wußten diese Eigenschaft zu erklären:
Einst verliebte sich Eos in einen wunderschönen jungen Mann namens Tithonos und erbat sich von Zeus für ihn ewiges Leben. Die Bitte wurde gewährt, doch da Eos es unterlassen hatte, auch um ewige Jugend zu bitten, alterte

Tithonos wie ein gewöhnlicher Mensch und schrumpfte immer mehr zusammen, bis zur Größe einer Zikade, deren Zirpen schließlich auch seine Stimme glich. Bei einem solchen Hausgenossen litt es Eos nicht lange, und daher verläßt sie in aller Frühe ihr Lager!

Neben dem Namen Αὔως sind in unserem Sapphotext auch die Formen ἄπυ (statt ionisch ἀπό und eng mit dem Verb verbunden: φέρεις ἄπο = ἀποφέρεις, du bringst weg) und μάτερι äolisch; im Ionischen nennt man die Mutter μήτηρ. Die in den indoeuropäischen Sprachen deren gemeinsame Wurzel bezeugenden Verwandtschaftsbezeichnungen Vater, Mutter, Tochter klingen auf Altgriechisch folgendermaßen: ὁ πατήρ (τοῦ πατρός) – ἡ μήτηρ (τῆς μητρός) – ἡ θυγάτηρ (τῆς θυγατρός). Die beigegebenen Genitive zeigen, daß der E-Laut gelegentlich ausfällt, wie im Lateinischen bei pater, patris; mater, matris, doch eben nicht so konsequent wie in der strengen Sprache der Römer. Im Dativ Plural nistete sich zudem noch ein α ein – aus πατρσιν wurde πατράσιν.

Neben Vater, Mutter und Tochter ist noch das Wort ἀνήρ, Mann, zu stellen, in dessen Deklination sich außer dem Dativ-Plural-α noch ein δ vor dem ρ zur Erleichterung der Aussprache eingeschlichen hat. Den so veränderten Stamm kennen wir aus Andreas, was eigentlich ›Standbild‹ (ἀνδριάς, -άντος- ein -ντ-Stamm!), ›Mannsbild‹ bedeutet; wer Science-fiction liest, hat zudem auch schon von Androiden gelesen, die aussehen wie Menschen, ohne es zu sein. ›Androgyn‹ bedeutet ›zwitterhaft‹ und enthält einen Teil des Stamms von γυνή, γυναικός, Weib, Frau. Das Pendant zur Gynäkologie (Frauenheilkunde), die Andrologie, nährt – aus welchen Gründen auch immer – deutlich weniger Spezialisten.

Interessant ist, daß der Stamm (a)ner- über das Oskische auch in die Welt der Römer eingedrungen ist, nämlich in Gestalt des Beinamens Nero, was folglich ›Kerl‹, oder, in einen deutschen Namen umgesetzt, Karl bedeutet. Was für ein Kerl Nero war, braucht aber hier nicht behandelt zu werden. Kurz sei dafür noch der Ziege gedacht, αἶξ, αἰγός, also eines

γ-Stamms wie φάραγξ (S. 41), und der Ziegenflüsse, Αἰγὸς ποταμοί, wo die Athener im Jahre 405 v. Chr. durch bodenlosen Leichtsinn die letzte Schlacht des Peloponnesischen Kriegs verloren: Offiziere und Schiffsbesatzungen waren gerade auf der Jagd, als die Spartaner angriffen!
Nun haben wir uns aber redlich und – im doppelten Sinn des Wortes – erschöpfend mit der Dritten Deklination befaßt und dürfen nach einem kurzen Blick auf merkenswerte Vokabeln fast ohne Hintergedanken grammatischer Art, nur so zum Spaß, noch ein wenig Sappho lesen.

**Vokabeln:**

| | | | |
|---|---|---|---|
| ἡ ἑσπέρα | Abend | ὁ ἀνήρ, ἀνδρός | Mann |
| ὁ ἀστήρ, ἀστέρος | Stern | ἡ ναῦς, νεώς | Schiff |
| ὁ βασιλεύς, -έως | König | ἡ χάρις, ιτος | Charme |
| ὁ/ἡ βοῦς, βοός | Rind | ἡ θυγάτηρ, -τρός | Tochter |
| ἡ ἐλπίς, -ίδος | Hoffnung | ἡ μήτηρ, -τρός | Mutter |
| ἡ πόλις, -εως | Stadt | ὁ πατήρ, -τρός | Vater |
| | | ὁ/ἡ παῖς, παιδός | Kind |
| πᾶς, πᾶσα, πᾶν (παντός, πάσης, παντός) | all, ganz, jeder | φέρειν | tragen, bringen |

**Vollmondnacht** (Sappho, frg. 4 Diehl):

Ἀστέρες μὲν ἀμφὶ καλὰν σελάνναν
ἄψ' ἀποκρύπτοισι φαέννον εἶδος,
ὄπποταν πλήθοισα μάλιστα λάμπῃ
γᾶν ἐπὶ παῖσαν.

Sterne freilich rings um den schönen Mond,
wieder verbergen sie ihr strahlendes Antlitz,
wenn er, sich füllend, am hellsten leuchtet
über die ganze Erde.

Bei diesem Bild einer hellen Vollmondnacht ist der längst fällige Hinweis angebracht, daß unsere Übersetzungen keine

Nachdichtungen, sondern sogenannte Interlinearversionen sind, die durch Beibehalten der Wortfolge des Originals dessen Verständnis erleichtern. Dieses ist auf jeden Fall schöner!
Bei der Worterläuterung können wir uns diesmal ziemlich knapp fassen; es lauert ja keine Grammatik auf uns:
ἀστήρ, ἀστέρος: der Stern, in der Nähe von θήρ in die Dritte Deklination einzuordnen, aufspürbar im Astrologen, -nomen und -nauten (ναῦς!), aber auch in Asterix, dessen pseudo-gallischer Name nichts anderes als Sternchen bedeutet, anklingend an den Asteriskus, französisch astérisque, mit dem man in Büchern auf Fußnoten verweist (*). ἀμφί bedeutet ›ringsum‹, ein Amphitheater erlaubt es demzufolge, rundherum zu sitzen, und ein Amphibium (ἀμφί-βιον, mit dem Stamm von βίος, Leben) lebt sowohl da wie dort, im Wasser und auf dem Lande.
καλός, uns schon bekannt aus den neugriechischen Grüßen, bezeichnet zugleich das Schöne und Gute, das man sich in der griechischen Frühzeit nicht anders als vereint vorstellen konnte; καλοσκἀγαθός, ›schönundgut‹, innerlich und äußerlich vollkommen, war denn auch das Wort, mit dem diese Adelsgesellschaft ihre Idealvorstellung umriß. Ein äußerlich entstellter Mensch, zum Beispiel ein Buckliger oder Rothaariger, galt dementsprechend auch als moralisch suspekt.
Was schon bei den Ausgängen von τάν und καλάν auffiel, zeigt sich noch deutlicher bei σελάνναν – dies sind äolische Formen, ionisch heißt der Mond ἡ σελήνη – die lichtempfindlichen Selenzellen bewahren das Wort und zugleich den Namen der Göttin: Selene. Im Neugriechischen hat sich die Schreibung nicht geändert, aber man spricht i selini – Sapphos Äolisch ist deutlich klangvoller.
ἀποκρύπτειν, verbergen (ἀποκρύπτοισι äolisch für ἀποκρύπτουσι), führt in Randbereiche der Bibel, zu den Apokryphen, den verborgenen Schriften, zum Beispiel zum Buch vom Drachen zu Babel. Eine Krypta ist ein ›verborgener‹ unterirdischer Raum, und krypto-gam, verborgen befruchtend, sind Sporenpflanzen wie Farne und Moose.

Während wir in dem Adjektiv φαέννος den Stamm φα- von φαίνολις und Phaon wiederfinden, steckt in εἶδος unter anderem auch ein Digamma: Ϝιδ-, lateinisch vid- (Video!), bezeichnet die Wahrnehmung von Sichtbarem, das Substantiv, ein -s-Stamm wie γένος mit dem Genitiv εἴδους, erfaßt in seinem Bedeutungsbereich Gesicht, Form und Gestalt und ist verwandt mit ἰδέα, der Idee, d. h. der idealen Vorstellung von etwas, die dem großen Philosophen Platon allein als wahr und existent galt.

Äolisch πλήθοισα, attisch πλήθουσα, ist eine feminine Partizipialform, nach der Mischklasse (T 1.3) dekliniert; das Maskulinum lautet πλήθων, πλήθοντ-ος, hat also einen ντ-Stamm.

Das -ιστ- in μάλιστα kennen wir bereits von ἄριστος, βέλτιστος und finden es auch in der deutschen Bedeutung ›am meisten‹, es handelt sich also um ein Superlativ-Signal. Die heutigen Griechen verwenden μάλιστα, wenn sie etwas ganz energisch bejahen wollen.

Im Konjunktiv, der uns noch nicht bekümmern soll, steht die Form des Verbums λάμπειν, von dem die Entwicklung über λαμπάς, λαμπάδος (d-Stamm!) zu unserer Lampe führt.

γᾶν ἐπὶ παῖσαν ist wieder äolisch statt ἐπὶ πᾶσαν τὴν γῆν. Wir haben die Präposition ἐπί nach vorne geholt und noch einen Artikel ergänzt, der im klassischen Griechisch wichtig ist zur Bedeutungsunterscheidung von πᾶς, πᾶσα, πᾶν:

| | |
|---|---|
| πᾶσα ἡ πόλις | die ganze Stadt, |
| πᾶσα πόλις | jede Stadt. |

Insgesamt enthält der kleine Text folgende häufigeren **Vokabeln:**

| | | | | |
|---|---|---|---|---|
| ἡ σελήνη | der Mond | ἀμφί | (Präposition mit Akkusativ) | um-herum |
| τὸ εἶδος, -ους | Gesicht, Aussehen | | | |
| καλός, -ή, -όν | schön | ἐπί | (Präposition mit Akkusativ) | auf, nach, zu, bis |
| ἀποκρύπτειν | verbergen | μάλιστα | | am meisten |

Wie uns bereits die bisherigen Proben altgriechischer Dichtung zeigten, spielt der Reim hier keine Rolle und bestimmt nicht der Wortakzent den Rhythmus, sondern die jeweils nach bestimmten Schemata geregelte Abfolge langer und kurzer Silben.
Für das Vollmondgedicht bediente sich Sappho der nach ihr benannten Strophe, die wir bereits einmal kurz berührten, als wir eine Nachdichtung Catulls vorstellten. Nun können wir sie im Original lesen:

Ἀστέρες μὲν ἀμφὶ καλὰν σελάνναν
– ∪ – ∪ – ∪ ∪ – ∪ – –

ἄψ' ἀποκρύπτοισι φαέννον εἶδος,
– ∪ – – – ∪ ∪ – ∪ – ∪

ὄπποταν πλήθοισα μάλιστα λάμπῃ
– ∪ – – – ∪ ∪ – ∪ – –

γᾶν ἐπὶ παῖσαν.
– ∪ ∪ – ∪

Wie wir sehen, besteht die ›sapphische Strophe‹ aus drei gleich gebauten Zeilen, Elfsilblern des Typs

– ∪ – ⏓ – ∪ ∪ – ∪ – ⏓

Sie lassen an einigen Stellen, die wir mit ⏓ bezeichnet haben, dem Dichter die Wahl, ob er hier eine lange oder eine kurze Silbe setzen will.
Die deutlich kürzere Schlußzeile bezeichnet man als Adonisvers, nach dem Klageruf der Frauen am Festtag des jung verstorbenen Frühlingsgottes Adonis, des Geliebten der Großen Mutter, die doch nicht die Macht hatte, ihn vor dem Tod zu bewahren:

ὢ τὸν Ἀδῶνιν      ach, den Adonis!

Durch Vermittlung römischer Dichter, vor allem des Horaz, fand die sapphische Strophe auch in die deutsche Dichtung Eingang, wobei der Rhythmus der Vorbilder sich dadurch veränderte, daß man sich am Wortakzent eines besonders beliebten, auch als Studentenlied gesungenen Gedichts orientierte:

Ínteger vítae scélerísque púrus
nón eget Maúris iáculis neque árcu
néc venenátis grávida sagíttis,
  Fúsce, pharétra.

Da der Wortakzent im Adonisvers sich mit dem Rhythmus deckt, verraten sich solche ›verkappten‹ sapphischen Strophen durch ihren Schluß:

Hérzliebster Jésu, wás hast du verbróchen,
daß man ein solch scharf Urteil hat gesprochen?
Was ist die Schuld, in was für Missetaten
  bist du geraten?

Aber kehren wir nun nochmals zu unserer Dichterin und zu einem ihrer Nachtgedichte zurück (frg. 94 Diehl):

**Schlaflos**

Δέδυκε μὲν ἀ σελάννα
καὶ Πληΐαδες, μέσαι δὲ
νύκτες, πάρα δ' ἔρχετ' ὥρα,
ἐγὼ δὲ μόνα κατεύδω.

Untergegangen ist der Mond
und die Pleiaden; Mitte
der Nacht; vorbei geht die Zeit,
ich aber, allein liege ich da.

Diese Klage Sapphos über eine einsame Nacht beginnt mit einem Perfekt, das wir als Vorgeschmack auf Künftiges kurz betrachten wollen: ähnlich wie im lateinischen pe-pendi ist der Stammanlaut von δύειν (untergehen) verdoppelt; ein weiteres Perfektsignal ist das Kappa: δέ – δυ – κ – α.
Das folgende Wörtchen μέν ist so unauffällig, daß das Fehlen einer Entsprechung in unserer Übersetzung wohl von vielen unserer Leser nicht registriert worden wäre, hätten wir jetzt nicht ausdrücklich darauf hingewiesen. Zudem ist dieses

Weglassen gerechtfertigt, denn der Versuch, all die vielen Partikeln zu übersetzen, mit denen die Griechen Gleichartiges zusammenbanden oder Gegensätze betonten, würde in unserer Sprache eher komisch wirken. Deshalb unterließen wir es auch im Nachtlied des Alkman, die eingestreuten τε oder τ' in Verbindung mit den zugehörigen καί als ›sowohl – als auch‹ wiederzugeben. Es läßt sich jedoch nicht leugnen, daß damit ein Stückchen Eigenart des Originals verloren geht, die Übersetzer des vorigen Jahrhunderts durch die Verwendung altertümlich-gravitätischer Wendungen wie ›traun‹ und ›fürwahr‹ zu bewahren suchten. So ließe sich auch μέν gelegentlich verstehen, denn es dient auch als Beteuerungsformel. Weit häufiger signalisiert es jedoch, meist in Verbindung mit δέ (aber), daß zwischen den Elementen einer Aussage eine logische Beziehung in Form einer Korrelation (Entsprechung) oder eines Gegensatzes besteht. Die offensichtlich ausgeprägte Sensibilität der Griechen für solche logische Beziehungen mag eine der Voraussetzungen für die Entwicklung der Dialektik gewesen sein, und wenn der große Sophist Protagoras die Ansicht vertrat, von zwei denkbaren Auffassungen, die man zu jeglichem Problem haben könne, sei jede in gleicher Weise ›wahr‹, dann ist dies ebenfalls Ausfluß eines Denkens mit ›sowohl – als auch‹ und ›zwar – aber auch‹. Das Denken in Gegensätzen, die – genauer betrachtet – gar keine Gegensätze sind, hatte Protagoras von dem Ephesier Heraklit gelernt, den Zeitgenossen und Nachwelt wegen seiner sperrigen Aphorismen ›den Dunklen‹ nannten und der zum Beispiel Folgendes lehrte (frg. 67 in den Fragmenten der Vorsokratiker):

> Ὁ θεὸς ἡμέρη εὐφρόνη χειμὼν θέρος πόλεμος εἰρήνη κόρος λιμός.
>
> Der Gott (ist) Tag, Nacht, Winter, Sommer, Krieg, Frieden, Sättigung, Hunger.

Diese Ansicht nimmt die coincidentia oppositorum des bedeutenden Scholastikers Nikolaus von Kues vorweg, der die im Endlichen unvereinbaren Gegensätze sich in der Unendlichkeit Gottes vereinigen läßt und so wohl sogar den folgenden Satz des Heraklit akzeptiert hätte:

| |
|---|
| Ἀγαθὸν καὶ κακόν· ἓν καὶ ταὐτό.<br>Gut und schlecht – ein und dasselbe! |

Dagegen hätte Nikolaus von Kues gewiß den skeptischen Relativismus des Protagoras und dessen berühmten ›homo-mensura-Satz‹ abgelehnt:

> Πάντων χρημάτων μέτρον ἐστὶν ἄνθρωπος· τῶν μὲν ὄντων, ὡς ἔστιν, τῶν δὲ οὐκ ὄντων, ὡς οὐκ ἔστιν.
> Aller Dinge Maß ist der Mensch, der seienden, daß sie sind, der nicht seienden, daß sie nicht sind.

Dieser Satz verlangt, bevor wir wieder zu Sappho zurückfinden, noch einige Erläuterungen:
τὸ χρῆμα, χρήματος, Plural τὰ χρήματα, χρημάτων, χρήμασιν ist ein Neutrum der Dritten Deklination, dessen Stamm auf -τ endet; daß im Griechischen bei einem Neutrum Plural als Subjekt das Prädikat im Singular steht (ἐστίν statt εἰσίν), erklärt sich daraus, daß die Neutra sich aus Kollektivbezeichnungen in der Art von »Gewässer, Gehölz, Gewürm« entwickelten, die in singularischer Form etwas Pluralisches bezeichneten.
τὸ ὄν bzw. τὰ ὄντα (das Seiende/das, was ist) stellt einen wichtigen philosophischen Fachbegriff dar und leitet sich her vom Partizip Präsens des Hilfszeitworts εἶναι: ὤν, οὖσα, ὄν (ὄντος, οὔσης, ὄντος). Es wird dekliniert wie πλήθων aus Sapphos Vollmondgedicht – und damit sind wir wieder bei unserer Dichterin.
ἁ σελάννα zeigt die schon bekannte äolische Lautung und – wenn man sehr genau hinsieht – das Fehlen eines Hauchlauts.

Auch κατεύδω klingt in attischem Griechisch etwas anders: καθεύδω (aus κατα-εὕδω/κατ-εὕδω).
Die Pleiaden waren nach der griechischen Sage einst sieben hübsche Mädchen, die Zeus der Verfolgung durch den wilden Jäger Orion dadurch entzog, daß er sie als Sterne an den Himmel versetzte – in die Nähe des Sternbilds des Stiers. Den Seeleuten dienten sie als Orientierungshilfe, und wenn sie im Mai besonders früh aufgingen, begann die schöne, für Fahrten übers Meer geeignete Jahreszeit.
Der Bestandteil meso- in zahlreichen Fremdwörtern, z. B. in Meso-lithikum: mittlere Steinzeit, bezeichnet das, was in Zeit oder Raum in der Mitte liegt; für ›Mitternacht‹ ist der Plural μέσαι νύκτες üblich, nicht der in Analogie zu μέσον ἦμαρ (τὸ ἦμαρ, ἤματος: dichterisch statt ἡ ἡμέρα) denkbare Ausdruck μέση νύξ. Das Wort νύξ, νυκτός zeigt deutlich seine Verwandtschaft mit lateinisch nox, noctis, ebenso wie ἡ ὥρα mit hora (Stunde; auch: Jahreszeit).
An der Wortfolge πάρα δ' ἔρχετ(αι) läßt sich beobachten, wie aus Präpositionen bzw. Adverbien mit der Zeit Vorsilben wurden: aus πάρα ἔρχεται ›vorbei geht er‹ entstand παρέρχεται, er geht vorbei. Die merkwürdige Verbform wird im nächsten Kapitel erklärt! Bei dem Pronomen ἐγώ ist die Übereinstimmung mit dem lateinischen ego so vollkommen, daß wir uns fragen müssen, ob der Egoist und der Egozentriker nun griechischer oder lateinischer Herkunft sind; sämtliche Ismen und auch das Zentrum (κέντρον) sind jedoch nur lateinisch verkleidet.
Wenn jemand längere Zeit allein spricht, hält er einen Monolog; μόνος, μόνη (äolisch -α), μόνον bedeutet also ›allein, einsam‹, und mit καθεύδω lernen wir die 1. Person Singular des Indikativ Präsens Aktiv kennen, der die Pluralform καθεύδομεν entspricht. Wir sind nunmehr in der Lage, eine erste Beugungsreihe für das in unseren Tabellen wegen seiner handlichen Kürze gewählte ›Normalverbum‹ παύω, ich stoppe, zu bilden:

| | Indikativ Präsens Aktiv | | Imperativ Präsens Aktiv | |
|---|---|---|---|---|
| | *Singular* | *Plural* | *Singular* | *Plural* |
| 1. Person | παύ-ω | παύ-ομεν | | |
| 2. Person | παύ-εις | παύ-ετε | παῦ-ε | παύ-ετε |
| 3. Person | παύ-ει | παύ-ουσι(ν) | | |

Den uns schon vertrauten Imperativ haben wir zur Erinnerung hinzugefügt, den Infinitiv Präsens Aktiv παύ-ειν und das Partizip Präsens Aktiv hängen wir noch dazu

| | | |
|---|---|---|
| παύ-ων | παύ-ουσα | παῦ-ον |
| παύ-οντος | παυ-ούσης | παύοντος |
| ... | (vgl. Tab. 3.4) | |

und freuen uns, was wir im Vorübergehen an Formenlehre des Verbs mitbekommen haben.

Bevor wir dieser Materie im nächsten Kapitel noch mehr Aufmerksamkeit schenken, bringen wir als letztes Bruchstück aus dem Wenigen, das von Sapphos Dichtungen auf uns gekommen ist, eine schwärmerische Huldigung an ein offensichtlich besonders hübsches junges Mädchen – ohne freilich zu wissen, ob die Dichterin diese Worte selbst spricht oder ob sie sie irgend jemandem in den Mund gelegt hat (frg. 138 D):

| | |
|---|---|
| | (... du bist) |
| γάλακτος λευκοτέρα, | weißer als Milch, |
| ὕδατος ἀπαλοτέρα, | weicher als Wasser, |
| πηκτίδων ἐμμελεστέρα, | melodienreicher als eine Harfe, |
| ἵππου γαυροτέρα, | temperamentvoller als ein Pferd, |
| ῥόδων ἁβροτέρα, | zarter als Rosen (...), |
| χρύσου χρυσοτέρα. | goldener (noch) als Gold. |

Viele Wörter in diesen Zeilen sind ausgesprochene Raritäten, auf deren Erklärung keine Zeit verwendet zu werden braucht, weil die Übersetzung genügt. Was wir uns merken wollen, ist folgendes:

Das Neutrum γάλα, γάλακτος gehört in die Nähe von χρῆμα, χρήματος – bis auf den anderen Stammauslaut, der, mit s verbunden, zu x wird: daher Galaxis, die Milchstraße, aber: galaktisch als Adjektiv dazu.

Auch ὕδωρ, ὕδατος mit seinem auffälligen Nominativ ist ein Neutrum; wir entdecken seinen Stamm in Hydra, der Wasserschlange, im Hydranten, der Hydraulik und im Hydrogenium, dem Wasserstoff, mit dem chemischen Zeichen H – um nur ein paar Wörter aus der umfangreichen Familie zu nennen, die sich – wie das Wort selbst – in zwei Zweige aufspalten läßt: Hyda- und Hydr-.

Rhodos, die Roseninsel, hat ihren Namen von τὸ ῥόδον, Rhodo-dendron ist der ›Rosenbaum‹, und ῥοδοδάκτυλος, rosenfingrig, nannte, wie schon erwähnt, Homer die Göttin Eos.

Auch ὁ χρυσός, Gold, läßt sich in Blumennamen finden, zum Beispiel in der Chrys-antheme, der Goldblume, und der Name des Systematikers der stoischen Philosophie, Chrysippos, bedeutet eigentlich ›Goldpferd‹. Die vielen Zusammensetzungen mit ἵππος wie Ἀρίστ-ιππος oder Φίλιππος beweisen ebenso wie der Pferdevergleich in unserem Gedichtchen, daß die Griechen große Pferdenarren waren.

Stichwort Vergleich: Hier besitzt die griechische Sprache eine sehr ökonomische Ausdrucksmöglichkeit mit dem Genitiv, der auch einen Ausgangspunkt bezeichnen kann: γάλακτος λευκοτέρα εἶ: ›von der Milch aus (betrachtet), bist du weißer‹.

Wir Deutschen bevorzugen Vergleiche auf derselben Ebene, also so-wie-Angaben: Weiß wie Schnee, rot wie Blut und schwarz wie Ebenholz ist unser Schneewittchen; für die Griechen und auch für die Römer müßte es noch eine Idee weißer sein: nive candidior ... Der Komparativ, die Ver-

gleichsstufe in der sogenannten ›Steigerung‹ des Adjektivs, wird im Griechischen entweder mit dem Element -τερος oder mit -(ι)ων, -(ι)ονος gebildet; im letzteren Fall ist auch mit Veränderungen des Stamms zu rechnen.
Wollte Sappho jene unbekannte junge Dame als die melodienseligste und temperamentvollste schlechthin rühmen, klänge das so: ἐμμελεστάτη πασῶν καὶ γαυροτάτη εἶ.
Dem hier zur Bildung des Superlativs verwendeten -τατος entspricht das uns schon von ἄριστος, βέλτιστος usw. bekannte -ιστος. Durch die Beifügung von πασῶν (von allen: Genitiv des Ganzen, von dem ein Teil genommen wird) haben wir den Superlativ zu einem ›echten‹ Superlativ im Sinne der Höchststufe ›die Schönste‹ (καλλίστη) gemacht – sonst könnte man ihn auch als Elativ (›Hochstufe‹) auffassen: ›Du bist sehr musikalisch und äußerst temperamentvoll!‹
Damit beschließen wir dieses sehr ›weibliche‹ Kapitel – das nächste führt in eher ›männliche‹ Erlebensbereiche!

**Merkenswertes Vokabular:**

| | |
|---|---|
| ἡ εἰρήνη | Frieden (Irene!) |
| ὁ θεός | Gott |
| ἡ ἡμέρα | Tag |
| ἡ ὥρα | Stunde, Jahreszeit |
| ἡ νύξ, νυκτός | Nacht |
| ὁ χειμών, χειμῶνος | Sturm, Winter |
| τὸ χρῆμα, χρήματος | Sache, Ding; Plural: τὰ χρήματα Geld |
| ὁ ἵππος | Pferd |
| ὁ πόλεμος (vgl. πολέμιος) | Krieg |
| ὁ χρυσός | Gold |
| τὸ γάλα, γάλακτος | Milch |
| τὸ ὕδωρ, ὕδατος | Wasser |
| ἀγαθός, -ή, -όν | gut (Agathe!) |
| λευκός, -ή, -όν | weiß (Leuko-zyten: weiße Blutkörperchen) |
| μόνος, -η, -ον | allein |

| | |
|---|---|
| ὤν, οὖσα, ὄν | seiend, existent |
| δύειν | tauchen, untergehen |
| παύειν | aufhören machen, zur Ruhe bringen, ›stoppen‹ |
| ἐγώ | ich |
| εἶ | du bist |
| ἐστίν | er (sie, es) ist |
| εἰσίν | sie sind |
| ἔστιν | er (sie es) existiert (Akzent!) |
| εἶναι | (zu) sein |

**Grammatisches:**

1. Komparation des Adjektivs

| | Typ I | | Typ II | |
|---|---|---|---|---|
| Positiv | λευκός | weiß | κακός | schlecht |
| Komparativ | λευκότερος, -α, -ον | weißer | κακίων, -ονος κάκιον | |
| Superlativ | λευκότατος, -η, -ον | am weißesten, sehr weiß | κάκιστος, -η, -ον | am schlechtesten, sehr schlecht |

vgl. dazu Tab. 4!

2. Für Verglichenes kann Genitiv des Vergleichs (Genitivus comparationis) stehen:
γάλακτος λευκότερος — weißer *als* Milch

# EIN WEITER WEG ZUM MEER

## 1. Xenophon

Um die Wende vom 5. zum 4. vorchristlichen Jahrhundert lebte in Athen ein junger Mann namens Xenophon. Geboren um 430, hatte er den langen, auf beiden Seiten mit äußerster Erbitterung geführten Krieg zwischen Athen und Sparta bis zu dem für seine Vaterstadt katastrophalen Ende miterlebt. Er hatte beobachten können, wie unter dem Einfluß kurzsichtiger Demagogen die attische Demokratie immer mehr entartete, und beneidete insgeheim Sparta um seine streng konservative Verfassung. Als nach dem Ende des großen Kriegs die Sieger einer Junta von dreißig Männern zur Macht verhalfen, die die Verhältnisse in Athen im spartanischen Sinne ordnen sollten, leistete Xenophon als Angehöriger des insgesamt eher spartafreundlichen Ritterstandes loyale Dienste in der kleinen Armee, die die zuerst vertriebenen, bald aber siegreich heimgekehrten Demokraten als Unterdrükkungsinstrument der Tyrannei betrachten mußten. So ist es kein Wunder, daß Xenophon für sich in seiner Heimat keine besonderen Aufstiegschancen sah und daher größtes Interesse zeigte, als er zur Teilnahme an einem angeblich todsicheren Unternehmen aufgefordert wurde: Er sollte bei einer militärischen Operation des persischen Prinzen Kyros Gelegenheit erhalten, diesen kennenzulernen und, von ihm gefördert, sein Glück zu machen. Freilich, Kyros war ein Feind Athens, und Xenophon wollte, wenn er sich ihm anschloß, nicht alle Brücken hinter sich abbrechen. Deshalb fragte er den Philosophen Sokrates um Rat, in dessen Kreis er, wie viele junge Athener aus gutem Hause, regelmäßig verkehrt hatte, und wurde an das Orakel von Delphi verwiesen. Dort erkundigte sich Xenophon aber nicht, ob er zu Kyros gehen solle, sondern w i e er sein Vorhaben am besten durchführe. Sokrates machte ihm später Vorwürfe, daß er so und nicht anders gefragt habe, und auch die Athener nahmen Xenophon sein Engagement für Kyros übel und verbannten ihn, so daß er einen großen Teil seines Lebens im – spartanischen – Exil zubringen mußte. Bis es aber dazu kam, hatte Xenophon manches Abenteuer zu bestehen und geriet mehr als einmal in Lebensgefahr – denn die Expedition des Kyros führte tief nach Asien hinein und galt auch nicht irgendwelchen aufsässigen Stämmen, sondern sollte Kyros' Bruder, den Großkönig, stürzen. Zu dessen Glück fiel Kyros in der Schlacht, die seine griechischen Söldner schon für ihn entschieden hatten. Deren Siegesfreude schlug aber bald in tiefe Bestürzung und Ratlosigkeit um, als sie, ihres Prätendenten und bald auch – durch einen hinterlistigen Anschlag – ihrer Anführer beraubt, sich inmitten des persischen Riesenreichs von zahllosen Feinden eingekreist sahen. In dieser trostlosen Lage ergriff Xenophon die Initiative und schaffte es, die zehntausend Griechen aus der Falle heraus und bis zur Schwarzmeerküste zu führen.

Später, im Exil, verarbeitete er seine Aufzeichnungen und Erinnerungen – sicher auch mit dem Ziel der persönlichen Rechtfertigung – in einer Schrift, mit der er ebenso die literarische Gattung der Autobiographie (αὐτός: selbst; βίος: Leben; γράφειν: schreiben) wie die des Kriegstagebuchs begründete. Wir kennen dieses Werk unter dem Titel Anabasis (ἀνάβασις ›Hinauf-marsch‹, nämlich vom Meer ins Innere Asiens), doch handeln fünf seiner sieben Bücher nicht davon, sondern vom ›Hinab-marsch‹ der Griechen bis zu dem Punkt, von dem aus sie endlich wieder das Meer erblickten, das sie mit lautem Freudengeschrei begrüßten: θάλαττα, θάλαττα.

+S. 86/7

## 2. Auf dem Vormarsch

*(Zahlwörter; Relativpronomen)*

Zeitgenossen und Spätere bewunderten an Xenophons Anabasis die Schlichtheit der Darstellung und sein reines Attisch, doch Griechischschüler, denen dieses scheinbare Pendant zu Caesar als erste Originallektüre vorgesetzt wird, finden gerade die eigentliche Anabasis, den knapp, ja stereotyp referierten Kyroszug, reichlich trocken:

> Ἐντεῦθεν ἐξελαύνει σταθμοὺς δύο παρασάγγας δέκα ἐπὶ τὸν Ψάρον ποταμόν, οὗ ἦν τὸ εὖρος τρία πλέθρα.
> Ἐντεῦθεν ἐξελαύνει σταθμὸν ἕνα παρασάγγας πέντε ἐπὶ τὸν Πύραμον ποταμόν, οὗ ἦν τὸ εὖρος στάδιον.
> Ἐντεῦθεν ἐξελαύνει σταθμοὺς δύο παρασάγγας πεντεκαίδεκα εἰς Ἰσσούς, τῆς Κιλικίας ἐσχάτην πόλιν ἐπὶ τῇ θαλάττῃ οἰκουμένην, μεγάλην καὶ εὐδαίμονα.
>
> Von dort marschierte er (Kyros) weiter, zwei Tagereisen, zehn Parasangen, bis an den Fluß Psaros, dessen Breite drei Plethren betrug.
> Von dort marschierte er weiter, eine Tagereise, fünf Parasangen, bis an den Fluß Pyramos, dessen Breite ein Stadion betrug.
> Von dort marschierte er weiter, zwei Tagereisen, fünfzehn Parasangen, nach Issoi, der äußersten Stadt Kilikiens, am Meer (gelegen), volkreich, groß und wohlhabend ... (Anabasis, 1. Buch, Kapitel 4.1)

Das ist nun tatsächlich ein fader Text, demgegenüber der doch auch recht nüchterne Caesar geradezu farbig wirkt, doch täten wir nicht recht, wenn wir den biederen Xenophon mittels eines besonders boshaft ausgewählten Abschnitts als unfähigen Vorläufer des großen Gaius Iulius vorstellten. Tatsächlich unterscheidet sich Xenophon in vielem zu seinem Vorteil von Caesar.

Da ist zunächst seine Aufgeschlossenheit für Leben und

Denken anderer Völker; als naiver Erzähler schildert er, was ihm während des langen Marsches alles auffiel; die Strapazen, die Mensch und Tier dabei durchzustehen hatten, stellt er ohne heldische Attitüde dar, und wenn einer von seinen Leuten murrt, daß er reiten könne, während die anderen zu Fuß gehen müßten, steigt er wortlos vom Pferd und reiht sich in den Zug der Marschierenden ein.
Wiewohl er vielfach Gelegenheit hat, die Überlegenheit seiner kampfgeübten und – meistens – disziplinierten Landsleute über die angreifenden ›Barbaren‹ zu registrieren, ist er kein Chauvinist. Vieles bei den Persern bewundert er sogar, und mit seiner idealisierenden Lebensbeschreibung des älteren Kyros, des Gründers des Perserreichs, verfaßt er nicht nur den ersten historischen Roman der Antike, sondern entwirft für seine Landsleute ein Modell rechter Erziehung und korrekter Staatsverwaltung.
Demgegenüber weiß Caesar die zivilisatorischen Leistungen der von ihm bekämpften Gallier geschickt zu verschweigen, während er das ›Barbarische‹ an ihnen gebührend betont: grausige Menschenopfer und die Aufforderung zum Kannibalismus prägen sich fest in der Erinnerung des Lesers ein, der von Räderpflug und mineralischer Düngung und vielen anderen kulturgeschichtlich bemerkenswerten Dingen nicht das Geringste erfährt. Aber Caesar, der auszog, um Gallien zu erobern, muß schließlich sein Vorgehen legitimieren; Xenophon, der in das Unternehmen des Kyros sozusagen hineingeschlittert ist, hat weit weniger zu kaschieren. Natürlich ist auch er Militär, doch hat das Menschliche bei ihm einen anderen Stellenwert als bei Caesar, der mit Legionen und Legaten wie auf einem riesigen Schachbrett operiert: der Altphilologe Bruno Snell nennt Xenophon sogar den »Entdecker der Menschlichkeit«.
Ehe wir dem Menschlichen bei Xenophon weiter nachspüren, werfen wir noch einen Blick auf das, was an sprachlichen Erscheinungen in jenen Zeilen über Kyros' unaufhaltsamen Vormarsch steckt:

Ἐντεῦθεν ἐξελαύνει σταθμοὺς δύο παρασάγγας δέκα ἐπὶ τὸν Ψάρον ποταμόν, οὗ ἦν τὸ εὖρος τρία πλέθρα. Ἐντεῦθεν ἐξελαύνει σταθμὸν ἕνα παρασάγγας πέντε ἐπὶ τὸν Πύραμον ποταμόν, οὗ ἦν τὸ εὖρος στάδιον. Ἐντεῦθεν ἐξελαύνει σταθμοὺς δύο παρασάγγας πεντεκαίδεκα εἰς Ἰσσούς, τῆς Κιλικίας ἐσχάτην πόλιν ἐπὶ τῇ θαλάττῃ οἰκουμένην, μεγάλην καὶ εὐδαίμονα.

Die Verbform ἐξελαύνει identifizieren wir als 3. Person Singular des Indikativ Präsens Aktiv; daß sie als Vergangenheit übersetzt wurde, erklärt sich aus ihrer Verwendung: Das sogenannte ›historische‹ oder ›dramatische‹ Präsens gebrauchen auch wir in lebhafter Schilderung von Geschehenem. Kurioserweise nimmt Xenophon bei den Breitenangaben, die wohl auch zur Zeit der Niederschrift seiner Anabasis noch gestimmt haben dürften, statt ἐστίν das entsprechende Imperfekt ἦν.

Von folgenden Wörtern lassen sich Kasus und Numerus im Bedarfsfall aus den Tabellen 1 und 2 bestimmen:

ὁ σταθμός: Tagereise; eigentlich: Standort, Rastplatz, Quartier. Wie im Lateinischen bedeutet der Stamm sta- ›stehen‹.

ὁ παρασάγγης: ein persisches Streckenmaß für ca. 5,5 km, das noch im neupersischen farsang weiterlebt.

ὁ ποταμός: der Fluß; wir vergleichen ὁ ἱππο-πόταμος, Flußpferd, das die Engländer fast zärtlich als hippo abkürzen.

τὸ πλέθρον: ein Längenmaß für ca. 30 m.

τὸ στάδιον: noch ein Längenmaß, benannt nach der Bahn, in der man zu Olympia und an anderen Orten um die Wette lief. Je nach der Gegend schwankte die Länge der Stadien zwischen 164 und 192 m.

ἡ θάλαττα: das Meer, dem der weise Pittakos mißtraute.

ἡ Κιλικία: eine Landschaft im südlichen Kleinasien.

Ψάρος und Πύραμος: Namen von Flüssen.

Ἰσσοί: eine pluralische Namensform für eine Ortschaft, wie Ἀθῆναι.

ἔσχατος, -η, -ον: der (die, das) äußerste. Das Adjektiv erinnert uns an die Eschato-logie, die Lehre von den letzten Dingen, d. h. vom Ende dieser Welt, wozu in der Offenbarung Johannis einiges gesagt ist, und

μεγάλη: als Femininum zu μέγας (μεγάλη) μέγα, groß, das ebenso wie das entsprechende Genus bei μέλας, μέλαινα, μέλαν einen erweiterten Stamm aufweist. Während im letzteren Fall die Besonderheit auf das Femininum beschränkt bleibt, werden bei μέγας auch Genitiv und Dativ Singular sowie der ganze Plural der anderen Geschlechter vom erweiterten Stamm gebildet, also z. B. τῷ μεγάλῳ θεῷ (dem großen Gott).

οἰκούμενος, -η, -ον: bewohnt, ein Partizip Präsens Passiv, das von dem Stamm οἰκε- durch Anfügen von – ομενος unter Kontraktion von ε+ο zu ου gebildet ist. Wir erinnern uns der Oikumene bzw., latinisiert, der Ökumene; ἡ οἰκουμένη γῆ ist die gesamte von uns bewohnte Erde und als ›ökumenisch‹ bezeichnen sich speziell im kirchlichen Bereich Institutionen und Versammlungen, die für sich in Anspruch nehmen, über nationale und sonstige Grenzen hinauszuwirken. Wer es merkwürdig findet, daß es im Griechischen – im Gegensatz zum Lateinischen – ein Partizip Präsens Passiv gibt, sollte unser ›bewohnt‹ unter die Lupe nehmen, das in der Übersetzung von ἡ οἰκουμένη ganz deutlich einen gegenwärtigen Zustand erfaßt.

In den Rahmen der Dritten Deklination einzuordnen sind

τὸ εὖρος: Breite; die Beugung entspricht der von τὸ γένος (T 3.6),

πόλιν als Akkusativ Singular von ἡ πόλις (T 3.7),

εὐδαίμονα: ebenfalls Akkusativ Singular zu dem Adjektiv εὐδαίμων, εὐδαίμονος, das wie σώφρων dekliniert wird (T 3.2) und eigentlich ausdrückt, daß jemand von seinem δαίμων, seiner Schutzgottheit, gut (εὖ) bedacht wurde, also ›glücklich‹ bzw. ›wohlhabend‹ ist.

Zahlwörter sind für den, der eine moderne Fremdsprache erlernt, von ganz anderer Bedeutung als für den Freund des Altgriechischen, der mit niemandem Zimmerpreise auszuhandeln, keine Flugtickets zu bezahlen und nicht um Souvenirs zu feilschen hat. Andererseits sind die Grund- und Ordnungszahlen der heutigen Griechen den altgriechischen nicht selten bis auf den Buchstaben gleich: ›zwei‹ heißt immer noch δύο; τρεῖς (m/f) mit dem Neutrum τρία spricht man nun triss, tria; an der Schreibung hat sich nichts geändert, ebensowenig wie bei πέντε, fünf. Statt πεντεκαίδεκα (fünfzehn) sagt man nun δεκαπέντε, aber das ist keine besondere Entstellung: die Stämme pent- (enthalten z. B. im Pentagramm, dem fünfzackigen, mit einem Zug zu zeichnenden ›Drudenfuß‹) und deka- (Dekade als Bezeichnung einer Zehnerfolge, Deka-log für die Zehn Gebote) sind klar erkennbar. Also ist's wohl nicht ganz für die Katz', daß wir die Zahlen in T 6 aufführen. Hier wollen wir aber nicht viel Aufhebens von ihnen machen, denn in den künftigen Texten spielen sie eine mehr als nebensächliche Rolle. Nur eins sei noch gesagt: ›eins‹ hat drei Geschlechter: εἷς, μία, ἕν, Genitiv: ἑνός, μιᾶς, ἑνός, und in der Deklination von δύο zeigen sich die Ausgänge eines im älteren Griechisch verbreiteten, dann aber allmählich geschwundenen Numerus, des Duals als Bezeichnung der Zweizahl, der da und dort auch im Formenbestand deutscher Dialekte noch erkennbar ist an zwa, zwee, zwo, zween, zwier und Ähnlichem.

Zum Schluß bedarf die Form οὗ einer Erklärung: Es handelt sich um ein Relativ-Pronomen, dessen Formen in den meisten Fällen gebildet werden wie die Ausgänge des Artikels, also ohne dessen τ, aber behaucht und mit Akzent.

Wir vergleichen Nominativ und Genitiv im Singular und können dann das Fehlende entsprechend der erkannten Regelhaftigkeit bilden:

| | Artikel | | | Relativ-Pronomen | | |
|---|---|---|---|---|---|---|
| N | der | die | das | der/ welcher | die/ welche | das/ welches |
| | ὁ | ἡ | τό | ὅς | ἥ | ὅ |
| G | des | der | des | dessen | deren | dessen |
| | τοῦ | τῆς | τοῦ | οὗ | ἧς | οὗ |
| | … | | | … | | |

Auch das Erfassen im Text ist dann nicht schwer, wenn man sich vergegenwärtigt, daß Relativ-Pronomina in der Regel am Anfang der von ihnen eingeleiteten Gliedsätze stehen:

| |
|---|
| … δύο ποταμοί, ὧν τὰ ὀνόματα ἦν Ψάρος καὶ Πύραμος |
| … zwei Flüsse, deren Namen Psaros und Pyramos waren. |

›Fluß‹ gehört zum merkenswerten Vokabular:

| | | | |
|---|---|---|---|
| ὁ ποταμός | der Fluß | ἔσχατος, -η, -ον | der (die, das) letzte, äußerste |
| μέγας, μεγάλη, μέγα, μεγάλου, -ης, -ου | groß | εὐδαίμων, -ον εὐδαίμονος | glücklich, wohlhabend |
| εἰς (Präp. m. Akk.) | in, nach | ἐπί (Präp. m. Dat.) | an, auf |

Nach diesem Präludium in Sachen Xenophon wenden wir uns der Formenlehre des Verbums zu, und zwar anhand eines Texts, der eine griechische Spezialität, das zwischen Aktiv und Passiv stehende Medium, gehäuft enthält. Wir haben das Original nur durch einige unerhebliche Kürzungen sowie dadurch verändert, daß wir das von Xenophon anfangs benützte ›historische‹ Präsens konsequent durchgehalten haben, auch in unserer Übersetzung.

## 3. »Ich kann mit ihnen reden!«

(nach Xenophon, Anabasis 4, 8, 4–6)

*(Medium/Passiv, Pronomina, Infinitivkonstruktionen)*

(Der Zug der Griechen bewegt sich durch das Stammesgebiet der Makronen, die ihm durch häufige Überfälle das Vorankommen erschweren.)

Ἔνθα δὴ προσέρχεται Ξενοφῶντι τῶν πελταστῶν ἀνὴρ Ἀθήνησι φάσκων δεδουλευκέναι, λέγων, ὅτι γιγνώσκει τὴν φωνὴν τῶν ἀνθρώπων. Καὶ οἶμαι, ἔφη, ἐμὴν ταύτην πατρίδα εἶναι· καὶ εἰ μή τι κωλύει, ἐθέλω αὐτοῖς διαλέγεσθαι. – Ἀλλ' οὐδὲν κωλύει, ἔφη, ἀλλὰ διαλέγου καὶ μάνθανε πρῶτον, τίνες εἰσίν. Οἱ δὲ λέγουσιν, ὅτι Μάκρωνες. Ἐρώτα τοίνυν, ἔφη, αὐτούς, τί χρῄζουσιν ἡμῖν πολέμιοι εἶναι. Οἱ δ' ἀποκρίνονται· Ὅτι καὶ ὑμεῖς ἐπὶ τὴν ἡμετέραν χώραν ἔρχεσθε.

Da nun kommt zu Xenophon von den Leichtbewaffneten ein Mann, der erklärt (sagend), in Athen Sklave gewesen zu sein, und behauptet (sagend), daß er die Sprache der Leute verstehe. »Und ich glaube«, sagt er, »daß dies meine Heimat ist; und wenn nichts dagegen spricht (hindert), will ich mit ihnen reden.«
»Aber nichts spricht dagegen«, sagt (Xenophon), »rede nur mit ihnen und bringe zuerst in Erfahrung (lerne zuerst), wer sie sind.«
Die aber sagen, daß (sie) Makronen (seien). »Frage sie nun«, sagt (Xenophon), »warum sie es für nötig halten (was sie nötig haben), uns feindlich zu sein.« Die aber erwidern: »Weil auch ihr gegen unser Land marschiert.«

Die Griechen erwidern, sie hätten keine bösen Absichten:

Ἀπερχόμεθα εἰς τὴν Ἑλλάδα, καὶ ἐπὶ θάλατταν βουλόμεθα ἀφικνεῖσθαι.

»Wir ziehen nach Griechenland und wollen ans Meer gelangen.«

Daraufhin stellen die Makronen die Feindseligkeiten ein, versorgen das Heer mit Lebensmitteln und helfen dabei, die Wege gangbar zu machen.

Wenn Sie, lieber Leser, nun Lust dazu haben, sollten Sie, geleitet von ein paar Aufgaben, an diesem Text erst ein wenig knobeln, bevor Sie anhand unserer Lösungen die Richtigkeit der Ihrigen überprüfen:

1. Bitte lösen Sie aus dem Text alle Prädikate heraus und suchen Sie diese nach Person (ich/du/er, sie, es/wir/ihr/sie) und Zahl sowie nach ihrem Modus (hier: Indikativ oder Imperativ) zu bestimmen. Sondern Sie dabei Verben, die der bereits bekannten Konjugation auf -ω folgen, von denen ab, deren Endungen Ihnen neu sind.
2. Wo stoßen Sie auf Partizipien, wo auf Infinitive, die eine abhängige Aussage enthalten?
3. Welche Formen können Sie als Pronomina (z. B. wir, dieser, wer) identifizieren?

Die wieder sehr wörtliche Übersetzung kann Ihnen dabei helfen, dazu die folgende Auflistung der ›merkenswerten‹ Vokabeln, die Seltenes freilich ausspart. Wenn Sie sehr gründlich sind und z. B. wissen möchten, auf welchen Nominativ Singular die Form τῶν πελταστῶν zurückzuführen ist, bedienen Sie sich bitte eines Wörterbuchs. Dort finden Sie dann ὁ πελταστής, -οῦ und erinnern sich gewiß an ὁ πολίτης, -οῦ aus Tabelle 1.4.

**Vokabeln:**

| | | | |
|---|---|---|---|
| ἡ Ἑλλάς, Ἑλλάδος | Griechenland | ἡ φωνή | Stimme, Sprache (Tele-phon!) |
| ἡ πατρίς, πατρίδος | Heimat, Vaterland | ἡ χώρα | Land |
| πρῶτος, -η, -ον | der (die, das) erste | πρῶτον | zuerst |



Ein nicht geschundener Mensch wird nicht erzogen (Menander) = JAMBEN

| | | | |
|---|---|---|---|
| αὐτός, -ή, ό | er, sie, es; dieser, diese, dieses; selbst; derselbe | τίς/τί<br>τις/τι | wer? was?<br>jemand/etwas |
| ἡμεῖς (ἡμῶν, ἡμῖν, ἡμᾶς) | wir | ὑμεῖς (ὑμῶν, -ῖν, -ᾶς) | ihr |
| ὁ δέ, ἡ δέ, τὸ δέ | der/die/das aber | | |
| ἐρωτῶ (<ἐρωτάω) | ich frage | γιγνώσκειν | erkennen, kennen |
| κωλύειν | hindern | λέγειν, φάσκειν | sagen |
| θέλειν, ἐθέλειν | wollen | μανθάνειν | lernen, erfahren |
| ἀφικνεῖσθαι (<-έεσθαι) | (an)kommen | βούλεσθαι | wollen |
| ἀποκρί-νεσθαι | antworten | διαλέγεσθαι | sprechen, sich unterhalten |
| ἔρχεσθαι | gehen, mar-schieren | οἴεσθαι | glauben, meinen |

πρός (Präp. m. Akk.) nach, auf, zu; als Vorsilbe bei Verben: hin(zu)

ἀπό (Präp. m. Gen.) von – her, von – weg, seit; als Vorsilbe: weg

**Grammatisches:**

* Aussagen werden im Griechischen mit οὐ (οὐκ, οὐχ) verneint, Wünsche, Bedingungen u. ä. mit μή; dem entspricht die Verwendung von οὐδέν/μηδέν: nichts.

**Lösungen** der gestellten Aufgaben:

1.1 Im Indikativ Präsens stehen folgende Formen:
  ἐθέλω (1. Person Singular) ich will
  κωλύει und γιγνώσκει (3. Person Singular) es hindert/er kennt
  λέγουσιν und χρῄζουσιν (3. Person Plural) sie sagen/sie haben nötig

* οὐ verneint die Gültigkeit einer Aussage (hauptungssätze)

μή wehrt die Verwirklichung eines Gedank[ens] ab (Begehrungs- u. Bedingungssätze):

ὁ μὴ δαρεὶς ἄνθρωπος οὐ παιδεύεται ←

Imperative sind

μάνθανε (erfahre!) und auch ἐρώτα (frage! aus ἐρώταε kontrahiert).

Das Verbum γιγνώσκω weist eine Anlautverdopplung (γι-) und das Bildungselement -σκ- auf, das gleich dem lateinischen -sc- in consene-sc-o (ich werde alt) den Beginn einer Handlung bezeichnen kann. Den Stamm γνω- erkennen wir rein in der Gnosis (›Erkenntnis‹), einer spätantiken Heilslehre im Umfeld des Christentums.

Der im Präsens durch ν erweiterte Stamm von μανθάνω ist μαθ-, uns bekannt aus der Mathematik, was wörtlich ›Lerngegenstand‹ bedeutet und für die Wichtigkeit dieser Disziplin im griechischen Schulwesen spricht, welche auch eine Inschrift über Platons Akademie unterstreicht: Niemand trete hier ohne mathematische Grundkenntnisse ein!

1.2 Bei den für uns neuen Formen lassen sich die Endungen folgendermaßen abtrennen und bestimmten Personen zuordnen:

| *Singular* | | *Plural* | |
|---|---|---|---|
| 1. οἶ-μαι (οἴ-ο-μαι) | *ich* glaube | βουλ-ό-μεθα | *wir* wollen |
| 2. | | ἔρχ-ε-σθε | *ihr* geht |
| 3. προσέρχ-ε-ται | *er* kommt heran | ἀποκρίν-ο-νται | *sie* antworten |

Ein Imperativ ist

δια λέγ-ου rede (mit jemandem) Plural: διαλέγ-ε-σθε

Der Infinitiv endet auf -εσθαι: διαλέγεσθαι.

Deutlicher als im Indikativ Präsens Aktiv erkennen wir hier ε und ο als verbindende Laute zwischen Stamm und Endung. Wo dies nicht der Fall ist, trat entweder die Endung unmittelbar an den Stamm, z. B. in οἶ-μαι, oder es fand eine Kontraktion statt wie bei διαλέγου (aus διαλέγ-ε-σο durch Ausfall des σ).

Die in unserer Aufstellung fehlende 2. Person Singular müßte zu διαλέγεσθαι διαλέγ-ῃ lauten. Auch diese Form entstand durch Ausfall eines innervokalischen σ und nachfolgende Kontraktion aus ursprünglichem διαλέγ-ε-σαι. Verben, die an einen vokalisch auslautenden Stamm bzw. ›Wortstock‹ die Endungen unmittelbar anfügen, bewahren -σαι unverändert, z. B. κεῖ-μαι ich liege, κεῖ-σαι du liegst usw.

Wenn wir die neuen Verbformen nun mit der beigegebenen Übersetzung vergleichen, stellen wir überrascht fest: »Das ist doch alles Aktiv!«

Tatsächlich werden wir sämtliche Mediumformen, die uns künftig begegnen, aktivisch übersetzen, freilich unter Berücksichtigung der Tatsache, daß das Medium von Verben, die auch ein Aktiv haben, stets das Betroffensein des Subjekts von der Verbalhandlung signalisiert, z. B.

παύω: ich halte jemanden auf, lasse ihn aufhören, beruhige ihn

παύομαι (Medium): ich halte mich selbst zurück, höre selbst auf, beruhige mich

παύομαι (Passiv): ich werde aufgehalten/beruhigt.

Die häufigsten Aspekte dieses Betroffenseins sind folgende:

1. Das Subjekt vollzieht die Verbalhandlung *an sich:*
   λούω: ich wasche (jemanden) – λούομαι: ich wasche mich
2. Das Subjekt vollzieht die Verbalhandlung *für sich:*
   παρασκευάζω: ich richte etwas her
   παρασκευάζομαι: ich richte etwas für mich her
3. Das Subjekt vollzieht die Verbalhandlung *zusammen mit* anderen in enger Wechselbeziehung:
   διαλέγομαι (m. Dativ): ich unterhalte mich mit jemandem

Bei vielen Verben, die – wie διαλέγομαι – keine eigenen Aktivformen haben, treten diese Aspekte kaum mehr zu Tage, ähnlich wie bei einem Großteil der lateinischen Deponentia (z. B. hortor: ich mahne).

Zwischen den Formen des Mediums und denen des Passivs

besteht im Präsens, Imperfekt, Perfekt und Plusquamperfekt *kein* Unterschied. In den restlichen Zeiten kann es vorkommen, daß die Formen zwar passivisch gebildet sind, aber trotzdem mediale Bedeutung haben. Das klingt zum Glück schlimmer als es wirklich ist – denn wer wird schon eine scheinbar passivische Form von διαλέγομαι mit ›ich wurde unterredet‹ übersetzen wollen?

2.1 Unsere zweite Aufgabe betraf ›infinite‹ (nicht durch Personalendungen und Aussageweisen näher bestimmte) Verbformen; davon waren die beiden Partizipien ganz leicht zu finden: φάσκων (-οντος) und λέγων (λέγοντος). Beide beziehen sich auf den Mann, der an Xenophon herantritt, und lassen sich entweder mit Relativsatz (der sagte) oder durch Beiordnung zum Hauptprädikat (... kam ein Mann *und* sagte) wiedergeben.

2.2 Kniffliger war die Aufgabe mit den abhängigen Infinitiven, zumal wir die Zeitstufe des einen und seine besondere Endung offiziell noch nicht kennen. Im Zusammenhang mit dem Untergang des Mondes bei Sappho wurde allerdings die Bildung des griechischen Perfekts durch Verdopplung des Stammanlauts und Tempuszeichen -κ- kurz berührt:

δέ-δυκε: er ist untergegangen
δε-δούλευ-κ-ε: er ist Sklave gewesen (von δουλεύω).

Der Infinitiv zur letzteren Form ist δε-δουλευ-κ-έναι, als Sklave gedient zu haben; er hängt von dem Partizip φάσκων ab und läßt sich ganz wörtlich ins Deutsche übersetzen (›und erklärte, in Athen als Sklave gedient zu haben‹).

Der zweite Infinitiv, εἶναι (zu sein), ist zusammen mit den drei Akkusativen von οἶμαι (ich glaube) als sogenannter AcI (Akkusativ mit Infinitiv) abhängig. Hier kommen wir mit wörtlicher Übersetzung nicht weiter (›ich glaube, meine diese Heimat zu sein‹) und weichen daher auf einen Daß-Satz aus: Ich glaube, daß dies meine Heimat ist.

Subjekt des AcI ist somit die Form ταύτην, ἐμὴν ... πατρίδα gehört als (stets artikelloses) Prädikatsnomen zu εἶναι.

Ein weiteres εἶναι ist zusammen mit dem Prädikatsnomen πολέμιοι von χρῄζουσιν als Objekt (»Was haben sie nötig?«) abhängig. Dieselbe Aufgabe erfüllen die beiden medialen Infinitive διαλέγεσθαι (»Was will ich?«) und ἀφικνεῖσθαι (»Was wollen wir?«).

Hier mag – im Vergleich mit dem AcI (οἶμαι) ταύτην ἐμὴν πατρίδα εἶναι – der Nominativ πολέμιοι überraschen; vergegenwärtigt man sich, daß zwar der Infinitiv als Objekt fungiert (*was* halten sie für nötig?), das Prädikatsnomen sich aber auf das übergeordnete Subjekt bezieht (*sie* halten es für nötig, *Feinde* zu sein), dann wird die Konstruktion ebenso verständlich wie die entsprechende des Lateinischen: Cupio tibi amic*us* esse: Ich wünsche, dir ein Freund zu sein.

3. Unser Textabschnitt bietet auch eine recht breite Auswahl von Pronomina (T 6).

Formen des Personalpronomens sind der Dativ ἡμῖν (uns) und der Nominativ ὑμεῖς (ihr); von den Stämmen ἡμ- und ὑμ- werden die Possessivpronomina mit dem Suffix -τερος gebildet, das wir vom Komparativ kennen und das auch hier einen Vergleich andeutet: dieses Land ist das unsere, nicht das euere. Dekliniert werden ἡμέτερος, -α, -ον und ὑμέτερος, -α, -ον nach der a-/o-Deklination (T 1/2), ebenso wie ἐμός, -ή, -όν mein.

Als Personal- und Possessivpronomen der 3. Person fungiert das wandlungsfähige αὐτός, -ή, -ό, das außerdem noch ›selbst, persönlich‹ (lateinisch ipse) und ›derselbe‹ (lat. idem) bedeuten kann. Wortstellung und unterschiedliche Verwendung des Artikels ermöglichen die Unterscheidung:

| | |
|---|---|
| διαλέγομαι αὐτῷ | ich unterhalte mich mit ihm |
| διαλέγομαι τῷ φίλῳ αὐτοῦ | ich unterhalte mich mit seinem Freund (= dem Freund von ihm) |
| ὁ βασιλεὺς αὐτός | der König selbst (= in eigener Person) |
| ὁ αὐτὸς βασιλεύς | derselbe König |

In den zahlreichen mit αὐτός gebildeten Fremdwörtern bedeutet dieser Stamm meist ›selbst‹: ein Auto-mat ist etwas, das von selbst geht, ein Auto-didakt hat sich selbst etwas beigebracht (διδάσκω: ich lehre), und ein Auto-mobil ist von selbst beweglich. Daß hier Griechisch und Latein gemischt sind, veranlaßte die neugriechischen Sprachreiniger zu einer Korrektur: im heutigen Griechenland heißt das Auto αὐτοκίνητο (von κινέω, ich bewege; wir finden den Verbstamm im Kino, das man im angelsächsischen Sprachraum the movies, die bewegten Bilder, nennt).

An οἱ δέ, diese aber/die aber, läßt sich erkennen, daß der Artikel sich aus einem Demonstrativpronomen entwickelt hat. Zusammengerückt mit δέ zu ὅδε, ἥδε, τόδε bezeichnet er etwas Gegenwärtiges oder Folgendes, im Gegensatz zu οὗτος, αὕτη, τοῦτο (Gen.: τούτου, ταύτης, τούτου), das häufiger bei schon Erwähntem ›dieser‹ bedeutet.

Gleich dem lateinischen quis/quid, das sowohl fragend (wer/was?) wie unbestimmt (jemand/etwas) verwendet werden kann, benützt das Griechische τίς und τί, wobei es freilich, dank seiner Akzente, einen feinen Unterschied macht: Das fragende τίς/τί wird stets betont, während sich das unbestimmte sehr oft an das vorangehende Wort anlehnt (z. B. εἰ μή τι: wenn nicht irgendetwas, wenn nichts). Diese ›enklitische‹ Verwendung läßt sich auch bei Formen von εἶναι und verschiedenen ›kleinen Wörtern‹ wie τε (und) beobachten, dessen Gegenstück im Lateinischen, -que, sich nicht anders verhält: Senatus populúsque Romanus.

Uns interessieren im Bereich der Enklitika, der ›anlehnungsbedürftigen‹ Wörtchen, nur die Fälle, wo der Akzent die Bedeutung bestimmt, also einmal τίς/τις und dann die Verwandlung des Hilfszeitworts εἶναι zum Vollverb, die uns in dem berühmten Satz des Protagoras begegnete:

> Πάντων χρημάτων μέτρον ἐστὶν ἄνθρωπος, τῶν ὄντων, ὡς ἔστιν
>
> Aller Dinge Maß ist der Mensch, der seienden, daß sie sind …

Ein kleines Grammatik-Problem steckt noch in der Wendung

... ὅτι γιγνώσκει τὴν φωνὴν τῶν ἀνθρώπων
... er kenne die Sprache der Leute.

Wäre τῶν ἀνθρώπων ein Genitiv-Attribut, müßte es in ›Klammerstellung‹ genommen werden: τὴν τῶν ἀνθρώπων φωνήν.
Wir erinnern uns an

ὁ δῆμος τῶν Ἀθηναίων
die Unterschicht der Athener

und erklären τῶν ἀνθρώπων als einen Genitiv des geteilten Ganzen: Xenophons Soldat glaubt, von den Leuten die Sprache zu kennen, das heißt, die Laute kommen ihm bekannt vor, aber nicht die Gesichter der Menschen, ihre Tracht usw.
Diese Erklärung wird gestützt durch die Wortwahl: Xenophon gebraucht nicht das Wort ἡ γλῶττα, das in der Regel Sprache oder Mundart bedeutet, sondern eben φωνή, dessen Stamm wir unter anderem im Megaphon (›große Stimme‹), Tele-phon (›Fern-Stimme‹), poly-phon (vielstimmig), symphonisch (zusammen-klingend) finden und dessen Stamm Phon wir als Maß der Lautstärke verwenden.
Mit φάσκω ist ἔφη verwandt; wir kennen den Stamm fa- auch aus der Fabel und dem Fremdwort in-fantil (von lateinisch infans: Kind, das noch nicht sprechen kann).
οὐδείς, niemand, und οὐδέν, nichts, sind aus οὐδ-εἷς bzw. οὐδ-ἕν zusammengerückt und werden wie εἷς dekliniert; das Femininum muß also οὐδεμία heißen.
Zu den Ordnungszahlen, die nicht eine Menge, sondern einen Rangplatz bezeichnen, gehört πρῶτος, der erste. Ein Proto-typ ist das erste Modell, z. B. für eine neue Autoserie, Proto-plasma sozusagen die Ursubstanz des Lebendigen. In unserem Text hat das Neutrum πρῶτον adverbialen Charakter: frage als erstes = zuerst.

Daß das Bindewort ὅτι bisweilen fast unserem Doppelpunkt entspricht, machten wir bereits in der Übersetzung deutlich:

... Οἱ δὲ λέγουσιν, ὅτι Μάκρωνες.
... die aber erwiderten: »Makronen!«

Bemerkenswert ist, daß die Angreifer zuerst gefragt werden, wer sie überhaupt seien. Womöglich spielt hier die uralte Vorstellung eine gewisse Rolle, daß man von jemandem, mit dem man in Kontakt treten will, zuerst wissen müsse, wer er ist, ganz im Sinne der in Homers Odyssee (X 325) so formulierten Frage:

Τίς πόθεν εἶς ἀνδρῶν, πόθι τοι πόλις ἠδὲ τοκῆες;
Wer, woher bist du unter den Menschen? Wo (sind) dir Heimatstadt und Eltern?

(εἶς = εἶ, du bist; ἀνδρῶν: von πόθεν abhängiger Gen. partitivus: woher von den Männern; τοι = σοι, dir: der Dativ bezeichnet den Besitzer, also: wo sind dir = wo hast du; ἠδέ = καί; τοκῆες = τοκεῖς von ὁ τοκεύς, -έως: Elternteil, ›Erzeuger‹)

Und mit jemandem, dessen Namen und Herkunft man kennt, kann man reden, sofern man seiner Sprache mächtig ist. Dann aber ist Verständigung in Sicht, dann schweigen die Waffen; Kampf und Streit ist ja so oft die Folge von Mißverstehen oder Nicht-verstehen!

Zweifellos steckt in Xenophons kleiner Geschichte mit ihrem so harmonischen Schluß die optimistische Ansicht, daß ein Gespräch zwischen Menschen Brücken schlagen kann, daß es sie daran hindert, in tierisch-dumpfer Aggressivität übereinander herzufallen – doch wer der Maxime ›Lieber zehnmal verhandeln als einmal schießen‹ folgt, ist von der gleichen Erwartung erfüllt, daß nämlich ein Dialog das gegenseitige Verständnis fördere und Fehlentscheidungen verhindere. Die Weltliteratur ist voll von Beispielen für das Gegenteil, für zähneknirschendes Schweigen und blinde, verständigungsunfähige Wut: Hätte Othello das Gespräch mit Desdemona gesucht, wäre Jagos Intrige kläglich gescheitert ...

Xenophon jedenfalls scheint daran zu glauben, daß Sprache den Menschen nicht nur vom ›stummen‹ Tier unterscheidet, sondern ihn erst so recht zu menschlichem Verhalten befähigt: Makronen und Griechen teilen sich aufrichtig ihre Meinungen und Absichten mit, und alles endet in Eintracht. Wenn man diesen kleinen, durch die eingeschobenen ἔφη so naiv wirkenden Dialog mit den meist sehr langen Reden und Gegenreden bei Caesar vergleicht, dann wird man feststellen, daß dort oft sehr viele Worte gemacht werden, um vorhandene Absichten zu verschleiern, um den augenblicklichen Gesprächspartner, der in Wirklichkeit Gegner ist und bleibt, zu provozieren oder um ihn ins Unrecht zu setzen.

So könnte beispielsweise auch Sokrates in den platonischen Dialogen verfahren; schließlich besteht zwischen ihm und den Sophisten, mit denen er sich meist auseinandersetzt, eine tiefe ›ideologische‹ Kluft. Doch diese Dialoge enden in der Regel nicht so, daß am Ende Sokrates als der strahlende Sieger dasteht und der Gesprächspartner blamiert vom Platze schleicht; vielmehr muß der Leser die Wahrheit in der Spannung zwischen These und Antithese finden und darf nicht darauf vertrauen, daß ihm am Schluß des Gesprächs ein Resümee mit verbindlicher Problemlösung geboten wird: auch das, was die großen Sophisten sagen – Protagoras etwa oder Gorgias –, ist bisweilen höchst bedenkenswert und exemplarisch.

Zum Schluß dieser Betrachtungen sei gestanden, daß wir die eben interpretierte Xenophonpassage in erster Linie unter grammatischen Gesichtspunkten ausgewählt haben; daß sie auch inhaltlich etwas hergibt, spricht für Xenophon.

## 4. Das unterirdische Dorf

(Xenophon, Anabasis 4, 5, 25–27)

*(Imperfekt)*

25 Αἱ δ' οἰκίαι ἦσαν κατάγειοι, τὸ μὲν στόμα ὥσπερ φρέατος, κάτω δ' εὐρεῖαι· αἱ δὲ εἴσοδοι τοῖς μὲν ὑποζυγίοις ὀρυκταί, οἱ δὲ ἄνθρωποι κατέβαινον ἐπὶ κλίμακος. Ἐν δὲ ταῖς οἰκίαις ἦσαν αἶγες, οἶες, βόες, ὄρνιθες, καὶ τὰ ἔκγονα τούτων· τὰ δὲ κτήνη πάντα χιλῷ ἔνδον ἐτρέφοντο. 26 Ἦσαν δὲ καὶ πυροὶ καὶ κριθαὶ καὶ ὄσπρια καὶ οἶνος κρίθινος ἐν κρατῆρσιν. Ἐνῆσαν δὲ καὶ αὐταὶ αἱ κριθαὶ ἰσοχειλεῖς, καὶ κάλαμοι ἐνέκειντο, οἱ μὲν μείζους, οἱ δὲ ἐλάττους, γόνατα οὐκ ἔχοντες. 27 Τούτους ἔδει ὁπότε τις διψῴη λαβόντα εἰς τὸ στόμα μύζειν. Καὶ πάνυ ἄκρατος ἦν, εἰ μή τις ὕδωρ ἐπιχέοι· καὶ πάνυ ἡδὺ συμμαθόντι τὸ πῶμα ἦν.

... die Häuser aber waren unterirdisch (angelegt), der Eingang wie (der eines) Brunnens, unten aber (waren sie) geräumig; die Zugänge für die Zugtiere waren gegraben, die Menschen aber stiegen auf einer Leiter hinab. In den Häusern aber waren Ziegen, Schafe, Rinder, Hühner und deren Junge, und die Tiere wurden alle drinnen mit Futter versorgt. Es gab aber auch Weizen, Gerste, Hülsenfrüchte und Bier (Gerstenwein) in Krügen; es waren aber auch die Gerstenkörner selbst drinnen, bis an den Rand (des Krugs), und Schilfrohre steckten drinnen, die einen größer (= weiter), die anderen kleiner (= enger), und hatten keine Knoten. Diese mußte, jedesmal wenn einer Durst hatte, (der) in den Mund nehmen und (daran) saugen. Und arg stark war (das Getränk), wenn man (= jemand) nicht Wasser dazugoß, und sehr angenehm für den, der sich daran gewöhnt hatte.

Auch zu diesem Text geben wir an Vokabeln nur an, was sich zu merken lohnt, empfehlen aber dem geduldigen Leser das Nachschlagen der Raritäten als nützliche Übung im Umgang mit dem Wörterbuch. Vielfach entdeckt man das, was man sucht, erst auf den zweiten (oder dritten) Blick, z. B.

φρέατος unter φρέαρ, φρέατος (Brunnen),
κλίμακος unter κλίμαξ, κλίμακος (Leiter),
τὰ κτήνη unter κτῆνος, -ους (Besitz, Vieh):

das Wort wird wie τὸ γένος dekliniert, hat also im Nominativ/Akkusativ Plural den Ausgang -η (vgl. Tab. 3.6).
Das Femininum εὐρεῖαι gehört zu εὐρύς (breit) – wir erinnern uns an τὸ εὖρος (Breite) in dem trockenen Vormarsch-Text; zu μείζους und ἐλάττους empfehlen wir einen Blick in Tab. 4 (Komparation), die beiden Partizipialformen λαβόντα und συμμαθόντι sowie die Prädikate sparen wir für später auf.

**Vokabeln:**

| | | | |
|---|---|---|---|
| ἡ ὁδός | Weg | ὁ οἶκος/ἡ οἰκία | Haus |
| ἡ εἴσ-οδος | Eingang | ὁ οἶνος | Wein |
| ὁ κρατήρ, -ῆρος | Krug | τὸ στόμα, -ατος | Mund, Öffnung |
| ἡδύς, ἡδεῖα, ἡδύ (ἡδέως, ἡδείας) | angenehm | | |
| βαίνειν | gehen, steigen | ἔχειν | haben |
| δεῖ | es ist nötig | κεῖσθαι | liegen, sich befinden |

ἐν (Präp. m. Dativ) in; als Vorsilbe: drinnen, vgl. ἐν-εῖναι
κατά (Präp. m. Genitiv) (von-) herab; als Vorsilbe: herab, vgl. κατα-βαίνειν

ὥσπερ wie

Unter den Prädikaten unseres Texts, die bis auf zwei im Imperfekt, dem griechischen Tempus der Beschreibung, stehen, sind zunächst zwei Formen von εἶναι: ἦν (er war) und ἦσαν (sie waren).

Die ganze Reihe in Tab. 9.1 wirkt ziemlich unregelmäßig und wird auch kaum leichter, wenn wir beweisen, daß ἦν, ich war, sich ebenso wie lateinisch eram aus einem erschlossenen esan des Indoeuropäischen entwickelt hat. Wieder einmal fiel im Griechischen innervokalisches σ aus, während im Lateinischen dafür -r- eintrat; ε und α wurden zu η kontrahiert – fertig!

Als Zusammensetzung vermerken wir ἐν-ῆσαν: sie waren drinnen, lateinisch: in-erant.

Auch die Formen κατ-έ-βαινον (zu καταβαίνω: hinabsteigen), ἔδει (aus ἔδεε zu δεῖ: es ist nötig, man muß), ἐ-τρέφοντο (zu τρέφειν: ernähren) und ἐν-έ-κειντο (zu ἔγκειμαι: ich stecke/liege drinnen) sind Imperfekta und lassen uns befürchten, daß das Griechische in diesem Tempus neben anderen Teufeleien neue Ausgänge parat hat.

Ein Blick in T 7 bestätigt dies, und wir lernen mehr oder weniger willig:

IMPERFEKT

| | Aktiv | | Medium/Passiv | |
|---|---|---|---|---|
| | *Singular* | *Plural* | *Singular* | *Plural* |
| 1 | -ον | -ομεν | -όμην | -όμεθα |
| 2 | -ες | -ετε | -ου | -εσθε |
| 3 | -ε(ν) | -ον | -ετο | -οντο |

Damit ist's aber noch nicht ausgestanden, denn zum Imperfekt gehört auch noch eine Stammerweiterung oder -veränderung, das Augment (lat.: ›Vermehrendes‹). Bei konsonantisch anlautenden Verben ist's ein ε, das meist unmittelbar vor den Stamm tritt, sich also zwischen diesen und eventuelle Vorsilben einschiebt, z. B. κατ-έ-βαινον: sie stiegen hinab, oder ἐν-έ-κειντο: sie steckten drinnen (wir erinnern uns daran, daß bei κεῖμαι keine Bindevokale auftreten!).

Bei ἔ-δει (man mußte) und dem Passiv ἐ-τρέφοντο (sie wurden gefüttert) fehlen solche Vorsilben; insgesamt aber sind sie bei der griechischen Freude am Zusammenfügen fast der Normalfall und erschweren, da das Augment sie verändert, dem Ungeübten die Benützung des Wörterbuchs, denn in κατ-έ-βαινον wurde ein α durch das Augment verdrängt, die ›Wörterbuchform‹ ist κατα-βαίνω; auch bei ἀνα-βαίνω (ich steige hinauf) oder παρα-βαίνω (ich gehe vorbei) geschieht dies, während von ἐκ-βαίνω (ich gehe hinaus) das Imperfekt ἐξ-έ-βαινον lautet, und von συμ-βαίνει (es ereignet sich) συν-έ-βαινε.

Wenn Ihnen, lieber Leser, jetzt bereits kalte Schauer über den Rücken kriechen, sollten Sie schleunigst etwas Kräftigendes trinken, denn das Schlimmste kommt noch: Wie müßten wohl die Imperfektformen aussehen, wenn Xenophon berichtete, die Leute hätten Ziegen in ihren Häusern (ἔχειν: haben) oder sie trieben (ἄγειν: treiben) die Rinder durch einen besonderen Zugang?

In diesem Falle wird in der Regel der Stammanlaut gedehnt, sofern er nicht schon lang und deshalb nicht mehr dehnbar ist (aber Vorsicht: die Diphthonge ευ und αυ werden zu ηυ!). Αἶγας εἶχον – ›Sie hatten Ziegen‹ und βοῦς ἦγον – ›Sie trieben Rinder‹ zeigen Dehnungen kurzer Laute, wobei η die übliche Dehnung für α und ε ist; ι geht meist in den ›Untergrund‹, wird also ›subskribiert‹ (ῃ) und nicht mehr gesprochen, und ο wird zu ω. Das ist genug für diesmal; eine Zusammenfassung finden Sie unter T 7.1.

Nun stehen noch zwei Formen eines speziellen Modus aus: ἐπιχέοι und διψῴη (aus: διψηοίη). Kennzeichnend für ihn ist das Bildungselement -οι- und, leider, auch ein teilweise neues Endungssystem (παύ-οι-μι, παύ-οι-ς, παύ-οι/παύ-οι-μεν, παύ-οι-τε, παύ-οι-εν), weniger kennzeichnend dagegen sein Name: Optativ bedeutet ›Wunschform‹, und wenn man auch im Optativ sich allerhand wünschen kann, (z. B.: εἴθε ἵππον ἔχοιμι: hätte ich doch ein Pferd!), erfüllt der Optativ in griechischen Sätzen doch meistens ganz andere

Aufgaben: Ähnlich dem deutschen Konjunktiv kann er die Abhängigkeit und damit das Subjektive an einer Aussage unterstreichen, er kann, wie in unserem Text, die Wiederholung von Handlungen signalisieren (immer wenn einer Durst hatte) oder eine Möglichkeit anzeigen (falls man nicht etwa Wasser hineinschüttete).
Wir werden auf diesen Modus und seine Funktionen in künftigen Texten noch zurückkommen.
Der folgende Abschnitt aus Xenophons Anabasis enthält keinen neuen grammatischen Stoff; er kann somit zur Wiederholung und Festigung des inzwischen Vermittelten dienen, wenn bei der Betrachtung der Vergleich mit der Übersetzung etwas zurücktritt. Im Anschluß an die üblichen Erläuterungen sind daher einige gezielte Aufgaben gestellt, deren Lösungen sich unter gleicher Bezifferung anschließen.

## 5. Jagd in der Steppe

(Xenophon, Anabasis 1, 5, 1–2)

Ἐν τούτῳ δὲ τῷ τόπῳ ἦν μὲν ἡ γῆ πεδίον ἅπαν ὁμαλὲς ὥσπερ θάλαττα, ἀψινθίου δὲ πλῆρες· εἰ δέ τι καὶ ἄλλο ἐνῆν ὕλης ἢ καλάμου, ἅπαντα ἦσαν εὐώδη ὥσπερ ἀρώματα· δένδρον δ᾽ οὐδὲν ἐνῆν, θηρία δὲ παντοῖα, πλεῖστοι ὄνοι ἄγριοι, πολλαὶ δὲ στρουθοὶ αἱ μεγάλαι· ἐνῆσαν δὲ καὶ ὠτίδες καὶ δορκάδες· ταῦτα δὲ τὰ θηρία οἱ ἱππεῖς ἐνίοτε ἐδίωκον. Καὶ οἱ μὲν ὄνοι, ἐπεί τις διώκοι, προδραμόντες ἕστασαν· πολὺ γὰρ τῶν ἵππων ἔτρεχον θᾶττον· καὶ πάλιν, ἐπεὶ πλησιάζοιεν οἱ ἵπποι, ταὐτὸν ἐποίουν, καὶ οὐκ ἦν λαβεῖν, εἰ μὴ διαστάντες οἱ ἱππεῖς θηρῷεν διαδεχόμενοι.

... in dieser Gegend war das Land eine Ebene, ganz flach, wie das Meer, an Wermut aber reich (voll). Wenn aber noch etwas anderes da (darinnen) war an Gehölz oder Schilf, war alles wohlriechend wie Gewürzkräuter. Baum aber war keiner vorhanden, Tiere jedoch verschiedene, am meisten (die meisten) Wildesel, aber auch viele Strauße (»die großen« setzt Xenophon hinzu, weil ὁ στρουθός auch »Sperling« bedeuten kann; er hätte auch στρουθοκάμηλοι schreiben können, »Sperlingskamele« oder »Kamelspatzen«). Es waren da aber auch Trappen und Gazellen. Diese Tiere verfolgten die Reiter manchmal. Und die Esel, wenn sie jemand verfolgte, rannten weg und blieben (wieder) stehen. Sie liefen nämlich viel schneller als die Pferde. Und wieder, wenn die Pferde sich näherten, taten sie dasselbe, und es war nicht (möglich), sie zu fangen, wenn nicht die Reiter sich in Abständen postierten und sich bei der Jagd ablösten (= jagten, die Verfolgung übernehmend).

**Merkenswerte Vokabeln:**

| | | | |
|---|---|---|---|
| τὸ δένδρον | Baum | τὸ θηρίον (θήρ) | Tier |
| τὸ πεδίον | Ebene | ὁ τόπος | Ort, Platz |
| ἡ ὕλη | Holz, Gehölz, Material | ὁ ἱππεύς, -έως (ἵππος) | Reiter |
| παντοῖος, -α, -ον | verschieden | πλήρης, -ες (πλήρους) | (m. Gen.) voll (von) |
| πολύς, πολλή, πολύ (πολλοῦ, -ῆς, -οῦ) | viel | πλεῖστοι, -αι, -α | die meisten |
| ἄλλος, -η, -ο | ein anderer | | |
| διώκειν | verfolgen | τρέχειν | laufen |
| ποιῶ (ποιέω) | ich tue, mache | | |
| εἰ | wenn, falls | ἐπεί | als |
| γάρ | denn, nämlich | | |

**Grammatisches:**

1. Zwischen Demonstrativ-Pronomen und zugehörigem Substantiv steht in der Regel der Artikel:
   ἐν τούτῳ τῷ τόπῳ — an diesem Ort
   vgl. πᾶσα ἡ πόλις — die ganze Stadt
2. Der Genitiv des geteilten Ganzen (Genitivus partitivus) steht u. a. auch bei Pronomina und Zahlangaben:
   ἄλλο τι ὕλης — sonst etwas an Strauchwerk

κύριε ἐλέησον = Imperat. Aorist Akt.
Herr, erbarme dich

**Aufgaben:**

1. Bitte schlagen Sie alle Ihnen unbekannten Wörter in einem Wörterbuch nach – außer den folgenden: τούτῳ/ταῦτα: s. T 6.3; προδραμόντες (Partizipialform: ›davonrennend‹) = sie rannten weg und ...; ἔστασαν sie blieben stehen; θᾶττον: s. T 4 und 5; ταὐτόν = τὸ αὐτό, s. T 6.4; ἐποίουν = ἐποίεον; λαβεῖν (Infinitiv): zu fangen; διαστάντες (Partizipialform: ›sich in Abständen aufstellend‹) = indem sie sich ... aufstellten; θηρῷεν = θηράοιεν.
Führen Sie vor dem Nachschlagen die Wörter auf ihre Wörterbuchform zurück, Verben also auf die 1. Person Singular des Präsens (Aktiv bzw., wo dieses fehlt, Medium), z. B. ἔπαυον auf παύω und διελέγετο auf διαλέγομαι.
Substantive sind im Nominativ Singular vermerkt, bei Adjektiven und Pronomina sucht man die entsprechende Maskulinform.
Versteifen Sie sich auch nicht darauf, die Form ὠτίδες unter ὠτίδ- zu finden; der Nominativ lautet ὠτίς, das Wort gehört also in die Deklinationsgruppe παῖς/ἐλπίς. Man sollte deshalb lieber etwas mehr als zu wenig lesen!
2. Stellen Sie fest, welche Imperfektformen der Text enthält!
3. Wo finden sich Optative? Wie sind sie verwendet?

**Lösungen:**

1. Neutra von Adjektiven auf -ης sind ὁμαλές (eben) und πλῆρες (voll); man schlägt also unter ὁμαλής bzw. πλήρης nach.
   ἅπαν (Neutrum Singular) und der zugehörige Plural ἅπαντα findet sich unter ἅπας, ἅπασα, ἅπαν, einer die Bedeutung verstärkenden Nebenform von πᾶς, πᾶσα, πᾶν.
   ἐνῆν/ἐνῆσαν (es war darinnen/sie waren darinnen, da) sind uns als Imperfektformen von ἐνεῖναι bekannt; suchen müßten wir unter ἔνειμι.
   εὐώδη erweist sich als zu ἅπαντα ἦσαν gehöriger Plural des Neutrums von εὐώδης (wohlriechend); interessanter-

weise steht das Hilfszeitwort im Plural und nicht, wie sonst bei Neutrum Plural üblich, im Singular. Xenophon dürfte durch die Wahl des anderen Numerus die Vielzahl der Gewächse betont haben.

Die ›Wörterbuchform‹ zu τὰ ἀρώματα ist τὸ ἄρωμα (unser ›Aroma‹), dekliniert wie τὸ χρῆμα, χρήματος.

Die δορκάδες findet man unter ἡ δορκάς, -άδος (Reh, Gazelle); dieses Wort ist stammverwandt mit ὁ δράκων, -οντος (Drache, Schlange), abgeleitet von dem Verbum δέρκομαι (ich blicke). Offensichtlich fiel bei den beiden doch so verschiedenen Tierarten eine besondere Art des Blicks auf.

2. An Imperfektformen enthält unser Text zunächst solche von εἶναι und ἐνεῖναι: ἦν/ἐνῆν (3. Pers. Sing.), ἦσαν/ἐνῆσαν (3. Pers. Pl.)

Von διώκω (ich verfolge) ist ἐδίωκον gebildet; es könnte die 1. Person Singular sein, hier aber ist es durch sein Subjekt οἱ ἱππεῖς als 3. Person Plural festgelegt. In derselben Person und Zahl stehen ἔτρεχον (zu τρέχω: ich laufe) und ἐποίουν (aus ἐποίεον zu ποιέω: ich tue, mache). Erkennt man das anlautende ε dieser Formen nicht als Augment, wird man vergeblich im Wörterbuch blättern.

An dem Satz (οἱ ὄνοι) θᾶττον τῶν ἵππων ἔτρεχον sind neben dem Imperfekt noch zwei Dinge bemerkenswert:

θᾶττον als Adverb zum Komparativ von ταχύς, ταχεῖα, ταχύ (schnell): θάττων (θάττονος)/θᾶττον,

und der von diesem Adverb abhängige Genitiv des Vergleichs:

θᾶττον τῶν ἵππων: schneller als die Pferde.

Wir denken an jenes von Sappho besungene Mädchen, das unter anderem γάλακτος λευκοτέρα, weißer als Milch, war.

3. An Optativen finden wir διώκοι (3. Pers. Sing. Präsens Aktiv) und die entsprechenden Pluralformen πλησιάζοιεν und θηρῷεν (aus θηράοιεν). Sie bezeichnen insgesamt die Wiederholung der Gliedsatzhandlungen.

Anders verwendet ist der Optativ in dem folgenden Textausschnitt, in dem Xenophon von einem seiner Mitstreiter wegen seines energischen Redens und Handelns gelobt wird.

## 6. Wären sie wie du ...

(Xenophon, Anabasis 3, 1, 45)

*(Zum Optativ und AcI)*

> Ἀλλὰ πρόσθεν μέν, ὦ Ξενοφῶν, τοσοῦτον μόνον σε ἐγίγνωσκον, ὅσον ἤκουον Ἀθηναῖον εἶναι, νῦν δὲ (...) βουλοίμην ἂν ὅτι πλείστους εἶναι τοιούτους· κοινὸν γὰρ ἂν εἴη τὸ ἀγαθόν.
>
> Früher, Xenophon, wußte ich nur insoweit über dich Bescheid, als ich hörte, du seist Athener. Jetzt aber wünschte ich, daß möglichst viele so geartet wären, denn das käme allen zugute (wörtlich: denn gemeinsam wäre wohl das Gute).

βουλοίμην ist medialer Optativ Präsens zu βούλομαι, wird aber, wie wir sehen, nicht mit der Endungsreihe -μαι, (-σαι), -ται, -μεθα, -σθε, -νται, sondern mit der uns vom Imperfekt vertrauten gebildet: βουλοίμην, βούλοιο (aus: βούλοι-σο), βούλοιτο ...
Diese Bildungsweise läßt erkennen, daß die Griechen den Modus nicht als ›präsentisch‹ empfanden. Wir haben ihn, ebenso wie das folgende εἴη (Optativ Präsens zu εἶναι, Formen s. T 9.1) mit dem Konjunktiv des deutschen Präteritums wiedergegeben und dadurch in die Nähe einer irrealen Aussage gerückt. In Wirklichkeit liegt ein sogenannter Potentialis vor, eine abgeschwächte Behauptung in der Art von ›ich wünschte mir wohl‹ und ›dann wäre wahrscheinlich ...‹ Als Signal für diese Verwendungsweise des Potentialis dient in Hauptsätzen die Partikel ἄν (›wohl‹).

Unser kleiner Text enthält außerdem zwei Imperfektformen, ἐγίγνωσκον (ich kannte, zu γιγνώσκω) und ἤκουον (ich hörte, zu ἀκούω mit Dehnung des Anlauts gebildet), einen davon abhängigen AcI (σε) Ἀθηναῖον εἶναι: daß du Athener bist, ferner den Akkusativ von σύ: du (σε, vgl. T 6.1), die Partikel ὅτι, die in Verbindung mit einem Superlativ die Bedeutung ›möglichst‹ hat (ὅτι πλεῖστοι: ›möglichst die meisten‹, möglichst viele) und die gern in Verbindung mit einem Gegenstück (›korrelierend‹) auftretenden Demonstrativa τοσοῦτος (so groß, so viel) und τοιοῦτος (so beschaffen). Die zugehörigen Relativa ὅσος (wie groß, wie viel) und οἷος (wie beschaffen) geben wir schlicht mit ›wie‹ wieder. In unserem Text ist das Neutrum τοσοῦτον adverbial gebraucht: ›ich kannte dich nur so viel‹ = nur insoweit.
In dem von βουλοίμην abhängigen AcI ist πλείστους das Subjekt, τοιούτους das Prädikatsnomen zu εἶναι.
Zum Schluß noch ein Wort zum Inhalt: Wenn Sie, lieber Leser, der Ansicht sein sollten, Xenophon hätte es besser unterlassen, in einem von ihm verfaßten Werk sein eigenes Lob zu singen, möchten wir darauf hinweisen, daß die Griechen in ihrem ausgeprägten Streben nach Anerkennung die möglichst positive Darstellung der eigenen Leistung durchaus vertretbar fanden. Im Falle Xenophons kommt hinzu, daß er seine Anabasis unter einem Pseudonym erscheinen ließ. Das erklärt Sätze wie Ἦν δέ τις ἐν τῇ στρατιᾷ Ξενοφῶν Ἀθηναῖος ... (Es war aber im Heer auch ein gewisser Xenophon aus Athen ...) und die distanzierte Verwendung der 3. Person.
Zum Schluß unseres Gangs durch die Anabasis legen wir einen längeren Abschnitt vor, dem wir – ebenso wie in den zweisprachigen Textausgaben der Tusculum-Reihe – die Übersetzung gegenübergestellt haben, was die Arbeit um einiges erleichtern dürfte. Erläuterungen folgen in der vertrauten Weise, doch bleiben Wörter, die durch die Übersetzung hinreichend festgelegt sind, unberücksichtigt. Der ganz gründliche Leser hat ja sein Wörterbuch!

## 7. Porträt eines Schurken

(Xenophon, Anabasis 2, 6, 21–27)

*(Verba contracta; Partizipialkonstruktionen; substantivierter Infinitiv)*

21 Μένων δὲ ὁ Θετταλὸς δῆλος ἦν ἐπιθυμῶν μὲν πλουτεῖν ἰσχυρῶς, ἐπιθυμῶν δὲ ἄρχειν, ὅπως πλείω λαμβάνοι, ἐπιθυμῶν δὲ τιμᾶσθαι, ἵνα πλείω κερδαίνοι· φίλος τε ἐβούλετο εἶναι τοῖς μέγιστα δυναμένοις, ἵνα ἀδικῶν μὴ διδοίη δίκην. 22 Ἐπὶ δὲ τὸ κατεργάζεσθαι ὧν ἐπιθυμοίη συντομωτάτην ᾤετο ὁδὸν εἶναι διὰ τοῦ ἐπιορκεῖν τε καὶ ψεύδεσθαι καὶ ἐξαπατᾶν, τὸ δ' ἁπλοῦν καὶ τὸ ἀληθὲς τὸ αὐτὸ τῷ ἠλιθίῳ εἶναι. 23 Στέργων δὲ φανερὸς μὲν ἦν οὐδένα, ὅτῳ δὲ φαίη φίλος εἶναι, τούτῳ ἔνδηλος ἐγίγνετο ἐπιβουλεύων. Καὶ πολεμίου μὲν οὐδενὸς κατεγέλα, τῶν δὲ συνόντων πάντων ὡς καταγελῶν ἀεὶ διελέγετο. 24 Καὶ τοῖς μὲν τῶν πολεμίων κτήμασιν οὐκ ἐπεβούλευε· χαλεπὸν γὰρ ᾤετο εἶναι τὰ τῶν φυλαττομένων λαμβάνειν· τὰ δὲ τῶν φίλων μόνος ᾤετο εἰδέναι ῥᾷστον ὂν ἀφύλακτα λαμβάνειν. 25 Καὶ ὅσους μὲν αἰσθάνοιτο ἐπιόρκους καὶ ἀδίκους ὡς εὖ ὡπλισμένους ἐφοβεῖτο, τοῖς δὲ ὁσίοις καὶ ἀλήθειαν ἀσκοῦσιν ὡς ἀνάνδροις ἐπειρᾶτο χρῆσθαι. 26 Ὥσπερ δέ τις ἀγάλλεται ἐπὶ θεοσεβείᾳ καὶ ἀληθείᾳ καὶ δικαιότητι, οὕτω Μένων ἠγάλλετο τῷ ἐξαπατᾶν δύνασθαι, τῷ πλάσασθαι ψεύδη, τῷ φίλους διαγελᾶν· τὸν δὲ μὴ πανοῦργον τῶν ἀπαιδεύτων ἀεὶ ἐνόμιζεν εἶναι. Καὶ παρ' οἷς μὲν ἐπεχείρει πρωτεύειν φιλίᾳ, διαβάλλων τοὺς πρώτους τοῦτο ᾤετο δεῖν κτήσασθαι. 27 Τὸ δὲ πειθομένους τοὺς στρατιώτας παρέχεσθαι ἐκ τοῦ συναδικεῖν αὐτοῖς ἐμηχανᾶτο. Τιμᾶσθαι δὲ καὶ θεραπεύεσθαι ἠξίου ἐπιδεικνύμενος ὅτι πλεῖστα δύναιτο καὶ ἐθέλοι ἂν ἀδικεῖν.

Menon der Thessalier war offensichtlich bestrebt, gewaltig reich zu werden, (bestrebt) eine führende Stellung einzunehmen, um mehr zu ergattern, und (bestrebt) Anerkennung zu finden, um mehr zu profitieren. Freund aber wollte er sein den Mächtigsten (= denen, die Größtes vermochten), damit er, wenn er Unrecht täte (= Unrecht tuend), nicht zur Rechenschaft gezogen würde. Zur Erreichung seiner Ziele (= dessen, wonach er strebte) führte seiner Meinung nach (= glaubte er, daß ... sei) der kürzeste Weg über Meineid, Lüge und Täuschung (= falsch schwören, lügen und betrügen), ›aufrichtig‹ und ›wahrheitsliebend‹ aber hielt er für identisch (= dasselbe wie) mit ›blöde‹. Wirklich gern hatte er offensichtlich niemanden; wem er aber sagte, er sei sein Freund, gegen den führte er, wie sich bald herausstellte, etwas im Schilde (= dem wurde er offensichtlich einer, der ihn bedrohte). Und einen Feind verspottete er nicht (= keinen), mit den Leuten seiner Umgebung (= die mit ihm zusammen waren) aber sprach er insgesamt so, als verachte er sie (= wie einer, der verspottet). Und nach dem Besitz der Feinde trachtete er nicht, denn schwer, (so) glaubte er, sei es, das zu bekommen, worauf jemand acht gibt (= das (Gut) der Achtgebenden zu bekommen), (was aber) den Besitz der Freunde (anging), so glaubte er als einziger zu wissen, daß es kinderleicht ist, Unbewachtes wegzunehmen. Und alle die, welche (= wie viele) er als meineidig und ungerecht durchschaute, fürchtete er als gut gerüstet, die Gerechten aber und die, welche sich der Aufrichtigkeit befleißigten (= die Wahrheit Übenden), versuchte er wie Feiglinge zu behandeln. Und wie sich jemand auf seine Frömmigkeit, Wahrheitsliebe und Gerechtigkeit etwas einbildet, so war Menon stolz auf seine Fähigkeit zum Betrug, auf seine Fertigkeit im Lügen, auf seine verächtliche Haltung gegenüber Freunden (= ... auf das Betrügenkönnen, das Lügenerfinden, das Freunde-Verspotten). Ein nicht mit allen Wassern gewaschener Kerl, so meinte er stets, gehöre zu den Ungebildeten. Und bei Leuten, bei denen er eine Vertrauensstellung anstrebte (= in der Freundschaft der erste zu sein), glaubte er dies durch Verleumdung ihrer bisherigen besten Freunde (= die ersten verleumdend) schaffen zu müssen. Doch die Soldaten sich ergeben zu machen, das erreichte er durch gemeinsam verübte Untaten (= durch das ›Zusammen mit ihnen Unrecht tun‹). Respekt und Entgegenkommen beanspruchte er, indem er erkennen ließ (= zeigend), daß er große Macht habe (= sehr viel könne) und eventuell auch willens sei, Unrecht zu tun.

Wer in diesen Text tiefer eindringen möchte, sei wieder auf das Wörterbuch verwiesen; schwerer aufzuspüren sind nur wenige Formen, darunter πλείω (= πλέονα, s. T 4), ὧν, οἷς (Relativpronomen, s. T 6.6), ᾤετο (3. Pers. Sing. des Imperfekts zu οἴομαι mit Dehnung des Anlauts, die das ι in den ›Untergrund‹ drängt), ὅτῳ (Dativ des Relativums ὅστις, wer auch immer), φαίη (Optativ zu φάναι; das Verbum, dessen Stamm wir von φάσκω und ἔφη kennen, wird ähnlich wie εἶναι gebeugt, seine ›Lexikonform‹ ist φημί: ich sage). Unter οἶδα, ich weiß, müßte man εἰδέναι (Inf.: wissen) nachsehen, doch ein ordentliches Lexikon ist bei der Angabe ausgefallenerer Formen in der Regel großzügig: es wird auch den Superlativ ῥᾷστος (zu ῥᾴδιος: leicht, einfach) vermerken.

In Tempora, mit denen wir uns noch nicht befaßt haben, stehen die Verbformen ὡπλισμένος (Partizip Perfekt Passiv zu ὁπλίζω: ich rüste, wovon der Hoplit, der Schwerbewaffnete, abzuleiten ist), πλάσασθαι (von πλάττω, ich forme, bilde – wir denken an ›plastisch‹); die mediale Form (des Aorists) drückt aus, daß Menon *sich* die Lügen ausdachte. Gleichfalls Infinitiv des medialen Aorists ist κτήσασθαι (zu κτάομαι: ich erwerbe mir).

Bei den Prädikaten sollte man mit Augmenten rechnen und, wenn man ἐγίγνετο nicht unter ἐγιγ- findet, es mit γιγ- versuchen. Daß sich das Augment gern hinter präpositionale Vorsilben drängt, wurde bereits dargestellt; κατε- kann somit κατα-, παρε- παρα-, ἐπε- ἐπι- verhüllen. Wenn man Glück hat, erscheint dasselbe Verbum mehrfach im Text und erleichtert so das Finden der Wörterbuchform – z. B. κατεγέλα und καταγελῶν, ἐπεβούλευε und ἐπιβουλεύειν, ἠγάλλετο und ἀγάλλεται (Dehnung von α zu η!). Das letzte Beispiel regt vielleicht dazu an, ἠξίου unter ἀξι – nachzusehen, wo man dann das Glück des Finders empfindet. Freilich, ἠξίου ist als Verbform vorzüglich getarnt und wirkt eher wie ein Genitiv; daß es Prädikat des Satzes ist, kann man allenfalls im Ausschlußverfahren feststellen: im Umfeld von ἠξίου gibt es keine weitere prädikat-verdächtige Form.

Unsere Leser sollten sich von dergleichen unleugbaren Schwierigkeiten nicht den Mut nehmen lassen – schließlich befassen wir uns erst sehr kurze Zeit mit dem Griechischen und messen unsere noch bescheidenen Fähigkeiten an einem ziemlich langen Originaltext. Das ist erheblich verwegener, als wenn jemand nach drei Englischstunden sich ein Shakespearedrama zur Lektüre vornimmt – zumal in unserem Text noch drei ›dicke Brocken‹ an Grammatik zu heben sind:

1. die sogenannten verba contracta, auf α, ε oder ο auslautende Verbstämme, die diesen Stammvokal mit den Ausgängen verschmelzen,
2. die Partizipialkonstruktionen, durch die Xenophon eine beachtliche Knappheit des Ausdrucks erreicht, und
3. die substantivierten Infinitive, die wir in unserer von Klammern durchsetzten Übersetzung mit Hilfe deutscher Bandwurmwörter wiederzugeben suchten.

Beginnen wir, ähnlich wie unser Text, mit Formen wie ἐπιθυμῶν und πλουτεῖν, bei denen der Akzent (im Vergleich zu παύων oder παύειν) das Vorliegen einer Kontraktion verrät: ἐπιθυμέων und πλουτέ-ειν stecken dahinter, und das Wörterbuch führt die Verben in ihrer nicht-kontrahierten 1. Person Singular des Indikativ Präsens Aktiv an als ἐπιθυμέω und πλουτέω (statt ἐπιθυμῶ und πλουτῶ).

Die Regel, die auch ἐπιθυμοίη (Optativ, aus ἐπιθυμέοιη) bestätigt, ist einfach: vor langen Vokalen und Diphthongen verschwindet der Stammauslaut ε.

Etwas schwieriger wird's bei ἐφοβεῖτο (aus ἐφοβέετο, zu φοβέομαι/φοβοῦμαι: ich fürchte mich); hier wird ε + ε zu ει und ε + ο zu ου – doch damit wissen wir auch schon alles Wissenswerte über die Verben auf -εω und fassen für eventuelle Do-it-yourself-Kontraktionen zusammen:

ε + ε > ει
ε + ο > ου
ε + langer Laut > langer Laut

Fast noch einfacher klingt die Regel für Verben auf -αω, wozu unser Text unter anderem folgende Beispiele enthält: τιμᾶσθαι aus τιμάεσθαι (geehrt zu werden), ἀπατᾶν (aus ἀπατά-ε-εν, zu betrügen), das seinerseits, wie alle Infinitive auf -ειν, bereits eine Kontraktion von -εσεν/-εεν (lateinisch -ere!) enthält. Da das ει somit nicht ursprünglicher Bestandteil des Ausgangs ist, verschwindet es in der α-Kontraktion spurlos, während andere ι ›in den Untergrund gehen‹: τιμάει wird zu τιμᾷ (er ehrt), τιμαοίη zu τιμῴη (Optativ, er ehre).
In κατεγέλα erkennen wir aufgrund des Augments (ε) ein Imperfekt; die Form ist auf κατεγέλαε zurückzuführen, also 3. Person Singular. Das Verbum wird übrigens mit dem Genitiv verbunden, so wie viele Zusammensetzungen mit κατα-, ἀπο-, ἐκ- und προ-.
Die 1. Person Singular, ›ich verspottete‹, lautet κατεγέλων, aus κατεγέλαον, und sollte nicht mit dem Präsenspartizip verwechselt werden, das wir in unserem Text finden: καταγελῶν.
Ja, die Regel ist kurz:

α + e-Laut > α
α + o-Laut > ω
ι > ͺ (ᾳ, ῳ)

– aber die Anwendung erfordert einige Übung.
Von den ziemlich seltenen Verben auf -οω enthält unser Text nur ein einziges Beispiel: ἠξίου aus ἠξίοε, eine Imperfektform von ἀξιόω: ich halte für richtig, beanspruche (davon ist der philosophische Fachbegriff Axiom hergeleitet: ein Grundsatz, der keines Beweises bedarf, ist ›axiomatisch‹). Wie die Adjektivform zeigt, hat der Terminus im Griechischen einen τ-Stamm: τὸ ἀξίωμα, ἀξιώματος.
Die Kontraktion der O-Stämme erfolgt nach recht kompliziertem Reglement; zum Glück werden wir uns nur ganz gelegentlich damit zu befassen haben:

| |
|---|
| ο + ε/ο/ου > ου<br>ο + ι-Diphthong (auch ῃ!) > οι<br>ο + η/ω > ω |

Verlassen wir uns nun darauf, daß uns die weiteren Texte genug Material zur Vertiefung des wirklich Wichtigen bieten, und stürzen wir uns auf die Partizipien:

δῆλος ἦν ἐπιθυμῶν – er war offenkundig bestrebt.

Die Übersetzung klingt wörtlich, doch setzt sie ein deutsches Adverb an die Stelle des griechischen Adjektivs δῆλος, offenbar. *Ganz* wörtlich wäre also, unter entsprechender Gewaltanwendung gegenüber dem Deutschen, zu formulieren: ›er war offenbar (= erwies sich) als ein Strebender‹.

Ob solche Verrenkungen zu tieferem Verständnis führen, bleibe dahingestellt; wir rüsten uns für künftige Fälle, in denen ein Partizip als prädikative Ergänzung erscheint, mit einer schlichten Umbauregel:

| | Griechisch | | Deutsch | |
|---|---|---|---|---|
| (er war offenbar) | Prädikat | → | Adverb | offenbar |
| (strebend) | Partizip | → | Prädikat | strebte er ... |

Nach diesem Modell lassen sich auch folgende Wendungen des Texts erfassen:

| |
|---|
| φανερὸς ἦν στέργων οὐδένα<br>(er war sichtbar keinen liebend)<br>offensichtlich mochte er niemand (wirklich) – und<br><br>ἔνδηλος ἐγίγνετο ἐπιβουλεύων<br>(er wurde deutlich nachstellend)<br>er trachtete bald unverhohlen nach dem Leben ... |

Bei einer Reihe von Verben, darunter γιγνώσκειν (erkennen) und εἰδέναι (wissen) sind sowohl abhängige Infinitive wie Partizipien möglich.
Wir könnten das mit Gleichmut zur Kenntnis nehmen, wenn nicht die verschiedenen Konstruktionen auch die Bedeutung der Gesamtaussage veränderten:

> γιγνώσκω σε ἀδικοῦντα
> – ich erkenne (dich als einen, der Unrecht tut), daß du Unrecht tust
>
> γιγνώσκει ἀδικεῖν
> – er beschließt, Unrecht zu tun

Im Fall von εἰδέναι vermerkt das Wörterbuch: ... m. Part. wissen, daß.
Der Objektsinfinitiv legt das Verbum fest auf ›verstehen, etwas (zu tun)‹, also:

ᾤετο εἰδέναι ῥᾷστον ὄν (ὄν: neutrales Partizip zu εἶναι)
er glaubte zu wissen, daß es sehr leicht sei ...

aber: ᾤετο εἰδέναι ἄριστα ψεύδεσθαι
er meinte, sich auf das Lügen perfekt zu verstehen.

Die restlichen Partizipien des Textes lassen sich mit Gliedsätzen wiedergeben, deren Sinnrichtung durch den Kontext festgelegt wird:

διελέγετο ὡς καταγελῶν
er sprach wie einer, der verachtet ...
er sprach, als ob er verachtete ...

oder: ... ἵνα ἀδικῶν μὴ διδοίη δίκην
um, Unrecht tuend, nicht bestraft zu werden
um nicht bestraft zu werden, wenn er Unrecht täte.

Weit mehr Möglichkeiten zu knapper Formulierung besitzt das Griechische auch im Bereich der Infinitive, die es durch

Vorsetzen des Artikels bequem substantivieren kann: τὸ γράφειν das Schreiben; τῷ γράφειν durch das Schreiben (instrumentaler Dativ).

»Das geht doch auch im Deutschen«, werden Sie einwenden. Allerdings, aber können wir noch weitere Satzglieder an einen solchen Infinitiv anbinden, etwa so:

τὸ ................................................ παρέχεσθαι
τοὺς στρατιώτας ←
πειθομένους ←

Das ................................................ Machen
die Soldaten ←
zu gehorsamen ←

Die Frage stellen, heißt sie verneinen: es kommt Fürchterliches heraus, wenn wir nach wörtlicher Übersetzung streben, doch ist der Horror als Vorstufe einer eleganten Lösung meist ganz nützlich:

> Die Ergebenheit seiner Soldaten (gewann er sich)
> ἐκ τοῦ συναδικεῖν αὐτοῖς
> (›aus dem Mit-ihnen-Unrecht-tun‹),
> indem er sich an ihren Übergriffen beteiligte.

Unser Text enthält noch mehr derartige Konstruktionen, doch wollen wir uns, da die Übersetzung die ganz wörtliche Lösung da, wo es leidlich geht, bereits bietet, nur noch mit einem Paradebeispiel befassen:

> ἐπὶ τὸ κατεργάζεσθαι, ὧν ἐπιθυμοίη
> Zum Durchsetzen (dessen), wonach er strebte ...
> Um seine Ziele zu erreichen ...

Hier liegt eine zusätzliche Schwierigkeit im Wegfall eines Demonstrativums im Akkusativ (ταῦτα) und in der Konstruktion von ἐπιθυμέω mit dem Genitiv, der hier, als Variante des Partitivus, den Bereich angibt, an dem man Anteil haben möchte. Partitiv ist auch τῶν ἀπαιδεύτων εἶναι: zu den Dummen gehören. Steht ein Artikel vor einem Genitiv, z. B. τὰ τῶν φίλων, so wird das bezeichnet, was zu jemandem gehört, also der Besitz, die Interessen, die persönlichen Verhältnisse der Freunde. Bei Menon, dem Schurken, geht es natürlich ausschließlich um Materielles.

Verallgemeinernd wirkt der Artikel bei τὸ ἁπλοῦν: jede Erscheinungsform von Aufrichtigkeit war für Menon bare Idiotie.

Das Adjektiv ἁπλοῦς, einfach, ehrlich, ist kontrahiert aus ἁπλόος.

Konstruktiv interessant sind zwei Sätze aus der zweiten Hälfte des Textes. Einmal: τῶν συνόντων ὡς καταγελῶν διελέγετο.

Hier ist der Genitiv von καταγελῶν bestimmt; διαλέγεσθαι verlangt einen Dativ zum Ausdruck gemeinsamen Handelns; ebensogut hätte Xenophon formulieren können τοῖς συνοῦσιν ὡς καταγελῶν διελέγετο.

Knifflig ist zum anderen auch die Einordnung der Objekte in dem Satz

... τὰ δὲ τῶν φίλων ᾤετο εἰδέναι ῥᾷστον ὂν ...

›Echtes‹ Objekt zu εἰδέναι ist die schon erläuterte Partizipialkonstruktion; der zweite Akkusativ drückt aus, worauf sich Menons Wissen bezog, also »Hinsichtlich des Besitzes der Freunde wußte er, daß es ganz leicht sei ...«.

Einen Dativ verlangt das Verbum χρῆσθαι, ›gebrauchen‹, das im Umfeld der Verben auf -αω einzuordnen ist. Allerdings endet sein Stamm auf -η, weshalb es überall da zu η kontrahiert, wo üblicherweise α erscheint.

Werfen wir schließlich noch einen Blick auf die Optative, die sich zwei der drei schon beschriebenen Verwendungsbereiche zuordnen lassen: In den Gliedsätzen mit ὅπως, ἵνα (damit) und ὅτι (daß) sowie in den Relativsätzen ὧν ἐπιθυμοίη und ὅσους αἰσθάνοιτο betonen sie die Abhängigkeit der Aussage, bei ὅτῳ φαίη dagegen die Wiederholung des Vorgangs.

Und nun holen wir tief Luft und sehen zu, daß uns soviel Grammatik, die notwendigerweise die Aufmerksamkeit auf Details lenkt, nicht den Blick für das Ganze genommen hat, nämlich für ein Beispiel der Charakterisierungskunst des Xenophon. Additiv, sozusagen aus einzelnen Mosaiksteinchen, fügt er das Bild einer durch und durch egozentrischen Persönlichkeit zusammen, die für gesellschaftliche Wertvorstellungen nur Verachtung übrig hat und in kalter Berechnung das Böse tut, weil es schnelleren und bequemeren Erfolg verspricht. Xenophon charakterisiert Menon zusammen mit den anderen Führern der griechischen Söldner, aber keineswegs in der Absicht, seine Skrupellosigkeit als für einen Condottiere typisch zu verallgemeinern: Bei Klearchos und Proxenos dominieren die guten Eigenschaften, so daß Menon als Gegenbild fungiert, von dem sich die Tugenden seiner Kollegen um so deutlicher abheben. Trotzdem wird man ihn nicht als einen seltenen Einzelfall in einer ansonsten heilen Welt betrachten dürfen, sondern als Produkt einer durch den langen Krieg zwischen Athen und Sparta und die normenverachtende Lehre bestimmter Sophisten aus den Fugen geratenen Epoche, geistesverwandt jenem Kallikles in Platons Dialog Gorgias, der mit brutaler Offenheit das Recht des Stärkeren als naturgewollt bezeichnet. Recht und Gesetz seien eine Erfindung der Schwachen, die sich dadurch vor dem starken, rechtsverachtenden einzelnen zu schützen trachteten.
Als Triebfedern für Menons Handeln nennt Xenophon an erster Stelle Geldgier, an zweiter ein damit eng verflochtenes Machtstreben. Freilich wollte jener auch deshalb eine möglichst hohe Stellung erreichen, um ohne Furcht vor Strafe Unrecht tun zu können. Als Führer einer schlagkräftigen Söldnertruppe, die für entsprechende Bezahlung in jedermanns Dienste trat, hatte Menon diese seine Ziele weitgehend erreicht, zumal er seine Leute durch gemeinsam begangene Untaten an sich zu binden trachtete, – da fiel er dem trickreichen Perser Tissaphernes in die Hände. Doch während Klearchos, Proxenos und die anderen Gefangenen enthauptet wur-

den, blieb er am Leben. Hatte er mit irgendeiner Schurkerei den Kopf aus der Schlinge ziehen können? Anscheinend nur für den Augenblick, denn ein Jahr später fand er auf Befehl des Großkönigs den Tod, und zwar erst nach endlosen Martern. Der fromme Xenophon berichtet das mit deutlicher Genugtuung; er kann ja nicht damit rechnen, daß Menon seine Schuld bei irgendwelchen Jenseitsstrafen büßen werde – nur die ganz großen Frevler, Tantalos oder Sisyphos oder der Riese Tityos, wurden von den Göttern einer solchen Sonderbehandlung gewürdigt. Für alle anderen gilt: Wer nicht im Diesseits büßt, bleibt ungestraft, trinkt Vergessen aus der Lethequelle und irrt als besinnungsloser Schatten durch die weiten Höhlen der Unterwelt, nicht anders als die vielen ehedem Anständigen, die, gleichermaßen ohne Bewußtsein, ohne Lohn für ihre Tugend bleiben. Ein ›Paradies‹, das Elysion, gab es nach verbreiteter Ansicht nur für die bereits im Diesseits Prominenten, für Könige, Dichter und Denker. Es existierten jedoch Geheimkulte, die ihren ›Eingeweihten‹ ein persönliches Weiterleben in einem besseren Jenseits in Aussicht stellten. Davon war der von Eleusis bei Athen der berühmteste, aber auch unter dem Namen des sagenhaften Sängers Orpheus verbreitete sich eine mystische Lehre, die Lohn und Strafe im Jenseits verhieß, die Vorstellung von einem Totengericht entwickelte und damit auch Platon beeinflußt zu haben scheint.

**Vokabular:**

| | | | |
|---|---|---|---|
| ἡ ἀλήθεια | Wahrheit | ἡ δίκη | Recht |
| ἡ φιλία (φίλος) | Freundschaft | ἡ δικαιότης, -τητος | Gerechtigkeit |
| τὸ κτῆμα, -ατος | Besitz | τὸ ψεῦδος, -ους | Lüge |
| δίκαιος, -α, -ον | gerecht | ἄδικος, -ον | ungerecht |
| δῆλος, -η, -ον | offenkundig | ἰσχυρός, -ά, -όν | stark |
| φανερός, -ά, -όν | offenbar | χαλεπός, -ή, -όν | schwierig |

| | | | |
|---|---|---|---|
| ἀληθής, -ές (ἀλήθεια) | wahr | μέγιστος, -η, -ον | (der) größte |
| ἄρχειν (m. Gen.) | herrschen | ἄρχεσθαι (m. Gen.) | anfangen |
| ἐπιβουλεύειν | nachstellen | θεραπεύειν | pflegen, verehren |
| λαμβάνειν | nehmen | παρέχεσθαι | (für sich) machen (zu etwas) |
| στέργειν | lieben, schützen | γίγνεσθαι | werden, entstehen |
| πείθειν (m. Dativ) | überreden | πείθεσθαι | gehorchen |
| ἐργάζεσθαι | bewerkstelligen | δύνασθαι | können |
| ψεύδεσθαι | lügen | (δύναμαι, δύνασαι . . .) | |
| ἀδικεῖν | Unrecht tun | ἀσκεῖν | üben, treiben |
| ἐπιθυμεῖν (m. Gen.) | verlangen | ἐπιχειρεῖν | in Angriff nehmen |
| πλουτεῖν | reich sein/werden | φοβεῖσθαι | fürchten |
| γελᾶν | lachen | καταγελᾶν (m. Gen.) | verspotten |
| τιμᾶν | ehren | κτᾶσθαι | erwerben |
| μηχανᾶσθαι | ersinnen | πειρᾶσθαι | versuchen |
| χρῆσθαι (m. Dat.) | gebrauchen, behandeln als | ἀξιοῦν | für würdig halten |
| συνεῖναι (m. Dat.) | zusammensein mit | οἱ συνόντες (-όντων, -οῦσιν, -όντας) | die Umgebung |
| ἀεί | immer | εὖ (Adv.) | gut |
| ὡς | wie | οὕτω(ς) | so |
| ἵνα/ὅπως | daß, damit | ὅτι | daß |
| διά (m. Gen.) | durch | παρά (m. Dat.) | bei |

**Grammatisches:**

Zu den Verba contracta vgl. Tab. 7.2.1
Zu den Partizipien vgl. R 8
Zum substantivierten Infinitiv vgl. R 7.7

# DER PRÜFER

## 1. Sokrates

Im Frühjahr 399 v. Chr. stand in Athen ein Mann vor Gericht, von dem das Orakel in Delphi erklärt hatte, es gebe keinen weiseren als ihn. Dieser Mann hieß Sokrates, war der Sohn eines Steinmetzen und einer Hebamme, lebte in beengten Verhältnissen, fiel in einer Gesellschaft, die äußere Schönheit vergötterte und von ihr auf innere Qualitäten zu schließen pflegte, durch ausnehmende Häßlichkeit aus dem Rahmen und hatte selbst nie den Anspruch erhoben, weise zu sein. Der Spruch des delphischen Gottes hatte ihn jedoch veranlaßt, denjenigen auf den Zahn zu fühlen, die in dem Rufe standen oder sich selbst in dem Glauben wiegten, besondere Weisheit zu besitzen. Sie alle konnte er durch bohrende Fragen in die Enge treiben und damit zeigen, daß ihre Weisheit nur eingebildet sei.

Wegen dieser seiner Lieblingsbeschäftigung, die er selbst als »Prüfen« (ἐξετάζειν) oder »Überführen« (ἐλέγχειν) bezeichnete und der er, da er sie als göttlichen Auftrag verstand, unter Vernachlässigung seiner häuslichen Angelegenheiten nachging, machte sich Sokrates viele Feinde und galt vielen seiner Zeitgenossen als Sophist, als einer von jenen Aufklärern, die in der zweiten Hälfte des 5. Jahrhunderts alle überkommenen Werte einer radikalen Kritik unterzogen und damit vor allem junge Menschen stark verunsicherten.

Sokrates freilich verstand sich als Gegner der Sophisten, denen er vor allem zum Vorwurf machte, daß sie ihre eigenen Thesen und Versprechungen nicht genau genug prüften und wie Händler, die jede Ware an den Mann zu bringen suchen, ob sie nun dem Wohlbefinden des Käufers dienlich ist oder nicht, ihr angebliches Wissen gegen hohe Honorare verkauf-

ten, obwohl sie nicht wüßten, ob es für die Seelen derer gut sei, die es erwürben.
Diese grundsätzliche Gegenposition trat für den oberflächlichen Betrachter allerdings hinter den äußeren Gemeinsamkeiten zurück: wie den berühmten Sophisten, so liefen auch Sokrates die jungen Leute zu, und wenn er auch für die Gespräche, die er mit ihnen führte, kein Geld nahm, so lehrte er sie doch dieses unnachgiebige Fragen und vertrackte Argumentieren, womit sie den Älteren auf die Nerven gingen.
So brachte denn auch der Komödiendichter Aristophanes in seinem Stück »Die Wolken« einen Sokrates auf die Bühne, der in seiner Denkerklause neue Götter predigt und seinen Adepten beibringt, wie sie es anstellen müssen, um die schwächere Sache zur stärkeren zu machen (τὸν ἧττω λόγον κρείττω ποιεῖν).
Und wenn auch das Publikum bei der Aufführung der Wolken gespürt zu haben scheint, daß die Komödie das wahre Wesen des stadtbekannten Originals Sokrates nicht traf, und ihr deshalb den Siegespreis versagte, so wirkten die bösen Attacken doch weiter bis in jene Anklage, mit der sich der bereits Siebzigjährige in kunstloser Rede und, ohne den Richtern zu schmeicheln oder sie um Gnade zu bitten, auseinanderzusetzen hatte.
Sokrates' bedeutendster Schüler Platon hat diese Verteidigungsrede (ἡ ἀπολογία) literarisch gestaltet, und da Sokrates selbst nichts Schriftliches hinterließ, ist sie für uns wichtig als Versuch, diesen eigenwilligen Mann in einer dramatischen Situation redend und handelnd darzustellen. Auch in den meisten anderen Werken Platons spielt Sokrates eine herausragende Rolle als derjenige, der durch seine Fragen und Einwände den Dialog voranbringt, in dem um die Wahrheit gerungen wird.
Der Vergleich mit anderen Zeugnissen von Sokrates' Leben und Lehre läßt allerdings erkennen, daß Platons Sokrates in vielem ein anderer ist als der, den uns der biedere Xenophon schildert – vielleicht hat jeder, der mit diesem ungewöhnli-

chen Denker in Berührung kam, ihn aus seinem ganz persönlichen Blickwinkel erlebt. Jedenfalls dürfte es nicht von ungefähr kommen, daß sich aus den von Sokrates gegebenen Denkanstößen so verschiedene philosophische Richtungen wie der Idealismus Platons, die Lustlehre des Aristipp von Kyrene und das konventionsverachtende Aussteigertum der Kyniker entwickelten.

Die vielen Mißverständnisse, die den Zeitgenossen eine gerechte Würdigung von Sokrates' Absichten erschwerten, wirkten auch auf den Gerichtshof, der mit 280 zu 221 Stimmen auf ›schuldig im Sinne der Anklage‹ erkannte; diese hatte dem Philosophen zum einen die Verachtung der heimischen Götter, zum anderen die Verführung der Jugend zum Vorwurf gemacht.

Als nach dem Schuldspruch des Gerichts die Ankläger für Sokrates die Todesstrafe beantragten, hatte dieser nach attischem Recht die Möglichkeit, einen Gegenantrag zu stellen. Doch statt das Gericht um eine mildere Bestrafung zu bitten, beantragte Sokrates für sich die Ehrung, die einem Wohltäter der Stadt zukommt: lebenslange Verpflegung im Rathaus, dem Prytaneion. Er leistete sich dabei noch einen besonders bösen Seitenhieb gegen den überall in Griechenland mit Hingabe betriebenen Sport, indem er meinte, er habe ja wohl mehr für die Stadt getan als beispielsweise einer, der einen Sieg in Olympia errungen habe.

Damit brachte er die Richter endgültig gegen sich auf; man verurteilte ihn mit großer Mehrheit zum Tode.

Da sich der Vollzug des Urteils aus religiösen Gründen verzögerte, bot sich den Freunden des Sokrates die Möglichkeit, seine Flucht aus dem Gefängnis vorzubereiten. Doch davon wollte der Philosoph nichts wissen: er hatte zeitlebens den Gesetzen gehorcht, warum sollte er nun, im hohen Alter, von diesem Grundsatz abweichen, selbst wenn das über ihn gesprochene Urteil ungerecht war? Vermutlich hätten es auch die führenden Männer der eben erst – nach der Vertreibung der ›Dreißig Tyrannen‹ – wiedererrichteten Demokratie nicht ungern gesehen, wenn Sokrates ihnen durch die Flucht die üble Nachrede erspart hätte, daß sie den nach dem Urteil Apollons Weisesten den Giftbecher hätten leeren lassen. Doch Sokrates tat ihnen den Gefallen nicht, sondern blieb bis zu seiner letzten Stunde sich selbst treu: er führte mit seinen Freunden lange Gespräche über Fragen, die ihn stets bewegt hatten, und nahm schließlich in heiterer Gelassenheit den Schierlingsbecher.

Die Grundsätze, an denen Sokrates sein Handeln ausrichtete, sind in den Kernstellen von Platons Apologie zusammengefaßt, von denen wir zunächst diejenige vorlegen, in der Sokrates sein furchtloses Eintreten für Recht und Gesetz unter Beweis stellt:

## 2. Allein gegen das Unrecht

(Platon, Apologie 32 a–d)

*(Aorist; absoluter Genitiv; Irrealis)*

(Sokrates spricht)

Ἐγὼ γάρ, ὦ ἄνδρες Ἀθηναῖοι, ἄλλην μὲν ἀρχὴν οὐδεμίαν πώποτε ἦρξα ἐν τῇ πόλει, ἐβούλευσα δέ· καὶ ἔτυχεν ἡμῶν ἡ φυλὴ Ἀντιοχὶς πρυτανεύουσα ὅτε ὑμεῖς τοὺς δέκα στρατηγοὺς τοὺς οὐκ ἀνελομένους τοὺς ἐκ τῆς ναυμαχίας ἐβουλεύσασθε ἀθρόους κρίνειν, παρανόμως, ὡς ἐν τῷ ὑστέρῳ χρόνῳ πᾶσιν ὑμῖν ἔδοξεν. Τότ' ἐγὼ μόνος τῶν πρυτανέων ἠναντιώθην ὑμῖν μηδὲν ποιεῖν παρὰ τοὺς νόμους καὶ ἐναντία ἐψηφισάμην· καὶ ἑτοίμων ὄντων ἐνδεικνύναι με καὶ ἀπάγειν τῶν ῥητόρων, καὶ ὑμῶν κελευόντων καὶ βοώντων, μετὰ τοῦ νόμου καὶ τοῦ δικαίου ᾤμην μᾶλλόν με δεῖν διακινδυνεύειν ἢ μεθ' ὑμῶν γενέσθαι μὴ δίκαια βουλευομένων, φοβηθέντα δεσμὸν ἢ θάνατον. Καὶ ταῦτα μὲν ἦν ἔτι δημοκρατουμένης τῆς πόλεως· ἐπειδὴ δὲ ὀλιγαρχία ἐγένετο, οἱ τριάκοντα αὖ μεταπεμψάμενοί με πέμπτον αὐτὸν εἰς τὴν θόλον προσέταξαν ἀγαγεῖν ἐκ Σαλαμῖνος Λέοντα τὸν Σαλαμίνιον ἵνα ἀποθάνοι, οἷα δὴ καὶ ἄλλοις ἐκεῖνοι πολλοῖς πολλὰ προσέταττον, βουλόμενοι ὡς πλείστους ἀναπλῆσαι αἰτιῶν. Τότε μέντοι ἐγὼ οὐ λόγῳ ἀλλ' ἔργῳ αὖ ἐνεδειξάμην ὅτι ἐμοὶ θανάτου μὲν μέλει, εἰ μὴ ἀγροικότερον ἦν εἰπεῖν, οὐδ' ὁτιοῦν, τοῦ δὲ μηδὲν ἄδικον μηδ' ἀνόσιον ἐργάζεσθαι, τούτου δὲ τὸ πᾶν μέλει. Ἐμὲ γὰρ ἐκείνη ἡ ἀρχὴ οὐκ ἐξέπληξεν, οὕτως ἰσχυρὰ οὖσα, ὥστε ἄδικόν τι ἐργάσασθαι, ἀλλ' ἐπειδὴ ἐκ τῆς θόλου ἐξήλθομεν, οἱ μὲν τέτταρες ᾤχοντο εἰς Σαλαμῖνα καὶ ἤγαγον Λέοντα, ἐγὼ δὲ ᾠχόμην ἀπιὼν οἴκαδε. Καὶ ἴσως ἂν διὰ ταῦτα ἀπέθανον, εἰ μὴ ἡ ἀρχὴ διὰ ταχέων κατελύθη.

... ich habe nämlich, ihr Männer von Athen, ein anderes Amt in der Stadt nie (= keines je) bekleidet, doch war ich (einmal) Ratsmitglied; und zufällig war unsere Phyle, die Antiochis, mit der Führung der Ratsgeschäfte betraut, als ihr die zehn Admiräle, welche die infolge der Seeschlacht (Schiffbrüchigen) nicht gerettet hatten, insgesamt zu verurteilen entschlossen wart – gegen das Gesetz, wie späterhin (in der späteren Zeit) euch allen klar wurde. Damals stellte ich mich als einziger von den Prytanen gegen euch (und) stimmte dafür, nichts gegen die Gesetze zu tun und (stellte einen) Gegenantrag. Und obwohl die Leute, die damals das große Wort führten (= die Redner), bereit waren, mich anzuzeigen und abführen zu lassen, und obwohl ihr dazu auffordertet und lärmtet, glaubte ich doch, besser auf der Seite von Gesetz und Recht die Gefahr auf mich nehmen zu müssen als mich auf eure Seite zu schlagen, die ihr Ungerechtes zum Beschluß erheben wolltet, nur weil ich Angst hatte (= fürchtend) vor Gefängnis oder Tod.
Und dies geschah, als die Stadt noch demokratisch regiert wurde. Als aber die Oligarchie eingerichtet worden war, da ließen die Dreißig mich mit vier anderen (= selbst als fünften) in den Rundbau holen und verlangten, von Salamis Leon, einen Bürger der Insel (= den Salaminier), herzuschaffen, damit er sterbe – wie ja auch jene (= die Dreißig) vielen anderen vieles auftrugen in der Absicht (= wollend, weil sie ... wollten), möglichst viele mitschuldig zu machen (= ›mit Verfehlungen anzufüllen‹). Da aber ließ ich wiederum nicht durch ein Wort, sondern durch die Tat erkennen, daß mir am Tod – ich will's nicht zu grob formulieren (= wenn es nicht zu ungehobelt wäre zu sagen) – nichts liegt, auch nicht so viel, daß mir jedoch alles daran liegt, nichts Unrechtes und nichts Gottloses zu tun. Mich schreckte nämlich jene Obrigkeit nicht, die doch so mächtig (= stark) war, (dergestalt), daß ich etwas Unrechtes getan hätte, sondern als wir aus dem Rundbau fortgingen, begaben sich die anderen nach Salamis und holten den Leon, ich aber verzog mich nach Hause. Und vielleicht wäre ich deswegen hingerichtet worden, wenn nicht die Herrschaft (der Dreißig) in Kürze gestürzt (aufgelöst) worden wäre.

In diesem Text berichtet Sokrates von einmaligen Ereignissen der Vergangenheit; deshalb bedient er sich nicht des Imperfekts, das, wie bereits erwähnt, das Tempus der Schilderung, der Darstellung von wiederholten oder nur versuchten Handlungen ist, sondern des Aorists, eines dem Griechischen eigentümlichen Tempus der Vergangenheit, das – sei es hinsichtlich des Beginns oder des Ergebnisses eines Vorgangs – in seinen Indikativformen vor allem das Punktuelle hervorhebt:

| | |
|---|---|
| ἐβούλευσε | er wurde Ratsmitglied |
| | er war Ratsmitglied (gewesen) |

Wie das Beispiel zeigt, kann der Aorist auch eine Vorvergangenheit, ähnlich unserem Plusquamperfekt, ersetzen. Der Bezug auf Vergangenes wird in den Indikativformen durch das Augment unterstrichen (ἐ̱-βούλευ-σ-ε).
Die häufigste Bildungsweise des Aorists ist die mit σ und dem in den meisten Formen erscheinenden Kennvokal α:

| | |
|---|---|
| ἐβουλεύσαμεν | wir waren Ratsherren |
| βουλεύσας (-σαντος) | einer, der Ratsherr war (Partizip) |

Kurze vokalische Stämme werden vor dem σ gedehnt:

| | |
|---|---|
| ποιῆσαι (ποιε̱-ω) | zu tun/getan zu haben (Infinitiv Aktiv) |

Konsonantische Auslaute verschmelzen mit dem σ oder werden verdrängt; so wird

| | | |
|---|---|---|
| γ, κ, χ, ττ | + σ zu ξ: ἦρξα | ich herrschte |
| β, π, φ, πτ | + σ zu ψ: ἔπεμψα | ich schickte |
| δ, θ, τ, ζ (τσ) | + σ zu σ: ἐψηφισάμην | ich stimmte für etwas |

Nach λ, μ, ν, ϱ muß umgekehrt das σ weichen; dafür wird der letzte Stammvokal gedehnt:

κϱίνω: ich urteile; ἔκϱῑνα (aus: ἔκϱινσα): ich urteilte
ἀγγέλλω: ich melde; ἤγγε̱ι̱λα (aus: ἤγγελσα): ich meldete.

Während der σ-Aorist ein teilweise eigenständiges System von Ausgängen hat, bedient sich der sogenannte ›starke‹ Aorist im Indikativ der Ausgänge des Imperfekts, in den übrigen Formen der des Präsens. Seine ›Stärke‹ liegt, wenn man so will, darin, daß er von teilweise veränderten, teilweise ganz neuen Stämmen gebildet wird.

Der passive Aorist (der freilich bei einer ganzen Reihe von Verben aktive Bedeutung hat), wird mit dem Element -θη- gebildet:

| | |
|---|---|
| ἐφοβήθην (zu φοβεῖσθαι) | ich fürchtete mich |
| ἐπαύθην (zu παύεσθαι) | ich wurde beruhigt |

›Stark‹ nennt man die passive Aoristbildung, wenn sie auf das θ verzichtet: συνελέγημεν (zu συλλέγεσθαι) wir versammelten uns. Die – bemerkenswerterweise aktiven – Ausgänge dieser Aoriste begegnen auch im sogenannten Wurzelaorist, bei dem sie sich unmittelbar am vokalischen Stammauslaut anfügen oder sogar mit ihm verschmelzen: ἔγνων (zu: γιγνώσκειν) ich erkannte; der Optativ zu dieser Form lautet γνοίην.

Anhand des eben Gesagten, das auch unter T 7.1.4 nachzulesen ist, können wir eine ganze Anzahl der in unserem Text vorkommenden Formen identifizieren, darunter

ἦρξα (zu ἄρχω, ich fange an, bin der erste, herrsche; hier bedeutet ἀρχὴν ἄρχειν ›ein Amt innehaben‹),

ἐβούλευσα (zu βουλεύω, ich suche/gebe Rat, beratschlage, beschließe, bin Ratsmitglied), 2. Pers. Pl. M. ἐβουλεύσασθε.

ἔδοξε (zu δοκεῖ, es scheint, vom Stamm δοκ- gebildet),

ἐψηφισάμην (zu ψηφίζομαι, ich stimme ab; in Athen wurden bei Abstimmungen weiße und schwarze Steine, ψῆφοι, verwendet),

μεταπεμψάμενοι (Aoristpartizip zu μεταπέμπομαι, ich lasse kommen),

ἐπέταξαν (zu ἐπιτάττω: ich trage auf).

In dem Aorist-Infinitiv ἀνα-πλῆσαι erkennen wir den Stamm von πλήρης, voll; im Präsensstamm gehört das Ver-

bum zu der unter T 8.3 zusammengefaßten Gruppe der Verben auf -μι (πίμπλημι), ebenso wie ἐνδείκνυμι (ich zeige an, lasse erkennen; Stamm: δεικ-), von dem wir die Aoristform ἐνεδειξάμην vorfinden.
Leichter zu bestimmen sind

> ἐξέπληξεν (zu ἐκπλήττω: ich erschrecke) und ἐργάσασθαι (zu ἐργάζομαι: ich unternehme etwas), ein medialer Infinitiv.

Von den durch ihr -θη- auffälligen passiven Aoristen ist nur ein einziger tatsächlich Passiv: κατελύθη (zu καταλύω: ich löse auf, vgl. Katalysator, aber auch Ana-lyse, Ana-lysis). ἠναντιώθην (von ἐναντιόομαι, ich widersetze mich) und φοβηθέντα (Akkusativ des Partizips zu ἐφοβήθην, ich fürchtete mich, dessen Nominative φοβηθείς, φοβηθεῖσα, φοβηθέν lauten) zeigen, daß man sich in der griechischen Grammatik auf nichts so ganz verlassen kann, auch nicht darauf, daß etwas, das wie Passiv aussieht, auch Passiv ist.
Die zweite große Gruppe von Aoristen, die unser Text enthält, bilden die ›starken‹, die mit den reduzierten oder ganz neuen Stämmen: ἔτυχεν gehört zu τυγχάνω, ich bin zufällig (etwas), zu einem Verbum, bei dem man sich des auf S. 99 empfohlenen Übersetzungstricks bedienen sollte: Unsere Phyle war zufällig die, die die Amtsgeschäfte führte = unsere Phyle führte zufällig die Geschäfte. Das Verbum αἱρέω, ich nehme, wähle, bildet seine Aoristformen mit dem Stamm ἑλ- (Indikativ: εἷλον, Infinitiv: ἑλεῖν), den wir in ἀνελομένους, einem medialen Partizip, entdecken.
Das hier von Sokrates angesprochene historische Faktum ist die Seeschlacht bei den Arginusen, einer Inselgruppe nahe bei Lesbos, wo die Athener 406 v. Chr. – freilich unter hohen eigenen Verlusten – einen Sieg über die Spartaner errangen. Den siegreichen Admirälen wurde später aus durchsichtigen politischen Gründen der Prozeß gemacht, wobei die angeblich unterlassene Rettung Schiffbrüchiger als Vorwand herhalten mußte.

Sokrates wollte damals, wie er sich ausdrückt, ›nicht mit euch (einig) werden‹ (μεθ' – statt μετά – ὑμῶν γενέσθαι), also nicht mit den Wölfen heulen. Den Aoriststamm γεν- kennen wir von γένος (T 3.6) und von γίγνομαι, ich werde; hier erscheint er im Infinitiv und in der 3. Person Singular des Indikativs im Medium. Während sonst die Stämme im ›starken‹ Aorist gern in der Schwachstufe erscheinen (z. B. λείπω, ich lasse, ἔλιπον; φεύγω, ich fliehe, ἔφυγον), schwimmt das dünnleibige Verbum ἄγω, ich führe, bringe, gegen den Strom; sein ›starker‹ Aorist lautet ἤγαγον, Infinitiv ἀγαγεῖν. Am Schluß des Texts ist ἤγαγον 3. Person Plural. Θάνατος, der Tod, steht hinter ἀπο-θνῄσκω, ich sterbe; das Element -σκ- drückt hier, ähnlich dem lateinischen -sc- in erubesco, ich erröte, den Beginn einer Handlung/eines Vorgangs aus. Im Aorist, der Punktuelles betont, entfällt dieses -σκ-, ›er starb‹ heißt somit ἀπέθανεν; der Optativ dazu, ἀποθάνοι, betont an der vorliegenden Stelle die schlimme Absicht der Dreißig Tyrannen.

Zum Schluß haben wir noch zwei Stämme ohne Entsprechung im Präsens zu bieten: εἶπον, ich sagte, mit dem Stamm ἐπ- (z. B. in τὸ ἔπος, das Wort, bzw. im Fremdwort Epos), und ἦλθον, ich ging/kam, mit dem Stamm ἐλθ-.

Schluß ist's für den Augenblick allerdings nur mit der Formenlehre, denn der Text enthält noch zwei syntaktische Delikatessen, die beide ›typisch griechisch‹ sind.

Da will Sokrates ausdrücken, daß ihm der Tod völlig egal sei, ja, um noch schnoddriger zu formulieren, daß er sich darum nicht die Bohne (οὐδ' ὁτιοῦν: auch nicht im geringsten) kümmere. Als höflicher Mensch mildert er aber diesen Ausdruck durch den Einschub ab:

| | |
|---|---|
| εἰ μὴ ἀγροικότερον ἦν εἰπεῖν | wenn nicht dies zu sagen zu grob (›bäurischer‹) wäre. |

Wie wir sehen, steht im Griechischen Indikativ, im Deutschen irrealer Konjunktiv. Diese unterschiedliche Ausdrucksweise läßt sich, um eine Zeitstufe verschoben, auch an dem Schlußsatz beobachten:

| | |
|---|---|
| Καὶ ἴσως ἂν διὰ ταῦτα ἀπέθανον, εἰ μὴ ἡ ἀρχὴ διὰ ταχέων κατελύθη. | Und vielleicht wäre ich (wohl) deswegen umgekommen, wenn nicht die Junta bald gestürzt worden wäre. |

Hier gibt immerhin das ἄν im Hauptsatz, zusätzlich zum Sinn der ganzen Stelle, einen Hinweis, daß eine irreale Aussage vorliegt: Sokrates blieb ja damals am Leben!
Offensichtlich betont das Griechische die Möglichkeit, die tatsächlich bestand, während wir auf das nicht eingetretene Ergebnis achten. Vergleichbar ist im Lateinischen der sogenannte Realis:

oportet – es wäre korrekt;
multa narrare possum – ich könnte viel berichten.

Vom Lateinischen her läßt sich auch unsere zweite Delikatesse rascher verdauen, der dem berühmten Ablativus absolutus entsprechende absolute Genitiv; man kann ihn aber auch ohne Latein verstehen, etwa so: νυκτός stellt eine Zeitangabe im Genitiv dar, die wir wörtlich übersetzen können: ›nachts‹ oder ›des Nachts‹; in der Wendung νυκτὸς οὔσης βαθυτάτης sind noch das Partizip von εἶναι und ein dazugehöriges Adjektiv (als Prädikatsnomen) beigefügt; an der temporalen Sinnrichtung des Ausdrucks hat sich nichts geändert (›in tiefster Nacht‹). Untersucht man den Informationsgehalt der einzelnen Glieder des Ausdrucks und die Rolle, die sie in einem selbständigen Satz spielen würden, kommt folgendes heraus:

| »Subjekt« | »Prädikat« | |
|---|---|---|
| νυκτὸς<br>(die) Nacht | οὔσης<br>seiend/ist bzw. war | βαθυτάτης<br>sehr tief |

Eingebettet in einen erzählenden Kontext, kann daraus werden »als es/weil es/obwohl es tiefste Nacht war«, denn Partizipialkonstruktionen können, wie wir bereits wissen,

Gliedsätze verschiedener Sinnrichtungen ersetzen, sie sind ›satzwertig‹ und überlassen dem Leser die Entscheidung, ob sie nun eine Zeitangabe (als ...), eine Begründung (weil ...), einen Gegengrund (obwohl ...) oder eine Bedingung (wenn ...) enthalten.

Nach dieser Einführung können wir uns an die absoluten Genitive des Platontexts heranwagen:

ἑτοίμων ὄντων τῶν ῥητόρων
bereit seiend/sind bzw. waren die Redner
= obwohl die tonangebenden Persönlichkeiten bereit waren ...

ὑμῶν κελευόντων καὶ βοώντων (< βοαόντων)
ihr verlangt(et) und brüllt(et) ...
= obwohl ihr das mit lautem Geschrei verlangtet ...

τῆς πόλεως δημοκρατουμένης
( < δημοκρατεομένης)
(als) die Stadt demokratisch verwaltet (wurde)

Der ganze Trick besteht also darin, den absoluten Genitiv

1. als einen solchen zu identifizieren (ein einzelner Genitiv kann's in der Regel nicht sein, Zweigliedrigkeit ist normal),
2. sein ›Subjekt‹, meist ein Substantiv, Adjektiv oder Pronomen, und sein ›Prädikat‹, die Partizipialform, zu bestimmen.
3. durch deren selbständige Übersetzung – Subjekt im Nominativ, Prädikat im Indikativ – den Informationsgehalt des Ausdrucks zu erfassen,
4. in diesen eventuell weitere zugehörige Satzglieder einzubauen (z. B. die Infinitive, die angeben, wozu die ›Redner‹ bereit waren: sie wollten gegen Sokrates eine Anzeige einbringen und ihn ins Gefängnis schaffen lassen), und
5. diesen Satz mit passender Sinnrichtung (als, weil, obwohl usw.) in das Gefüge wieder einzubauen, aus dem er eben herausgelöst wurde.

Dabei besteht die Möglichkeit, statt eines Gliedsatzes einen selbständigen Hauptsatz zu setzen:

Die tonangebenden Männer waren zu meiner Verhaftung bereit; ihr verlangtet danach und lärmtet, ich aber ...

Ein weitere Alternative sind nominale Wendungen wie »Trotz der Bereitschaft führender Leute, trotz euren entsprechenden Forderungen und eurem Geschrei ...«

Das wäre somit Punkt 6 unserer Trickliste: Wahl einer passenden deutschen Formulierung: Hauptsatz, Gliedsatz, nominale Wendung – und, da gelegentlich aller guten Dinge sieben sind, als letztes: Beachten des zwischen dem Genitivus absolutus und dem ihm übergeordneten Satz bestehenden Zeitverhältnisses. Das Partizip des Aorists signalisiert oft, daß das im absoluten Genitiv Gebrachte zeitlich *vor* der Hauptsatzhandlung liegt:

Μείναντες δε ταύτην τὴν ἡμέραν, τῇ ἄλλῃ ἐπορεύοντο ...

Nachdem sie diesen Tag abgewartet hatten, machten sie sich am nächsten (anderen) auf den Weg ... (Xenophon, Anabasis 3, 4, 1)

Will man sich hier nicht festlegen, hilft die Beiordnung:

Sie verhielten sich diesen Tag über ruhig und ...

Wir werden auf diese Dinge noch oft zu sprechen kommen, denn absolute Genitive sind in griechischen Texten ziemlich häufig. Zum Schluß (und nun soll wirklich mit der grammatischen Auswertung des Platon-Texts Schluß sein!) noch ein Hinweis zu dem Aorist-Partizip μείναντες, das die Xenophon-Stelle einleitet. Es gehört zu dem Verbum μένω (ich bleibe, warte) und ist ein gutes Beispiel für die Ersatzdehnung eines kurzen Stammvokals durch den Wegfall des Tempuszeichens σ.

An Wort- und Sacherklärungen zum Platon-Text ist nur noch wenig nachzutragen: unter ἡ φυλή, ›Stamm‹, verstand man in Athen seit dem Ende des 6. Jahrhunderts v. Chr. eine aus je einem Stadt-, Land- und Küstenbezirk in absichtlicher Willkür zusammengefügte Verwaltungseinheit. Anhand der von den Phylen geführten Bürgerlisten wurden durch das Los die

Prytanen (Ratsherren) bestimmt, die sich in einem Rundbau, dem Prytaneion oder Tholos, versammelten. Jede der zehn attischen Phylen stellte 50 Prytanen, die für jeweils 35 Tage die Geschäfte des Rats der 500 führten – Vorberatung von Verhandlungsgegenständen der Volksversammlung und deren Einberufung und Leitung – und dann an die nächste Phylenvertretung diesen Vorsitz abgaben. Sokrates gehörte der Phyle Antiochis an, die zufällig präsidierte, als der Arginusenprozeß stattfand. »Stratege« (Feldherr, Admiral) war das einzige Wahlamt in Athen, wohl weil man im Krieg nicht die mit dem sonst üblichen Losverfahren verbundenen Risiken eingehen wollte.

In ναυ-μαχία steckt ναῦς, das Schiff, und μάχομαι, ich kämpfe (Aorist: ἐμαχεσάμην); den Stamm von κρίνω, ich urteile, entscheide, entdecken wir in ›Kritik, kritisch‹; in dem Adverb παρα-νόμως, un-gesetzlich, steckt ὁ νόμος, das Gesetz; eine A-nomie ist ein gesetzwidriges Verhalten, eine An-omalie (Stamm ὁμ-, gleich, wie in homo-sexuell) dagegen eine Regelwidrigkeit und damit nahe verwandt mit der – lateinischen – Ab-normität (ab norma: entfernt von der Norm).

Von οἶμαι (= οἴομαι) gebildet ist die Imperfektform ᾤμην, ich glaubte, von der ein AcI abhängt (με δεῖν: daß ich müsse ...). διακινδυνεύειν ist ein schönes Beispiel für die reichen Wortbildungsmöglichkeiten, über die das Griechische verfügt: ὁ κίνδυνος ist die Gefahr, das zugehörige Verbum κινδυνεύειν bedeutet ›sich einer Gefahr aussetzen‹ und deswegen auch – weil jeder Prozeß ein Risiko in sich birgt – ›prozessieren‹. In Verbindung mit der Präposition διά (m. Gen.: durch) besagt das Wort, daß ein διακινδυνεύων bereit ist, eine Gefahr durchzustehen, also sich auf ein riskantes Unternehmen mit allen Konsequenzen einzulassen.

Mit ὀλιγαρχία (ὀλίγοι: wenige, ἄρχειν: herrschen) ist in unserem Text die schon öfter erwähnte Herrschaft der Dreißig Tyrannen nach dem Zusammenbruch Athens im Krieg gegen Sparta gemeint. An mittelhochdeutsche Ausdrucksweise erinnert die Wendung, daß die Dreißig ›ihn selbst als fünften‹ holen ließen: im »Meier Helmbrecht« Werners des Gärtners erscheint ›der richter selbfünfte‹, also mit vier Begleitern. Vergleichbar ist auch der alte Ausdruck ›selbander‹, d. h. zu zweit, und die Heilige Anna selbdritt.

Wie ὅτι ist ὡς in der Wendung ὡς πλεῖστοι gebraucht: möglichst viele. Bei μέλει μοι, mir liegt an etwas, wird das, woran einem liegt, im Genitiv angegeben, und zwar einmal mit τοῦ θανάτου – woran Sokrates gar nichts liegt – und sodann mit einem substantivierten Infinitiv (s. S. 101):

τοῦ ἐργάζεσθαι, τούτου τὸ πᾶν μέλει
μηδέν ἄδικον μηδὲ ἀνόσιον

also:

›an dem Tun,‹ daran (liegt mir) sehr viel.
nichts Unrechtes noch Gottloses

Die Partikel ὥστε, so daß, leitet Folgesätze ein; ist die Folge nur als möglich gedacht, steht der Infinitiv.

Adverbiale Übersetzung ist, entsprechend dem Modell von S. 99, bei οἴχομαι (Imperfekt ᾠχόμην), ich gehe weg, möglich; die Wendung mit dem Partizip ἀπ-ιών (-ιόντος: weggehend) besagt, daß Sokrates sich *schleunigst* entfernte.

Unter den auf S. 124f. als ›merkenswert‹ zusammengestellten Wörtern finden sich einige höchst be-merkenswerte, allen voran das Wort ὁ λόγος. Seine Bedeutungen füllen in einem mittelgroßen Wörterbuch mehrere Spalten, so daß man leicht den Überblick verlieren kann; achtet man aber auf die durch Ziffern oder Buchstaben angegebene Gliederung des umfänglichen Artikels, so stellt man fest, daß dieses Wort zwei auf den ersten Blick recht divergente Bereiche umfaßt, nämlich Sprechen (λέγειν) und Denken. Berücksichtigt man allerdings, daß ein völlig begriffsfreies Denken kaum vorstellbar ist und daß der große Behaviorist Thorndike das Denken als ›inneres Gespräch‹ (internal speech) definierte, dann staunt man über die tiefe Einsicht, die in der Bedeutungsbreite des Wortes λόγος zum Ausdruck kommt.

Erstaunlich ist auch die Entfaltung der beiden Grundbedeutungen: Sprechen – das ist alles, was man sagen kann, also das Wort, die Rede, die Sage, die Geschichte, der Vorwand, die Nachricht, die Überlieferung, der Auftrag, das Sprichwort usw., dazu das Sprechen an sich, also Gespräch, Unterredung, Beratung, und das, wovon man spricht, also der Gegenstand, die Sache, das Thema, das Ereignis, ferner das Ergebnis in Gestalt einer Abhandlung, einer philosophischen Untersuchung, eines Beweises, einer Definition oder eines ganzen Systems.

Wie wir sehen, berührt sich hier der erste mit dem zweiten Bedeutungsbereich, der das Denkvermögen, also die Vernunft, Denkprozesse wie Überlegungen, Berechnungen, Bildung von Ansichten und Meinungen sowie die auf ›logischem‹ Weg gewonnenen Erkenntnisse umfaßt. Angesichts dieser Fülle von Einzelbedeutungen ist es verständlich, wenn Goethe seinen Faust über den Anfangsworten des Johannesevangeliums ins Grübeln geraten läßt:

('Εν ἀρχῇ ἦν ὁ λόγος ...)

... Geschrieben steht: »Im Anfang war das Wort!«
Hier stock' ich schon; wer hilft mir weiter fort?
Ich kann das *Wort* so hoch unmöglich schätzen.
Ich muß es anders übersetzen,
wenn ich vom Geiste recht erleuchtet bin.
Geschrieben steht: Im Anfang war der Sinn.
Bedenke wohl die erste Zeile,
daß deine Feder sich nicht übereile!
Ist es der Sinn, der alles wirkt und schafft?
Es sollte stehn: Im Anfang war die Kraft!
Doch auch indem ich dieses niederschreibe,
schon warnt mich was, daß ich dabei nicht bleibe.
Mir hilft der Geist! Auf einmal seh ich Rat
und schreib getrost: Im Anfang war die Tat!

Diese Lösung entspricht freilich nicht dem Sinn der Stelle, die vollständig so lautet:

'Εν ἀρχῇ ἦν ὁ λόγος, καὶ ὁ λόγος ἦν πρὸς τὸν θεόν,
καὶ θεὸς ἦν ὁ λόγος.

Luthers scheinbar wörtliche Wiedergabe kann freilich auch

nicht befriedigen: »Im Anfang war das Wort, und das Wort war bei Gott, und Gott war das Wort.«
Die griechischen Adressaten des Johannesevangeliums dürften jedenfalls mit diesen Sätzen weniger Verständnisprobleme gehabt haben, weil sie einen ihnen vertrauten Gedanken zu enthalten schienen: Daß göttlicher Geist im Kosmos wirksam ist, soll schon Thales gelehrt haben; Platon stellte den Geist hoch über die Materie, und die Stoiker nahmen an, der mit Gott identische λόγος sei gleich Samenkörnern über alles, was da ist, ausgestreut. Sie stellten sich diesen λόγος σπερματικός zwar materiell, aber zugleich ewig vor; er überdauerte die in regelmäßigen Abständen erfolgenden Zerstörungen der Welt.
Die Ewigkeit des göttlichen λόγος wird bei Johannes durch die Worte ἐν ἀρχῇ nur scheinbar eingeschränkt: Auch am Beginn des Alten Testaments steht: »Am Anfang ...« Aber dieser Anfang ist der Beginn des Schöpfungsaktes, nicht Gottes Anfang.
Daß ἀρχή zugleich »Beginn« und »Herrschaft« bedeutet, ist leicht zu erklären: das Wort bezeichnet allgemein das, was ganz vorne ist, also sowohl den Urstoff, aus dem die Welt entstand, wie die Urzeit, und außerdem in den sozialen Systemen der Menschen ›die da vorne‹, die Obrigkeit, die Herrschaft ausübt, und schließlich den Bereich, der davon erfaßt wird.
Über das Lateinische gelangte ἀρχή auch in die deutsche Sprache, freilich kaum mehr erkennbar: Das Erz- in Erzbischof oder Erzkanzler hat nämlich nichts mit Metall zu tun, sondern entwickelte sich aus archi-; ein archi-episcopus ist somit ein Erst- oder Oberbischof.
Ἡ αἰτία, der Grund, findet sich in dem Fremdwort ätiologisch, dessen sich sowohl die Medizin wie die Mythologie bedient, je nachdem, ob die Ursachen von Krankheiten studiert oder Sagen betrachtet werden, in denen eine auffällige Erscheinung oder ein merkwürdiger Name erklärt oder ein bestimmter Brauch begründet wird.

»Einst«, so erzählt der böotische Dichter Hesiod, »versammelten sich Menschen und Götter, um ein für allemal festzulegen, welchen Anteil beide an den Opfern haben sollten. Da schlachtete Prometheus einen Stier, tat das gute Fleisch beiseite und deckte es mit dem häßlichen Rindermagen zu. Dann schichtete er aus den Knochen einen großen Haufen, legte die Rindshaut darüber und garnierte sie gefällig mit Fett von den Därmen. Als dies geschehen war, ließ er Zeus wählen, und der griff nach dem größeren Angebot. So kommt es, daß die Menschen den Göttern nicht das gute Fleisch verbrennen, sondern es selbst essen ...«

Nach diesem ›Aition‹ sei noch daran erinnert, daß hinter Pomp und pompös das Verbum πέμπω steckt: die Festgesandtschaften, die die griechischen Stadtstaaten zu den Götterfesten schickten, traten möglichst repräsentativ auf.

Wer sich sein Urteil von hohlem Pomp nicht trüben läßt, ist ein kritischer, ein urteilsfähiger Geist; ›Kritik‹ sollte auf jeden Fall zuerst Be-urteilung sein, bevor sie, wenn sich die entsprechenden Gründe finden, zur Ver-urteilung wird.

Bei der kollektiven Aburteilung der Strategen, die angeblich die Rettung von Schiffbrüchigen unterlassen hatten, gingen nach den Worten des Sokrates die Athener παρανόμως vor; sie setzten sich also über geltendes Recht hinweg, übertraten es, brachen es.

Vergleicht man die bildhaften deutschen Ausdrücke mit den griechischen Verben παρα-βαίνειν νόμον und παρανομεῖν, dann ergibt sich angesichts der Grundbedeutung ›an – vorbei‹ für παρά mit Akkusativ, daß die zugrundeliegende griechische Vorstellung weniger dynamisch ist: Hier wird weder gebrochen noch überschritten, sondern man sucht sich einen Weg am Gesetz vorbei. Hinsichtlich des Ergebnisses solcher Handlungsweise fallen leider keine Unterschiede ins Auge: Sowohl die Strategen mußten sterben, und auch über Sokrates brach man den Stab ...

Wenn man, wie wir es eben getan haben, bei einem Text wie diesem sich angelegentlich mit seiner sprachlichen Form aus-

einandersetzt, liegt der Eindruck der Kompliziertheit recht nahe. Wir sollten uns deshalb die Zeit nehmen, die Passage in aller Ruhe nochmals durchzulesen und, ohne die Aoriste zu klassifizieren, bei denen Sokrates und Platon als gebürtige Griechen keine Fehler machten, die ungeschminkte Ehrlichkeit des Sokrates auf uns wirken lassen: Zweimal wurde er, der keinen besonderen Drang in die Politik verspürte, zu einer Stellungnahme gegen den Willen von Mehrheiten und Machthabern veranlaßt, und beide Male ging er ein erhebliches Risiko ein, ohne doch das Böse, das geschah, verhindern zu können: Die Admiräle, die die Arginusenschlacht gewonnen hatten, wurden trotz Sokrates' mutigem Einspruch verurteilt, und den bedauernswerten Leon holten jene anderen vier Männer aus Salamis, die es nicht wie Sokrates wagten, dem Befehl der Tyrannen ihr stummes ›Ohne mich!‹ entgegenzusetzen. Was also gewann Sokrates durch sein in den Augen jedes Willfährigen und Angepaßten starrsinniges und riskantes Verhalten?
Für ihn selbst war es zweifellos das Wichtigste, in das Unrecht nicht mit verstrickt zu werden; daher verzichtete er auch darauf, den Dreißig offen zu widersprechen und sich dadurch gleich ans Messer zu liefern, ohne doch Leon retten zu können: er wartete vielmehr einen günstigen Augenblick ab, um im Gassengewirr Athens verschwinden zu können. Das klingt gewiß nicht sehr heroisch, aber es läßt uns den Philosophen Sokrates auf jeden Fall viel menschlicher und ehrlicher erscheinen als jenen Seneca, der ihn sich im Sterben zum Vorbild nahm, im Leben aber schwieg und auch nicht wegging, als Nero, sein Zögling, Stiefbruder, Mutter, Frau und viele andere aus dem Wege räumte.

**Vokabular:**

| | | | |
|---|---|---|---|
| ἡ αἰτία | Ursache, Schuld | ἡ ἀρχή | Herrschaft, Amt, Anfang |
| τὸ ἔργον | Tat, Werk | ὁ θάνατος | Tod |
| ὁ κίνδυνος | Gefahr, Prozeß | ὁ λόγος | Wort, Rede, Verstand |

| | | | |
|---|---|---|---|
| ὁ νόμος | Gesetz | ὁ στρατηγός | General, Feldherr |
| ὁ χρόνος | Zeit | | |
| ἕτοιμος, -η, -ον | bereit | ἐναντίος, -α, -ον | gegensätzlich, entgegen |
| ὕστερος, -α, -ον | später | ἐκεῖνος, -η, -ον | jener |

(Von nun an führen wir Verben – wie das Wörterbuch – in der 1. Person Singular Ind. Präs. an, während im Deutschen weiterhin Infinitiv steht)

| | |
|---|---|
| ἄγω (Aorist: ἤγαγον, ἀγαγεῖν) | führen |
| αἱρέω (Aor. εἷλον, ἑλεῖν) | wählen, nehmen |
| ἀποθνῄσκω (Aor. ἀπέθανον, ἀποθανεῖν) | sterben |
| βουλεύω | beraten, Rat suchen, Ratsherr sein |
| βουλεύομαι | sich beraten, beschließen |
| δοκεῖ (Aor. ἔδοξε) μοι | es scheint mir (gut), ich beschließe |
| [λέγω] (Aor. εἶπον, εἰπεῖν) | sagen |
| ἦλθον, ἐλθεῖν | kommen, gekommen sein |
| κελεύω | befehlen, auffordern |
| κρίνω | (ab)urteilen |
| λύω | (auf)lösen |
| μέλει μοι (m. Gen.) | mir liegt (an etwas) |
| τυγχάνω (Aor. ἔτυχον, τυχεῖν) | ich bin zufällig |
| πέμπω | schicken |

| | | | |
|---|---|---|---|
| ἔτι | noch | ἴσως | vielleicht |
| μᾶλλον | mehr, lieber | τότε | damals |

ὥστε — so daß (bei tatsächlicher Folge: Indikativ, bei möglicher Folge: Infinitiv)

μετά — (m. Gen.) mit (m. Akk.) nach (zeitlich)

παρά — (m. Gen.) von (her) (m. Dat.) bei
(m. Akk.) hin (zu), entlang, während, gegen

**Grammatik:**
Aoriste: vgl. Tab. 7.4
Absoluter Genitiv: vgl. R 8 (speziell R 8.4)
Irrealis: vgl. R 6.2

## 3. … Gott mehr gehorchen als den Menschen

(Platon, Apologie 29c–30b)

*(Futur; Konjunktiv; ἵημι)*

Sokrates setzt den Fall, die Athener könnten ihn trotz der Warnungen seiner Ankläger freisprechen, wenn er bereit wäre, auf folgenden Vorschlag einzugehen:

»Ὦ Σώκρατες, νῦν μὲν Ἀνύτῳ οὐ πεισόμεθα ἀλλ' ἀφίεμέν σε, ἐπὶ τούτῳ μέντοι, ἐφ' ᾧτε μηκέτι ἐν ταύτῃ τῇ ζητήσει διατρίβειν μηδὲ φιλοσοφεῖν· ἐὰν δὲ ἁλῷς ἔτι τοῦτο πράττων, ἀποθανῇ« – εἰ οὖν με, ὅπερ εἶπον, ἐπὶ τούτοις ἀφίοιτε, εἴποιμ' ἂν ὑμῖν ὅτι »Ἐγὼ ὑμᾶς, ὦ ἄνδρες Ἀθηναῖοι, ἀσπάζομαι μὲν καὶ φιλῶ, πείσομαι δὲ μᾶλλον τῷ θεῷ ἢ ὑμῖν, καὶ ἕωσπερ ἂν ἐμπνέω καὶ οἷός τε ὦ, οὐ μὴ παύσωμαι φιλοσοφῶν καὶ ὑμῖν παρακελευόμενός τε καὶ ἐνδεικνύμενος ὅτῳ ἂν ἀεὶ ἐντυγχάνω ὑμῶν, λέγων οἷάπερ εἴωθα, ὅτι ›Ὦ ἄριστε ἀνδρῶν, Ἀθηναῖος ὤν, πόλεως τῆς μεγίστης καὶ εὐδοκιμωτάτης εἰς σοφίαν καὶ ἰσχύν, χρημάτων μὲν οὐκ αἰσχύνῃ ἐπιμελούμενος ὅπως σοι ἔσται ὡς πλεῖστα, καὶ δόξης καὶ τιμῆς, φρονήσεως δὲ καὶ ἀληθείας καὶ τῆς ψυχῆς ὅπως ὡς βελτίστη ἔσται οὐκ ἐπιμελῇ οὐδὲ φροντίζεις;‹ Καὶ ἐάν τις ὑμῶν ἀμφισβητήσῃ καὶ φῇ ἐπιμελεῖσθαι, οὐκ εὐθὺς ἀφήσω αὐτὸν οὐδ' ἄπειμι, ἀλλ' ἐρήσομαι αὐτὸν καὶ ἐξετάσω καὶ ἐλέγξω, καὶ ἐάν μοι μὴ δοκῇ κεκτῆσθαι ἀρετήν, φάναι δέ, ὀνειδιῶ ὅτι τὰ πλείστου ἄξια περὶ ἐλαχίστου ποιεῖται, τὰ δὲ φαυλότερα περὶ πλείονος. Ταῦτα καὶ νεωτέρῳ καὶ πρεσβυτέρῳ ὅτῳ ἂν ἐντυγχάνω ποιήσω, καὶ ξένῳ καὶ ἀστῷ, μᾶλλον δὲ τοῖς ἀστοῖς, ὅσῳ μου ἐγγυτέρω ἐστὲ γένει. Ταῦτα γὰρ κελεύει ὁ θεός, εὖ ἴστε, καὶ ἐγὼ οἴομαι οὐδέν πω ὑμῖν μεῖζον ἀγαθὸν γενέσθαι ἐν τῇ πόλει ἢ τὴν ἐμὴν τῷ θεῷ ὑπηρεσίαν. Οὐδὲν γὰρ ἄλλο πράττων ἐγὼ περιέρχομαι ἢ πείθων ὑμῶν καὶ νεωτέρους καὶ πρεσβυτέρους μήτε σωμάτων ἐπιμελεῖσθαι μήτε χρημάτων πρότερον μηδὲ οὕτω σφόδρα ὡς τῆς ψυχῆς ὅπως ὡς ἀρίστη ἔσται, λέγων ὅτι ›Οὐκ ἐκ χρημάτων ἀρετὴ γίγνεται, ἀλλ' ἐξ ἀρετῆς χρήματα καὶ τὰ ἄλλα ἀγαθὰ τοῖς ἀνθρώποις ἅπαντα καὶ ἰδίᾳ καὶ δημοσίᾳ.‹«

»Sokrates, wir werden jetzt nicht auf (deinen Ankläger) Anytos hören, sondern dich freisprechen, unter der Bedingung freilich, daß du dich nicht mehr mit dieser ›Menschenprüfung‹ abgibst und auch nicht mehr philosophierst. Wenn du jedoch bei dieser Tätigkeit (dieses noch tuend) ertappt wirst, dann wirst du sterben!«
Wenn ihr mich also, wie ich eben sagte, unter solchen Auflagen freisprechen solltet, dann müßte ich zu euch sagen: »Männer von Athen, ich versichere euch meiner höchsten Wertschätzung (schätze und liebe euch), aber ich werde mehr dem Gott als euch gehorchen, und solange ich atme und dazu in der Lage bin, werde ich ganz gewiß nicht aufhören zu philosophieren und euch zu ermahnen und jedem von euch, dem ich gerade über den Weg laufe, Vorhaltungen zu machen, indem ich zu ihm nach meiner Gewohnheit (wie ich es gewohnt bin) sage: »Mein Bester, du bist Athener, (stammst also aus) der größten und hinsichtlich ihrer Kreativität und Dynamik weitberühmten Stadt und schämst dich nicht, nach Geld zu streben, um möglichst viel davon zu besitzen, und auch nach Ruhm und Ehre, um Einsicht und Aufrichtigkeit und um deine Seele, daß sie möglichst gut werde, darum kümmerst du dich nicht und denkst nicht darüber nach?«
Und wenn einer von euch widerspricht und erklärt, er sei darauf bedacht, werde ich ihn nicht sogleich loslassen und auch nicht weggehen, sondern ihn befragen und prüfen, und wenn er mir nicht den Anschein erweckt, Tugend zu besitzen, sondern dies nur zu behaupten, dann werde ich ihm zum Vorwurf machen, daß er das Wertvollste ganz gering schätze, das Schlechtere aber sehr hoch.
Das werde ich mit (jedem) Jüngeren und Älteren tun, den ich treffe, mit einem Fremden und mit einem aus der Stadt, besonders aber mit den Stadtleuten, da ihr mir ja soviel näher steht (um wieviel ihr mir der Herkunft nach näher seid). Denn dies gebietet mir der Gott, ihr wißt es wohl, und ich meine, daß euch kein größeres Gut in der Stadt zuteil werden kann als mein Dienst für den Gott. Denn nichts anderes tue ich ja, wenn ich herumgehe (tuend gehe ich herum), als euch zuzureden, Jüngeren wie Älteren, euch nicht um euer leibliches Wohlergehen und um euren Besitz eher und auch nicht so intensiv zu kümmern wie um eure Seele, daß sie möglichst tüchtig sei, wobei ich sage: »Nicht aus Besitz entwickelt sich Tüchtigkeit, sondern Besitz aus der Tüchtigkeit und all die anderen Güter, ob sie nun dem einzelnen oder der Gesamtheit zugute kommen.«

Wer die Tücken des griechischen Aorists gemeistert hat, für den stellt das Futur eine reine Erholung dar: die Bildungsweise ist einfach – meist mit Hilfe des Tempuszeichens -σ-, die Ausgänge sind dieselben wie im Präsens, und die Lautveränderungen, die erfolgen, kennen wir bereits vom Aorist: Kurze Stammauslaute werden gedehnt (ποιέω ich tue; ποιήσω ich werde tun) und bei den K/P/T-Lauten erfolgen die bekannten Verschmelzungen. Gesondert zu merken ist nur, daß Verben auf -ιζω und solche, deren Stamm auf -λ/μ/ν/ϱ endet, ein kontrahiertes Futur bilden, dessen Formen mit denen des Präsens von ποιέω übereinstimmen, also

| | | | |
|---|---|---|---|
| νομίζω | ich meine | νομιῶ | ich werde meinen |
| κϱίνεις | du urteilst | κϱινεῖς | du wirst urteilen |

Das Futur zu εἶναι wird vom Stamm ἐσ- gebildet und hat mediale Endungen: ἔσομαι – ich werde sein (vgl. T 9.1). Aufgrund dieser Informationen könnten Sie sich, lieber Leser, nun in unserem Text auf die Suche machen, um futurverdächtige Formen aufzuspüren. Blättern Sie also, ohne noch weiterzulesen, ein bißchen zurück und legen Sie eine entsprechende Sammlung an! Wenn Sie Lust dazu haben, können Sie die Formen nach Aktiv und Medium sowie nach Personen ordnen.

... und so könnte Ihr Ergebnis aussehen:

a) *Futur Aktiv:*

| | |
|---|---|
| ποιήσω | ich werde tun (zu ποιέω) |
| ἐξετάσω | ich werde prüfen (zu ἐξετάζω) |
| ἐλέγξω | ich werde überführen (zu ἐλέγχω) |
| ἀφήσω | ich werde loslassen (zu ἀφίημι, Stamm ἑ-, gedehnt ἡ-) |
| ὀνειδιῶ | ich werde beschimpfen (zu ὀνειδίζω – kontrahiertes Futur!) |

b) *Futur Medium:*

| | |
|---|---|
| πείσομαι | ich werde gehorchen (zu πείθομαι) |
| πεισόμεθα | wir werden gehorchen |

| | |
|---|---|
| ἐρήσομαι | ich werde fragen (zu ἐρωτάω, vom Stamm ἐρε- gebildet) |
| ἔσται | er/sie/es wird sein (zu εἶναι) |
| ἀποθανῇ | du wirst sterben (kontrahiertes Futur zum Stamm ἀποθαν- von ἀποθνῄσκω) |

Wenn Sie sehr genau die Übersetzung mit dem griechischen Text verglichen haben, hat Sie bestimmt die Wiedergabe von ἄπειμι mit ›ich werde weggehen‹ überrascht, vor allem, wenn Sie εἰμί, ich bin, in dieser Form vermuteten. Tatsächlich haben wir hier ein anderes ›kleines‹ Verbum auf -μι vor uns, εἶμι, dessen scheinbares Präsens futurische Bedeutung hat: ich werde gehen. Das zugehörige Imperfekt ist wirklich ein Imperfekt, auch wenn es seine Endungen beim Perfekt bzw. Plusquamperfekt entliehen hat.

Wie wir sehen, weist das Verbum εἶμι ziemlich viele Absonderlichkeiten auf; ein Blick in T 9.1 (b) läßt aber auch erkennen, daß in der Mehrzahl der Formen der Stamm ἰ- (vgl. lateinisch ire: gehen) keine Veränderungen erfuhr.

*Kein* Futur ist, auch wenn wir die Form so übersetzt haben,

οὐ μὴ παύσωμαι ›ich werde gewiß nicht aufhören‹.

Die hier erkennbare Dehnung des Bindevokals -ο- zu -ω- ist charakteristisch für den Konjunktiv, der als Modus der Möglichkeit freilich dem Tempus Futur ziemlich nahe steht. Eines der hauptsächlichen Anwendungsgebiete des Konjunktivs im Griechischen ist denn auch der sogenannte Eventualis oder ›futurische Fall‹, bei dem – meist in Verbindung mit der Partikel ἄν (wohl, vermutlich) – für möglich gehaltene Gliedsatzaussagen in diesem Modus erscheinen.

In unserem Text findet sich eine ganze Reihe von Beispielen für diese Verwendungsweise:

1. Bedingungssätze mit ἐάν (aus εἰ + ἄν ›wenn etwa‹)
   ἐὰν δὲ ἁλῷς wenn du ertappt wirst
   (ἁλῶ, -ῷς ist Konjunktiv zum Wurzelaorist von ἁλίσκομαι, ἑάλων; zur Formenbildung vgl. T 7.4.4: ἔγνων: γνῶ, γνῷς)

| | |
|---|---|
| ἐάν τις ὑμῶν ἀμφισβη-τήσῃ καὶ φῇ ... | wenn einer von euch widerspricht und sagt ... |

(hier stehen ein Konjunktiv des Aorists, ἀμφισβητήσω, von ἀμφισβητέω, und einer des Präsens, φῶ, von φάναι, sagen (T 9.1 (c)) nebeneinander und lassen erkennen, daß im Konjunktiv ebenso wie im Optativ der Zeitaspekt gegenüber dem Indikativ deutlich zurücktritt)

| | |
|---|---|
| ἐάν μοι μὴ δοκῇ | wenn er mir nicht den Anschein erweckt |

(Konjunktiv des Präsens zu δοκέω ich scheine)

2. Sonstige Gliedsätze mit ἄν und Konjunktiv

| | |
|---|---|
| ἕωσπερ ἂν ἐμπνέω καὶ οἷός τε ὦ ... | solange ich atme und dazu in der Lage bin ... |
| ὅτῳ ἂν ἀεὶ ἐντυγχάνω | auf wen immer ich treffe ... |

Daß ἐμπνέω und ἐντυγχάνω hier Konjunktive sind, ist den Formen nicht anzusehen: da sich ω nicht weiter dehnen läßt, besteht in der 1. Person Singular Präsens Aktiv zwischen Indikativ und Konjunktiv der Verben auf -ω kein Unterschied. Anders ist es bei εἶναι, dessen Konjunktiv aussieht, als hätte man von einem anderen Verbum die entsprechenden Ausgänge abgeschnippelt: ὦ, ᾖς, ᾖ, ὦμεν, ἦτε, ὦσιν.

Die unter 2) angeführten Beispiele zeigen uns, wie griechische Temporal- und Relativsätze durch ἄν und Konjunktiv einen ›eventuellen‹ Charakter erhalten, den wir in unserer Übersetzung nicht auszudrücken brauchen, ebensowenig wie in den mit ἵνα (daß, damit) eingeleiteten Absichtssätzen. Man braucht sich also wegen des Konjunktivs in Gliedsätzen keine grauen Haare wachsen zu lassen, und auch in Hauptsätzen bleibt das Merkenswerte überschaubar:

Der Konjunktiv drückt

a) Aufforderungen an die 1. Person Plural aus:

| | |
|---|---|
| ἴωμεν | gehen wir! |

b) Verbote:

| | |
|---|---|
| τοῦτο μὴ ποιήσῃς | tu das nicht! |

c) Zweifelnde Fragen:

| | |
|---|---|
| τί ποιήσω; | was soll ich tun? |

Auch hier ist die Nähe zum Futur spürbar, vor allem, wenn man an die Stelle der Konjunktive die entsprechenden Futurformen setzt:

| | |
|---|---|
| ἴομεν | wir werden jetzt gehen |
| τοῦτο οὐ ποιήσεις | das wirst du nicht tun! |
| τί ποιήσω; | was werde ich nun tun? |

Aus dieser Nähe erklärt es sich auch, warum das Futur selbst keinen Konjunktiv hat: die griechische Sprache schätzt keine weißen Schimmel!

Nachdem wir solcherart mit dem Konjunktiv kurzen Prozeß gemacht haben, steht uns noch ein Stückchen Stoff bevor, aus dem einst zahllose Alpträume geplagter Griechischschüler sich zusammenbrauten: ein Verbum auf -μι.

Diese zweite große Gruppe der griechischen Zeitwörter besetzt selbst in unserer Kurzgrammatik sieben Seiten; man kann sich also vorstellen, auf welchen Umfang sie mit etwas mehr Gründlichkeit und Ausführlichkeit gebracht werden kann. Daß sie mit ihren vielen, oft vieldeutigen Formen, von denen es gerade die ganz kurzen oft faustdick hinter den Ohren haben, z. B. ἧ, οὗ, εἷς, ἵει, dereinst der liebste Tummelplatz der Magister war und weit ernster genommen wurde, als es ihrer tatsächlichen Bedeutung entsprach, mag die folgende, dazumal oft erzählte Anekdote erläutern:

Eine Mutter kommt ins Gymnasium, um ihren Sohn abzumelden. Er hat erhebliche Probleme mit den sprachlichen Fächern und soll daher ein Handwerk lernen. »Ihr Entschluß, gute Frau«, sagt der Klassenleiter und Griechischlehrer zur Mutter des Schülers, »Ihr Entschluß ist gewiß zu billigen, doch sollten Sie wohl erwägen, ob Sie den Jungen nicht noch ein halbes Jahr hierlassen. In dieser Zeit behandeln wir die Verben auf -μι, und die sollten Sie ihm nicht vorenthalten, denn davon hat er etwas fürs Leben!«

Daß das Fach Griechisch heute längst nicht mehr die Rolle an den Schulen spielt, die ihm angesichts der Bedeutung seiner

Inhalte eigentlich zukäme, hat gewiß viele Gründe; die Anekdote enthält nur einen einzigen, dafür aber gewichtigen: Wer sich lustvoll in die gewiß nicht einfache griechische Formenlehre vergräbt, kann darüber den Blick für Wesentliches verlieren und aus einem schönen Fach ein Schreckbild machen. Da dies nicht unsere Absicht ist, befassen wir uns auch mit den Verben auf -μι in gebotener Kürze; es genügt nämlich, auf fünf Punkte zu achten, damit diese Verbengruppe einen großen Teil ihrer Schrecken verliert:

1. Im Indikativ Präsens Aktiv gibt es – z. T. von εἰμί her bekannte – neue Endungen:

| | | | | | | |
|---|---|---|---|---|---|---|
| Verba auf -μι: | -μι | -ς | -σι(ν) | -μεν | -τε | -ασι(ν) |
| Verba auf -ω: | -ω | -εις | -ει | -ο-μεν | -ε-τε | -ουσι(ν) |

2. Die sonst im Präsens und Imperfekt zwischen Stamm und Endung tretenden Bindevokale fehlen: ἵε-μεν, ἵε-τε.
3. Im Singular und Plural des Indikativ Präsens und Aorist ist mit unterschiedlich langem Endvokal des Stammes zu rechnen; gelegentlich wird der Stamm mit -κ erweitert: ἔδωκα ich gab/ἔδομεν wir gaben.
4. Vielfach erfolgt im Präsens und Imperfekt Anlautverdopplung wie bei γιγνώσκω: δί-δω-μι.
5. Mit Kontraktionen ist zu rechnen, z. B. in der 2. Person Singular des Imperativ Präsens: ἵει (ἵε-ε).

Von den vier ›großen‹ Verben auf -μι, die alle diese Eigenheiten aufweisen, enthält unser Text ἵημι (ich sende, schicke, lasse). Der Stamm des Verbums, ἑ-, wird durch die Anlautverdopplung zu ἱε- (aus ἱ-ἑ), durch Dehnung zu ἱη oder ἡ und, in Verbindung mit dem Augment, auch zu εἱ. Im Konjunktiv und Optativ kann der Stammauslaut ganz oder teilweise mit dem Ausgang verschmelzen. Das alles klingt recht gefährlich, und ein Blick in T 8.1 und 8.2 bestätigt diesen Eindruck; die Formen in unserem Text sind jedoch leicht zu bestimmen:

ἀφίεμεν: wir lassen los (aus ἀπο-/ἀπ-ἵεμεν)
ἀφίοιτε: ihr ließet (vielleicht) los (Optativ zum Ausdruck einer bloßen Annahme, sogenannter Potentialis)
ἀφήσω: ich werde loslassen (Futur, in üblicher Weise durch Dehnung des kurzen Stammauslauts und -σ- gebildet)

Den uns schon bekannten Stamm φα (sprechen) erkennen wir in zwei Formen des ›kleinen‹ μι-Verbums φημί (vgl. T 9.1 (c)), im Infinitiv φάναι und der Konjunktiv-Form φῇ.
Auch die Form ἐνδεικνύμενος ist von einem μι-Verbum herzuleiten, von δείκνυμι (ich zeige); man erkennt es daran, daß bei dieser medialen Partizipialform die Endung unmittelbar an das stammauslautende υ tritt. Im übrigen sind gerade die Formen des Mediums und Passivs bei dieser Verbengruppe ziemlich problemlos zu identifizieren.
Nach dieser hoffentlich beruhigenden Feststellung sollen die weiteren Auffälligkeiten des Platon-Texts in der Abfolge betrachtet werden, in der sie der Abschnitt enthält:

S ὦ Σώκρατες: ein Vokativ, erkennbar am vorgesetzten ὦ und der Kürzung des Stammauslauts η zu ε (vgl. T 3.7 Anm.)
ἐπὶ τούτῳ, ἐφ' ᾧτε: ›unter dieser (Bedingung), unter welcher‹, d. h. unter der Bedingung, daß. Der Infinitiv, der hier erscheint, kennzeichnet die von ἐφ' ᾧτε abhängige Aussage als mögliche Folge (vgl. R 9.2)
δια-τρίβειν bedeutet eigentlich ›zerreiben‹; im Zusammenhang mit der Zeit besagt das Wort, daß man diese verbringt, vertreibt, u. U. vergeudet. In der angenommenen Aussage von Sokrates' Richtern hat es gewiß diesen negativen Beigeschmack, denn die von ihm betriebene ›Prüfung‹ der Menschen mußte ihnen als schiere Zeitverschwendung erscheinen. Später bezeichnete man die derben Kapuzinerpredigten der Kyniker, der Jünger des Tonnenbewohners Diogenes, als Diatriben. Diese meist auf offenem Markt gehaltenen Reden sollten bei der großen Masse zu einer Veränderung der Wertvorstellungen führen; deshalb war ihre Sprache schlicht, bisweilen deftig, ihr Gegenstand

aktuell und durch möglichst viele, oft drastische Beispiele und Bilder erhellt.

οἷός τέ εἰμι: (›ich bin ein solcher‹) ich bin in der Lage, kann.

οὐ μή kann verstanden werden als verkürzte Ausdrucksweise statt οὐ φοβοῦμαι, μή (ich fürchte nicht, daß ... = ich bin mir sicher, daß nicht); ebenso wie im Lateinischen werden auch im Griechischen Sätze, die eine Befürchtung enthalten, als verneinter Wunsch formuliert:

| | |
|---|---|
| οὐ φοβοῦμαι, μὴ τοῦτο ποιήσω | ich fürchte nicht, dies zu tun = es ist mein lebhaftester Wunsch, dies nicht zu tun. |

In Sätzen dieser Art steht der Konjunktiv oder, wenn das übergeordnete Verbum ein Tempus der Vergangenheit hat, der Optativ.

παύομαι φιλοσοφῶν: bei einer ganzen Reihe griechischer Verben ist nachfolgendes Partizip mit einem deutschen Infinitiv wiederzugeben (›ich höre auf philosophierend‹ = ich höre auf zu philosophieren; vgl. dazu R 8.2).

οἷάπερ εἴωθα: hier ist sinngemäß λέγειν zu ergänzen (›was ich zu sagen gewohnt bin‹); zur Formenbildung des Perfekts εἴωθα sowie, weiter unten, κεκτῆσθαι kann T 7.5 konsultiert werden, doch ist dieser Stoff noch nicht aktuell.

ἄριστε ἀνδρῶν: (›Bester der Männer‹) Genitiv des Ganzen, von dem ein Teil genommen ist, vgl. R 2.1 (b).

᾿Αθηναῖος ὤν: (›Athener seiend‹) das Partizip von εἶναι erscheint häufig, wenn ausgedrückt werden soll, was jemand gerade ist; man kann es als Hauptverb verselbständigen (›du bist doch Athener‹), zu einem Gliedsatz entfalten (›da du Athener bist‹) oder schlicht mit ›als‹ wiedergeben: ›du als Athener ...‹

Ebenso verwendet ist ὤν im folgenden Satz:

Κῦρος παῖς ὢν κράτιστος ἦν.

(Schon) als Kind war Kyros sehr kräftig.

πόλεως ...: der Genitiv bezeichnet hier, wie häufig, die

Zugehörigkeit, vgl. Φειδίου εἰμί: ich gehöre dem Phidias (Inschrift auf einem Becher); vgl. R 2.1 (a).

χρημάτων: die Genitive dieses Abschnitts sind von dem Verbum ἐπιμελεῖσθαι abhängig; sie geben sämtlich den Bereich an, um den sich jemand kümmert.

ὡς πλεῖστα: in Verbindung mit einem Superlativ bedeuten ὡς und ὅτι ›möglichst‹.

δοκεῖ μὴ κεκτῆσθαι ἀρετήν, φάναι δέ: die Infinitiv-Konstruktion kann im Deutschen strukturgleich wiedergegeben werden.

τὰ πλείστου ἄξια: hier dient der Genitiv (wie später in Verbindung mit περί) zur Angabe eines Wertes, vgl. im Deutschen: ›dies scheint mir nicht der Erwähnung wert‹. (R 2.1 (e)).

ποιεῖσθαι in Verbindung mit Wertangaben bedeutet »schätzen«, »für etwas halten«.

ἐγγυτέρω: Komparativ des Adverbs ἐγγύς, statt eines ebenfalls möglichen ἐγγύτερον.

γένει: (ihr steht mir näher) hinsichtlich der Abstammung: der Dativ bezeichnet den Bezugspunkt, von dem her Sokrates »Nähe« oder »Ferne« festlegt (R 2.2 (e)).

ἴστε (ihr wißt) zu οἶδα (T 9.2); das Verbum wird im nächsten Text gehäuft begegnen.

οἴομαι ὑμῖν οὐδὲν μεῖζον ἀγαθὸν γενέσθαι: ich glaube, daß euch kein größeres Gut (zuteil) werden kann. In dieser Infinitiv-Konstruktion erkennen wir einen AcI, der S. 76 erstmals vorgestellt wurde und in R 7.2/3 erläutert ist.

τὴν ἐμὴν τῷ θεῷ ὑπηρεσίαν: Mein Dienst für den Gott – τῷ θεῷ ist als Attribut (Frage: was für ein Dienst?) in ›geschlossene Wortstellung‹ genommen; vgl. R 1.7.

ὑμῶν: an dieser Stelle ist die Übersetzung ziemlich ungenau, denn der Genitiv ὑμῶν hängt nicht von πείθειν ab, das einen Akkusativ verlangt, sondern – als Genitiv des geteilten Ganzen – von νεωτέρους bzw. πρεσβυτέρους; wörtlich müßte also übersetzt werden ›... überredend von euch sowohl die Jüngeren wie die Älteren ...‹

σωμάτων ...: dieser und die folgenden Genitive sind – ebenso wie die lange Aufzählung in der Mitte des Texts – von ἐπιμελεῖσθαι abhängig.

ἰδίᾳ/δημοσίᾳ: auch an dieser Stelle haben wir ziemlich frei übersetzt; die beiden zum Adverb erstarrten Dativformen drücken eine Art und Weise aus (vgl. R 2.2 e) und wären wörtlich mit ›öffentlich‹ bzw. ›privat‹ wiederzugeben.

Daß Besitz nicht zur ›Tugend‹ führe, sondern umgekehrt aus der ›Tugend‹ alles Gute komme, auch klingender Gewinn, und zwar sowohl für den einzelnen wie für die Gemeinschaft, dieser Satz mag jeden irritieren, der sich unter ἀρετή, verleitet durch die mit dem deutschen Wort ›Tugend‹ verbundenen Assoziationen, eine besonders edle Form von Bravsein vorstellt, die mit einem erheblichen Maß an Weltferne verbunden ist. Die ursprüngliche Bedeutung von *Tu*gend freilich ist ›*Tau*glichkeit‹ und liegt damit gar nicht so weit ab von dem, was das mit ἄριστος, der Beste, verwandte Wort ἀρετή eigentlich sagt, nämlich ›Bestform‹. Es wäre auch falsch, ἀρετή rein moralisch zu verstehen, denn nicht nur Menschen haben ihre ἀρετή, sondern auch Tiere und leblose Gegenstände; die ἀρετή eines Messers bestünde demnach darin, daß es gut in der Hand liegt und eine scharfe Klinge besitzt. Folgerichtig muß auch die ἀρετή eines Menschen zu etwas taugen, muß ihm und anderen meßbaren Nutzen bringen. Die Frage ist nur, worin ἀρετή beim Menschen vor allem besteht und wie man sie erwirbt.

Die zur Zeit des Sokrates höchst einflußreiche aufklärerische Bewegung der Sophisten versprach, die jungen Leute durch entsprechende Schulung zur Bestform zu bringen, und legte dabei vor allem auf Redelehre größten Wert. Sokrates jedoch mißtraute den Versprechungen der Sophisten und bekämpfte sie, denn er vermißte bei ihnen die solide Wissensbasis, über die jeder Handwerker verfügen muß, wenn er Brauchbares schaffen will. Ob deshalb Sokrates sein Philosophieren, sein Ringen um Wissen, einem Handwerk gleichgestellt habe, wie der biedere Xenophon meint, bleibt freilich fraglich. Immerhin läßt ihn Platon in unserem Textabschnitt ausdrücklich darauf hinweisen, daß sein Tun sehr gut – und damit doch wohl auch sehr nützlich – für die Athener sei.

Es ginge wohl zu weit, Sokrates deshalb als Utilitaristen anzusehen und sein am Menschen und seinen wahren Bedürfnissen orientiertes Philosophieren, wie Aristophanes es tat, am Ende gar mit der Sophistik gleichzusetzen. Was Sokrates von dieser geistesgeschichtlichen Strömung abhob, war weit mehr als der Verzicht auf jedes Honorar: Sokrates stellte der schillernden Eloquenz dieser Leute die unnachgiebige Forderung nach kritischer Prüfung der vertretenen Ansichten gegenüber und suchte nach objektiven Werten als Maßstäben, an denen der Mensch die Richtigkeit seines Redens und Handelns überprüfen können sollte. In unserem Text stehen dafür die Begriffe ›Einsicht‹ (φρόνησις) und ›Wahrheit‹ (ἀλήθεια), im Gegensatz zu Besitz (χρήματα) und öffentlicher Anerkennung (δόξα καὶ τιμή). Die Bürger einer durch ihre schöpferischen Leistungen hochberühmten Stadt, so findet Sokrates, sind hier in besonderem Maße gefordert. »Eine Bildungsstätte für Griechenland« nennt der Staatsmann Perikles in der berühmten Leichenrede, die Thukydides in sein Werk über den Peloponnesischen Krieg eingefügt hat, das damals noch mächtige, strahlende Athen. Als Sokrates vor Gericht steht, ist die Stadt eben dabei, sich aus einem tiefen Sturz allmählich wieder zu erheben; kein Wunder, wenn die Menschen nach den Leiden und Entbehrungen des langen Kriegs vor allem an ihr körperliches Wohlergehen und an Materielles dachten. Ein Mann wie Sokrates, der in solcher Lage zur Besinnung auf geistig-seelische Werte aufforderte und sich mit seinen unangenehmen Fragen einfach nicht abschütteln ließ, der Lippenbekenntnisse entlarvte und mit Vorwürfen nicht sparte und all dies noch als Dienst für die Gottheit bezeichnete, mußte sich unweigerlich Feinde in Menge schaffen. So wirkt denn auch seine Ankündigung, er werde sich auf keinen faulen Kompromiß einlassen, sondern auf jeden Fall, solange er lebe, die Rolle des Mahners spielen, fast wie eine Drohung. Hier spürt man die unerbittliche Konsequenz des Sokrates, die einen Teil seiner Zeitgenossen faszinierte, einen größeren aber heftig irritierte.

**Vokabeln:**

| | | | |
|---|---|---|---|
| ἡ ἀρετή | Tüchtigkeit, ›Tugend‹, ›Bestform‹ | ἡ δόξα, -ης | Ruhm, (guter) Ruf, Meinung, Schein, Anschein |
| | | ἡ σοφία | Weisheit, Sachverstand |
| ἡ τιμή | Ehre, Anerkennung | ἡ ψυχή | Seele |
| τὸ σῶμα, -ατος | Körper, Leib | | |
| ἄξιος, -α, -ον (m. Gen.) | wert, würdig | νέος, -α, -ον | neu, jung |
| πρεσβύτερος, -α, -ον | älter | φαῦλος, -η, -ον | schlecht |
| αἰσχύνομαι | sich schämen | ἁλίσκομαι (T 10) | gefangen werden |
| διατρίβω | Zeit verbringen, sich aufhalten | δοκέω (T 10) | scheinen |
| ἐπιμελέομαι (m. Gen.) | sich kümmern | εἶμι (T 9.1) | ich werde gehen |
| ἔρχομαι (T 10) | gehen | | |
| ἵημι (T 8/10) | senden, lassen | οἷός τέ εἰμι | ich kann |
| ὀνειδίζω | Vorwürfe machen | φιλέω | lieben |
| φροντίζω | denken, sorgen für | | |
| εὐθύς | sofort | ἕως | bis |
| ἤ (m. Komparativ) | als | οὐκέτι/μηκέτι | nicht mehr |
| οὐδέ/μηδέ | und nicht, auch nicht | οὐ μή (m. Konj.) | sicher nicht |
| -περ | (verstärkendes Suffix) | πρότερον | früher, eher |

**Grammatisches:**

1. Futurbildung: vgl. T 7.3; hier ist auch das im Text nicht vorkommende Futur des Passivs behandelt.
2. Konjunktiv: vgl. R 6.3–5
3. ἵημι: vgl. T 8/10; εἶμι: T 9.1 (a); φημί: T 9.1 (c)

Da der Text ziemlich viele Komparative und Superlative enthält, z. B. ἄριστος, πλεῖστος, μείζων, πλείων, ἐλάχιστος, βέλτιστος, lohnt sich eine Wiederholung von T 4.
Die verschiedenen Erscheinungsformen des Genitivs, von denen einige anhand dieser Passage erläutert wurden, sind zusammengestellt in R 2.2.

## 4. »Ich weiß, was ich nicht weiß!«

(Platon, Apologie 21 a–e)

*(Perfekt; οἶδα)*

Die Menschenprüfung, mit der Sokrates sich befaßt, führt er seiner Ansicht nach in göttlichem Auftrag durch; warum er das so sieht, erklärt er im folgenden:

Καὶ ἴστε δὴ οἷος ἦν Χαιρεφῶν, ὡς σφοδρὸς ἐφ' ὅτι ὁρμήσειεν. Καὶ δή ποτε καὶ εἰς Δελφοὺς ἐλθὼν ἐτόλμησε τοῦτο μαντεύσασθαι—καί, ὅπερ λέγω, μὴ θορυβεῖτε, ὦ ἄνδρες—ἤρετο γὰρ δὴ εἴ τις ἐμοῦ εἴη σοφώτερος. Ἀνεῖλεν οὖν ἡ Πυθία μηδένα σοφώτερον εἶναι. Καὶ τούτων πέρι ὁ ἀδελφὸς ὑμῖν αὐτοῦ οὑτοσὶ μαρτυρήσει, ἐπειδὴ ἐκεῖνος τετελεύτηκεν.

Σκέψασθε δὴ ὧν ἕνεκα ταῦτα λέγω· μέλλω γὰρ ὑμᾶς διδάξειν ὅθεν μοι ἡ διαβολὴ γέγονεν. Ταῦτα γὰρ ἐγὼ ἀκούσας ἐνεθυμούμην οὑτωσί· »Τί ποτε λέγει ὁ θεός, καὶ τί ποτε αἰνίττεται; ἐγὼ γὰρ δὴ οὔτε μέγα οὔτε σμικρὸν σύνοιδα ἐμαυτῷ σοφὸς ὤν· τί οὖν ποτε λέγει φάσκων ἐμὲ σοφώτατον εἶναι; οὐ γὰρ δήπου ψεύδεταί γε· οὐ γὰρ θέμις αὐτῷ.« Καὶ πολὺν μὲν χρόνον ἠπόρουν τί ποτε λέγει· ἔπειτα μόγις πάνυ ἐπὶ ζήτησιν αὐτοῦ τοιαύτην τινὰ ἐτραπόμην. Ἦλθον ἐπί τινα τῶν δοκούντων σοφῶν εἶναι, ὡς ἐνταῦθα εἴπερ που ἐλέγξων τὸ μαντεῖον καὶ ἀποφανῶν τῷ χρησμῷ ὅτι »Οὑτοσὶ ἐμοῦ σοφώτερός ἐστι, σὺ δ' ἐμὲ ἔφησθα.« Διασκοπῶν οὖν τοῦτον—ὀνόματι γὰρ οὐδὲν δέομαι λέγειν, ἦν δέ τις τῶν πολιτικῶν πρὸς ὃν ἐγὼ σκοπῶν τοιοῦτόν τι ἔπαθον, ὦ ἄνδρες Ἀθηναῖοι, καὶ διαλεγόμενος αὐτῷ—ἔδοξέ μοι οὗτος ὁ ἀνὴρ δοκεῖν μὲν εἶναι σοφὸς ἄλλοις τε πολλοῖς ἀνθρώποις καὶ μάλιστα ἑαυτῷ, εἶναι δ' οὔ· κἄπειτα ἐπειρώμην αὐτῷ δεικνύναι ὅτι οἴοιτο μὲν εἶναι σοφός, εἴη δ' οὔ. Ἐντεῦθεν οὖν τούτῳ τε ἀπηχθόμην καὶ πολλοῖς τῶν παρόντων· πρὸς ἐμαυτὸν δ' οὖν ἀπιὼν ἐλογιζόμην ὅτι τούτου μὲν τοῦ ἀνθρώπου ἐγὼ σοφώτερός εἰμι· κινδυνεύει μὲν γὰρ ἡμῶν οὐδέτερος οὐδὲν καλὸν κἀγαθὸν εἰδέναι, ἀλλ' οὗτος μὲν οἴεταί τι εἰδέναι οὐκ εἰδώς, ἐγὼ δέ, ὥσπερ οὖν οὐκ οἶδα, οὐδὲ οἴομαι· ἔοικα γοῦν τούτου γε σμικρῷ τινι αὐτῷ τούτῳ σοφώτερος εἶναι, ὅτι ἃ μὴ οἶδα οὐδὲ οἴομαι εἰδέναι. Ἐντεῦθεν ἐπ' ἄλλον ᾖα τῶν ἐκείνου δοκούντων σοφωτέρων εἶναι καί μοι ταὐτὰ ταῦτα ἔδοξε, καὶ ἐνταῦθα κἀκείνῳ καὶ ἄλλοις πολλοῖς ἀπηχθόμην.

... ihr wißt ja, wie Chairephon war, wie stürmisch er alle seine Ziele verfolgte. Der kam also einmal auch nach Delphi und wagte es, dem Orakel folgende Frage vorzulegen – und was ich nun sage, deshalb macht mir kein Geschrei, ihr Männer, – er fragte nämlich, ob jemand weiser sei als ich. Da verkündete ihm also die Pythia, daß niemand weiser sei. Und darüber wird euch sein Bruder hier Zeugnis ablegen, da jener bereits gestorben ist.

Denkt nun darüber nach, weshalb ich dies sage; ich will euch nämlich erklären, woher mir die Verleumdung erwachsen ist. Als ich nämlich dies (= den Orakelspruch) vernahm, dachte ich mir folgendes: »Was meint der Gott und was deutet er an? Ich bin mir doch im klaren darüber, daß ich weder viel noch wenig Weisheit besitze (weise bin). Was will er also damit sagen, wenn er erklärt, daß ich der weiseste bin? Ganz bestimmt lügt er ja nicht, das steht ihm nicht an.« So war ich mir lange Zeit nicht im klaren, was er meinte. Schließlich machte ich mich mit größtem Unbehagen daran, ihn auf die Probe zu stellen, und zwar folgendermaßen: Ich ging zu einem von denen, die weise zu sein scheinen, um dort, wenn überhaupt irgendwo, den Orakelspruch zu widerlegen und dem Orakel nachzuweisen: »Der da ist weiser als ich, du aber sagtest, daß ich es bin (nanntest mich).«

Als ich nun diesen Mann unter die Lupe nahm – ich brauche ihn nicht mit Namen zu nennen, es war aber eine der politisch führenden Persönlichkeiten, mit der es mir so erging, als ich sie mir ansah und mit ihr sprach, ihr Männer von Athen, – da kam es mir so vor, als scheine dieser Mann vielen anderen Leuten weise zu sein, am meisten aber sich selber, es aber (in Wirklichkeit) nicht zu sein. Und dann versuchte ich ihm klarzumachen, daß er sich für weise halte, es aber nicht sei, und da machte ich mir diesen Mann zum Feind und viele von denen, die bei ihm (dabei) waren. Bei mir aber dachte ich, als ich wegging, daß ich im folgenden klüger sei als dieser Mensch: es steht ja zu befürchten, daß keiner von uns beiden etwas Rechtes weiß, doch jener glaubt etwas zu wissen, wiewohl er es nicht weiß, ich aber,

unwissend wie ich bin (wie ich nichts weiß), glaube auch nicht (das Gegenteil)!
Es scheint also, daß ich gerade dadurch um ein klein wenig weiser bin als dieser, daß ich, was ich nicht weiß, auch nicht zu wissen glaube. Danach ging ich zu einem anderen von denen, die noch weiser zu sein schienen als dieser, und gewann den gleichen Eindruck, und so verkrachte ich mich auch mit jenem und noch vielen anderen.

Die Aussagen des Sokrates über den Spruch, den sein Freund Chairephon in Delphi erhielt, muß dessen Bruder bestätigen, denn Chairephon selbst ist bereits verstorben:

τε-τελεύτη-κεν: er ist tot.

In ihrer Endgültigkeit ist diese Verbform ein einprägsames Beispiel dafür, was durch das griechische Perfekt ausgedrückt wird: nicht etwa alle einmaligen Ereignisse der Vergangenheit – dafür ist der Aorist da –, sondern nur solche, die in die Gegenwart des Sprechers fortdauern. Dementsprechend besagt auch die Form γέ-γον-εν (zu γίγνομαι) nicht nur, daß sich üble Nachrede gegen Sokrates entwickelte, sondern vor allem, daß diese nun vorhanden ist und ihm zu schaffen macht.
Angesichts der sehr speziellen Aufgabe, die es erfüllt, ist das Perfekt im Griechischen – ganz anders als z. B. im Latein – ein seltenes Tempus. Auch in unseren bisherigen Texten kam es nur ganz sporadisch vor:

| | |
|---|---|
| δέδυκε μὲν ἁ σελάννα | der Mond ist untergegangen |
| ἀρετὴν κεκτῆσθαι | ›Tugend‹ erworben zu haben |

Die wenigen Formen erlauben bereits die Formulierung von Regeln für die Perfektbildung; leider werden die unvermeidlichen Ausnahmen nicht ausbleiben.

1. Im Perfekt erfolgt bei konsonantisch anlautenden Stämmen eine Anlautverdoppelung: δέ-δυκε, γέ-γονε, κε-κτῆσθαι, τε-τελεύτηκεν

Die so entstandene zusätzliche Silbe hat den Vokal ε, während im Präsens, wie γί-γνομαι, γι-γνώσκω, τί-θημι zeigen, ein ι für die Verdopplungssilbe typisch ist. Von Konsonantenverbindungen wird der erste verdoppelt: κε-κτῆσθαι

2. Wie im Futur und Aorist werden vokalische Stammauslaute gedehnt:
   τε-τελεύτη-κεν (τελευταω) κέ-κτη-μαι (κταομαι)
3. Während Passivendungen unmittelbar an den Stamm treten, wird dieser im Aktiv oft durch κ erweitert:
   κέ-κτη-μαι, κε-κτῆ-σθαι: δέ-δυ-κ-εν, aber: γέ-γον-εν
4. Der Perfektstamm kann durch Ablaut verändert sein:
   γί-γν-ομαι ἐ-γεν-όμην γέ-γον-α (ich bin geworden)

Die folgende Auswahl von Einzelformen wird diese Regeln in vielem bestätigen, in manchem auch ergänzen und modifizieren; bisweilen wird es nicht ganz leicht sein, das zugehörige Präsens zu ermitteln:

γέγραφα – εἴργασται – ἀπέκτονεν – πεπαύκασιν – πέφανται – ἔψευσμαι – κέκρυφε – κέχρημαι – βέβλαψαι – τετιμήκαμεν.

Wenn wir zuerst die Aktivformen ins Auge fassen, dann erweisen sich

πε-παύ-κασιν (sie haben – endgültig – zur Ruhe gebracht) und

τε-τιμή-καμεν (wir haben – bis heute – Ehre erwiesen) als leicht identifizierbar; die Präsensstämme von παύω und τιμάω haben keine bzw. nur eine vertraute Veränderung erfahren.

In γέ-γραφ-α erkennen wir den Stamm von γράφω, ich schreibe (vgl.: Tele-graph ›Fern-schreiber‹ und Photo-graph ›Licht-schreiber‹), in κέ-κρυφ-ε nach einigem Knobeln κρύπτω, ich verberge (vgl. die Apo-kryphen, die ›verborgenen‹ biblischen Texte, die nicht in den allgemeinen Kanon aufgenommen wurden wie z. B. die Bücher der Makkabäer).

Offensichtlich ist im Perfektstamm auch mit Behauchungen (κρυπτ- > κρυφ-) zu rechnen, vielleicht als Ersatz für das κ, das wir hier wie in γέγραφα vermissen.

»Ἃ γέγραφα, γέγραφα –« was ich geschrieben habe, habe ich geschrieben; so sprach Pilatus zu den Juden, und wenn wir nun feststellen

Πιλᾶτος τὸν Χριστὸν ἀπέκτονεν,

dann läßt sich wohl herausfinden, daß in ἀπ-έ-κτον-α eine Ablautform von ἀποκτείνω, ich töte, vorliegt, die mit γέγονα verglichen werden kann.

In dieser Form erfolgte, wie wir sehen, keine Anlautverdopplung, sondern es trat nur ein ε an den Stamm. Wir wollen das als Faktum zur Kenntnis nehmen und nicht darüber grübeln, warum man einerseits die Form κέκτημαι bildet und andererseits nicht ... – Sprache ist eben nicht immer logisch, und für uns genügt es zu wissen, daß eine mögliche Anlautverdopplung bisweilen unterbleibt, ein ε genügt dann! Was in diesem Bereich sonst noch möglich ist, zeigen uns die medialen bzw. passivischen Formen:

εἴργασ-ται kommt von ἐργάζομαι; hier wurde also der vokalische Anlaut gedehnt.

πέ-φαν-ται enthält den Stamm von φαίνομαι, ich zeige mich, erscheine (vgl. Epiphanias, das Fest *der* Erscheinung[1]); wir stellen fest, daß Hauchlaute nicht verdoppelt, sondern auf den unbehauchten Laut, hier das π, reduziert werden.

κέ-χρη-μαι zu χρῆσθαι, benützen, bestätigt diese Einsicht.

1) Die heutige Bezeichnung des Fests geht auf einen Genitiv zurück: ἐπιφανείας – daher die Hervorhebung von ›*der*‹.

Bei diesen Formen traten die vertrauten Endungen -μαι bzw. -ται brav an den Stamm; was tut man aber mit der problematischen 2. Person Singular? Nun, hier operiert man nicht mit dem aus Bindevokal und Endung (-ε-σαι) durch Ausfall von σ und Kontraktion entstandenen -ῃ, sondern mit der ursprünglichen Endung -σαι, die sich an vokalische Auslaute ganz prächtig anfügt, z. B. πέ-παυ-σαι.
Beim Zusammenstoß mit Konsonanten sind allerdings Komplikationen zu gewärtigen: aus βέ-βλαβ-σαι, du bist geschädigt, wird βέβλαψαι. Derartige Angleichungen sind nicht auf die 2. Person Singular beschränkt; vielmehr müßte der komplette Indikativ Perfekt Passiv zu βλάπτω, ich schade, folgendermaßen lauten:

| | | | | |
|---|---|---|---|---|
| S | 1 | βέβλαμμαι | (aus:) | βέ-βλαβ-μαι |
| | 2 | βέβλαψαι | | βέ-βλαβ-σαι |
| | 3 | βέβλαπται | | βέ-βλαβ-ται |
| P | 1 | βεβλάμμεθα | | βε-βλάβ-μεθα |
| | 2 | βέβλαφθε | | βέ-βλαβ-θε < βέ-βλαβ-σθε |
| | 3 | βεβλαμμένοι εἰσίν | | βε-βλαβ-μένοι ... |

In der 3. Person Plural müssen sogar die formenkreativen Griechen kapitulieren: Weil sich die Endung -νται so gar nicht an den Stamm von βλάπτω fügen will, umschreibt man kurzerhand die Form mit dem Perfektpartizip und dem Hilfszeitwort; es kommt also genau das heraus, was bei uns im Deutschen die Regel ist: ›sie sind geschädigt (worden)‹.
Wollte man Konjunktive und Optative zu diesem Indikativ bilden, müßte man ebenso verfahren – doch die kommen so blutselten vor, daß es sich gar nicht verlohnt, viele Worte an sie zu verlieren. Insgesamt können wir beruhigt feststellen, daß im Passiv und Medium keine besonderen Perfekt-Endungen zu merken sind. Im Aktiv ist das ein wenig anders, aber eben nur ein wenig; vieles bleibt Bekanntem zumindest ähnlich:

| | Singular | Plural | Infinitiv |
|---|---|---|---|
| Indikativ 1 | πέ-παυ-κα | πε-παύ-καμεν | πε-παυ-κέναι |
| 2 | κας | κατε | (vgl. εἶναι) |
| 3 | κε(ν) | κασιν | Partizip |
| | | | πε-παυ-κώς, -κότος |
| | | | κυῖα, -κυίας |
| | | | κός, -κότος |

Die – wiederum extrem seltenen – Formen des Konjunktivs und Optativs fügen die vom Präsens bekannten Ausgänge an den Perfektstamm:

πε-παύ-κω, -ῃς .../πε-παύ-κοιμι, οις ...

Folglich haben wir, abgesehen von dem ungewöhnlichen Partizip auf -ώς, -υῖα, -ός, uns nahezu nichts Neues zu merken: der Infinitiv auf -έναι überrascht uns nicht, der Indikativ des Aktivs weist große Ähnlichkeit mit dem des Aorists auf:

| | | Perfekt | Aorist | | | Perfekt | Aorist |
|---|---|---|---|---|---|---|---|
| S | 1 | πέπαυκα | ἔπαυσα | P | 1 | πεπαύκαμεν | ἐπαύσαμεν |
| | 2 | ας | ας | | 2 | ατε | ατε |
| | 3 | ε(ν) | ε(ν) | | 3 | *ασι*(ν) | *αν*(!) |

– und was sonst noch vorkommt, kommt kaum vor.

Somit können wir unsere Aufmerksamkeit nun *dem* Verbum schenken, das in unserem Text die wichtigste Rolle spielt: οἶδα – ich weiß.

Es ist von dem aus εἶδον (ich sah)/ἰδεῖν (sehen) bekannten Stamm ἰδ- gebildet, der ursprünglich vid- lautete, wie im lateinischen videre, sehen, das hinwiederum unweigerlich an Gaius Julius Caesar erinnert:

VENI VIDI VICI – Ich kam, sah und siegte.

Seiner Formenbildung nach ist οἶδα ein Perfekt, es bedeutet also eigentlich »ich habe gesehen/erkannt – und weiß jetzt ...«; allerdings verzichtet es gelegentlich auf die für diese Zeitstufe typische Dehnung des vokalischen Anlauts und verändert seinen Stamm in chamäleonhafter Wandlungsfähigkeit: οἰδ-, εἰδ-, ᾐδ- und ἰσ- sind die vier Erscheinungsformen, von denen die letzte ihr ursprüngliches δ durch Angleichung an die folgenden Endungen verloren hat.
Nachdem nun alles für den Augenblick Wissenswerte über οἶδα gesagt ist – der Rest kann später in T 9.2 nachgesehen werden –, dürfen wir den geneigten Leser ermuntern, im Platon-Text auf die Jagd zu gehen, auf die Jagd nach dem Chamäleon οἶδα.
Dazu können auch einige Formen von εἰμί (ich bin), φημί (ich sage) und εἶμι (ich werde gehen) eingesammelt werden.
Die ›Strecke‹ dieses Jagdzugs läßt sich noch ein bißchen bereichern, wenn man jeder gefundenen Form die entsprechende der restlichen ›kleinen Verben‹ zum Vergleich zuordnet:

| | | | | |
|---|---|---|---|---|
| Infinitiv | εἰδέναι | εἶναι | ἰέναι | φάναι |
| Partizip | εἰδώς | ὤν | ἰών | – |
| Indikativ | | | | |
| 1. Pers. Sg. | οἶδα | εἰμί | εἶμι | φημί |
| 3. Pers. Sg. | οἶδε(ν) | ἐστί(ν) | εἶσι(ν) | φησί(ν) |
| 2. Pers. Pl. | ἴστε | ἐστέ | ἴτε | φάτε |
| Optativ | | | | |
| 3. Pers. Sg. | εἰδείη | εἴη | ἴοι | φαίη |
| Imperfekt | | | | |
| 1. Pers. Sg. | ᾔδειν/ᾔδη | ἦν | ᾔειν/ᾖα | ἔφην |
| 2. Pers. Sg. | ᾔδεις/ᾔδησθα | ἦσθα | ᾔεις | ἔφησθα |
| 3. Pers. Sg. | ᾔδει | ἦν | ᾔει | ἔφη |

Blickt man länger auf solche Übersichten, dann entwickelt man entweder einen Blick für Gemeinsames – z. B. bei der Optativbildung von εἰδέναι und εἶναι oder bei der ungewöhnlichen Endung der 2. Person Singular im Imperfekt – oder man bringt sich, bereits verunsichert, endgültig durcheinander. Es sollten also nur gefestigte Gemüter länger über unserer Auflistung meditieren!

Was unser Text noch alles an Interessantem enthält, soll nun in der Reihenfolge seines Vorkommens betrachtet werden.

ἐφ' ὅτι ὁρμήσειεν: hinter ἐφ' verbirgt sich die zunächst um ihr ι verkürzte und dann an den folgenden Hauchlaut angeglichene Präposition ἐπί; ὅτι könnte man auch ὅ τι (T 6.7) schreiben; es handelt sich also um das verallgemeinernde Relativpronomen. Eine wörtliche Übersetzung des ganzen Ausdrucks müßte lauten: »... worauf auch immer er losging«. Der Optativ betont nach R 6.8 (a) die Wiederholung des Vorgangs.

ἐλθών ist Partizip zu dem ›starken‹ Aorist ἦλθον (ich kam); wir haben es durch Beiordnung wiedergegeben: er kam und ...

καί, ὅπερ λέγω ...: die Bitte des Sokrates, nun doch keinen Lärm zu machen und sich nicht zu entrüsten, ist in die Erzählung eingeschoben und soll vielleicht eine gewisse Umständlichkeit des Sprechers sowie die gegebene Situation charakterisieren. Der Fachausdruck für einen solchen Einschub ist ›Par-en-these‹, abgeleitet von παρεντίθημι, ich füge zusätzlich (παρά) ein (ἐν). Häufung von Vorsilben ist im Griechischen etwas ganz Gewöhnliches, doch braucht sich das Deutsche auf diesem Gebiet nicht zu verstecken – was können wir alles an einen harmlosen Stamm, z. B. -wort-, anbinden, bis hin zur Ver-ant-WORT-ungs-los-ig-keit!

ἤρετο, ein medialer ›starker‹ Aorist, ist stammverwandt mit ἐρωτάω (ich frage).

εἴ τις εἴη: der Optativ in der abhängigen Frage ist verwendet wie der entsprechende deutsche Konjunktiv: »ob jemand

... *sei*«; beide Male wird der Gliedsatzinhalt als Gedanke des übergeordneten Subjekts kenntlich gemacht (vgl. R 6.8 b).

ἐμοῦ σοφώτερος: ›weiser als ich‹, ἐμοῦ ist Vergleichsgenitiv (R 2.1 h).

ἀνεῖλεν gehört als ›starker‹ Aorist zu ἀν-αιρέω, ich hebe auf, und hat an dieser Stelle die spezielle Bedeutung ›sie weissagte, verkündete‹; eine uralte Form der Zukunftserforschung war es nämlich, kleine Stäbchen oder sonstige Gegenstände zu werfen und dann mit abgewandtem Gesicht einige davon aufzuheben und zu deuten. So gingen nach dem Bericht des Tacitus (Germania 10) die alten Germanen vor, und auch wir bewahren noch einen Rest solchen Brauches, wenn wir durch den Wurf einer Münze etwas entscheiden.

μηδένα ... εἶναι: ein AcI, vgl. R 7.2.

τούτων πέρι = περὶ τούτων: griechische Präpositionen können gelegentlich auch *hinter* dem Wort stehen, zu dem sie gehören, und sich so in ›Postpositionen‹ verwandeln.

οὑτοσί: das hier an οὗτος, dieser (T 6.3.2), angehängte ι hat die Funktion eines ausgestreckten Zeigefingers: ›dieser *da!*‹

σκέψασθε: Imperativ des Aorists zu σκέπτομαι, ich betrachte; ein Mensch, der alles, was er wahrnimmt, einer kritischen Prüfung unterzieht, kann sich als ›Skeptiker‹ fühlen und steht jenen antiken Philosophen nahe, die der Zuverlässigkeit unserer Sinne mißtrauten und auch das allgemein Anerkannte in Zweifel zogen, bis hin zu der Feststellung, daß diese Welt eine Art von Sinnestäuschung und wirkliche Erkenntnis überhaupt nicht möglich sei.

ὧν ἕνεκα: ›wes-wegen‹; das mit dem Genitiv (hier dem des Relativpronomens, vgl. T 6.7) verbundene ἕνεκα steht grundsätzlich hinter dem Wort, zu dem es gehört.

διδάξειν: Infinitiv Futur zu διδάσκω, ich lehre, informiere; die Zeitstufe der Infinitiv-Konstruktion ist durch das Verb μέλλειν (im Begriff sein, etwas zu tun/wollen) bedingt.

ἀκούσας: Partizip des Aorist, auf Sokrates bezogen und noch mit einem Objekt (ταῦτα) ausgestattet: ›dieses hörend/gehört habend dachte ich ...‹ In unserer Übersetzung ist die Partizipialkonstruktion unterordnend als temporaler Gliedsatz wiedergegeben.

οὑτωσί, aus οὕτως (so) + ι wie weiter oben οὑτοσί gebildet.

σύνοιδα ἐμαυτῷ σοφὸς ὤν: ›ich bin mir (selbst) bewußt ein Weiser seiend/weise zu sein‹; diese Partizipialkonstruktion entspricht dem in R 8.2 vorgestellten Typ, für den im Deutschen ein Infinitiv eintreten kann.

φάσκων ›sagend‹/wenn er sagt/indem er sagt; das Partizip ist auf den Gott bezogen und hat modale Sinnrichtung.

ἐμὲ ... εἶναι: ein weiterer AcI entsprechend R 7.2.

ψεύδεται: durch die Übersetzung ›er lügt‹ haben wir eine Einengung vorgenommen, die das Umfeld der Verbform, nicht diese selbst, nahelegt; ψεύδεσθαι kann nämlich, als Medium, ›lügen‹ (d. h. jemanden mit Absicht und im eigenen Interesse täuschen) und, als Passiv, ›sich täuschen, irren‹ bedeuten.

Bei der notwendigen Entscheidung, welche von beiden Bedeutungen an der vorliegenden Stelle zutrifft, hilft uns zum einen der Ausdruck οὐ γὰρ θέμις αὐτῷ. Von τίθημι (ich stelle, setze, lege) abgeleitet, bezeichnet das Wort θέμις alles, was durch Brauch, Sitte und Recht geheiligt ist, und speziell das göttliche Recht (im Gegensatz zu δίκη, dem Recht der Menschen). Personifiziert gilt Themis, die Göttin der Gerechtigkeit, als Tochter des Uranos (Himmel) und der Gaia (Erde), d. h. sie gehört jener älteren Göttergeneration an, die die Welt regierte, bevor Kronos seinem Vater Uranos die Herrschaft entriß, die er selbst wieder an seine Söhne Zeus, Poseidon und Pluton verlor. Der Sage nach war Themis Herrin des Orakels von Delphi, ehe Apollon es in Besitz nahm, und so wäre es denn wirklich weder recht noch billig, wenn gerade von hier aus Lügen in die Welt gesetzt würden. Ob der zu Unrecht der

Gottlosigkeit bezichtigte, in Wirklichkeit aber sehr fromme Sokrates die Lüge überhaupt als der Gottheit wesensfremd bezeichnen will, wollen wir nicht untersuchen; die große Mehrzahl der Griechen fand jedenfalls nichts dabei, daß die Götter Homers sich gegenseitig nach Kräften belogen und betrogen:

Πάντα θεοῖσ' ἀνέθηκαν[1] Ὅμηρός θ'[2] Ἡσίοδός τε,
ὅσσα παρ' ἀνθρώποισιν[3] ὀνείδεα[4] καὶ ψόγος ἐστίν·
κλέπτειν, μοιχεύειν τε καὶ ἀλλήλους ἀπατεύειν.

»Alles haben Homer und Hesiod den Göttern angehängt,
was bei den Menschen Schimpf und Schande ist:
Stehlen, ehebrechen und sich gegenseitig betrügen!«

Diese Verse schrieb um die Mitte des 6. vorchristlichen Jahrhunderts der streitbare Philosoph Xenophanes aus Kolophon in Kleinasien. Da Kolophon eine der sieben Städte war, die beanspruchten, Heimat des großen Homer, des Dichters von Ilias und Odyssee, zu sein, setzte sich Xenophanes mit seiner Kritik an dessen allzu menschlichen Göttern böse in die Nesseln. Er mußte schließlich seine Heimat verlassen und gelangte nach Sizilien und Unteritalien, ins damalige Großgriechenland, wo man auch kritischen Intellektuellen ein Höchstmaß an Verständnis entgegenbrachte.
Platon, der bedeutendste Schüler des Sokrates, lehnte ähnlich vehement wie Xenophanes die homerischen Gottesvorstellungen ab und entrüstete sich insbesondere über die beherrschende Rolle, die Homer als Schullektüre spielte. Wir dürfen uns daher sicher sein, daß Sokrates' Überlegungen von der Prämisse ausgehen: Apollon kann einfach nicht lügen!

---

1) ἀν-έ-θη-καν Aorist zu ἀνατίθημι (aufstellen, auferlegen).
2) θ' nach Wegfall des ε durch den nachfolgenden Hauchlaut verändertes τε (sowohl); τε – τε bedeutet ›sowohl – als auch‹.
3) -οισιν (vor allem in der Dichtung) = -οις.
4) ὀνείδεα unkontrahierter Plural zu ὄνειδος (Schimpf), vgl. T 3.6.

Doch später spricht er davon, daß er sich entschlossen habe, den Wahrheitsgehalt des Orakelspruchs zu testen, und zwar mit dem Ziel, seine Unrichtigkeit nachzuweisen. Das bedeutet, daß er dem Gott, wenn schon keine bewußt falsche Aussage, doch einen Irrtum zutraut. Uns mag das befremden, weil wir geneigt sind, Allwissenheit als göttlichen Wesenszug anzusehen. Doch den Göttern der Griechen geht diese Eigenschaft ab, und selbst Apollon, der Künder des Künftigen, ist somit nicht ganz unfehlbar.

ἠπόρουν: Imperfekt zu ἀπορέω (aus ἠπόρεον).

αὐτοῦ bezieht sich auf den Gott; Sokrates macht sich also an dessen ›Überprüfung‹.

ἐτραπόμην ›starker‹ medialer Aorist zu τρέπομαι, ich wende mich zu; das Verbum τρέπω schöpft alle Möglichkeiten der Aoristbildung aus und schafft so eine bemerkenswerte Eindeutigkeit bei großer Bandbreite seiner Bedeutungen. So bedeutet

| | |
|---|---|
| ἔτρεψα | ich brachte zum Wenden, lenkte, verlockte, schlug in die Flucht, besiegte – |
| ἐτρεψάμην | ich wandte von mir ab – |
| ἐτραπόμην | ich wandte mich zu, befaßte mich mit etwas, dachte über etwas nach – |
| ἐτράπην | ich wandte mich (zur Flucht) – |
| ἐτρέφθην | ich wurde zur Umkehr veranlaßt, in die Flucht geschlagen, verlockt |

σοφῶν ist im Fall an das vorausgehende Partizip τῶν δοκούντων angeglichen; es geht um die Leute, οἳ σοφοὶ εἶναι ἐδόκουν; die weise zu sein schienen (vgl. R 7.1).

ἐλέγξων: in Verbindung mit ὡς drückt das Futurpartizip (hier von ἐλέγχω, ich überführe), eine Absicht aus. Übrigens: Wenn Sie im heutigen Griechenland am Straßenrand das Schild bemerken

ΕΛΕΓΧΟΜΕ ΜΕ ΡΑΔΑΡ

dann sollten Sie die Ankündigung ernst nehmen: Auch in Hellas kennt man die Einrichtung der Radarfalle, und die

Geldstrafen für Geschwindigkeitssünden sind in der Regel happig!
In klassischem Griechisch klänge unsere Warnung so:

ἐλέγχομεν μετὰ ῥάδαρ.

Die Präposition μετά verlangt in der Bedeutung ›mit Hilfe von‹ den Genitiv, doch brauchen wir nicht den Versuch zu unternehmen, das barbarische Wort Radar in eine griechische Deklination zu stecken: Wörter aus fremden Sprachen wurden vielfach allein mit Hilfe des Artikels dekliniert. Im ersten Kapitel des Matthäusevangeliums klingt das dann folgendermaßen:

Ἀβραὰμ ἐγέννησεν[1] τὸν Ἰσαάκ, Ἰσαὰκ δὲ ἐγέννησεν τὸν Ἰακώβ, Ἰακὼβ δέ ...

ἀποφανῶν steht auf gleicher Zeitstufe wie ἐλέγξων, ist also Partizip Futur. Der uns bereits bekannte Stamm – φαν – (Epiphanias!) ist im Präsens zu φαιν erweitert, im Aorist zu φην gedehnt; die Stammformen des Verbs ἀποφαίνω, ich zeige, lauten somit in der Reihenfolge von T 10:

ἀποφαίνω – ἀποφανῶ – ἀπέφηνα – ἀποπέφαγκα (< φαν – κα).

Zur Bildung des Kontraktionsfuturs sei auf T 7.3 verwiesen.
ὀνόματι: ›mit Namen‹, instrumentaler Dativ entsprechend R 2.2 e.
τῶν πολιτικῶν: Genitiv des geteilten Ganzen: einer *von* den ...
ἔπαθον kann man in T 10 als ›starken‹ Aorist von πάσχω (ich erleide, mir widerfährt etwas) finden. Das zugehörige Substantiv, τὸ πάθος (Leid, Leidenschaft) kennen wir als Pathos von der Bühne, aber auch vom Psycho-pathen, dem seelisch Leidenden (ψυχή, πάθος), der Pathologie als der Wissenschaft von den Krankheiten und auch von der Sym-pathie, die eigentlich ›Mitgefühl‹ bedeutet.

1) Aor. zu γεννάω, ich (er-)zeuge.

κἄπειτα ist verschmolzen aus καί und ἔπειτα (dann); man bezeichnet diese sprachliche Erscheinung als Krasis (Mischung, Stamm κρα- wie in κρατήρ, Mischkrug) und markiert die Stelle, wo sie stattfand, durch ein Zeichen, das wie ein Spiritus aussieht, aber – so streng sind die Bräuche in der griechischen Grammatik – ganz anders benannt wird, nämlich Koronis, Häkchen.

ἐπειρώμην ist Imperfekt zu πειράομαι, ich erforsche, erprobe. Von diesem Stamm leitet sich das Fremdwort ›empirisch‹ ab, das auf Erfahrung, nicht auf Theorie gegründetes wissenschaftliches Vorgehen bezeichnet. Die vom Ansatz her recht modern anmutenden Befragungsaktionen des Sokrates könnten den Eindruck erwecken, daß die Empirie von den griechischen Philosophen ebenso geschätzt worden sei wie später von John Locke, doch ist das Gegenteil der Fall: Man hielt in der Antike – unter anderem aufgrund des skeptischen Mißtrauens gegenüber den Sinneswahrnehmungen – von experimenteller Forschung ziemlich wenig, und selbst so materialistische Lehren wie die Atomistik des Leukippos und Demokrit wurden auf rein theoretisch-spekulativem Weg entwickelt.

δεικνύναι: Infinitiv zu dem μι-Verbum δείκνυμι, vgl. T 8.3 b.

οἴοιτο/εἴη: wieder drücken die Optative eine subjektive Ansicht aus, gleich unserem Konjunktiv.

ἀπιών: ›weggehend‹, Partizip von ἄπειμι; das Verbum ist, wie wir sehen, nur im Indikativ auf Futur festgelegt.

τούτου τοῦ ἀνθρώπου: – ein weiterer Vergleichsgenitiv!

κινδυνεύει μὲν γάρ ...: die Gedankenführung dieses Satzes ist ganz wörtlich nicht gut darstellbar, weil hier – wie in manchen deutschen Mundarten – etwas verschwenderisch mit Verneinungen umgegangen wird: »keiner von uns beiden läuft Gefahr, nichts Brauchbares zu wissen« – das soll besagen, daß vermutlich keiner von beiden etwas Rechtes weiß.

καλὸν κἀγαθόν: diese Wendung, in der wir wieder eine Krasis (κἀγαθόν aus καί + ἀγαθόν) entdecken, bezeichnet das griechische Vollkommenheitsideal: schön und tüchtig zugleich sollte der Mensch sein, so wie die Helden Homers, die allesamt als schön, tapfer und klug geschildert werden, alle bis auf den Stänkerer Thersites, der gegen Agamemnon losbelfert und dafür Schläge bezieht – aber dieser Thersites ist, abgesehen von seinem miesen Charakter, auch äußerlich eine klägliche Erscheinung. Wiewohl diese Idealvorstellung einer ritterlich-feudalen Gesellschaft dazu verleitet, vorschnell vom Äußeren eines Menschen auf sein Inneres zu schließen, wurde sie nur selten ›kritisch hinterfragt‹ – das schöne Äußere, der tadellose Körper hatte angesichts der schwärmerischen Verehrung, deren sich wohlgewachsene junge Männer in Hellas erfreuen konnten, einen zu hohen Stellenwert. Immerhin wagte es der streitbare Archilochos, der in der zweiten Hälfte des 7. Jahrhunderts v. Chr. seine oft äußerst bissigen Iamben schuf, der landläufigen Vorstellung vom idealen Mann seine eigene trotzig entgegenzustellen:

Οὐ φιλέω μέγαν στρατηγὸν οὐδὲ διαπεπλιγμένον
οὐδὲ βοστρύχοισι γαῦρον οὐδ' ὑπεξυρημένον,
ἀλλά μοι σμικρός τις εἴη καὶ περὶ κνήμας ἰδεῖν[1]
ῥοικός, ἀσφαλέως βεβηκὼς[2] ποσσί, καρδίης πλέως.

Nicht mag einen General ich hochgewachsen, der stolziert,
der auf seine Locken stolz ist und den Hals sich ausrasiert;
nein, mir wäre recht ein Kleiner, der, auf krummen Beinen zwar,
festen Stand hat und vor allem einer, der Charakter hat.

---

1) περὶ κνήμας ῥοικὸς ἰδεῖν: hinsichtlich der Beine krumm anzusehen.
2) βεβηκώς: Perfektpartizip mit gedehntem Stamm βα- von βαίνω (treten).

Um das Versmaß des Gedichts – es handelt sich um Trochäen – in der Übersetzung beibehalten zu können, haben wir uns hier einige Freiheiten erlaubt, die wir nicht weiter bereden wollen; den Leser, der ihnen voll Wissensdrang mit dem Wörterbuch nachspürt, bitten wir um Nachsicht und kehren von Archilochos zu Sokrates zurück, der bekanntlich alles andere als eine Schönheit war und so den Schluß vom Äußeren auf das Innere an seiner Person als Trugschluß erwies.

ἔοικα: Perfekt mit Präsensbedeutung zu dem Stamm εἰκ-/ἰκ-, den wir in ἡ εἰκών, das Bild, finden, wovon wiederum die Ikone, das Heiligenbild der orthodoxen Kirche, sich herleitet.

τούτου: Vergleichsgenitiv

σμικρῷ τινι: Dativ zur Angabe eines Unterschieds (R 2.2 e), ›um ein gewisses Bißchen ...‹

αὐτῷ τούτῳ: dieser Dativ gibt an, wodurch sich Sokrates von jenem anderen Mann unterscheidet, wobei αὐτός (selbst) hier mit ›genau, gerade‹ übersetzt werden kann, gleich lateinischem ipse in hoc ipso.

ἐπ' ἄλλον ...: in diesem Abschnitt stoßen wir auf einen Genitiv des geteilten Ganzen (τῶν δοκούντων εἶναι: zu einem anderen von denen, die ... schienen), ein daran angeglichenes und somit gar nicht genitivisches Prädikatsnomen (σοφωτέρων εἶναι: ... weiser zu sein ...) und einen Vergleichsgenitiv (ἐκείνου ... als jener ...) – und das alles ist mit geradezu lateinischer Raffinesse ineinander verflochten!

ταὐτά unterscheidet sich himmelweit von ταῦτα (Neutrum Plural: dieses); es liegt wieder eine Krasis vor und zwar von τὰ αὐτά (dasselbe).

κἀκείνῳ ist die letzte Krasis unseres Texts, entstanden aus καὶ ἐκείνῳ (und jenem ...).

In den folgenden, von uns nicht mehr mitgeteilten Sätzen berichtet Sokrates, daß er von nun an seine Prüfung systematisch betrieb und sich der Reihe nach alle Leute vornahm, die etwas zu wissen vermeinten. Dabei habe er zwar Schmerz empfunden, weil er ja stets fürchten mußte, sich einen neuen Feind zu machen, aber er habe den göttlichen Auftrag über alles andere gestellt ...

Da Sokrates bei seiner Menschenprüfung sich häufig des Mittels der Ironie, des gespielten Unwissens, bediente, mögen diese Sätze viele von den Athenern, die über ihn zu Gericht saßen, stark irritiert haben: War es Sokrates wirklich so ernst mit seinem Dienst für den Gott – oder nahm er ihn nur zum Vorwand, um seine Mitbürger nach Belieben bloßstellen und blamieren zu können? Der Abstand, aus dem w i r unser Urteil über Sokrates bilden, ist groß genug, um eine solche Irritation nicht mehr aufkommen zu lassen; auch ist das, was Spätere über Sokrates sagten, eindeutig genug. Die Zeitgenossen hatten es da wohl ungleich schwerer, diesen unbequemen und in vielem gewiß auch kauzigen Mann richtig einzuordnen. Wir sollten also nicht zu leicht den Stab über ihren Unverstand brechen.

**Vokabular:**

| | |
|---|---|
| ὁ ἀδελφός | Bruder (Philadelphia: Stadt der brüderlichen Liebe) |
| ἡ διαβολή (διαβάλλω: verleumde) | Verleumdung (diabolisch: teuflisch, von ὁ διάβολος: Verleumder, Teufel) |
| τὸ ὄνομα, -ατος | Name |
| (σ)μικρός, -α, ον | klein (Mikro-skop) |
| ἀν-αιρέω (T 10 αἱρέω) | aufheben, weissagen, bestatten |
| ἀπορέω | keinen Weg wissen, in Not sein (Aporie: ausweglose Lage) |
| ἀπο-φαίνω | zeigen, darlegen |
| δέομαι | bedürfen, brauchen, um etwas bitten |
| ἠρόμην (ἐρέσθαι) | ich fragte |
| δείκνυμι | zeigen |
| μαρτυρέω | bezeugen (Märtyrer: Blutzeugen der christlichen Lehre) |

| | |
|---|---|
| πάρ-ειμι | da sein, anwesend sein |
| πάσχω (T 10) | leiden, dulden, erfahren |
| πειράομαι | versuchen, erproben |
| σκέπτομαι/σκοπέω | betrachten, erwägen (skeptisch; Mikroskop) |
| τελευτάω | beenden, sterben |
| τρέπω | wenden |
| ἔπειτα | dann |
| πότε | wann? |
| ποτέ | einmal |
| ἐνταῦθα | da |
| ποῦ | wo? wie? |
| που | irgendwo/-wie |
| οὖν | nun, also |

**Grammatik:**
Zur Perfektbildung vgl. T 7.5
zur Formenlehre von οἶδα T 9.2

# GRAUEN DES KRIEGES

## 1. Thukydides

Θουκυδίδης Ἀθηναῖος ξυνέγραψε τὸν πόλεμον τῶν Πελοποννησίων καὶ Ἀθηναίων ὡς ἐπολέμησαν πρὸς ἀλλήλους, ἀρξάμενος[1] εὐθὺς καθισταμένου[2] καὶ ἐλπίσας μέγαν τε ἔσεσθαι[3] καὶ ἀξιολογώτατον τῶν προγεγενημένων[4] ...

»Thukydides aus Athen beschrieb den Krieg der Peloponnesier und Athener, wie sie ihn gegeneinander führten; er begann (mit der Beschreibung) gleich bei seinem Ausbruch und rechnete damit, daß er bedeutend, ja der denkwürdigste von allen vorangegangenen sein werde ...« (Thukydides, Historien I 1)

Mit diesen Worten beginnt das Werk des zweifellos größten griechischen Historikers, der die folgenschwerste Erschütterung der hellenischen Welt, den fast dreißigjährigen Krieg zwischen Athen und Sparta, mit beispielhafter Gründlichkeit und Objektivität beschrieben hat. Da Thukydides im Verlauf des langen Waffengangs wegen eines von ihm zu verantwortenden militärischen Mißerfolgs seines Feldherrnamts enthoben und verbannt wurde, hatte er Gelegenheit, die Ereignisse sozusagen von zwei Seiten zu sehen und entging auf diese

---

1) ἀρξάμενος: Partizip des Aorists zu ἄρχομαι, ich beginne.

2) καθισταμένου: Präsenspartizip zu καθίσταμαι, im Genitiv abhängig von ἀρξάμενος. Sinngemäß ist noch πολέμου zu ergänzen (›wobei er sofort mit dem ausgebrochenen Krieg begann‹).

3) ἔσεσθαι: Infinitiv Futur zu εἶναι.

4) προ-γε-γενη-μένων: Perfekt-Partizip zu προ-γίγνομαι, ich entstehe früher.

Weise der Gefahr, die eine Partei – und sei es auch nur unwissentlich – in ein besseres Licht zu setzen als die andere.
Während der Römer Tacitus, der sich dem Vorbild des Thukydides verpflichtet wußte, seine Ankündigung, sine ira et studio – ohne Erbitterung oder Parteinahme – zu schreiben, nicht immer wahrmachen kann und zum Beispiel den Kaiser Tiberius liebevoll schwarz in schwarz malt, gelingt dem Griechen die Verwirklichung seiner hochgesteckten Absichten ungleich besser. Dabei gewährt er immer wieder erstaunlich tiefe Einblicke in die Psychologie der handelnden Personen und Gruppen, weiß vorgebliche von wirklichen Gründen zu trennen und ergänzt die Darstellung durch ein Höchstmaß an Reflexion. Man darf ihn deshalb mit vollem Recht den ersten wissenschaftlich arbeitenden Historiker überhaupt nennen.
Aus den ersten Worten des Werks, die – wie heute ein Titelblatt – den Autor und seinen Gegenstand vorstellen, spricht die gespannte Erwartung großer und höchst bemerkenswerter Ereignisse: Die beiden Kontrahenten sind hochgerüstet, und alle übrigen griechischen Staaten treten – teils sofort, teils zögernd – als Verbündete der einen oder anderen Seite in den Krieg ein. So ist denn mit einem ἀγών, einem Wettstreit nie gekannten Ausmaßes zu rechnen, der selbst das bisher größte Ereignis der griechischen Geschichte, die Perserkriege, weit in den Schatten stellen wird.
Dieser heldenhafte Abwehrkampf des kleinen Hellas gegen ein scheinbar unbezwingliches Riesenreich nimmt im Werk des Herodot, den man als ›Vater der Geschichte‹ zu bezeichnen pflegt, beträchtlichen Raum ein und rückt nicht nur durch die epische Breite der Behandlung in die Nähe der homerischen Heldenlieder, sondern auch durch eine deutliche Heroisierung der Akteure. Da versucht eine Handvoll Spartaner unter ihrem König Leonidas den Engpaß der Thermopylen gegen persische Übermacht zu halten – gewiß ein aussichtsloses Unterfangen, das nur mit dem Tod aller Verteidiger enden kann! Doch in welcher Haltung gehen Leonidas

und seine Leute diesem Ende entgegen! Als der Perserkönig Xerxes einen berittenen Späher ausschickt, kann dieser mit fassungslosem Staunen beobachten, wie ein Teil der Spartaner Sport treibt, während die anderen damit beschäftigt sind, ihre Haare zu kämmen und sich zu schmücken, wie zu einem Fest.

Ohne Zweifel war der Krieg für die Griechen der Wanderungszeit und der folgenden Jahrhunderte Lebensinhalt und vornehmstes Betätigungsfeld der ἀρετή. Wie jeder andere Agon gehorchte er strengen Regeln; in die Ferne wirkende Waffen, deren sich auch ein Feigling bedienen kann, wie der Bogen, waren in der Frühzeit verpönt. Von diesen mit dem wachsenden zeitlichen Abstand wohl noch in der Erinnerung der Nachwelt verklärten Kämpfen unterschied sich der Peloponnesische Krieg desto mehr, je länger er dauerte und je deutlicher jede der beiden Parteien sich die Vernichtung der anderen zum Ziele setzte, koste es, was es wolle.

Schon die von Perikles verfolgte Ermattungsstrategie der ersten Kriegsjahre hatte wenig Agonales an sich: Man holte die Landbevölkerung hinter die für Spartas Truppen unbezwinglichen ›Langen Mauern‹, die Athen und seinen Hafen, den Piräus, verbanden und schützten, und vermied nach Möglichkeit Zusammenstöße mit der gefürchteten spartanischen Infanterie. Dafür führte die attische Flotte im feindlichen Gebiet Landeoperationen aus, bei denen Siedlungen niedergebrannt, Vorräte vernichtet und die so langsam wachsenden Ölbäume umgehauen wurden. Daß die Spartaner ihrerseits in Attika die Äxte schwangen, störte weniger: Athen wurde über das Meer versorgt und konnte sich auf einen gewaltigen Kriegsschatz verlassen. Der Zusammenbruch der frustrierten und wirtschaftlich ruinierten Gegner schien dem gegenüber nur eine Frage der Zeit.

Doch da brach in Athen eine Seuche aus, die die Bevölkerung erschreckend dezimierte und als eines ihrer letzten Opfer auch Perikles forderte. Nun bekamen kleinere Geister das Heft in die Hand und wandten sich von Perikles' Kriegskonzept ab. Niederlagen und ein ›fauler Friede‹ waren die Folge, bis der ebenso schöne und geistreiche wie skrupel- und charakterlose Alkibiades die Athener zu einem abenteuerlichen Unternehmen beredete, das nichts weniger als die Eroberung Großgriechenlands, also Siziliens und womöglich auch Unteritaliens, zum Ziele hatte. Dieser Akt reinster Hybris endete mit einer völligen Katastrophe des Expeditionsheers. Dann folgten vernichtende Schläge der nunmehr von Alkibiades beratenen Spartaner – aber noch ein Jahrzehnt zog der Krieg sich hin, in den sich nun auch Persien einmischte, indem es bald der einen, bald der anderen Seite mit Geld unter die Arme griff.

Das bittere Ende, die bedingungslose Kapitulation Athens, hat Thukydides nicht mehr beschrieben: sein Werk endet mit dem Jahr 411. Da, wo dem Autor der Tod die Feder aus der Hand nahm, setzte es Xenophon mit seinen Hellenika fort. Er begann aber nicht mit Ξενοφῶν Ἀθηναῖος, sondern bescheiden und voll Pietät gegen den großen Vorgänger mit Μετὰ δὲ ταῦτα: Danach aber ...

Thukydides empfand den Krieg als ein welterschütterndes Ereignis –

> κίνησις γὰρ αὕτη δὴ μεγίστη τοῖς Ἕλλησιν ἐγένετο καὶ μέρει τινὶ τῶν βαρβάρων, ὡς δὲ εἰπεῖν καὶ ἐπὶ πλεῖστον ἀνθρώπων ...
>
> ... denn diese Erschütterung war die größte, die den Griechen je widerfuhr, dazu einem beträchtlichen Teil der Nichtgriechen, ja man darf sagen, dem größten Teil der Menschheit[1] ... –

1) Wörtliche Wiedergabe: »denn diese Erschütterung widerfuhr (geschah) als größte den Griechen und einem gewissen Teil der Barbaren, sozusagen (der Infinitiv ist hier ebenso absolut gebraucht wie in der entsprechenden deutschen Wendung!) auch hinsichtlich des meisten an Menschen (Teilungsgenitiv!)«

In welchem Maße diese Erschütterung die Menschen veränderte und welche Abgründe der Inhumanität sich vor dem bestürzten Betrachter auftaten, das wird an vielen Stellen der bewußt verhaltenen Beschreibung deutlich und zeigt, wie weit sich Thukydides von Herodot unterscheidet.

## 2. Poteidaia gibt auf

(Thukydides, Historien II 70)

*(Plusquamperfekt)*

Die Stadt Poteidaia auf der Chalkidike hatte lange der Belagerung durch ein Expeditionskorps der Athener widerstanden ...

Τοῦ δ' αὐτοῦ χειμῶνος οἱ Ποτειδεᾶται ἐπειδὴ οὐκέτι ἐδύναντο πολιορκούμενοι ἀντέχειν, ἀλλ' αἵ τε ἐσβολαὶ ἐς τὴν Ἀττικὴν Πελοποννησίων οὐδὲν μᾶλλον ἀπανίστασαν τοὺς Ἀθηναίους, ὅ τε σῖτος ἐπελελοίπει, καὶ ἄλλα τε πολλὰ ἐπεγεγένητο αὐτόθι ἤδη βρώσεως περὶ ἀναγκαίας καί τινες καὶ ἀλλήλων ἐγέγευντο, οὕτω δὴ λόγους προσφέρουσι περὶ ξυμβάσεως τοῖς στρατηγοῖς τῶν Ἀθηναίων τοῖς ἐπὶ σφίσι τεταγμένοις, Ξενοφῶντί τε τῷ Εὐριπίδου καὶ Ἑστιοδώρῳ Ἀριστοκλείδου καὶ Φανομάχῳ τῷ Καλλιμάχου. Οἱ δὲ προσεδέξαντο, ὁρῶντες μὲν τῆς στρατιᾶς τὴν ταλαιπωρίαν ἐν χωρίῳ χειμερινῷ, ἀνηλωκυίας δὲ ἤδη τῆς πόλεως δισχίλια τάλαντα ἐς τὴν πολιορκίαν. Ἐπὶ τοῖσδε οὖν ξυνέβησαν, ἐξελθεῖν αὐτοὺς καὶ παῖδας καὶ γυναῖκας καὶ τοὺς ἐπικούρους ξὺν ἑνὶ ἱματίῳ, γυναῖκας δὲ ξὺν δυοῖν, καὶ ἀργύριόν τι ῥητὸν ἔχοντας ἐφόδιον. Καὶ οἱ μὲν ὑπόσπονδοι ἐξῆλθον ἔς τε τὴν Χαλκιδικὴν καὶ ᾗ ἕκαστος ἐδύνατο· Ἀθηναῖοι δὲ τούς τε στρατηγοὺς ἐπῃτιάσαντο ὅτι ἄνευ αὐτῶν ξυνέβησαν (ἐνόμιζον γὰρ ἂν κρατῆσαι τῆς πόλεως ᾗ ἐβούλοντο), καὶ ὕστερον ἐποίκους ἔπεμψαν ἑαυτῶν ἐς τὴν Ποτείδαιαν καὶ κατῴκισαν. Ταῦτα μὲν ἐν τῷ χειμῶνι ἐγένετο, καὶ δεύτερον ἔτος τῷ πολέμῳ ἐτελεύτα τῷδε ὃν Θουκυδίδης ξυνέγραψεν.

Im gleichen Winter aber (machten) die Einwohner von Poteidaia, da sie nicht mehr in der Lage waren, der Belagerung standzuhalten (›belagert standzuhalten‹) – die Einfälle der Peloponnesier in Attika hatten ja die Athener nicht (›um nichts mehr‹) zum Abzug veranlaßt, das Getreide war ausgegangen und es waren sowohl schon viele andere (Dinge) wegen der notwendigen Nahrung vorgekommen wie

auch schon manche sich gegenseitig aufgegessen hatten –; in dieser Lage (so) machten sie also den Feldherrn der Athener, die gegen sie eingesetzt waren, ein Verhandlungsangebot (›trugen Reden vor‹) wegen einer Kapitulation, Xenophon, dem Sohn des Euripides, Hestiodoros, dem Sohn des Aristokleides und Phanomachos, dem Sohn des Kallimachos. Die aber nahmen es an, da sie die Leiden ihres Heeres in der winterlichen Landschaft sahen und da die Stadt schon zweitausend Talente für die Belagerung aufgewandt hatte.
Sie kamen also darin überein, daß sie selbst (= die männlichen Einwohner), ihre Kinder, Frauen und Söldner mit einem Kleidungsstück, die Frauen aber mit zweien abziehen sollten, dazu (›habend‹) mit einem vereinbarten Geldbetrag für den Weg (›als Wegzehrung‹). Und so zogen sie denn unter dem Schutz des Vertrags ab in die Chalkidike und wohin ein jeder (sich wenden) konnte. Die Athener aber tadelten die Feldherrn, weil sie ohne ihre Zustimmung (›ohne sie‹) die Übereinkunft getroffen hatten. Sie glaubten nämlich, sie hätten die Stadt, wie es ihre Absicht war, mit Gewalt nehmen können. Später schickten sie Kolonisten aus Athen (›von ihnen selbst‹) nach Poteidaia und siedelten sie dort an. Das geschah in diesem Winter, und (so) endete das zweite Jahr in dem Krieg, den Thukydides beschrieb.

Unsere Übersetzung bemüht sich wiederum, Satzbau und Wortwahl des Originals nach Möglichkeit beizubehalten, um dessen Betrachtung zu erleichtern. Daß dabei nicht immer elegantes Deutsch herauskommt, liegt auf der Hand, und daß unsere Wiedergabe von καί τινες ἀλλήλων ἐγέγευντο etwas eigenartig klingt, ist uns bewußt. Wir sind uns jedoch sicher, daß angesichts des grausigen Faktums niemand darüber lächeln wird. Das Verb, mit dem Thukydides den Kannibalismus in der ausgehungerten Stadt beschreibt, γεύομαι, ist mit lateinisch gustus ebenso verwandt wie mit dem deutschen ›etwas kosten/versuchen‹:

> de gustibus non est disputandum – über Geschmack läßt sich nicht streiten.

Hier steht das Verbum im Plusquamperfekt, dessen Formen noch seltener als solche des Perfekts begegnen: in der Mehrzahl der Fälle wird Vor-vergangenes ja mit dem Aorist ausgedrückt.

Zufällig enthält unser Text noch zwei weitere Plusquamperfekta:

ἐλελοίπει (von λείπω mit Ablaut gebildet): es war ausgegangen, und

ἐπεγεγένητο (zu ἐπιγίγνομαι): es war dazu gekommen.

In allen Fällen hat noch eine Erweiterung des Perfektstamms durch ein vorgesetztes ε stattgefunden; im Medium und Passiv werden die ›sekundären‹ Endungen angefügt, die wir von Imperfekt, Aorist und allen Optativen kennen, im Aktiv werden wir daran erinnert, daß das ›Imperfekt‹ zu οἶδα (T 9.2) formal ein Plusquamperfekt ist. Die Reihe

-ειν, -εις, -ει, -(ε)μεν, -(ε)τε, -(ε)σαν

dient auch zur Bildung des Imperfekts von εἶμι (T 9.1 b).

So können wir – wieder einmal – beruhigt feststellen, daß wir größtenteils mit vertrauten Bildungsprinzipien und Bauelementen zu tun hatten, und dürfen außerdem tief durchatmen: Der Durchgang durch die wichtigsten Bereiche der griechischen Formenlehre ist beendet, und da wir auch die wichtigsten Erscheinungen der Satzlehre schon vorgestellt haben, können wir die folgenden Texte ohne bestimmte stoffliche Schwerpunkte einfach um ihrer selbst willen lesen!

Auf die nötige Erläuterung des sprachlich Bemerkenswerten soll deshalb weder jetzt noch später verzichtet werden.

τοῦ ... χειμῶνος: Zeitangabe im Genitiv wie νυκτός: des Nachts; vgl. R 2.1 g.

ἀπανίστασαν: Imperfektform von ἀπ-αν-ίστημι, das wörtlich ›weg-auf-stehen machen‹ bedeutet. Das mit dem lateinischen si-stere (stellen) nach Stamm und Bildungsweise (Präsens-Anlautverdopplung) verwandte ἵστημι ist eines der in T 8.1/2 zusammengefaßten häufigen μι-Verben, neben ἵημι, δίδωμι und τίθημι.

Das Medium ἀνίσταμαι, ich stehe auf, erhebe mich, lebt mit seinem Wurzelaorist im Ostergruß der orthodoxen Kirche weiter:
Χριστὸς ἀνέστη – Christ ist erstanden!
Erweitert durch das Präfix ἀπο-, beschreibt ἀπ-αν-ίσταμαι anschaulich den Abmarsch eines Heeres: man erhebt sich (ἀνά) und zieht weg (ἀπό).

βρώσεως περὶ ἀναγκαίας: die Präposition ist zwischen die beiden Wörter eingeschoben, die von ihr abhängen.

ἀλλήλων: Genitiv des geteilten Ganzen, abhängig von γεύομαι, vgl. französisch goûter du vin, (vom) Wein kosten.

οὕτω δή: das Satzgefüge ist Thukydides selbst etwas lang geraten; daher faßt er das in Gliedsätzen Gesagte durch οὕτω δή zusammen und bringt nun endlich das Prädikat, das zu οἱ Ποτειδεᾶται gehört, (λόγους) προσφέρουσι.

τεταγ-μένοι: Partizip Perfekt Passiv zu τάττω, ich stelle auf; den auf K-Laut ausgehenden Stamm des Verbums finden wir in der Taktik, eigentlich der Kunst, ein Heer zur Schlacht richtig aufzustellen.

προσεδέξαντο: Aorist zu προσδέχομαι, ich nehme an. Mit Ablaut kann man den Stamm von δέχομαι im ξενοδοχεῖον entdecken, dem neugriechischen Wort für Hotel, das wörtlich ›Fremden-Aufnahme‹ bedeutet (ὁ ξένος: der Fremde, der Gast – auch: der Söldner).

ὁρῶντες – ἀνηλωκυίας: hier dienen zwei verschiedene Partizipial-Konstruktionen dem gleichen Zweck, nämlich der Begründung einer Maßnahme; ὁρῶντες bezieht sich dabei auf das Subjekt οἱ δέ (diese aber) zu προσεδέξαντο, während das feminine Perfektpartizip ἀν-ηλω-κυίας (von ἀν-αλόω, ich wende auf, gebe aus) zusammen mit τῆς πόλεως einen absoluten Genitiv darstellt (vgl. R 8.4).

ξυν-έβησαν: Wurzelaorist von ξυμ-βαίνω, das wörtlich ›zusammengehen‹, hier aber ›übereinkommen‹, ›vereinbaren‹ bedeutet.

ἐξελθεῖν αὐτούς ...: der Vertragsinhalt ist als AcI (vgl. R 7.2/3) formuliert.

ῥητόν: dieses Verbal-Adjektiv (vgl. R 10 a) vom Stamm ῥη-, den wir vom ῥήτωρ, dem Redner, kennen, ist nach seiner Bildung auf -τός mit dem lateinischen Partizip Perfekt Passiv, z. B. dic-tus, gesagt, aber auch mit dem deutschen Perfektpartizip auf -t vergleichbar: vereinbar-t.

ὑπό-σπονδοι: das Griechische verfügt über zahlreiche Adjektive, die Vorgänge in prädikativer Funktion näher erläutern können, z. B. σκοταῖοι ἀπῆλθον: sie gingen im Schutz der Dunkelheit (τὸ σκότος) weg, oder τριταῖος ἧκεν: er kam am dritten Tag (›drittägig‹ müßte man bei dem Versuch einer wörtlichen Übersetzung sagen, doch wären hier Mißverständnisse unvermeidlich).

ἐπῃτιάσαντο: Aorist zu ἐπ-αιτιάομαι, ich tadle, mache Vorwürfe, zu ἡ αἰτία: Grund, Ursache, Schuld.

κρατῆσαι ἄν: die Partikel ἄν in Verbindung mit dem Aorist-Infinitiv κρατῆσαι (von κρατέω, ich bezwinge) verringert den Wirklichkeitsgehalt der Aussage in Richtung auf ein ›vielleicht . . .‹; vgl. dazu R 7.6.

τῆς πόλεως: wie viele Verben, die irgendeine Form des Berührens beinhalten, verlangt κρατεῖν einen Genitiv.

ἔπεμψαν: Aorist zu πέμπω, ich sende.

κατ-ῴκισαν: Aorist zu κατ-οικίζω, ich siedle an, mit dem Stamm von ὁ οἶκος, das Haus.

τῷ πολέμῳ: der Dativ drückt aus, daß der Krieg vom Zeitverlauf nicht unberührt bleibt (›so endete für diesen Krieg das zweite Jahr‹).

ἐτελεύτα: Imperfekt zu τελευτάω (< ἐ-τελεύτα-ε).

**Vokabular:**

| | | | |
|---|---|---|---|
| τὸ ἀργύριον | Silber, Geld | τὸ ἱμάτιον | Mantel, Kleidungsstück |
| ὁ σῖτος | Getreide, Speise | ἡ στρατιά | Heer (Strat-ege!) |
| τὸ τάλαντον | Talent (hohe Geldsumme) | τὸ χωρίον | Ort, Platz, Gelände |

| | | | |
|---|---|---|---|
| τὸ ἔτος, -ους | Jahr | ὁ χειμών, -ῶνος | Sturm, Winter |
| ἀναγκαῖος, -α, -ον | nötig | ἕκαστος, -η, -ον | jeder |
| αἰτιάομαι | beschuldigen | βαίνω (T 10) | gehen, schreiten |
| βούλομαι (T 10) | wollen | δέχομαι | an-/aufnehmen |
| δύναμαι (T 10) | können | γράφω | schreiben |
| ἵστημι (T 10) | stellen | κρατέω | beherrschen, überwältigen |
| λείπω (T 10) | (zurück)lassen | ὁράω (T 10) | sehen |
| πέμπω | schicken | τάττω | aufstellen |
| φέρω (T 10) | tragen, bringen | | |
| ἐπεί/ἐπειδή | da, als | ἤδη | schon |
| ὕστερον | später | ᾗ (ὁδῷ) | wie, wo(hin) |
| ἐς/εἰς (m. Akk.) | in, nach | ἐκ/ἐξ (m. Gen.) | aus, heraus |
| περί (m. Gen.) | über, hinsichtlich | σύν/ξύν (m. Dat.) | mit |

**Grammatik:**
Zur Formenbildung des Plusquamperfekts vgl. T 7.6

**Zum Inhalt des Textabschnitts:**
Angesichts der Schwierigkeiten, die ein Heimatloser in der Welt der griechischen Kleinstaaten hatte, da diese ihr Bürgerrecht eifersüchtig hüteten und einen Fremden, wenn überhaupt, nur als Einwohner minderen Rechts aufnahmen, mag das Schicksal der Poteidaier als hart erscheinen. Wäre es jedoch den Athenern gelungen, die Stadt zu erobern, wären sie, soweit man sie nicht umgebracht hätte, gewiß als Sklaven verkauft worden. Insoweit sind die von den drei Feldherrn akzeptierten Bedingungen als geradezu großzügig anzusehen.
Die von den Athenern später kritisierte ›Eigenmächtigkeit‹ der Generale muß aus der Situation heraus verstanden werden: Wegen der weiten Entfernung von Athen und der Gefahren einer Seereise im Winter hätte eine Rückfrage in der Metropole unverhältnismäßig viel Zeit gekostet und die Leiden aller Beteiligten bis weit ins Frühjahr hinein verlängert.

## 3. Wort-Wechsel in Kerkyra

(Thukydides, Historien III 82, 4–7)

*(Artikel)*

Am Beispiel der politischen Auseinandersetzungen zwischen Parteigängern Athens und Spartas auf Kerkyra zeigt Thukydides das Ausmaß der Verwirrung der Geister.

Καὶ τὴν εἰωθυῖαν ἀξίωσιν τῶν ὀνομάτων ἐς τὰ ἔργα ἀντήλλαξαν τῇ δικαιώσει. Τόλμα μὲν γὰρ ἀλόγιστος ἀνδρεία φιλέταιρος ἐνομίσθη, μέλλησις δὲ προμηθὴς δειλία εὐπρεπής, τὸ δὲ σῶφρον τοῦ ἀνάνδρου πρόσχημα, καὶ τὸ πρὸς ἅπαν ξυνετὸν ἐπὶ πᾶν ἀργόν· τὸ δ' ἐμπλήκτως ὀξὺ ἀνδρὸς μοίρᾳ προσετέθη, ἀσφάλεια δὲ τοῦ ἐπιβουλεύσασθαι ἀποτροπῆς πρόφασις εὔλογος. Καὶ ὁ μὲν χαλεπαίνων πιστὸς αἰεί, ὁ δ' ἀντιλέγων αὐτῷ ὕποπτος. Ἐπιβουλεύσας δέ τις τυχὼν ξυνετὸς καὶ ὑπονοήσας ἔτι δεινότερος· προβουλεύσας δὲ ὅπως μηδὲν αὐτῶν δεήσει, τῆς τε ἑταιρίας διαλυτὴς καὶ τοὺς ἐναντίους ἐκπεπληγμένος. Ἁπλῶς τε ὁ φθάσας τὸν μέλλοντα κακόν τι δρᾶν ἐπηνεῖτο καὶ ὁ ἐπικελεύσας τὸν μὴ διανοούμενον. Καὶ μὴν καὶ τὸ ξυγγενὲς τοῦ ἑταιρικοῦ ἀλλοτριώτερον ἐγένετο διὰ τὸ ἑτοιμότερον εἶναι ἀπροφασίστως τολμᾶν· οὐ γὰρ μετὰ τῶν κειμένων νόμων ὠφελίᾳ αἱ τοιαῦται ξύνοδοι, ἀλλὰ παρὰ τοὺς καθεστῶτας πλεονεξίᾳ. Καὶ τὰς ἐς σφᾶς αὐτοὺς πίστεις οὐ τῷ θείῳ νόμῳ μᾶλλον ἐκρατύνοντο ἢ τῷ κοινῇ τι παρανομῆσαι.

Auch die gewohnte Bedeutung der Wörter veränderten sie in Bezug auf ihr Tun nach Gutdünken. Hirnlose Verwegenheit wurde nun als kameradschaftliche Einsatzbereitschaft angesehen, vorsichtige Zurückhaltung aber als geschickt verhüllte Feigheit, besonnenes Auftreten als Deckmantel weibischen Wesens und Klugheit in jeder Lage als völliger Mangel an Dynamik. Unbesonnene Hitzköpfigkeit wurde als Ausdruck von Männlichkeit betrachtet (›dem Wesen eines Mannes zugerechnet‹), die Frage nach den Risiken eines Vorhabens

(›Sicherheitsbedürfnis beim Beraten‹) galt als wohlklingender Vorwand, um sich zu drücken (›der Ablehnung‹). Und jeder Rabauke war absolut (immer) vertrauenswürdig, wer aber etwas gegen ihn äußerte, machte sich verdächtig. Gelang einem ein übler Trick, war er ein schlauer Bursche, und wer den Kopf aus einer Schlinge zog (wer etwas merkte), galt als noch tollerer Kerl. Wer hingegen darauf bedacht war, sich solcher Mittel gar nicht bedienen zu müssen (›daß er dergleichen nicht benötigte‹), der galt als unsoziales Element (›Auflöser der Gemeinschaft‹) und als vom politischen Gegner eingeschüchtert. Insgesamt wurde jeder gepriesen, der einem andern bei dem Versuch zuvorkam, ihm etwas Böses anzutun, oder einem anderen einen Tip gab, der nichts merkte. Ja, die Blutsverwandtschaft band nun weniger eng aneinander als gemeinsame politische Ziele (›... wurde fremder als die Parteibindung‹) wegen der damit verbundenen größeren Bereitschaft zu rücksichtslosen und riskanten Unternehmungen. Solche Vereinigungen (orientieren sich) nämlich nicht im Einklang mit den Gesetzen am (gemeinsamen) Nutzen, sondern im Gegensatz zu den geltenden (Gesetzen) am höchstmöglichen Gewinn. Die gegenseitigen Treueschwüre bekräftigten sie auch weniger (nicht mehr) durch das göttliche Gesetz als dadurch, daß sie gemeinsam etwas auf dem Kerbholz (gegen die Gesetze unternommen) hatten.

In seinem berühmten Methodenkapitel (I 22) erklärt Thukydides, sein Werk diene nicht der augenblicklichen Unterhaltung, sondern stelle einen Besitz von bleibendem Wert (κτῆμα ἐς ἀεί) für jeden dar, der über Vergangenes Gewißheit erlangen wolle und über das, was sich in der Zukunft entsprechend dem Wesen der Menschen ebenso oder ähnlich ergeben werde (... τῶν τε γενομένων τὸ σαφὲς σκοπεῖν καὶ τῶν μελλόντων ποτὲ αὖθις κατὰ τὸ ἀνθρώπινον τοιούτων καὶ παραπλησίων ἔσεσθαι ...). Angesichts solcher Intentionen des Autors verbietet es sich, seine Schilderung der revolutionären Wirren in Kerkyra als Bericht über einen Ausbruch kollektiver Verrücktheit zu lesen, den Thukydides als ebenso neuartig wie unwiederholbar empfand. Er dürfte nämlich im Gegenteil gespürt haben – auch wenn er aus der älteren Geschichte der Griechen keine vergleichbaren Ereignisse anführen konnte –, daß die von ihm mit geradezu medizinischer Gründlichkeit registrierten Vorgänge einer gewissen Gesetzmäßigkeit keineswegs entbehrten und infolgedessen künftig überall dort zu gewärtigen seien, wo ein durch Religiosität und Respekt vor den Gesetzen nicht mehr eingedämmter Machtwille zur Politisierung, zur Polarisierung und damit schließlich zur Auflösung der bestehenden gesellschaftlichen Ordnungen beitragen würde. Welche Rolle in einem solchen Prozeß die Manipulation der Sprache und die damit verbundene Perversion des Denkens spielt, hat Thukydides wohl als erster registriert und in Worte gefaßt; man darf ihm deshalb mit gutem Grund die »Entdeckung des Politischen« (H. Strasburger) als sein größtes Verdienst anrechnen.

Daß gerade seine Darstellung der kerkyräischen Begriffsverwirrung in hohem Maße exemplarisch ist, braucht einem Menschen unseres Jahrhunderts nicht lange bewiesen zu werden – es fehlt uns ja nicht an Beispielen aus Gegenwart und jüngster Vergangenheit, mit welcher Unverfrorenheit man scheinbar klar umgrenzte Begriffe dazu benützt, um ihr glattes Gegenteil zu benennen. Thukydides wäre gewiß nicht erstaunt, wenn er sähe, mit welcher Aufdringlichkeit gerade Systeme, die ohne vielfältige Formen der Unterdrückung ihre Macht nicht behaupten können, das Etikett ›frei‹ auf alles und jedes kleben.

»Krieg ist Frieden; Freiheit ist Sklaverei; Unwissenheit ist Stärke« – unter dieser Maxime wird in Orwells »1984« die »gewohnte Bedeutung der Wörter« aufgehoben; was wahr ist, setzt nun die Partei fest, und sogar das, was bereits geschehen ist und scheinbar feststeht, unterliegt im ›Wahrheitsministerium‹ ständiger ›Bearbeitung‹ und Manipulation. Daß Orwell eine derart gelenkte Gesellschaft auch eine neue, von oben verordnete Sprache gebrauchen läßt, gehört zur deprimierenden Logik seiner Vision. Doch während der moderne Autor seine Sorge um die Zukunft der Menschheit in einer erfundenen Geschichte artikuliert, so daß dem weniger kritischen Leser gar nicht aufgeht, in welchem Maß er selbst betroffen ist, erwachsen die Prognosen des Thukydides aus der historischen Realität und aus den Erfahrungen, die er als Zeitzeuge gemacht hat. »Wer in unseren Tagen die Darstellung des Thukydides mit wachen Sinnen liest, muß in ihrem Spiegel das in allen wesentlichen Zügen erschreckend getreue Bild unserer eigenen Zeit wiedererkennen. Lediglich die räumlichen Proportionen und die Machtmittel sind jetzt ins Riesenhafte gesteigert; die ausschlaggebenden Antriebe der menschlichen Natur und die politischen Gesetze, nach denen sich dieser Mechanismus bewegt, scheinen sich nicht geändert zu haben. Heute ist es zur Schicksalsfrage der gesamten Menschheit geworden, ob es ihr gelingt, den Zweifel des Thukydides an ihrer sittlichen Entwicklungsfähigkeit zu widerlegen.«[1]

Angesichts seiner eminenten Einsicht in die Motivzusammenhänge, die historische Prozesse in Gang bringen, wäre dem Thukydides eine möglichst große Leserschaft zu wünschen – aber leider hat es selbst ein des Altgriechischen einigermaßen mächtiger Interessent sehr schwer, die gedankliche Tiefe seiner oft extrem verknappten Aussagen ganz zu erfassen. Nicht ohne Grund ist unsere Übersetzung des Ausschnitts aus den ›Kerkyraia‹ deutlich wortreicher als das Original, das vor allem dank der generalisierenden Funktion des griechischen Artikels unnachahmliche Dichte gewinnt: τὸ ἐμπλήκτως ὀξύ bedeutet wörtlich ›das unbesonnen Rasche‹, doch ›wörtlich‹ ist unsere Lösung nur insofern, als sie die Struktur des griechischen Ausdrucks bewahrt und für ἐμπλήκτως bzw. ὀξύς zwei Bedeutungen wählt, die an der fraglichen Stelle einigermaßen passen. Aber τὸ ὀξύ umfaßt alles, was als schneidig, laut, grell, jäh, heftig, hitzig, leiden-

1) Hermann Strasburger im Vorwort (S. LXXVI) zu: Thukydides, Der Peloponnesische Krieg, übertragen von August Horneffer; Bremen 1957 (Sammlung Dieterich, Bd. 179).

schaftlich, aufbrausend oder schnell empfunden wird, und hinter dem Adverb ἐμπλήκτως steckt ein Verbum, das ›hineinfallen, stürzen‹ bedeutet. Indem dieses Adverb mit einem Adjektiv von beträchtlicher Bedeutungsbreite verbunden und der ganze Ausdruck noch durch den Artikel verallgemeinert wird (vgl. R 1.8), erfaßt diese Folge von drei Wörtern jede Art von blindwütigem Aktionismus, sinnlosem Dreinschlagen, unüberlegtem Draufgängertum und wildem Losstürmen, die im außer Rand und Band geratenen Kerkyra gerade gefragt war. Daß man dergleichen mit der μοῖρα, d. h. der schicksalhaften Bestimmung, dem naturgewollten Wesen eines Mannes verband, zeigt das ganze Ausmaß der Begriffsverwirrung: generationenlang hatten weise Männer die Tugend der klugen Zurückhaltung, die σωφροσύνη, gepriesen, doch nun wird das Ideal des kühlen, beherrschten, rationalen Menschen verworfen und durch den hirnlosen Schlagetot ersetzt!

Die Ausschaltung des Denkens als Hauptmerkmal der verhängnisvollen Entwicklung zieht sich wie ein Leitmotiv durch unseren ganzen Text und erinnert uns daran, daß in Orwells »1984« die Gedankenpolizei bereitsteht, um Gedankenverbrecher dingfest zu machen – Menschen also, die sich noch erfrechen, ihre eigenen Gedanken zu haben.

Daß selbständiges Denken im Widerspruch zu den Interessen eines von groben Freund-Feind-Schemata gelenkten Kollektivs steht, läßt sich ebenfalls unserem Text entnehmen, der die erstaunliche Metamorphose der τόλμα ἀλόγιστος zur ἀνδρεία φιλέταιρος beschreibt und dabei mit ἑταῖρος (Gefährte, Genosse) einen Begriff verwendet, der im späteren politischen Leben der Griechen noch oft eine üble Rolle spielen sollte: ἑταιρίαι – das waren politische Klüngel, Ansammlungen unzufriedener Elemente oder Zusammenschlüsse von Feinden der Demokratie, die deren Sturz betrieben.

Daß jemand, der darauf bedacht ist, üble Machenschaften zu meiden, als ἑταιρίας διαλυτής eingestuft wird, mag zunächst überraschen; liest man jedoch, was Thukydides im

folgenden über die realen Ziele solcher ›politischer Zusammenkünfte‹ sagt, dann wird klar, welche Bedeutung für deren Bestand der Verstrickung in gemeinsam begangenes Unrecht zukommt. Wer sich davon fernzuhalten sucht, erweist sich somit als unfähig zur Integration und als höchst verdächtig.
In diesem Zusammenhang verdient auch die Aussage des Sokrates Erwähnung (Apologie 32), die Dreißig Tyrannen hätten möglichst viele Athener zu Mitschuldigen machen wollen.
Die Männer, die damals nach Salamis gingen, um den armen Leon zu verhaften, und vielleicht ihr Tun mit den Worten »Befehl ist Befehl« rechtfertigten, waren jedenfalls gute, verläßliche Bürger – im Sinne der herrschenden Junta!
Die Ausschaltung des Denkens, die Thukydides beschreibt, erfaßt bei ihm in erster Linie den kritischen Verstand, sodann moralische Kategorien und religiöses Empfinden. Ein gewisses Maß an Raffinesse darf bleiben, vor allem, wenn sie zum Bösen dient: ›Verstand‹ zeigt man nun in der Anwendung übler Tricks, und wer nicht in eine für ihn gegrabene Grube fällt, der ist δεινότερος.
Δεινός, das wir etwas schnoddrig mit ›toll‹ wiedergegeben haben, bezeichnet alles Außerordentliche, das Erstaunen, Bestürzung oder auch Angst hervorruft; wer δεινός ἐστι λέγειν, der ist ›ein furchtbar guter Redner‹ bzw. ›sehr befähigt zu reden‹.
Angst bekommen kann man auch vor dem ›neuen Menschentyp‹, den Thukydides beschreibt: Von Skrupeln nicht geplagt und unter Verzicht auf kritische Überprüfung seines Handelns verwendet er die ihm verbliebenen geistigen Kräfte allein darauf, wie er ›den anderen‹ am meisten schaden und wie er selbst in diesem Kampf aller gegen alle am ehesten überleben könne: homo homini lupus.
Das wäre nun ein markantes Schlußwort und zugleich ein guter Einstieg in den nächsten Abschnitt aus dem »Peloponnesischen Krieg«, doch möchten wir es nicht versäumen, an die notwendigerweise inhaltsbestimmte Interpretation noch

einige sprachliche Erläuterungen anzufügen, die für eine zweite, noch mehr in die Tiefe gehende Betrachtung des Texts von Nutzen sein können!

εἰωθυῖα: Femininform des Partizips von εἴωθα, ich bin gewohnt; das Verbum kommt nur im Perfektstamm vor.

ἀντήλλαξαν: Aorist zu ἀντ-αλλάττω, ich vertausche.

ἀ-λόγιστος: die Vorsilbe entspricht dem deutschen un- (lateinisch in-) und geht auf ein tönendes ν zurück, das sich zu einem Vokal (α) entwickelte.

ἐνομίσθη: Passiv-Aorist zu νομίζω.

εὐ-πρεπής ist abgeleitet von dem Verbum πρέπει, es ziemt sich, schickt sich; wer also Vorsicht walten läßt, leistet sich in den Augen seiner rabiaten Kritiker eine besonders subtile Form von Feigheit, indem er diese mit ›wohl-anständigem‹ Verhalten tarnt; die Wortverdreher unterstellen also dem anderen dieselben Verneblungstricks, die auch sie anwenden.

ἄν-ανδρος: un-männlich.

ἀργός, untätig, träge, entwickelte sich durch Verschmelzung des verneinenden α mit dem Stamm von τὸ ἔργον (Werk, Tätigkeit).

προσετέθη: Passiv-Aorist zu προσ-τίθημι, ich stelle/rechne hinzu (vgl. T 8/10).

ἀσφάλεια: auch in diesem Wort findet sich die Vorsilbe α-, dazu der Stamm von σφάλλω, ich bringe zu Fall, täusche; ἀ-σφαλής (sicher) ist, wer nicht zu Fall gebracht werden kann.

τυχών: Partizip des ›starken‹ Aorists von τυγχάνω; in Verbindung mit einer Partizipialkonstruktion drückt das Verbum entweder aus, daß jemand mit einer Tätigkeit Erfolg hat (ἔτυχε ἐπιβουλεύσας: er hatte, nachstellend, Glück = er stellte erfolgreich eine Falle) oder daß jemand gerade/zufällig etwas tut (ἔτυχε παρών: er war zufällig da).

ἐκ-πεπληγμένος: Partizip Perfekt Passiv zu ἐκπλήττω, ich erschrecke; dazu gehört, was zunächst befremdet, der Akkusativ τοὺς ἐναντίους, der hier entsprechend R 2.3 c den Bereich angibt, auf den sich das Erschrecken bezieht; wörtlich müßte man also übersetzen »erschrocken hinsichtlich der Gegner«.

φθάνω, ich komme zuvor, wird ebenso wie τυγχάνω mit Partizipien verbunden: φθάνω τοὺς ἄλλους ποιῶν τι ›ich komme den anderen, etwas tuend, zuvor‹ = ich tue etwas früher/rascher als die anderen.

ἐπῃνεῖτο: Imperfekt zu ἐπαινέω, ich lobe.

τοῦ ἑταιρικοῦ: Vergleichsgenitiv, vgl. R 2.1 h.

διὰ τὸ ἑτοιμότερον εἶναι ... (›wegen des bereitwilliger-Seins ...‹): substantivierter Infinitiv, vgl. R 7.7.

ἀ-προφασίστως (Adverb): ohne Vorwand, vorbehaltslos; ἡ πρό-φασις, der Vorwand, der angebliche Grund, ist für Thukydides ein wichtiger Begriff, und wenn er Motive politischen Handelns untersucht, differenziert er genau zwischen πρόφασιν μέν (angeblich) und τὸ δ' ἀληθές (in Wirklichkeit aber ...).

κεῖσθαι (liegen) ersetzt die passiven Perfektformen von τίθημι; οἱ κείμενοι νόμοι sind somit die ›gesetzten‹, die bestehenden Gesetze.

καθ-εστώς: dieses Perfektpartizip zu καθ-ίστασθαι, zustande kommen, deckt sich in der Bedeutung weitgehend mit κείμενος.

τῷ κοινῇ τι παρανομῆσαι (›durch das gemeinsam-etwas-gesetzwidrig-Tun‹): dieser substantivierte Infinitiv steht im instrumentalen Dativ (R 2.2 e) und schließt noch einen Dativ der Art/Weise ein: κοινῇ, gemeinsam; das Femininum läßt sich erklären, wenn man ὁδῷ (Weg; Art/Weise) ergänzt.

**Vokabular:**

| | | | |
|---|---|---|---|
| ἡ ἀνδρεία (ἀνήρ) | Tapferkeit | ἡ ἀσφάλεια | Sicherheit |
| ὁ ἐναντίος | Gegner | ὁ ἑταῖρος | Gefährte (Hetäre!) |
| | | ἡ πίστις, -εως | Treue, Vertrauen |
| ἀλλότριος, -α, -ον | fremd(artig), unpassend (Allotria treiben!) | κοινός, -ή, -όν | gemeinsam |
| δεινός, -ή, -όν | erschreckend, furchtbar, beeindruckend, tüchtig | | |
| ὀξύς, -εῖα, -ύ | scharf, schneidend, rasch, heftig, hitzig, wild | | |
| ἀλλάττω | verändern | δράω | tun, handeln (Drama!) |
| δια-λύω | auflösen (Dia-lyse!) | ἐκ-πλήττω | erschrecken |
| ἐπιβουλεύ-ομαι | auflauern, planen | ἐπ-αινέω | loben |
| μέλλω | im Begriff sein, zögern (etwas zu tun) | | |
| πρέπει | es gehört sich | | |
| τίθημι (T 8/10) | stellen, setzen | | |

## 4. Das Recht des Stärkeren

(Thukydides, Historien V 91–95; 105)

Im Sommer 416 landet ein Flottenverband der Athener auf der kleinen Insel Melos, deren Bewohner sich – als spartanische Kolonisten – nicht in die attische Seeherrschaft eingliedern lassen wollen. Im Rat der Stadt findet, bevor es zu Kampfhandlungen kommt, ein Streitgespräch zwischen den Abgesandten der Athener und den führenden Männern von Melos statt, wobei unter anderem folgende Positionen vertreten werden:

ΑΘΗΝΑΙΟΙ: ... ὡς δὲ ἐπ' ὠφελίᾳ τε πάρεσμεν τῆς ἡμετέρας ἀρχῆς καὶ ἐπὶ σωτηρίᾳ νῦν τοὺς λόγους ἐροῦμεν τῆς ὑμετέρας πόλεως, ταῦτα δηλώσομεν, βουλόμενοι ἀπόνως μὲν ὑμῶν ἄρξαι, χρησίμως δ' ὑμᾶς ἀμφοτέροις σωθῆναι.

ΜΗΛΙΟΙ: Καὶ πῶς χρήσιμον ἂν ξυμβαίη ἡμῖν δουλεῦσαι, ὥσπερ καὶ ὑμῖν ἄρξαι;

ΑΘ.: Ὅτι ὑμῖν μὲν πρὸ τοῦ τὰ δεινότατα παθεῖν ὑπακοῦσαι ἂν γένοιτο, ἡμεῖς δὲ μὴ διαφθείραντες ὑμᾶς κερδαίνοιμεν ἄν.

(Athener): ... daß wir im Interesse (zum Nutzen) unseres Reichs hier sind sowie zur Rettung eurer Stadt nun in Verhandlungen eintreten (Worte sprechen werden), das wollen wir erläutern, da es unsere Absicht ist, euch möglichst problemlos in unseren Machtbereich einzugliedern (ohne Anstrengung die Herrschaft über euch zu gewinnen) und euch zum Nutzen für beide Teile zu erhalten.

(Melier): Und wieso könnte es für uns von Vorteil sein, Sklaven zu werden, so wie es für euch (vorteilhaft ist) zu herrschen?

A: Weil euch, statt das Äußerste zu erleiden, nur Gehorsam abverlangt (zuteil) würde, wir aber, wenn wir euch nicht liquidieren, davon Profit haben.

ΜΗΛ.: Ὥστε δὲ ἡσυχίαν ἄγοντας ἡμᾶς φίλους μὲν εἶναι ἀντὶ πολεμίων, ξυμμάχους δὲ μηδετέρων, οὐκ ἂν δέξαισθε;

ΑΘ.: Οὐ γὰρ τοσοῦτον ἡμᾶς βλάπτει ἡ ἔχθρα ὑμῶν ὅσον ἡ φιλία μὲν ἀσθενείας, τὸ δὲ μῖσος δυνάμεως παράδειγμα τοῖς ἀρχομένοις δηλούμενον.

(. . .)

Ἡγούμεθα γὰρ τό τε θεῖον δόξῃ, τὸ ἀνθρώπειόν τε σαφῶς διὰ παντὸς ὑπὸ φύσεως ἀναγκαίας, οὗ ἂν κρατῇ, ἄρχειν. Καὶ ἡμεῖς οὔτε θέντες τὸν νόμον οὔτε κειμένῳ πρῶτοι χρησάμενοι, ὄντα δὲ παραλαβόντες καὶ ἐσόμενον ἐς αἰεὶ καταλείψοντες χρώμεθα αὐτῷ, εἰδότες καὶ ὑμᾶς ἂν καὶ ἄλλους ἐν τῇ αὐτῇ δυνάμει ἡμῖν γενομένους δρῶντας ἂν ταὐτό.

M: Somit würdet ihr es nicht akzeptieren, wenn wir Frieden hielten und eure Freunde, nicht eure Feinde, sowie Verbündete keiner der beiden Parteien wären?

A: (Nein,) denn eure Feindschaft schadet uns nicht im gleichen Maße (soviel), wie eure Freundschaft sich für die von uns Beherrschten als Indiz unserer Schwäche und euer Haß als Zeichen unserer Stärke erwiese.

(. . .)

Wir glauben nämlich, daß die Götter (›das Göttliche‹) vermutlich, die Menschen (›das Menschliche‹) aber gewiß durchwegs aufgrund einer natürlichen Notwendigkeit beherrschen, was immer sie bezwingen können. Wir haben dieses Gesetz nicht aufgestellt, wandten es auch, da es nun gilt, nicht als erste an, sondern haben es als vorhanden übernommen und werden es als für alle Zeiten gültig (für immer seiend/bestehend) weitergeben (hinterlassen); daran halten wir uns (wir gebrauchen es) in der Gewißheit (wissend), daß wohl auch ihr und andere, in dieselbe Machtposition wie wir gelangt, dasselbe tätet.

Es ist zweifellos ein bemerkenswerter Kunstgriff des Thukydides, daß er im Zusammenhang mit dem Überfall auf Melos nicht die Angreifer und die Angegriffenen in zwei großen, durchgeformten Reden ihre Standpunkte umreißen ließ, sondern die Form des Dialogs wählte, wobei gerade durch das Fehlen jeder verbindenden Zusätze des Autors das harte Aufeinanderprallen von Meinung und Gegenmeinung dem Leser in fast quälender Weise deutlich gemacht wird. Die Athener, die ihren Seebund einst mit dem Ziel gegründet hatten, den von den Persern bedrängten Städten der kleinasiatischen Küste und der ägäischen Inselwelt die Freiheit zu bringen, hatten längst aus den Bundesgenossen Untertanen gemacht und suchten mit unnachsichtiger Härte zu verhindern, daß irgendein Mitglied das zweckentfremdete Bündnis verließ. Doch die Kykladeninsel Melos hatte als spartanische Kolonie dem Seebund nie angehört, und ein erster Versuch, sie zum Beitritt zu zwingen, war im Jahr 426 mißlungen; eine danach von den Athenern einseitig festgesetzte Tributzahlung von fünfzehn Talenten wurde von Melos nie geleistet, konnte aber ein knappes Jahrzehnt später als einer der fadenscheinigen Anlässe für die Flottenexpedition gelten.
Für Thukydides ist dieses im Hinblick auf den Gesamtverlauf des langen Kriegs eher marginale Unternehmen offensichtlich ein exemplarischer Fall, anhand dessen er die wahren Absichten schonungslos enthüllt, die das damals noch mächtige Athen verfolgte. Höhnisch wird das Angebot der ›Koexistenz‹, des ›friedlichen Nebeneinander‹ abgelehnt: Freundschaft mit dem Schwächeren würde den Mächtigen nur dem Verdacht der Schwäche aussetzen, der Haß der Unterdrückten dagegen unterstreicht in seiner Ohnmacht die Macht des Unterdrückers. Der Berufung der Melier auf göttliches und menschliches Recht setzen die Athener kalt ihre eigene Rechtsauffassung entgegen, die sie als gelehrige Schüler jener sophistischen Aufklärer erweist, welche nur den Nutzen als Maßstab für das anerkannten, was gut oder schlecht ist. Nun haben die Gesetze gewiß einen Nutzen, indem sie die Schwa-

chen vor der Gewalttätigkeit der Starken schützen – doch sind sie deshalb gut? Aus der Sicht des Starken sind sie lästige Fesseln, die ihn an der uneingeschränkten Erfüllung seiner Triebwünsche hindern und es als ein Unrecht bezeichnen, wenn jemand mehr haben will als andere.

> Ἡ δέ γε οἶμαι φύσις αὐτὴ ἀποφαίνει, ὅτι δίκαιόν ἐστιν τὸν ἀμείνω τοῦ χείρονος πλέον ἔχειν καὶ τὸν δυνατώτερον τοῦ ἀδυνατωτέρου (...) (καὶ) τὸν κρείττω τοῦ ἥττονος ἄρχειν ...
>
> »Ich aber glaube, daß die Natur selbst erkennen läßt, daß es gerecht ist, wenn der Bessere mehr hat als der Schlechtere und der Mächtigere mehr als der Schwächere (...) und wenn der Stärkere über den weniger Tüchtigen herrscht ...«

So läßt Platon in seinem Dialog Gorgias (483 d) einen jungen Mann namens Kallikles sprechen, der mit seinen Ansichten Nietzsches Herrenmenschentum vorwegnimmt.
Indem Thukydides die Athener solche Lehre in politische Praxis umsetzen läßt, läßt er erkennen, in welchem Ausmaß die Kritik der Sophisten an den überkommenen Werten die Beziehungen der Menschen untereinander beeinflußt hat: Unbeeindruckt von den beschwörenden Worten der Melier und von der Mahnung, an das mögliche Ende der eigenen Herrschaft sowie die dann zu gewärtigende grausame Rache zu denken, setzen die Athener ihre Militärmaschinerie in Gang, Melos muß kapitulieren und bitter für seinen Widerstand büßen: Alle erwachsenen Männer werden getötet, die Frauen und Kinder versklavt, das Land mit Kolonisten aus Athen besiedelt.
Drei Jahre nach diesem Akt brutaler Gewalt ging das Expeditionskorps, das die stolzen Städte Siziliens für das attische Reich erobern sollte, in einer beispiellosen Katastrophe zugrunde – war das die Rache für Melos?

... κατὰ πάντα γὰρ πάντως νικηθέντες καὶ οὐδὲν ὀλίγον ἐς οὐδὲν κακοπαθήσαντες πανωλεθρίᾳ δὴ τὸ λεγόμενον καὶ πεζὸς καὶ νῆες καὶ οὐδὲν ὅ τι οὐκ ἀπώλετο, καὶ ὀλίγοι ἀπὸ πολλῶν ἐπ' οἴκου ἀπενόστησαν.

»... denn in jeder Hinsicht waren sie total geschlagen und alles, was sie erleiden mußten, war entsetzlich (›nichts Geringes erduldeten sie in nichts‹[1]); mit Mann und Maus, wie man so sagt, war ihre Flotte, war ihr Landheer und alles sonst untergegangen (›... Landheer und Flotte und nichts, was nicht ...‹), und nur wenige von den vielen kehrten nach Hause zurück.«(Thukydides, Hist. VII 87)

Man spürt es, wie der Historiker in diesem seinem Schlußwort zur sizilischen Expedition um Worte ringt, um das verheerende Ausmaß der Katastrophe ausdrücken zu können; dabei wirken Wendungen mit πᾶς (κατὰ πάντα: in jeder Hinsicht; πάντως: völlig; παν-ολεθρίᾳ: in gänzlicher Vernichtung) und die für das Griechische eigentümlichen Verdopplungs-Verneinungen sozusagen von zwei Seiten her zusammen.
Die Zahlen, die er in seiner Bilanz des Entsetzlichen anführt, mögen uns Heutigen klein erscheinen: rund siebentausend Mann waren von den Syrakusanern gefangen und in die Steinbrüche gebracht worden, wo sie in Hitze und Kälte, von Hunger und Durst und unerträglichem Gestank gequält, dahinvegetierten – neben den zu Haufen geschichteten Leichen derer, die Entbehrung und Krankheiten dahingerafft hatten. Aber verringern sich diese Leiden dadurch, daß ›nur‹ siebentausend Menschen sie ertragen mußten, und wiegt das Verbrechen an Melos deshalb weniger schwer, weil es ›nur‹ eine kleine Insel betraf? Es ist ein schauerlicher Aspekt menschlichen ›Fortschritts‹, daß unser Jahrhundert es gelernt hat, bei der Vernichtung von Menschenleben nach Millionen

---

1) Die doppelte Verneinung führt hier zur Verstärkung der ersten Negation: »... nichts Geringes erduldeten sie in jeder Hinsicht«.

zu rechnen! Sobald wir von der unterschiedlichen Dimension absehen, erkennen wir eine beklemmende Ähnlichkeit zwischen den von Thukydides geschilderten Ereignissen und unserer jüngeren Vergangenheit:
»... ein stärkeres Geschlecht wird die Schwachen verjagen, da der Drang zum Leben in seiner letzten Form alle lächerlichen Fesseln einer sogenannten Humanität der einzelnen immer wieder zerbrechen wird, um an seine Stelle die Humanität der Natur treten zu lassen, die die Schwäche vernichtet, um der Stärke den Platz zu schenken.«[1]
Als Adolf Hitler diese Ansichten formulierte, hatte er noch nicht die Macht, sie durchzusetzen – doch wenige Jahre später fiel sie ihm zu und gab ihm freie Hand zur mitleidslosen Vernichtung der in seinen Augen ›minderwertigen Rasse‹, wobei er sich im Einklang fühlte mit »dem ewigen Wollen, das dieses Universum beherrscht, den Sieg des Besseren, Stärkeren zu fördern, die Unterordnung des Schlechteren und Schwächeren zu verlangen.«[2]
Und solcher Lehre folgte – oder widersprach zumindest nicht – ein großer Teil jenes Volkes, das sich selbst das der ›Dichter und Denker‹ nannte – nicht unähnlich den Athenern, deren Heimat sich als ›Bildungsstätte Griechenlands‹ verstand (παίδευσις τῆς Ἑλλάδος nennt sie der große attische Staatsmann Perikles in der berühmten Leichenrede, die ihn Thukydides am Ende des ersten Kriegsjahres halten läßt[3]) und die trotzdem nichts dabei fanden, eine skrupellose, menschenverachtende Machtpolitik zu betreiben.
Es klingt wie eine Vorahnung des künftigen Wegs, wenn Perikles in der bereits erwähnten Grabrede den Ruhm von Athens glanzvollem Aufstieg zur Großmacht mit den Worten beschließt:

---

1) Adolf Hitler, Mein Kampf, 1933[31], S. 145.
2) Hitler a.a.O. S. 421.
3) Historien II 35ff.

... πανταχοῦ δὲ μνημεῖα κακῶν τε κἀγαθῶν ἀΐδια ξυγκατοικίσαντες

»... wobei wir überall ewige Denkmale des Bösen wie des Guten setzten.«

Wie sich später zeigte, überwog das Böse – auch für Athen, das vor Syrakus sein Stalingrad erlebte.

Nach der notwendigerweise weiter ausholenden Betrachtung des Melierdialogs geben die folgenden Einzelhinweise Gelegenheit, den ausgewählten Abschnitt in wichtigen Details noch genauer zu betrachten:

ἐπὶ σωτηρίᾳ ... τῆς ὑμετέρας πόλεως: ›zur Rettung eurer Stadt‹ führen wir diese Verhandlungen – indem die Athener die beabsichtigte Unterwerfung von Melos als ›Rettungsaktion‹ bemänteln, zeigen sie, daß die in Kerkyra ausgebrochene Begriffsverwirrung schon weitere Kreise gezogen hat; die Steigerung zum makabren Paradox gelang 1967 n. Chr., als – so die offizielle Äußerung – die Stadt Ben tre in Südvietnam »zu ihrer Rettung vernichtet« wurde[1].

ἐροῦμεν: Futur zu ἀγορεύω, ich spreche, vgl. T 10.

ἄρξαι: hier drückt der Aorist den Beginn einer Handlung aus (die Herrschaft erringen).

πῶς ἂν ξυμβαίη: der Optativ mit ἄν bezeichnet hier eine abgeschwächte Möglichkeit (vgl. R 6.7); die Form von συμβαίνει (es ereignet sich) steht im Wurzelaorist (T 7.4.4).

πρὸ τοῦ τὰ δεινότατα παθεῖν: (›statt des das-Schlimmste-Ertragens‹) substantivierter Infinitiv (R 7.7); παθεῖν: πάσχω (T 10).

ὥστε ...: die etwas komplizierte Passage ist folgendermaßen aufgebaut:

---

1) Peter Scholl-Latour, Der Tod im Reisfeld. Dreißig Jahre Krieg in Indochina, Stuttgart 1982[8], S. 135.

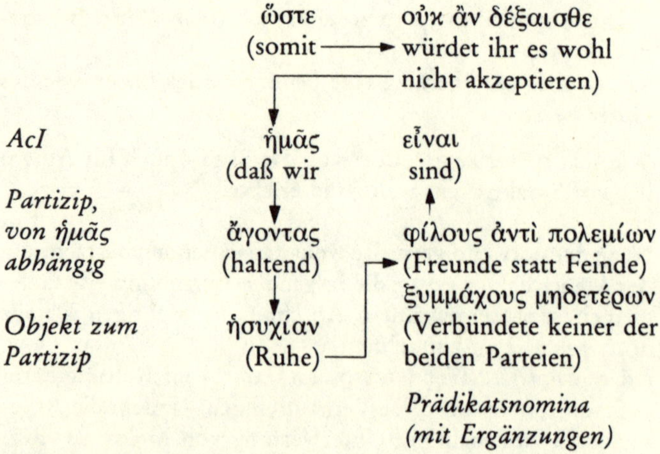


δηλούμενον: das auf παράδειγμα (Beispiel, vgl. paradigmatisch: beispielhaft) bezogene Partizip ist hier wie ein Adjektiv verwendet, also in der Bedeutung ›klar, einleuchtend‹.

δόξῃ (Dativ der Art/Weise zu δόξα: Meinung): vermutlich, wahrscheinlich.

οὗ: Genitiv des Relativpronomens, abhängig von κρατῇ; der Konjunktiv mit ἄν unterstreicht die regelmäßige Wiederholung des Geschehens (vgl. R 6.4).

θέντες: Aoristpartizip von τίθημι, vgl. T 8.2; wir haben dieses und die folgenden auf die Athener bezogenen Partizipien durch Beiordnung, d. h. als selbständige Hauptsätze, wiedergegeben.

κειμένῳ: vgl. die Anmerkung zu κεῖσθαι auf S. 177.

χρῆσθαι, benützen, wird mit instrumentalem Dativ verbunden.

παρα-λαβόντες: Partizip des ›starken‹ Aorists zu παραλαμβάνειν, übernehmen.

ὄντα/ἐσόμενον: Partizip Präsens bzw. Futur zu εἶναι (T 9.1 a).

κατα-λείψοντες: dieses Futur-Partizip zu κατα-λείπω, ich hinterlasse, könnte auch final wiedergegeben werden: »um ... zu hinterlassen«.

εἰδότες: Partizip von οἶδα, vgl. T 9.2; von dieser Form ist eine weitere Partizipialkonstruktion abhängig, nämlich der AcP (vgl. R 7.3) ὑμᾶς ... δρῶντας, dem das beigefügte ἄν eventuellen Charakter verleiht (»... daß ihr vermutlich dasselbe tätet ...«).

In diesen AcP ist schließlich noch ein weiteres, auf ὑμᾶς καὶ ἄλλους bezogenes Partizip, γενομένους (geworden, gelangt), eingeschoben, dessen Sinnrichtung sich nach R 8.3 als kondizional (bedingend) festlegen läßt: »wenn ihr ... in dieselbe Machtstellung gelangtet«.

ἡμῖν: bei Ausdrücken der Gleichheit steht der Dativ (R 2.2 g): »... dieselbe Macht wie wir«.

ταὐτό: Krasis aus τὸ αὐτό (dasselbe), vgl. S. 154.

**Vokabular:**

| | |
|---|---|
| βλάπτω (ἔβλαψα) | schaden, schädigen |
| δέχομαι (ἐδεξάμην) | annehmen, empfangen, ›akzeptieren‹ |
| δηλόω (v. δῆλος!) | offenbaren, klarstellen, verdeutlichen |
| δια-φθείρω (διαφθερῶ, διέφθειρα) | vernichten, zerstören |
| δουλόω (v. δοῦλος: Sklave) | versklaven, δουλεύω Sklave sein |
| ἡγέομαι (ἡγησάμην) | führen, meinen, glauben |
| συμβαίνει (συνέβη) | es ereignet sich, trifft ein, trifft zu auf |
| σῴζω (ἔσωσα) | retten (σωτήρ: Retter, Heiland) |

| | | | |
|---|---|---|---|
| ὑπ-ακούω | gehorchen | | |
| ἡ ἡσυχία | Ruhe | ἡσυχίαν ἄγειν | sich ruhig verhalten |
| ὁ ἐχθρός | Feind | ἡ ἔχθρα | Feindschaft |
| ἡ δύναμις, -εως (δύναμαι) | Macht, Gewalt | | |

| | |
|---|---|
| ἡ φύσις, -εως | Natur, Wesen |
| τὸ παράδειγμα, -ατος | Beispiel, Zeichen |
| σαφής, σαφές (G. σαφοῦς) | deutlich, klar |
| τοσοῦτον – ὅσον | so sehr/so viel – wie |
| οὔτε – οὔτε | weder – noch |
| ὥστε | so daß; (zur Einleitung von Hauptsätzen:) somit, also |

# DRAMA

Hätten wir uns mit diesem Buch nur das Ziel gesetzt, in die Sprache der alten Griechen einzuführen, so könnten wir nun den Schlußstrich ziehen: die Formenlehre ist dargestellt, die Satzlehre, soweit sie für das Erfassen mittelschwerer Texte von Wichtigkeit ist, in Auswahl behandelt und im Anhang verfügbar gemacht. Ferner waren wir darauf bedacht, die ausgewählten Texte so zu erläutern, daß Sappho und Alkman, Platon und Sokrates, Thukydides und Xenophon für unsere Leser nicht allein berühmte Namen blieben. Aber unsere Vorstöße in das ungeheuer weite Feld der griechischen Literatur ließen auch erkennen, wieviel bisher nur knapp Berührtes oder Ausgespartes noch genauere Betrachtung lohnte, und wenn wir auch nichts weiter im Sinn haben, als unseren Lesern zu eigenen Expeditionen in dafür geeignete Editionen[1] Appetit und Mut zu machen, glauben wir doch noch einige Kostproben schuldig zu sein. Dabei nähern wir die Präsentation der Texte noch etwas mehr als bisher derjenigen zweisprachiger Ausgaben an, indem wir sprachliche Erläuterungen reduzieren und ggf. durch Verweise auf die Tabellen und Regeln unserer Kurzgrammatik ersetzen. Auch Vokabellisten stellen wir nicht mehr zusammen: ein Basiswortschatz wurde ja bereits geboten, und wer auf diesem Feld seine Kenntnisse noch erweitern möchte, findet in einer handlichen Wortkunde[2] oder im ›Grund- und Aufbauwortschatz Griechisch‹[3] nützliche Helfer. Es wäre wohl auch

1) Wir denken hier vor allem an die zweisprachigen Ausgaben altgriechischer Autoren in der Sammlung Tusculum (Artemis-Verlag, München).

2) z. B. Alfred Zeller, Griechische Wortkunde zu ORGANON, München/Bamberg 1982.

3) Thomas Meyer/Hermann Steinthal: Grund- und Aufbauwortschatz Griechisch, Stuttgart 1979³.

schlimm, wenn wir anhand der literarischen Kostbarkeiten, die wir ausgesucht haben, noch bestimmte Verbformen oder spezielle Verwendungsweisen des Dativs hingebungsvoll traktierten, um so am Ende eine der kreativsten Epochen der Literaturgeschichte in eine Abraumhalde zu verwandeln, aus der man nach Lust und Laune ›starke‹ Aoriste, halbe Hexameter oder ein paar tiefsinnige Sprüche herausschaufeln kann.

Der scharfzüngige Essayist Egon Friedell hat gewiß recht, wenn er beklagt, daß das konzentrierte Interesse der Schule und der ›gebildeten Kreise‹ sowie eine Kette von Mißverständnissen über das wahre Wesen der alten Griechen von einem »der lebensvollsten Antlitze des Weltgeists in der Erinnerung der Menschheit nichts zurückgelassen hat als den Abdruck einer starren, augenlosen Totenmaske« und daß speziell die goldene Zeit Athens, die ›klassische Periode‹ zu »einer völlig unwirklichen Welt aus Gips und Verbalformen« erstarrt sei[1]. Allerdings mag Friedells Klage heute bereits partiell überholt sein, da Schulmeister, Literaten und Intellektuelle dem ›Klassischen‹ bei weitem nicht mehr die Aufmerksamkeit schenken wie jene Epoche, in der die Klage formuliert wurde. Man erläge im übrigen einer Fehleinschätzung, wollte man solche Interessen-Verlagerung einseitig als negativ, als banausische Abkehr von unersetzlichen Bildungswerten bedauern: Während die erzwungene Beschäftigung mit dem Schönen blind machen kann für den Glanz seiner Schönheit, kann die Wiederentdeckung des Abgedrängten und beinahe Verschütteten für den, der sich auf dieses Abenteuer einläßt, in ganz besonderem Maße beglükkend sein.

Wir bleiben bei unserem Erkundungsgang zunächst noch im 5. vorchristlichen Jahrhundert, zu dessen Beginn der Angriff

---

1) Egon Friedell, Kulturgeschichte Griechenlands. Leben und Legende der vorchristlichen Seele, München 1949, S. 187.

der Perser abgewehrt werden konnte, während sein Ende beherrscht war von dem großen Krieg, als dessen kritischen Betrachter wir eben Thukydides kennenlernten. Zwischen beiden Ereignissen lag die Pentekontaetie[1], in deren Verlauf Athen zum geistigen Zentrum von Hellas wurde. Damals entwickelten sich aus der gleichen kultischen Wurzel, aus Tänzen und Wechselgesängen bei Götterfesten, sowohl die Tragödie wie die Komödie zu höchster Vollendung. In beiden Wörtern ist ἡ ᾠδή, der Gesang, enthalten, und hinter der Silbe Kom- verbirgt sich der κῶμος, ein ausgelassener und burlesker Umzug zu Ehren des Weingottes Dionysos. Weniger leicht zu erklären ist das Wort Tragödie, denn wenn auch unter den Deutern Einigkeit darüber herrscht, daß das Wort ›Bocksgesang‹ (zu ὁ τράγος, der Bock) bedeutet, bleibt ungewiß, ob damit ursprünglich die musikalische Umrahmung eines Bocksopfers, ein Wettsingen, bei dem ein Bock als Preis ausgesetzt war, oder der Gesang der nur bedingt bocksähnlichen, aber jedenfalls halbtierischen Satyrn aus dem Gefolge des Dionysos gemeint war.

Wir wollen dieses Problem hier nicht weiter verfolgen, sondern uns mit der Feststellung begnügen, daß sowohl die ernste wie die heitere Form des Dramas eng mit einem Kult verbunden ist, in dem Rausch, Ekstase und Tierverkleidung eine wesentliche Rolle spielten. Bei der Entwicklung zur Kunstform dürfte der Wechsel zwischen Solopartien eines Vorsängers und Gesang und Tanz des Chors von besonderer Bedeutung gewesen sein; durch den Wechsel der Masken konnte jener Vorsänger verschiedene Personen darstellen, ohne daß damit freilich gleich Handlung in Gang kam, denn der einzige ›Schauspieler‹ hatte ja nur *ein* Gegenüber, den Chor. Als Erfinder dieses szenischen Wechselgesangs wird Thespis genannt, der um 535 zu Ehren des Dionysos so die erste Tragödie aufgeführt haben soll. An ihn und sein rasch

1) Aus πεντήκοντα (fünfzig – dieser Stamm lebt in ›Pfingsten‹ weiter) und τὸ ἔτος, das Jahr.

aufgeschlagenes mobiles ›Theater‹ erinnert heute noch der Ausdruck ›Thespiskarren‹, von seinem Repertoire aber kennen wir so gut wie nichts. Immerhin scheint die Erfindung des Thespis Furore gemacht zu haben; schon um 492 gab es den ersten Theaterskandal, von dem wir wissen: Der Versuch eines gewissen Phrynichos, einen historischen Stoff, nämlich die Eroberung der kleinasiatischen Griechenstadt Milet durch die Perser, als Tragödie auf die Bühne zu bringen, bewirkte eine solche Erschütterung des Publikums, daß man den Verfasser des Stücks mit einer schweren Geldbuße belegte und jede Verbreitung des Texts untersagte:

> ... Φρυνίχῳ ποιήσαντι δρᾶμα Μιλήτου ἅλωσιν καὶ διδάξαντι ἐς δάκρυά τε ἔπεσε τὸ θέητρον καὶ (οἱ Ἀθηναῖοι) ἐζημίωσάν μιν ὡς ἀναμνήσαντα οἰκήια κακὰ χιλίῃσι δραχμῇσι καὶ ἐπέταξαν μηκέτι μηδένα χρᾶσθαι τούτῳ τῷ δράματι.
>
> »... als Phrynichos ein Drama, die Eroberung Milets, verfaßte und einstudierte, brachen die Zuschauer in Tränen aus (›dem Phrynichos ... brach das Th. in Tränen aus‹[1]), und die Athener straften ihn, da er an nationales Unheil erinnert habe, mit tausend Drachmen und verfügten, daß niemand mehr (nie mehr niemand) dieses Stück aufführen (benützen) dürfe.«
>
> (Herodot VI 21)

Bei diesem Bericht des Herodot sollte man sich vor Augen halten, daß Phrynichos die tiefe Rührung seiner Zuschauerschaft fast ausschließlich durch die Macht des – zum Teil gesungenen – Wortes auslöste: das katastrophale Ereignis, von dem die Tragödie handelte, wurde keineswegs im Spiel

---

1) Absolut wörtlich: »... fiel das Theater in Tränen« (ἔπεσε von πίπτειν, fallen; Formen des ionischen Dialekts, in dem Herodot schreibt, sind θέητρον statt θέατρον, οἰκήιος statt οἰκεῖος und die Dativausgänge -ῃσι statt -αις).

realistisch vorgeführt, sondern nur gespiegelt in dem, was der einzige Akteur und der Chor abwechselnd vortrugen. Außer dem Gewand und der Maske der am Spiel beteiligten Personen gab es keine Requisiten, es klirrten keine Theaterdolche, es floß kein Bühnenblut – und trotzdem weinte das Publikum, und war vermutlich tiefer ergriffen als es heute die Betrachter eines beklemmend wirklichkeitsgetreuen Katastrophenfilms sind. Wir sollten daher über kühne Wortschöpfungen, über Lautmalerei und schrille Antithetik, über Klagerufe und Schmerzensschreie nicht wie über hohles Pathos und billige Theatralik lächeln: Manches der von den alten Tragikern eingesetzten Mittel mag im Lauf der Zeit durch Mißbrauch an Wirkung verloren haben – doch damals, in der Frühzeit des europäischen Theaters, wirkten die Worte mit einer Gewalt, die wir nur noch erahnen können.
Friedrich von Schiller gelang es immerhin, in seinen »Kranichen des Ibykus« den unheimlichen Bann auszudrücken, den der Auftritt eines Chors der Rachegöttinnen auf ein antikes Theater sinken ließ:

> ... von allen Inseln kamen sie
> und horchen von dem Schaugerüste
> des Chores grauser Melodie,
>
> der streng und ernst, nach alter Sitte,
> mit langsam abgemeßnem Schritte
> hervortritt aus dem Hintergrund,
> umwandelnd des Theaters Rund.
> So schreiten keine ird'schen Weiber,
> die zeugete kein sterblich Haus!
> Es ragt das Riesenmaß der Leiber
> hoch über Irdisches hinaus.
>
> Ein schwarzer Mantel schlägt die Lenden,
> sie schwingen in entfleischten Händen
> der Fackel düsterrote Glut.
> In ihren Wangen fließt kein Blut;
> und wo sonst Haare lieblich flattern,

um Menschenstirnen freundlich wehn,
da sieht man Schlangen hier und Nattern
die giftgeschwoll'nen Bäuche blähn.

Und schauerlich gedreht im Kreise
beginnen sie des Hymnus Weise,
der durch das Herz zerreißend dringt,
die Bande um den Frevler schlingt.
Besinnungsraubend, herzbetörend
schallt der Erinnyen Gesang.
Er schallt, des Hörers Mark verzehrend,
und duldet nicht der Leier Klang:

»Wohl dem, der frei von Schuld und Fehle
bewahrt die kindlich reine Seele!
Ihm dürfen wir nicht rächend nahn,
er wandelt froh des Lebens Bahn.
Doch wehe, wehe, wer verstohlen
des Mordes schwere Tat vollbracht!
Wir heften uns an seine Sohlen,
das furchtbare Geschlecht der Nacht.

Und glaubt er fliehend zu entspringen,
geflügelt sind wir da, die Schlingen
ihm werfend um den flücht'gen Fuß,
daß er zu Boden fallen muß.
So jagen wir ihn, ohn Ermatten,
versöhnen kann uns keine Reu,
ihn fort und fort bis zu den Schatten
und geben ihn auch dort nicht frei.«

So singend tanzen sie den Reigen,
und Stille, wie des Todes Schweigen,
liegt überm ganzen Hause schwer,
als ob die Gottheit nahe wär.
Und feierlich, nach alter Sitte,
umwandelnd des Theaters Rund,
mit langsam abgemeßnem Schritte
verschwinden sie im Hintergrund.

Diese Verse Schillers sollen uns zur Einstimmung dienen auf ein Werk des ältesten der drei großen attischen Tragiker, des Aischylos, dem die Antike die Einführung eines zweiten Schauspielers und einer elementaren Bühnentechnik zuschrieb. Er dürfte auch als erster jeweils drei Tragödien und ein Satyrspiel zu einer ›Tetralogie‹ zusammengefaßt haben, wobei dem lüsternen und tolpatschigen Treiben jener südländischen Trolle die Aufgabe zufiel, die beim Miterleben tragischen Geschehens aufgestaute seelische Spannung der Zuschauer in Gelächter zu lösen.

Insgesamt wird man mit weit mehr Recht als Thespis den Schöpfer der Tragödie als einer festumrissenen literarischen Gattung Aischylos nennen dürfen, dessen klangvolle, ausdrucksstarke und durch ihre vielen Kunstwörter geradezu barocke Sprache sich als angemessenes Medium für übermenschliches Leiden und für das Wirken von Fluch und Verhängnis erweist. Die Menschen, die er darstellt, verstrikken sich in Schuld oder werden – wie Oidipus – durch Göttersprüche, die schwer zu deuten sind, ihrem Unheil entgegengetrieben, in dessen Erleiden sich ihr tragisches Heldentum zeigt.

Aischylos widmete dem urtümlich-grausigen Sagenkreis um Oidipus drei Dramen, von denen nur das letzte erhalten ist, und begann mit König Laios, dem geweissagt wurde, sein Sohn werde ihn einst töten. Laios will diesen Spruch zunichte machen, doch das in der Wildnis ausgesetzte Kind wird von einem anderen König aufgefunden und an dessen Hof erzogen. Als der Oidipus genannte Jüngling das Orakel von Delphi nach seinem künftigen Lebensweg befragt, wird er davor gewarnt, seinen Vater zu erschlagen und seine Mutter zu heiraten. Er kehrt deshalb nicht zu seinen Adoptiveltern zurück, sondern geht auf Abenteuer aus; dabei erschlägt er im Streit einen alten Mann – seinen Vater. Dann befreit er die Stadt Theben von einem Ungeheuer, der Sphinx, und gewinnt als Preis für diese Errettung die kürzlich verwitwete Königin, seine Mutter, die ihm mehrere Kinder schenkt.

Erst Jahre nach diesen Ereignissen strafen die Götter Theben durch eine Pest dafür, daß es in seinen Mauern einen Frevler schützt – Oidipus sucht nach diesem Menschen und entlarvt schließlich sich selbst als den Schuldigen. Voll Entsetzen über seine Taten sticht er sich die Augen aus, seine Mutter und Gattin erhängt sich. Bevor der Blinde Theben verläßt, verflucht er noch seine beiden Söhne, die bereits um die Herrschaft streiten, die schließlich Eteokles erringt, während sein Bruder Polyneikes in die Fremde geht, um Verbündete für einen Kriegszug gegen Theben zu werben.
Mit der Ankunft von sieben Helden samt Gefolge beginnt die dritte der Thebaner-Tragödien, in der ein Chor verängstigter Mädchen, der Verteidiger der Stadt, Eteokles, seine Schwestern Antigone und Ismene sowie ein Bote in Rede und Gegenrede, Gebet und Klage den Gang der Ereignisse eher zu begleiten als handelnd zu bestimmen scheinen. Keinen von den Sieben bekommt der Zuschauer zu Gesicht, das Donnern der Streitwagen wird von keiner Theatermaschine nachgeahmt, und vom entscheidenden Zweikampf der beiden Brüder wird lediglich berichtet – doch wiewohl die dramatischen Ereignisse und ihre Begleitumstände nur mit Worten gemalt werden, büßen sie nichts an Dramatik ein, sondern werden, in Worte gefaßt, die die Angst der Bedrohten, die Trauer der Schwestern, den Wahnsinn des Zweikampfs der Brüder dem Hörer nahebringen, für diesen erst in ihrer vollen tragischen Dimension erfaßbar.
Welcher sprachlichen Mittel sich Aischylos im einzelnen bedient, sollen die folgenden Ausschnitte zeigen. Der Leser, der sie ganz auf sich wirken lassen möchte, tut gut daran, sich ihren Klang zu vergegenwärtigen, dazu die musikalische Begleitung, den Tanz und Gesang des Chors und die unheimlich hohen Masken, die jedem der Darsteller (auch die Frauenrollen wurden von Männern gespielt) von Anfang an ein von Schmerz und Entsetzen verzerrtes Gesicht verleihen und trotz dieser Festlegung durch Bewegung und das Spiel von Licht und Schatten fast so etwas wie Mimik ermöglichen.

Wer schon einmal das Glück hatte, eine der antiken Aufführungspraxis nachempfundene Inszenierung einer der großen attischen Tragödien zu erleben, wird, auch wenn dies nicht im nächtlichen Epidauros, sondern ›nur‹ auf einer deutschen Bühne geschah, sich gewiß der damit verbundenen besonderen Faszination erinnern.

## 1. Sieben gegen Theben

(Aus dem Auftrittslied des Chors: Gebet an Zeus) (v. 110–126)

Θεοὶ πολιάοχοι πάντες ἴτε χθονός,
ἴδετε παρθένων
ἱκέσιον λόχον δουλοσύνας ὕπερ·
κῦμα περὶ πτόλιν δοχμολόφων ἀνδρῶν
καχλάζει πνοαῖς Ἄρεος ὀρόμενον·
ἀλλά μοι, ὦ Ζεῦ Ζεῦ, πάτερ παντελές,
πάντως ἄρηξον δαΐων ἅλωσιν.
Ἀργέϊοι δὲ πόλισμα Κάδμου
κυκλοῦνται, φόβος δ' ἀρείων ὅπλων
μ' ἔδυ· διὰ δέ τοι γενύων ἱππιᾶν
κινύρονται φόνον χαλινοί·
ἑπτὰ δ' ἀγήνορες πρέποντες στρατοῦ
δορυσσόῳ σαγᾷ πύλαις ἑβδόμαις
προσίστανται πάλῳ λαχόντες.

(Aus der Scheltrede des Eteokles an die Frauen) (v. 182–186)

Ἐτεοκλῆς

Ὑμᾶς ἐρωτῶ, θρέμματ' οὐκ ἀνασχετά,
ἦ ταῦτ' ἄριστα καὶ πόλει σωτήρια
στρατῷ τε θάρσος τῷδε πυργηρουμένῳ,
βρέτη πεσούσας πρὸς πολισσούχων θεῶν
αὔειν, λακάζειν, σωφρόνων μισήματα;

(Erwiderung des Chors) (v. 203–208)

Χορός

Ὦ φίλον Οἰδίπου τέκος, ἔδεισ' ἀκού-
σασα τὸν ἁρματόκτυπον ὄτοβον ὄτοβον,
ὅ τί τε σύριγγες ἔκλαγξαν ἑλίτροχοι,
ἱππικῶν τ' ἀγρύπνων
πηδαλίων διὰ στόμα,
πυριγενετᾶν χαλινῶν.

*Götter, errettet uns!*

Götter, Stadtbeschützer alle, kommt, (ihr Götter) des sehet der Mädchen [Landes,
flehende Schar angesichts (drohender) Sklaverei;
eine Woge, rings um die Stadt, helmbuschtragender Männer
braust, vom Atem des Ares erregt.
Doch (von) mir, o Zeus, Zeus, Vater von allem,
gänzlich halte du fern mit flammendem Blitz (›brennend‹) die
Argiver aber die Feste des Kadmos [Gefangenschaft!
umzingeln, Furcht vor dem Kriegsgerät (›kriegerischen
hat mich erfaßt, und in der Pferde Gebiß Waffen‹)
knirschen Mord die Zügel.
Sieben Helden, ausgezeichnet vor dem Heer,
mit kriegerischer Rüstung (bei) den sieben Toren
treten sie an, durch das Los bestimmt!

*Schluß mit dem Jammergeschrei!*

Euch frage ich, Gezücht, nicht zu ertragen,
ob dies das Beste und der Festung nützlich (ist),
dem Heer Ermutigung, diesem (nun) belagerten,
(vor) die Götterbilder hinstürzend der stadtbeschützenden Gottheiten
zu heulen und zu plärren, für Verständige ein Greuel ...

*Sie rücken heran!*

O teurer, des Oidipus Sproß, ich erschrak, als ich hör-
te das streitwagendonnernde Rasseln, das Rasseln,
was die Radnaben kreischten, die rasend sich drehenden,
und der Pferde ruhloses
Gestänge im Maul,
(das Knirschen) der feuergehärteten Zügel!

(Eteokles und Polyneikes haben sich im Zweikampf gegenseitig erschlagen; nun bringen Antigone und Ismene ihren Brüdern die Totenklage dar)

(v. 961–977)

'Αντιγόνη: Παισθεὶς ἔπαισας.
'Ισμήνη: Σὺ δ' ἔθανες κατακτανών.
'Α.: Δορὶ δ' ἔκανες.
'Ι.: Δορὶ δ' ἔθανες.
'Α.: Μελεόπονος.
'Ι.: Μελεοπαθής.
'Α.: Ἴτω δάκρυα.
'Ι.: Ἴτω γόος.
'Α.: Πρόκεισαι —
'Ι.: κατακτάς.
'Α.: Ἐή.
'Ι.: Ἐή.
'Α.: Μαίνεται γόοισι φρήν.
'Ι.: Ἐντὸς δὲ καρδία στένει.
'Α.: Ἰὼ πανδάκρυτε σύ.
'Ι.: Σὺ δ' αὖτε καὶ πανάθλιε.
'Α.: Πρὸς φίλου ἔφθισο.
'Ι.: Καὶ φίλον ἔκτανες.
'Α.: Διπλᾶ λέγειν.
'Ι.: Διπλᾶ δ' ὁρᾶν.
'Α.: Ἀχέων τοίων τάδ' ἐγγύθεν.
'Ι.: Πέλας δ' αἵδ' ἀδελφαὶ ἀδελφεῶν.
Χορός Ὦ Μοῖρα βαρυδότειρα μογε-
ρά, πότνιά τ' Οἰδίπου σκιά·
μέλαιν' Ἐρινύς, ἦ μεγασθενής τις εἶ.

**Anmerkungen** zu den Seiten 198/200:
(Bezifferung entsprechend der originalen Zeilenzählung) (110) ἴτε: εἶμι (T 9.1 b) – (111) ἴδετε: ὁράω (T 10/T 7.4.2) – (119) ἄρηξον: Imp. Aor. Akt. zu ἀρήγω (helfen, abwehren; lat.: arcere) – (122) ἔ-δυ: Wurzelaorist zu δύομαι (eintauchen, beschleichen); vgl. T 7.4.4 – (126) προ-ίσταμαι: T 8.1 – (182) τὸ θρέμμα (τρέφω): (übles) Geschöpf – ἀνα-σχετός: Verbaladj. zu ἀν-έχω, ertrage (R 10 a) – (185) πρὸς (τὰ) βρέτη ... – πεσών: πίπτω (T 10) – (203) ἔδεισ(α) zu δείδω (fürchte) – (961) ἔθανον: ἀπο-θνήσκω; ›starker‹ Aorist,

Antigone: Getroffen trafst du!
Ismene: Du aber starbst beim Töten!
A.: Mit dem Speer hast du ermordet ...
I.: Durch den Speer bist du gestorben!
A.: Böses vollbringend!
I.: Böses erleidend!
A.: Es soll fließen die Träne!
I.: Es erklinge die Klage!
A.: Da liegst du ...
I.: Erschlagen hast du!
A.: Wehe!
I.: Wehe!
A.: Es rast in Klagen (mein) Sinn!
I.: Drinnen das Herz, es stöhnt.
A.: Ach, ganz Beweinenswerter du!
I.: Du aber wiederum, auch ganz Unseliger!
A.: Durch einen Blutsverwandten gingst du dahin!
I.: Und einen Blutsverwandten erschlugst du!
A.: Zwiespältig zu benennen!
I.: Zwiespältig anzusehen!
A.: Solchen Jammers solche Nähe!
I.: Nah wir Schwestern (unseren) Brüdern!
Chor: O Schicksalsgöttin, Unheilspenderin, elende,
Herrin, des Oidipus Schatten,
schwarze Erinys, ja, großmächtig bist du!

wie in κατα-κτανών (κτείνω), ἔκανες (καίνω = κτείνω) – (964) ἴτω: εἶμι (T 9.1 b); da Neutrum Pl. Subjekt ist, steht das Prädikat im Singular – (965) πρό-κεισαι: κεῖμαι (liegen) – κατα-κτάς: κατα-κτείνω, Wurzelaorist (T 7.4.4) – (970) ἔφθι-σο: Wurzelaorist zu φθίνομαι (sterben) διπλᾶ: ›Doppeltes‹, Neutr. Pl.; gemeint ist, daß von jedem der Brüder, wie bereits geschehen, Gegensätzliches gesagt werden kann.

Bei der Übersetzung dieser Ausschnitte aus einer der sieben von Aischylos erhaltenen Tragödien suchten wir dem Leser den Nachvollzug anhand des Originals durch energische Beibehaltung der griechischen Wortfolge zu erleichtern. So dürfen an das Ergebnis unserer Bemühungen keine hohen Maßstäbe angelegt werden. Da aber selbst eine gelungene Nachdichtung dem Original nur nahekäme, ohne es doch zu erreichen, mag das so hingehen, zumal die Klangfülle des vokalreichen Griechisch jeder deutschen Übertragung fehlen wird, und zwar vor allem da, wo sie durch Lautmalerei der Beschreibung noch den akustischen Eindruck unterlegt:

... τὸν ἁρματόκτυπον ὄτοβον ὄτοβον
ὅ τί τε σύριγγες ἔκλαγξαν ἑλίτροχοι –

Hier vernimmt man deutlich das dumpfe Rollen der Räder und danach das schrille Pfeifen der Naben; Wort und Klang und Rhythmus wirken zusammen!

Gerade die Chorlieder der Tragödie sind metrische Kunstwerke, in Strophe, Gegenstrophe und Abgesang mit ebensoviel Raffinement wie strenger Regelhaftigkeit aufgebaut. Man könnte sie hinsichtlich ihrer Form mit den Schöpfungen der Meistersinger vergleichen, wenn nicht bei diesen meist die Form den Inhalt erdrückt hätte.

Falls wir jetzt den Versuch unternähmen, für unsere Chorpassagen durch Untersuchung der Längen und Kürzen, entsprechend den auf S. 47 aufgestellten Regeln, ein metrisches System zu gewinnen, würde uns das freilich eher verwirren als weiterbringen – zu vielgestaltig und kompliziert sind die Elemente, aus denen es erwächst.

Viel leichter haben wir es bei den Sprechversen, die aus Iamben bestehen (⏑ –). Lesen wir hier die langen Silben lang, die kurzen kurz, dann kommen wir dem originalen Klangerlebnis schon recht nahe, während einem rhythmisch vorgetragenen Chorlied immer noch das Wichtigste abginge – die Musik. Das Ausmaß des Verlustes wird uns klar, wenn wir uns vorstellen, wir besäßen von Verdis berühmten Opernchören keine einzige Note, sondern nur die Texte.

Vermutlich würde uns dann als erstes deren Dürftigkeit ins Auge springen!

Zu unserem Glück war Aischylos kein Librettist, sondern ein Dichter, und so ist bei allem Verlust doch noch viel geblieben.

Da ist einmal die höchst bilderreiche Sprache: eine Woge von helmbusch-geschmückten Männern braust um die Stadt, und Ares, der Kriegsgott, bläst mächtig hinein, so daß sie an den Mauern hochbrandet – Mord knirschen die Zügel – im Schatten seines Schicksals lebte und litt Oidipus.

Dazu kommen die zahlreichen ›schmückenden Beiwörter‹, die dem griechischen Dichter dank vielfältiger Möglichkeiten der Wortzusammensetzung in reichster Fülle zu Gebote stehen: »streitwagendonnernd« ist der Lärm, der die Frauen in Angst versetzt, »rundlaufend« sind die Radnaben, und δορύσσοος, das wir, da auf die Rüstung bezogen, mit ›kriegerisch‹ wiedergaben, bedeutet wörtlich »speereschwingend«.

Und all diese hochanschaulichen Worte rollen nicht um ihrer selbst willen daher, sondern malen zugleich die herrschende Stimmung: Man spürt die panische Angst der Mädchen, die dem Dichter als Hintergrund dient für das trotzige Heldentum des Eteokles.

In Antigones und Ismenes Klage schließlich wird der Wahnsinn des Brüderdoppelmords in schrille Antithesen gefaßt, und der Chor setzt mit seinem Anruf an die finstere Rachegöttin einen dem Drama und dem Schicksal seiner Helden angemessenen Schlußpunkt.

Hier wird die eine Seite des Weltbilds sichtbar, das Aischylos in seinen Tragödien verkündet: Unsäglichen Jammer kann das Schicksal dem Menschen aufbürden, und gerade denjenigen, den es erst hoch erhob, stürzt es dann um so tiefer. Der schlimmste aller Frevel aber ist die Hybris, die Selbstüberhebung, mit der zum Beispiel Tantalos oder Niobe die Götter herausforderten, um dann mit ihrem ganzen Haus schwer zu büßen. Denn – und auch daran glaubt Aischylos – über allem steht Dike, die Göttin der Gerechtigkeit, die dafür sorgt, daß alles wieder ins rechte Maß kommt. So ist auch das Schicksal des Eteokles und Polyneikes nicht nur ein Glied in der ewigen Kette von Schuld und Strafe, sondern auch ein Stück Sühne für Geschehenes, das hoffen läßt:

... δυοῖν κρατήσας ἔληξε[1] δαίμων

... als er die zwei bezwungen, ward der Dämon müde.

Mit diesen Worten endet das Chorlied vor der Totenklage der Schwestern. Nun könnte, nun müßte das Verhängnis über dem Haus des Oidipus enden – doch schon braut sich aus Menschen-Kurzsichtigkeit neues Unheil zusammen: Polyneikes, der Angreifer, soll nach dem Willen der Thebaner und ihres neuen Königs Kreon unbestattet liegen bleiben, Eteokles dagegen als Retter der Heimat ein ehrenvolles Begräbnis erhalten. Das Gebot des Königs stürzt Antigone in einen schweren Konflikt: Soll sie es zulassen, daß Hunde und Vögel den Leichnam ihres Bruders zerfleischen, und aus Angst vor den Menschen eine göttliche Satzung mißachten, die verlangt, für die rechte Bestattung eines Angehörigen zu sorgen, damit er in der Unterwelt Ruhe finde? Antigone tut, was sie für ihre Pflicht als Schwester hält, wird ergriffen, zum Tode verurteilt, lebendig begraben. Als dies Haimon, Kreons Sohn und Antigones Verlobter, erfährt, tötet er sich selbst, und aus Gram über sein Ende stirbt auch die Mutter, Kreons Gattin. Allein, ein gebrochener Mann, bleibt Kreon übrig.

Dies ist in kurzen Worten der Stoff, den Sophokles, der zweite der drei großen attischen Tragiker, in seiner »Antigone« behandelte und der seitdem immer neue Gestaltungen erfuhr – bis in unsere Zeit: Jean Anouilhs »Antigone« wurde 1944 uraufgeführt.

Wie bei Aischylos löst auch bei Sophokles die Hybris eines einzelnen den tragischen Konflikt aus: Warum setzt sich Kreon über das ewige Recht hinweg und behauptet, es diene dem Staatsinteresse, wenn Polyneikes unbestattet bleibe?

---

1) Aor. zu λήγω: ich ermatte, werde müde.

Warum verhärtet er sich gegen jede Warnung, jede Mahnung? Als ihm zum ersten Mal gemeldet wird, jemand habe, unbemerkt von den bei der Leiche aufgestellten Wächtern, etwas Erde auf den Toten gestreut und ihn so symbolisch bestattet, läßt der Chor erkennen, daß hier eine Gottheit die Hand im Spiel haben könne. Doch Kreon sieht in dem Vorgang ein Politikum, einen frechen Rechtsbruch, dem mit aller Härte begegnet werden müsse. Daraufhin stimmt der Chor ein Lied an, das weit ausholend das bestürzende Wesen des Menschen zu beschreiben und zu deuten versucht:

## 2. Antigone (v. 334–375)

Πολλὰ τὰ δεινὰ κοὐδὲν ἀν– στρ. ά
θρώπου δεινότερον πέλει·
τοῦτο καὶ πολιοῦ πέραν
πόντου χειμερίῳ νότῳ
χωρεῖ περιβρυχίοι–
σιν περῶν ὑπ᾽ οἴδμασιν,
θεῶν τε τὰν ὑπερτάταν, Γᾶν
ἄφθιτον ἀκαμάταν, ἀποτρύεται
ἰλλομένων ἀρότρων ἔτος εἰς ἔτος
ἱππείῳ γένει πολεύων.

Κουφονόων τε φῦλον ὀρ– ἀντιστρ. ά
νίθων ἀμφιβαλὼν ἀγρεῖ
καὶ θηρῶν ἀγρίων ἔθνη
πόντου τ᾽ εἰναλίαν φύσιν
σπείραισι δικτυοκλώ–
στοις περιφραδὴς ἀνήρ·
κρατεῖ δὲ μηχαναῖς ἀγραύλου
θηρὸς ὀρεσσιβάτα, λασιαύχενά θ᾽
ἵππον ὀχμάζεται ἀμφιλόφῳ ζυγῷ
οὔρειόν τ᾽ ἀκμῆτα ταῦρον.

Καὶ φθέγμα καὶ ἀνεμόεν στρ. β′
φρόνημα καὶ ἀστυνόμους
ἀγορὰς ἐδιδάξατο καὶ δυσαύλων
πάγων ἐναίθρεια καὶ
δύσομβρα φεύγειν βέλη,
παντοπόρος· ἄπορος ἐπ᾽ οὐδὲν ἔρχεται
τὸ μέλλον· Ἅιδα μόνον
φεῦξιν οὐκ ἐπάξεται·
νόσων δ᾽ ἀμηχάνων φυγὰς
ξυμπέφρασται.

(Chor)
Vielfältig (ist) das Erstaunliche, doch nichts
ist erstaunlicher als der Mensch.
Dieses (Geschöpf), auch über das graue
Meer im Wintersturm
zieht es, unter hochaufschäumenden
Wogen durchfahrend.
Und von den Gottheiten die höchste, die Erde,
die unvergängliche, unermüdliche, beutet es aus,
wenn (sie) die Pflüge aufwühlen Jahr für Jahr,
wenn es sie umbricht mit Hilfe des Pferdegeschlechts.

Auch der leichtsinnigen Vögel Schwarm
jagt er mit Schlingen (›sie umstrickend‹),
und der wilden Tiere Arten
und des Meeres Salzflutgeschöpfe (›salzbewohnendes
mit garngesponnenen Netzen, Wesen‹)
der überkluge Mann.

Er überwältigt durch seine Erfindungen das freilebende
Wild, das bergwaldbewohnende, und das dichtmähnige
Pferd fesselt er mit übergeworfenem Zaum
und (zähmt auch) den zähen Gebirgsstier.

Auch Sprache und den windschnellen
Gedanken und staatsordnende
Beratung brachte er sich bei, dazu, den bösen
Frost unter freiem Himmel und
die schlimmen Geschosse des Regens zu meiden.
Allberaten, geht er ratlos an nichts heran,
das kommen wird; nur vor dem Hades
wird Entkommen er sich nicht verschaffen.
Doch aus ausweglosen Krankheiten Auswege
dachte er sich aus.

Σοφόν τι τὸ μηχανόεν ἀντιστρ. β′
τέχνας ὑπὲρ ἐλπίδ᾽ ἔχων
ποτὲ μὲν κακόν, ἄλλοτ᾽ ἐπ᾽ ἐσθλὸν ἕρπει.
Νόμους γεραίρων χθονὸς
θεῶν τ᾽ ἔνορκον δίκαν,
ὑψίπολις· ἄπολις, ὅτῳ τὸ μὴ καλὸν
ξύνεστι τόλμας χάριν.
Μήτ᾽ ἐμοὶ παρέστιος
γένοιτο μήτ᾽ ἴσον φρονῶν,
ὃς τάδ᾽ ἔρδει.

Da er eine besondere Art von Weisheit besitzt,
die über Erwarten Künste erfindet,
wendet er sich bald (zum) Bösen, bald zum Guten.
Und wenn er die Gesetze des Landes ehrt
und der Götter beschworenes Recht,
(wirkt er) staatserhöhend, doch staatlos ist, wem das Ungute
liegt der Verwegenheit wegen.
Der soll mir weder Herdgenosse
werden noch gleichgesinnt,
der solches tut.

**Anmerkungen:**
(334) ἀνθρώπου: Vergleichsgenitiv (R 2.1 h) – (335) πέραν (Präposition m. Gen.): über – hin – (337) περῶν: Part. Präs. Aktiv zu περάω, vordringen – (338) -αν = -ην – (340) ἰλλομένων ἀρότρων: absoluter Genitiv (R 8.4) – (345) ἡ φύσις: Natur, hier: Geschöpfe – (349) κρατέω m. Gen. – ὀρεσσι-βάτα (ὄρος, βαίνω) = -του – (355) ἡ ἀγορά: Rede, Beratung, Ort der Beratung, Markt – (361) Ἅιδα = Ἅιδου – (363) ξυμπέφρασται: Perf. zu συμφράζομαι – (364) σοφόν τι: »etwas Weises«, eine besondere Intelligenz – τέχνας: abhängig von μηχανόεν – (370) ὅτῳ: zu ὅστις (T 6.7) – (375) ἴσον φρονῶν: »Gleiches denkend«.

Als Friedrich Hölderlin dieses Chorlied 1799 übersetzte, begann er mit den Worten

> »Vieles Gewaltige gibts, doch nichts
> ist gewaltiger als der Mensch ...«

Vier Jahre später schrieb er

> »Ungeheuer ist viel, doch nichts
> ungeheuerer, als der Mensch ...«

Versteht man hier ›ungeheuer‹ nicht als Synonym von ›gewaltig‹, sondern als ›nicht geheuer‹, ›unheimlich‹ oder ›bestürzend‹, dann dürfte man dem von Sophokles mutmaßlich Gemeinten näher kommen als mit dem Wort ›gewaltig‹, womit wir die Vorstellung von Größe und Kraft verbinden. Groß und kräftig waren die Dinosaurier, doch unser Dinanthropus ist selbst dem im Verhältnis zu den ›Schreckensechsen‹ kleinen Wildstier an Kraft und Größe unterlegen; den Naturgewalten gegenüber scheint er geradezu hilflos.
Und trotzdem wagt er sich mit einer Nußschale von Schiff auf das sturmgepeitschte Meer hinaus, die Brecher schlagen über ihm zusammen, er aber verfolgt sein Ziel ...
Gewiß hat Sophokles sein erstes Beispiel für die δεινότης des Menschen in voller Absicht aus einem Bereich genommen, wo die physische Unterlegenheit des Dinanthropus eklatant ist: um so deutlicher wird, weshalb dieses objektiv schwache Geschöpf dem Dichter als δεινότατον erscheint: Mutig, ja verwegen ist es, wenn es in Bereiche vordringt, die ihm seiner natürlichen Ausstattung nach verschlossen sind, wenn es sich schlimmsten Gefahren aussetzt, indem es nicht nur bei ruhiger See, sondern sogar im wüstesten Winterwetter sein Boot besteigt. Die ›Schrecklichkeit‹ des Dinanthropus besteht, wenn wir so wollen, darin, daß er sich nicht schrecken läßt, daß er das Unmögliche möglich zu machen sucht.
Unzerstörbar (ἄ-φθιτος) und unermüdlich (ἀ-κάματος zu κάμνειν, müde werden) nennt der Dichter die Erde – doch der Mensch schlägt ihr Wunden, er schafft es, die Unerschöpfliche zu erschöpfen, indem er jahraus, jahrein den

Pflug über sie führt und dabei auch den unermüdlichen (ἀ-κμής = ἀκάματος) Stier ermüdet. Eine Steigerung der hier ins Auge fallenden Paradoxie klingt sozusagen zwischen den Zeilen an: Der Schwache, der das Starke schwächt, das Unüberwindliche überwindet, ist selbst unermüdlich, und erst der Tod setzt seinem rastlosen Tätigsein ein Ende; wie δεινός wäre der Dinanthropus erst, wenn er auch dagegen Rat fände? Denn in allem anderen weiß er Rat: Er erbeutet die Vögel der Luft, die Tiere des Landes, die Fische des Meeres, er weiß die Kraft der Starken sich durch deren Zähmung nutzbar zu machen, und dies alles erreicht er durch seine geistigen Fähigkeiten (περι-φραδής), dank denen er Schlingen, Netze, Zügel und andere Hilfsmittel (μηχανή, lat. machina, dt. Maschine!) erfindet.
Doch weit mehr als seine ›künstlichen Gliedmaßen‹ erheben ihn Sprache, Denkfähigkeit und Gemeinschaftssinn über die anderen Lebewesen, Eigenschaften, die nach den Worten des Dichters nicht etwa ein Gott dem Menschen verlieh, sondern die dieser sich selbst beibrachte (ἐδιδάξατο: medialer Aorist zu διδάσκειν, lehren). Genau genommen ist nicht nur die Zivilisation, dank deren Fortschritten der Dinanthropus sich vor Frost und Regen zu schützen weiß, sondern er selbst, so wie er nun ist, seine eigene Schöpfung! Unverhofft (ὑπὲρ ἐλπίδα) erfindungsreich, findet er aus dem Ausweglosen noch Auswege und hebt Naturgesetze auf – denn gegen eine Krankheit, die ἀ-μήχανος ist, darf es ja eigentlich keine μηχανή geben.
Dadurch freilich, daß er die Natur überwindet, bekommt er eine Art Unnatürlichkeit; anders als andere Wesen, ist er nicht festgelegt, sondern kann sich für das Böse oder für das Gute entscheiden und wird zum Zerstörer, wenn er keine höhere Instanz mehr kennt als seinen eigenen Willen. Diese bedrohliche Kraft nennt Sophokles am Ende des Chorliedes τόλμα, Verwegenheit, und stellt damit eine Gedankenverbindung mit dem Anfang, dem Bild von der stürmischen Seefahrt, her: Das Staunenswerte am Menschen ist, wieviel er

wagt, mit wie hohem Einsatz er spielt; auf diese Weise hat er schon viel gewonnen, er kann aber auch alles verlieren.
Für unser Jahrhundert, dem der ›unverhoffte‹ Erfindungsreichtum des Menschen längst unheimlich geworden ist, sind die fast zweieinhalbtausend Jahre alten Verse des Sophokles von oft bestürzender Aktualität; vieles, was Psychologie und Verhaltensforschung über das Verhältnis des Menschen zu seinen Hervorbringungen und über die von ihm geleistete Selbstdomestikation gesagt haben, ist hier vorweggenommen, so daß wir uns fragen müssen, ob der Dichter vielleicht als einsamer, von seiner Zeit nicht verstandener Prophet seine Visionen für eine ferne Nachwelt niedergeschrieben hat.
Aber Sophokles legt seinem Chor keine für sein Publikum ganz neuartigen und ungewöhnlichen Gedanken in den Mund, sondern greift auf Reflexionen zurück, die im Zusammenhang mit den Bildungsangeboten der Sophisten seine Zeit bewegten. Die auch von Sokrates immer wieder untersuchte Frage nach der Lehrbarkeit der ἀρετή wurde von den meisten dieser Aufklärer und hochdotierten Lehrer optimistisch mit einem klaren »Ja!« beantwortet, man versprach die jungen Leute in Höchstform zu bringen, sie δεινοί zu machen auf den Gebieten, auf die es im Leben ankommt:

> Ὁ σοφιστὴς δεινὸν ποιεῖ λέγειν –
> der Sophist macht einen ›furchtbar gut‹ im Reden –

so wird in Platons Dialog »Protagoras« das zusammengefaßt, was schließlich dazu führen sollte,

> τὸν ἥττω λόγον κρείττω ποιεῖν –
> die schwächere Sache zur stärkeren zu machen.

Setzt man dieses Wort in Bezug zu unserem Text, so ist unser Dinanthropus sapiens gerade in diesem Bereich erfolgreich: dank dem σοφόν τι, worüber er verfügt, hat er seine Schwäche in Stärke verwandelt!
Wie das ›Mängelwesen‹ Mensch dank seiner ἔντεχνος σοφία die ihm anhaftende Unzulänglichkeit kompensiert, das läßt

Platon im »Protagoras« den großen Sophisten selbst in Form eines Mythos darstellen:

> Ἦν γάρ ποτε χρόνος, ὅτε θεοὶ μὲν ἦσαν, θνητὰ δὲ γένη οὐκ ἦν …

Es war einmal eine Zeit, als es zwar schon Götter, aber noch keine sterblichen Wesen gab. Als nun auch für diese die vom Schicksal bestimmte Zeit ihrer Entstehung kam, formten sie die Götter im Innern der Erde, indem sie Erde und Feuer mischten und was sich sonst noch mit Erde und Feuer vermengen läßt. Dann gaben sie den halbgöttlichen Brüdern Prometheus (›Vorbedacht‹) und Epimetheus (›Nachbedacht‹) den Auftrag, einen gegebenen Vorrat von Eigenschaften auf die Geschöpfe zu verteilen. Epimetheus aber bat seinen Bruder darum, diese Aufgabe übernehmen zu dürfen, und machte sich mit Feuereifer ans Werk: Er stattete manche Wesen mit Kraft aus, gab ihnen aber dafür keine Schnelligkeit, während er andere, schwächere, gerade durch diese Eigenschaft vor Verfolgung schützte. Gegen die Unbilden der Witterung hüllte er die einen in Felle, anderen wies er eine unterirdische Behausung zu. Als Nahrung bestimmte er den einen die Früchte der Bäume, anderen Kräuter, wieder anderen aber das Fleisch kleinerer Tiere, denen er wiederum, um sie vor Ausrottung zu schützen, große Fruchtbarkeit verlieh. So sorgte Epimetheus aufs beste für das Überleben jeder Art – und verteilte seine Gaben so reichlich an die unvernünftigen Tiere, daß er, dem anders als seinem Bruder das Vorausdenken nicht so lag, am Ende für den Menschen nichts mehr übrig hatte. Schon erscheint Prometheus, um die Verteilung zu begutachten,

> καὶ ὁρᾷ τὰ μὲν ἄλλα ζῷα ἐμμελῶς πάντων ἔχοντα, τὸν δὲ ἄνθρωπον γυμνόν τε καὶ ἀνυπόδητον καὶ ἄστρωτον καὶ ἄοπλον –
>
> und sieht, daß zwar die anderen Lebewesen harmonisch von allem (Anteil) haben, der Mensch aber nackt und unbeschuht ist, unbedeckt und ohne Waffen …

Zuerst ist Prometheus ratlos, wie er diesem bedauernswerten Geschöpf helfen könne, doch dann stiehlt er aus der Werkstatt der Athene und des Hephaistos die technische Begabung (ἔντεχνος σοφία) und das Feuer. Damit ist der Mensch zwar für den Kampf ums Dasein gerüstet, verschafft sich Behausung, Schuhwerk und Kleidung, findet seine Nahrung und entwickelt die Sprache – aber gemeinschaftsfähig ist er noch nicht, da ihm die πολιτικὴ τέχνη abgeht, die Zeus, der Herrscher über Götter und Menschen, selbst verwahrt hält. Deswegen scheitern die Versuche der Menschen, sich zum Schutz gegen wilde Tiere zusammenzuschließen: ihr Hang zur Gewalttätigkeit führt sie wieder in die Zerstreuung, bis ihnen Zeus aus Mitleid und um das Überleben der Art zu gewährleisten, Rechtsempfinden (δίκη) und Schamgefühl (αἰδώς) schenkt ...

Wie wir sehen, gibt es zwischen diesem Mythos und dem Chorlied viele Berührungen, im zentralen Gedanken jedoch ist die Divergenz beträchtlich: Während bei Sophokles der Mensch als Autodidakt erscheint, ist er im Mythos durch göttliche Hilfe ›begabt‹ und zu einer bestimmten Rolle ausersehen.

Ob die Geschichte in diesem Punkte protagoreisch ist, darf man bezweifeln: Zu dem Skeptiker, dessen ›Theologie‹ sich in dem Satz erschöpft

> περὶ μὲν θεῶν οὐκ ἔχω εἰδέναι, οὐθ' ὡς εἰσὶν οὐθ' ὡς οὐκ εἰσίν
> über die Götter habe ich kein Wissen, weder, daß sie sind, noch daß sie nicht sind,

scheint das sophokleische ἐδιδάξατο besser zu passen.

Es ist durchaus möglich, daß Platon dem Sophisten Worte in den Mund legte, die geeignet sind, sophistischen Fortschrittsoptimismus zu dämpfen: Gewiß hat es der Mensch weit gebracht, aber doch nur, weil ihm ein Unrecht an den Göttern und ein Akt göttlicher Gnade dabei halfen.

Die Vorstellung, der Mensch verdanke seine Intelligenz einem Diebstahl, bringt die damit zusamhenhängenden zivilisatorischen Leistungen in den Ruch des Sündhaften. Ist es nicht frevelhafte Vermessenheit, wenn er sich auf das Meer hinauswagt, obwohl er nicht für diesen Lebensraum geschaffen ist? Und ist es kein Unrecht, wenn er die Erde aufwühlt? Für den römischen Dichter Vergil, der in seiner berühmten vierten Ekloge die Geburt eines göttlichen Kindes und den Anbruch eines neuen und besseren Zeitalters verkündet, gehören Seefahrt und Ackerbau zu betrügerischen Handlungen des Menschen an der Natur:

> ... *pauca tamen suberunt priscae vestigia fraudis,*
> *quae temptare Thetim ratibus, quae cingere muris*
> *oppida, quae iubeant telluri infindere sulcos* –
> ... trotzdem bleiben noch geringe Spuren des alten Trugs zurück,
> die dazu Anlaß geben, das Meer mit Schiffen zu befahren,
> Städte mit Mauern zu umgeben und der Erde Furchen einzugraben.

Auf all dies wird der Mensch von selbst verzichten, wenn er dem paradiesischen Urzustand wieder nahe ist:

> *Cedet et ipse mari vector nec nautica pinus*
> *mutabit merces: Omnis feret omnia tellus* –
> weichen wird von selbst vom Meer der Seemann, nicht mehr
> wird ein hölzernes Schiff Waren befördern: Jedes Land wird nun alles tragen.

Den Gedanken, daß es mit den Menschen nach glücklichen Anfängen stufenweise bergab gegangen sei, wobei zugleich die Gewalttätigkeit ständig zugenommen habe, hat der zweite große Dichter der Griechen, Hesiod, in den Mythos von den vier Weltzeitaltern gefaßt: Aus dem goldenen, der Epoche der Unschuld und des Glücks, fällt das Menschenge-

schlecht über das silberne und eherne ins – gegenwärtige – eiserne, zu dessen Beginn die Göttin der Gerechtigkeit, Dike, diese Erde verlassen hat.
Dieser pessimistischen Sicht der Menschheitsentwicklung widersprachen all jene Philosophen, für die der ›Urmensch‹ ein tierhaftes Wesen war, das erst allmählich zum homo sapiens gebildet wurde:

> Ἦν χρόνος, ὅτ' ἦν ἄτακτος ἀνθρώπων βίος
> καὶ θηριώδης ἰσχύος θ' ὑπηρέτης –
>
> Es gab einmal eine Zeit, da war das Leben der Menschen ohne Ordnung, tierisch und dem Faustrecht (der Stärke) unterworfen –

So läßt der Sophist Kritias, ein Onkel Platons und Mitglied der berüchtigten Junta der Dreißig Tyrannen, in seinem Stück »Sisyphos« den superschlauen Titelhelden eine Rede beginnen, in deren Verlauf dargetan wird, daß auch die Götter nichts als eine – höchst nützliche – Schöpfung der Menschen seien:

> πυκνός τις καὶ σοφὸς γνωμὴν ἀνήρ –
>
> ein raffinierter und gedankenkluger Mann

habe die ewige, allwissende und allsehende Gottheit erfunden, um Übeltäter auch von heimlicher Gewalttat abzuhalten, und dieser Gottheit dort Wohnung gegeben, von wo der Donner rollt, von wo die Blitze zucken.
In ihrer aufklärerischen Radikalität ist diese Geschichte des Kritias gewiß weit ›sophistischer‹ als der Protagorasmythos Platons, im Kerngedanken aber trifft sie sich mit ihm: σοφία – woher sie auch immer stammen mag – hat den Menschen zu dem gemacht, was er ist. Für Cicero ist es die Philosophie, die diese Leistung vollbrachte und die er in feierlicher Rede im fünften Buch seiner »Tusculanischen Gespräche« deshalb preist:

> *O vitae philosophia dux, o virtutis indagatrix expultrixque vitiorum!*

O Lebensführerin, Philosophie, du, der ἀρετή Entdekkerin und Vertreiberin der Laster!

*Quid non modo nos, sed omnino vita hominum sine te esse potuisset?*

Was hätten nicht nur wir, sondern überhaupt das Leben der Menschen ohne dich sein können?

*Tu urbes peperisti, tu dissipatos homines in societatem vitae convocavisti, tu eos inter se primo domiciliis, deinde coniugiis, tum litterarum et vocum communione iunxisti, tu inventrix legum, tu magistra morum et disciplinae fuisti!*

Du hast Städte gegründet, du hast die zerstreuten Menschen zu gemeinschaftlichem Leben zusammengerufen, du hast sie miteinander zuerst durch Behausung, dann durch Ehen und schließlich durch schriftliche und mündliche Kommunikation verbunden, du bist die Erfinderin der Gesetze, du die Lehrerin von Sitte und Zucht!

Nähert man sich diesem Text auf dem von uns begangenen Weg, dann wird man sich wohl fragen dürfen, ob dieser Hymnus an die Philosophie nicht ein Loblied des menschlichen Intellekts auf sich selbst ist:

... φθέγμα καὶ ἀνεμόεν
φρόνημα καὶ ἀστυνόμους
ἀγορὰς ἐδιδάξατο.

Ciceros Worte sind schon wegen ihrer eleganten sprachlichen Form hochberühmt und werden heute gewiß weit häufiger gelesen als das selbst den Gebildeten oft nur mit seinen Anfangsworten bekannte Chorlied des Sophokles; an gedanklicher Tiefe können sie sich jedoch kaum mit ihm messen.

## 3. Agon

(Aristophanes, Wolken 889–902)

(In seiner Komödie »Die Wolken« setzt Aristophanes das sophistische Programm τὸν ἥττω λόγον κρείττω ποιεῖν in szenische Aktion um: Als Personen treten die starke/gerechte und die schwache/ungerechte Rede auf und liefern sich ein Wortgefecht, aus dem die schwache Rede als Siegerin hervorgeht.)

ΔΙΚΑΙΟΣ

Χώρει δευρί, δεῖξον σαυτὸν
τοῖσι θεαταῖς, καίπερ θρασὺς ὤν.

ΑΔΙΚΟΣ

Ἴθ' ὅποι χρῄζεις. Πολὺ γὰρ μᾶλλόν σ'
ἐν τοῖς πολλοῖσι λέγων ἀπολῶ.

ΔΙΚΑΙΟΣ

’Απολεῖς σύ; τίς ὤν;

ΑΔΙΚΟΣ

Λόγος.

ΔΙΚΑΙΟΣ

Ἥττων γ' ὤν.

*Aus schwach mach stark!*

Gerechte Rede: Komm raus, zeig dich
dem Publikum, frech wie du bist!
Ungerechte Rede: Geh' du, wohin du willst, denn viel leichter werd' ich dich, wenn ich vor vielen rede, unterkriegen!
GR: Unterkriegen, du? Wer bist du denn?
UR: Die Rede!
GR: Die schwächere bist du!

ΑΔΙΚΟΣ

Ἀλλά σε νικῶ, τὸν ἐμοῦ κρείττω
φάσκοντ' εἶναι.

ΔΙΚΑΙΟΣ

Τί σοφὸν ποιῶν;

ΑΔΙΚΟΣ

Γνώμας καινὰς ἐξευρίσκων.

ΔΙΚΑΙΟΣ

Ταῦτα γὰρ ἀνθεῖ διὰ τουτουσὶ
τοὺς ἀνοήτους.

ΑΔΙΚΟΣ

Οὔκ, ἀλλὰ σοφούς.

ΔΙΚΑΙΟΣ

Ἀπολῶ σε κακῶς.

ΑΔΙΚΟΣ

Εἰπέ, τί ποιῶν;

ΔΙΚΑΙΟΣ

Τὰ δίκαια λέγων.

ΑΔΙΚΟΣ

Ἀλλ' ἀνατρέψω 'γὼ αὔτ' ἀντιλέγων·
οὐδὲ γὰρ εἶναι πάνυ φημὶ δίκην.

**Anmerkungen:**

(899) δεῖξον: Imp. Aor. Aktiv zu δείκνυμι, zeigen – σαυτόν = σε-αυτόν (T 6.2) – (890) τοῖσι = τοῖς – ὢν: dieses und die folgenden Partizipien wurden von uns in Prädikate meist selbständiger Sätze verwandelt – (891) ἴθ(ι): Imperativ zu εἶμι (T 9.1 b) – σ' = σε – (892) – οισι = – οις – ἀπολῶ: Futur zu ἀπόλλυμι (T 10) – (894) ἐμοῦ: Vergleichsgenitiv (R 2.1 h) – (897) ἀνθέω: blühen, ›florieren‹ – τουτουσί: das angehängte ι verstärkt den hinweisenden Charakter des Pronomens – (900) εἰπέ: s. T 10, ἀγορεύω – (902) ἀνατρέψω: Futur zu ἀνα-τρέπω, umwerfen – 'γώ = ἐγώ – (903) δίκην εἶναι: AcI (R 7.2)

UR: Aber dich besieg' ich, der du dich stärker als mich nennst!
GR: Was Raffiniertes machst du?
UR: Neue Gedanken find' ich!
GR: Dergleichen ist in Mode, durch die da, diese Deppen! (GR zeigt ins Publikum)
UR: Nein, durch die Intellektuellen!
GR: Ich leg' dich bös' aufs Kreuz!
UR: Sag, wie du's machst!
GR: Ich sag', was recht ist!
UR: Doch ich bring' dich zu Fall, widersprech' dir erneut, denn das Recht, sag' ich dir, gibt es gar nicht!

So, wie im griechischen Theater auf drei ernste Stücke ein heiteres folgte, schließen auch wir an Ausschnitte aus Tragödien ein Stück Komödie an. Inhaltlich berührt sich dieser Anfang eines Rededuells mit bereits behandelten Texten, formal ist er ein schönes Beispiel dafür, wie Aristophanes Probleme, die seine Zeitgenossen bewegten, in seine Stücke hereinnahm und sozusagen handgreiflich machte. In den »Wolken« setzt er sich mit den Sophisten auseinander und wählt – was gewiß ein grober Mißgriff war – als Exponenten der ganzen Neudenkerei ihren entschiedensten Gegner, Sokrates, dem er dazu noch unterstellt, er führe neue Götter ein, eben die Wolken, die – in wallende, graue Gewänder gehüllt – als Chor des Stücks agieren. Der Gegenwartsbezug und die oft abenteuerliche Kostümierung des tanzenden und singenden Chors – Aristophanes brachte unter anderem Wespen, Frösche und Vögel auf die Bühne – sind ein Merkmal der ›alten‹ attischen Komödie, die ihre höchste Blüte in der Zeit des Peloponnesischen Kriegs erlebte und zugleich mit dem Athen, das sie hervorgebracht hatte, zugrunde ging. Man muß, um sich das bizarre Gebilde vorstellen zu können, an eine Mischung aus Operette, Revue und Politkabarett denken, in der man in keiner Hinsicht ein Blatt vor den Mund nimmt und auch die im Augenblick Prominenten kräftig durchhechelt. Was wir heute als Komödien bezeichnen, das geht auf die sogenannte neue, bürgerliche Typenkomödie des Menander zurück, der gegen Ende des vierten vorchristlichen Jahrhunderts die Modelle schuf, an denen sich die Römer Plautus und Terenz und – durch deren Vermittlung – auch Molière und Shakespeare und zahllose Spätere orientierten. In dieser ›neuen‹ Komödie gibt es keinen Chor mehr, wohl aber noch Gesangseinlagen, die man mit Operettenarien oder den Couplets der Wiener Posse vergleichen kann. Wie in diesen Gattungen spielen Liebesgeschichten, Verwechslungen, kleine und größere menschliche Schwächen bei Menander und seinem Kreis eine wichtige Rolle. Die alte Komödie hält sich mit so Banalem nicht auf und bläst zum wilden Generalangriff auf wirkliche und eingebildete Mißstände, stellt lustvoll die Welt auf den Kopf und setzt der im Verlauf des großen Kriegs immer weniger erfreulich gewordenen Realität als heiteres Gegenbild die Utopie entgegen. In der »Lysistrate« des Aristophanes nehmen die Frauen das Heft in die Hand und schaffen, was die Männer nicht schafften, den Frieden. In den »Acharnern«, dem ältesten uns erhaltenen Stück des Aristophanes, hatte dagegen ein Gutsbesitzer namens Dikaiopolis (»Rechtsstadt«) sein Grundstück kurzerhand zur Friedenszone erklärt und sich mit den Spartanern arrangiert, während im »Frieden« ein gewisser Trygaios auf einem Monstermistkäfer in den Himmel reitet, um bei den Göttern nach dem verlorengegangenen Frieden zu suchen. Es stellt sich heraus, daß Polemos, der Kriegsgott, Eirene, den Frieden, vergraben hat, und Trygaios macht sich mit dem Chor ans Ausbuddeln. In den »Vögeln« verlassen zwei verbitterte Athener ihre Heimatstadt, um irgendwo eine lebenswertere Umwelt zu finden. Sie geraten schließlich in das Königreich der Vögel und können diese zu einem abenteuerlichen Projekt bereden: Zwischen Himmel und Erde wird eine Stadt gebaut, Νεφελοκοκκυγία – Wolkenkuckucksheim – genannt, die dem Opferdampf, der Nahrung der Götter, den Weg nach oben sperrt. Bald ist der Olymp, durch

Hunger mürbe gemacht, zur Kapitulation bereit, und die Vögel übernehmen die Weltherrschaft.
Diese knappen Inhaltsangaben mögen einen kleinen Einblick in das Wesen der alten Komödie gegeben haben; vielleicht konnten sie unseren Lesern auch Appetit darauf machen, in einer zweisprachigen Ausgabe des Aristophanes zu schmökern und sich an seiner Vielgestaltigkeit zu freuen, die gleichermaßen derbe Komik und wüste Ausfälle wie zarte Lyrismen, Tragödienparodie und politische Witze umfaßt, wo die Frösche quaken βρεκεκεκέξ, κοάξ, κοάξ, und wo die Nachtigall singt: τιοτιοτιοτιοτίγξ ...

# VOLLENDETER ANFANG

Mit Recht gilt Aischylos als der Begründer der Tragödie als literarischer Gattung, doch besagt dies nicht zugleich, daß der große Dramatiker sich seine Stoffe und den altertümlichen Prunk seiner bilderreichen Sprache sozusagen aus dem Nichts geschaffen hat – er konnte vielmehr auf eine bereits reich entwickelte Poesie zurückgreifen, auf die frühen Lyriker, von denen wir schon einige Texte vorgestellt haben, und vor allem auf das epische Riesenwerk, das die Griechen als Schöpfung des blinden Sängers Homer betrachteten. Aus der großen Zahl der in Hexametern, dem Versmaß der erzählenden Dichtung, verfaßten Heldenlieder, die ursprünglich unter Musikbegleitung in einer Art feierlichem Sprechgesang von sogenannten Rhapsoden vorgetragen wurden, ragen die Ilias und die Odyssee nach Umfang, Gehalt und Gestalt hervor. Beide Werke wurden bald zu einer nationalen Institution, zu einer wesentlichen Klammer hellenischen Gemeinschaftsgefühls und auch zu einem wichtigen Gegenstand schulischer Unterweisung und gelehrter Ausdeutung, dem gegenüber weniger kunstreiche Darstellungen aus dem Sagenkreis um Troja oder Theben sowie der Taten des Herakles, der Argonauten und anderer Helden verblaßten: Den Tragikern dienten sie noch als Stoffsammlungen, dann gingen sie verloren. Auch von den zahlreichen lange nach Homer verfaßten Epen ist wenig erhalten, und dieses Wenige erreicht nur selten die Qualitäten des Vorbilds, so daß wir uns dem erstaunlichen Faktum gegenübersehen, daß die ältesten uns erhaltenen literarischen Hervorbringungen der Griechen zugleich die in ihrer Art vollendetsten sind. Es ist freilich gewiß, daß dieser Vollendung eine lange mündliche Tradition im Bereich des Heldenlieds vorausgeht.

Im Verlauf dieser Tradition entwickelte sich die Hochsprache des Epos aus ionischen und äolischen Wurzeln, entstand der reiche Schatz an ausschmückenden Beiwörtern und stehenden Wendungen in der Art des von uns bereits zitierten Verses

... ἦμος δ' ἠριγένεια φάνη ῥοδοδάκτυλος Ἠώς -

... als die Frühgebor'ne erschien, die rosenfingrige Eos.

Götter mit teilweise recht menschlichen Zügen und die Taten kriegsbegeisterter Adliger waren der bevorzugte Gegenstand jener rhapsodischen Dichtungen, aus denen ein genialer Gestalter die Ilias komponierte, in der das zehnjährige Kriegsgeschehen im Brennspiegel einer folgenschweren Episode zusammengefaßt wird: König Agamemnon und Achilleus, der gewaltigste der griechischen Helden, geraten vor Troja wegen einer schönen Sklavin in Streit...

Mit dem Trojanischen Krieg ist die Geschichte von den Irrfahrten des klugen Odysseus nur insofern verklammert, als dieser seine Abenteuer mit dem Kyklopen, mit Skylla, Charybdis, den Sirenen und anderen unheimlichen Wesen auf der Heimreise aus jenem Krieg erlebt. Im übrigen unterscheidet sich dieses faszinierende Seemannsgarn nicht nur hinsichtlich seiner Thematik, sondern auch durch die Schilderung anderer gesellschaftlicher Verhältnisse so erheblich von der Ilias, daß bereits in der Antike eine Gruppe von Gelehrten aus Alexandria dieses Werk dem Homer absprach; man nannte diese Philologen deshalb ›Chorizontes‹, Abtrenner.

In der Neuzeit vertrat erstmals der gelehrte Abbé d' Aubignac 1644 die Ansicht, die Großepen seien durch Aneinanderfügen einzelner älterer Elemente entstanden; die analytische Homerforschung begründete rund 150 Jahre später Friedrich August Wolf, den Friedrich von Schiller mit dem folgenden bissigen Epigramm attackierte:

*Der Wolfische Homer*

Sieben Städte zankten sich drum, ihn geboren zu haben;
nun, da Wolf ihn zerriß, nehme sich jede ihr Stück!

Die seitdem andauernde gelehrte Diskussion erbrachte weitgehende Einigkeit darüber, daß der Odysseedichter nicht mit dem der Ilias identisch sein könne und daß zwischen beiden Werken, auch wenn sie im achten vorchristlichen Jahrhundert entstanden seien, immerhin der Abstand einer ganzen Generation liege.
Umstritten ist noch, ob so umfangreiche und so überlegt komponierte Gebilde über längere Zeit mündlich tradiert oder ob sie von ihren Schöpfern sogleich schriftlich festgehalten wurden.
Seit Heinrich Schliemann mit dem Homer in der Hand die Mauern und Tore von Troja und die Königsburgen von Mykene und Tiryns ausgrub, wurde auch die Frage nach dem historischen Kern der alten Epen immer wieder gestellt. Man sieht sich dabei vor der schweren Aufgabe, zutreffende Erinnerungen an eine längst vergangene Epoche, verklärende Rückprojektion aus der eigenen Erlebenswelt des Dichters ins elfte vorchristliche Jahrhundert und reine Märchenmotive voneinander zu trennen: Könige, die selbst Hand an den Pflug legen, eigenhändig Schafe schlachten und häuten oder sich ihr Ehebett selbst zimmern, kommen einem schon etwas merkwürdig vor. Interessanterweise dominieren die Märchenzüge in der jüngeren Odyssee, während die Ilias weithin den Eindruck erweckt, als seien hier in absichtsvoller Konsequenz Verhältnisse dargestellt, die zur Entstehungszeit der Dichtung nicht mehr zutrafen:
So dient das Pferd den Kämpfern um Troja nicht als Reittier, sondern wird an den Streitwagen geschirrt, die griechischen Angreifer heißen Achaioi oder Danaoi, aber nie Hellenes, die Schiffe, die man zum Transport der Truppen einsetzt, sind schwer manövrierfähig und bei Gegenwind völlig hilflos. Auch der Anker ist noch nicht erfunden. Lassen Homers

Helden sich zum Gelage nieder, dann sitzen sie auf Stühlen und liegen nicht bei Tisch wie es die Griechen später taten. Hauptnahrung ist Gebratenes: Rind und Hammel vor allem, aber kein Geflügel, kein Fisch. Das Huhn, dieses nützliche Haustier, kommt bei Homer nicht vor.

Bemerkenswert ist auch die bestimmende Rolle, die Frauen im Epos spielen, wenn man bedenkt, wie eingeschränkt ihre Rechte und ihr Lebensraum in klassischer Zeit waren.

Aus dem allen läßt sich schließen, daß die homerischen Epen – wenn auch mit gewissen Einschränkungen – ein recht getreues Bild der mykenischen Adelsgesellschaft bieten, die von ihren zyklopisch ummauerten Burgen aus das unterworfene Land beherrschte und sich unter Führung des βασιλικώτατος, des Oberkönigs, zu militärischen Unternehmungen zusammenschloß. Freilich dürfte der Herr von Mykene, der wohl identisch ist mit dem in hethitischen Quellen genannten ›Herrscher von Achiawa‹, nicht unumschränkt über seine Achaioi geboten, sondern nur die Rolle eines Ersten unter Gleichen gespielt haben: Er war auf den guten Willen seiner Mitstreiter angewiesen, mußte sich mit ihnen beraten, sie überreden oder überlisten – und wer sich schlecht von ihm behandelt fühlte, der konnte ihm die Gefolgschaft aufkündigen oder sich in den Schmollwinkel zurückziehen, genau wie Achilleus bei Homer – nachdem er seinem Chef vorher kräftig die Meinung gesagt hatte:

## 1. König Hasenherz

(›Homer‹, Ilias I 225–232)

»Οἰνοβαρές, κυνὸς ὄμματ' ἔχων, κραδίην δ' ἐλάφοιο,
οὔτε ποτ' ἐς πόλεμον ἅμα λαῷ θωρηχθῆναι
οὔτε λόχονδ' ἰέναι σὺν ἀριστήεσσιν Ἀχαιῶν
τέτληκας θυμῷ· τὸ δέ τοι κὴρ εἴδεται εἶναι.
Ἦ πολὺ λώϊόν ἐστι κατὰ στρατὸν εὐρὺν Ἀχαιῶν
δῶρ' ἀποαιρεῖσθαι, ὅς τις σέθεν ἀντίον εἴπῃ,
δημοβόρος βασιλεύς, ἐπεὶ οὐτιδανοῖσιν ἀνάσσεις·
ἦ γὰρ ἄν, Ἀτρεΐδη, νῦν ὕστατα λωβήσαιο.«

(Wörtliche Übersetzung)

»Weinbeschwerter, eines Hundes Augen (habend) hast du und das Herz eines Hirsches;/weder je zum Kampf zugleich mit dem Volk dich zu rüsten/noch in den Hinterhalt zu gehen mit den besten der Achaier/ hast du ertragen im Herzen; das scheint dir ein (Todeslos) tödliches Risiko zu sein./Ja, viel angenehmer ist es, im (weiten) großen Heer der Achaier/ Geschenke wegzunehmen (von jedem), der gegen dich re-

**Anmerkungen:**
(225) οἰνο-βαρές: Vokativ zu οἰνοβαρής, -οῦς (οἶνος: Wein; βαρύς: schwer) – κυνός: Gen. zu κύων (T 3.1) – ὄμματ(α): Augen – οιο = – ου – (226) ποτ(έ) jemals – ἐς = εἰς – θωρηχθῆναι: Inf. Aor. Passiv (T 7.4.3) zu θωρήσσω, den Brustpanzer (θώραξ, -ακος) anlegen, sich rüsten – (227) λόχον-δ(ε): in den Hinterhalt (Richtungsangabe durch das Suffix -δε) -ἰέναι: T 9.1 b – -ήεσσιν = -οις – (228) τέ-τλη-κα: Perf. Aktiv zu dem Stamm τλα/η, (er)tragen, der sich auch in dem Namen des Riesen Atlas findet, welcher das Himmelsgewölbe trägt – τοι = σοι – εἴδομαι: mediales Präsens zu dem Stamm εἰδ- (εἶδον: ich sah), »angesehen werden«, scheinen (vgl. lat. videri) – (230) δῶρ(α): Geschenke – ἀπο-αιρεῖσθαι = ἀφαιρεῖσθαι – ὅς τις: vgl. T 6.7; aus dem Relativum ist ein Besitzergenitiv bei δῶρα zu ergänzen: die Geschenke (eines jeden), der ... – σέθεν (eigtl.: ›von dir her‹) steht, abhängig von ἀντίον, anstelle von σοῦ (T 6.1) – εἴπῃ: Konj. zu εἶπον (vgl. T 10, ἀγορεύω); zum Gebrauch des Konjunktivs vgl. R 6.4 – (231) – οισιν = – οις – (232) ὕστατα: Neutrum Plural bzw. Adverb zu ὕστατος, der letzte: zum letzten Mal – λωβήσαιο: Optativ Aor. zu λωβάομαι: schimpflich handeln; zur Formenbildung vgl. T 7.4.1, zum Gebrauch des Optativs R 6.7.

det./ Ein volkverzehrender König (bist du), da du über Nichtswürdige herrschst –/denn sonst hättest du, Atreussohn, jetzt zum letzten Mal (etwas) verbrochen!«

(Freiere Fassung in deutschen Hexametern)

»Trunkenbold, Hundegesicht, du Kerl mit dem Herz eines Hasen!
Du ziehst nie in den Krieg, liegst nicht mit den Männern auf Lauer,
nein, das getraust du dich nicht, es könnte dein Ende bedeuten!
's ist ja bequemer, im großen Achäerheer Ehrengeschenke
jedem abzunehmen, der einmal gegen dich aufmuckt!
Leute armfressender König, zum Glück bist du Herr über Trottel,
denn sonst wäre das heut' deine letzte Gemeinheit gewesen!«

Der ausführliche Anmerkungsteil zu dieser deftigen Standpauke läßt erkennen, daß die Sprache des Epos sich in Formenbestand und Endungssystem recht deutlich vom attischen Griechisch eines Platon oder Thukydides unterscheidet; die Verweise auf die Tabellen und Regeln unserer Kurzgrammatik zeigen aber gleichzeitig, daß diese Andersartigkeit nicht grundsätzlicher Natur ist und somit keine unüberwindliche Barriere darstellt. So beschränken sich die besonderen Deklinationsformen auf den Genitiv Singular (-οιο, -αο, -εω statt -ου) und den Dativ Plural (-οισιν statt -οις, -ησιν und -ης statt -αις). Kontraktionen von Nominal- und Verbalformen unterbleiben oft, was wohl niemand als Erschwerung empfinden wird, ebensowenig wie den Wegfall von Augmenten (σύναγεν statt συνῆγεν: er führte zusammen). Auch nach dem Artikel wird man bei Homer meist vergeblich suchen (vgl. ἅμα λαῷ: mit *dem* Volk); die entsprechend gebildeten Formen dienen in der Regel als hinweisende Fürwörter (τὸ δέ: das aber). Schließlich sind die Präpositionen noch nicht so eng wie im späteren Griechisch mit Verbstämmen zusammengewachsen (ἀποαιρεῖσθαι statt ἀφαιρεῖσθαι), sondern können gelegentlich sogar, ähnlich wie bei zusammengesetzten Verben des Deutschen, sich aus der Bindung lösen. Bei dem Verbum κατεσθίω (aufessen) sieht das dann folgendermaßen aus:

κατὰ βοῦς ἤσθιον sie aßen Rinder auf

Was über die Sprache Homers sonst noch in ausführlichen Grammatiken steht, benötigt nur derjenige, der sich intensiv mit dem Epos zu befassen trachtet.

Auch hinsichtlich der Metrik bedarf es keines ausufernden Reglements, um mit den Hexametern zurechtzukommen, deren Grundmodell wir bei Sappho (S. 46f.) bereits kennengelernt haben:

Ἕσπερε, πάντα φέρεις, ὄσα φαίνολις ἐσκέδασ᾽
– ⏑ ⏑ – ⏑ ⏑ – ⏑ ⏑ – ⏑ ⏑ – ⏑ ⏑

Αὔως
– –

Im Zusammenhang mit diesem Vers wurde auch erklärt, woran man erkennt, ob eine Silbe lang oder kurz ist, und wie es die alten Rhapsoden vermieden, daß ihre Vorträge im ewigen Lang-kurz-kurz der Daktylen zu einer Art von gesprochenem Walzer gerieten. Wir fassen das damals Gesagte noch einmal kurz zusammen und versuchen uns dann an der Achilleus-Rede.

1. Im Idealfall – vgl. Sappho! – besteht ein Hexameter aus fünf Daktylen (– ⏑ ⏑) sowie einem sechsten, um eine Silbe verkürzten Versfuß (– ⏑ oder – –).

2. Jede Doppelkürze im Daktylus kann durch eine Länge ersetzt werden (⏑ ⏑ > –); den so gebildeten Versfuß nennt man Spondeus.

3. Als lang gelten alle von Natur langen Laute (also alle Diphthonge wie αυ, ει, ου usw., alle η und ω sowie sämtliche α, ι und υ, die im Wörterbuch mit ¯ gekennzeichnet sind).

Ferner wird die Längung eines Vokals bewirkt, wenn zwei oder mehr Konsonanten auf ihn folgen. Diese durch die Stellung eines Vokals in der Lautfolge bedingte metrische Längung nennt man Positionslänge[1]; wir kennzeichnen sie im folgenden durch P, im Gegensatz zu N (Naturlänge):

Οἰνοβαρές, κυνὸς ὄμματ' ἔχων κραδίην δ' ἐλάφοιο
– ⏑ ⏑ | – ⏑ ⏑ | – ⏑ ⏑ | – ⏑ ⏑ | – ⏑ ⏑ | – ⏑
N P P N N N

(Hier liegt also, wie bei der Abendstern-Zeile, ein ›idealer‹ Hexameter vor!)

οὔτε ποτ' ἐς πόλεμον ἅμα λαῷ θωρηχθῆναι
– ⏑ ⏑ – ⏑ ⏑ – ⏑ ⏑ – – – – – –
N P (P) NN N N N N

An diesem Vers ist zweierlei auffällig, nämlich zum einen die Häufung von Längen in der zweiten Hälfte – auch der in den meisten Fällen daktylische fünfte Fuß enthält einen Spondeus, wodurch der Eindruck lastender Schwere bewirkt wird: Man spürt hier richtig, wieviel ein solider Brustpanzer wiegt!

Zum zweiten ist die letzte Silbe von πόλεμον als lang ausgewiesen, wofür kein anderer Grund erkennbar ist als der, daß eine Kürze an der fraglichen Stelle unmöglich ist. Wir stoßen hier auf eine Freiheit der Rhapsoden im Umgang mit der Sprache, die man ›metrische Dehnung‹ nennt. Ihr ist es zu danken, daß in den homerischen Epen die unsterblichen Götter überhaupt unsterblich genannt werden können: Das Wort ἀθάνατος hat von Natur aus vier kurze Silben und ist nur unter Dehnung der ersten (›metrisch‹) und der letzten (Position) überhaupt in einem Hexameter unterzubringen. Bei πόλεμον ἅμα ist die Dehnung weniger gewaltsam, da der

1) Eigentlich ist ›positio‹ eine Falschübersetzung von gr. θέσει (›durch Vereinbarung‹ – nämlich der Fachleute, der Dichter).

h-Anlaut von ἅμα auf ein ursprüngliches σ zurückgeht (vgl. dt.: zu-sam-men, ge-samt!). Es erscheint somit als möglich, daß unser Vers im Metrum noch eine frühere Stufe der Sprachentwicklung bewahrt.

οὔτε λόχονδ' ἰέναι σὺν ἀριστήεσσιν 'Αχαιῶν
– ⏑ ⏑| – ⏑⏑| – ⏑ ⏑| – –|– ⏑ ⏑| – –
N P N P NP N N

τέτληκας θυμῷ· τὸ δέ τοι κὴρ εἴδεται εἶναι.
– –|– –|– ⏑ ⏑| – –|– ⏑ ⏑|– –
P N P N N N N N N N

Nach diesem Vers soll es mit der Metrik sein Bewenden haben, denn es ist, wie wir meinen, genügend klar geworden, daß man griechische Hexameter mit einem bescheidenen Fundus von Regeln richtig lesen kann – selbst wenn nämlich eine unverhoffte Naturlänge auftaucht wie in θυμῷ das υ, kommt man vielfach ohne Wörterbuch zum Ziel, da von der Umgebung ein determinierender Zwang ausgeht: Da die Abfolge – ⏑ – im Hexameter unmöglich ist, *muß* einfach – – – angenommen werden. Ebenso zwangsläufig kann die Form εἴδεται *nicht* als – ⏑ – gelesen werden: an dieser Stelle verlangt der Vers nach einer Doppelkürze, also geben wir sie ihm und suchen uns im nachhinein die Regel, die es uns erlaubt. Das Zauberwort heißt diesmal Vokalkürzung; diese tritt bisweilen ein, wenn auf ein vokalisch auslautendes Wort ein solches mit vokalischem Anlaut folgt. Wer von unseren Lesern an den restlichen Versen der Scheltrede seine Fertigkeiten testet, wird diese Regel noch benötigen: In 231 muß das ει von ἐπεί entsprechend gekürzt werden.
Zum Abschluß sei noch kurz begründet, warum wir beim Epos auf Metrik Wert legen, während wir im Drama einen Bogen darum machten: Es wäre doch bei beiden Gattungen gleich wünschenswert, dem Rhythmus des Originals nachzuspüren! »Im Prinzip ja ...«, könnten wir darauf antworten

und dann erläutern, um wieviel kompliziertere metrische Gebilde die Chorlieder der Tragödie sind im Vergleich zu den Versen Homers. Freilich, die Schwierigkeit eines Chorlieds liegt in der Fülle der verwendeten Metren – die Grundregeln sind dieselben wie beim Epos. Wer also damit zufrieden ist, es zum Klingen zu bringen, auch wenn er die Namen der Elemente dieses Klanggebildes nicht kennt, der darf sich mit unserer metrischen Grundausstattung auch an den Chor aus der Antigone des Sophokles wagen:

πολλὰ τὰ δεινὰ κοὐδὲν ἀνθρώπου δεινότερον πέλει·
– ⏑ ⏑ – ⏑ – ⏑ – – – –⏑⏑ – ⏑ –
P N N P N N N P N

τοῦτο καὶ πολιοῦ πέραν πόντου χειμερίῳ νότῳ
–⏑ – ⏑ ⏑ – ⏑ – | – – –⏑⏑– ⏑ –
N N N P P N N N N

περῶν ὑπ' οἴδμασιν
⏑ – ⏑ – ⏑ –
N N

θεῶν τε τὰν ὑπερτάταν, Γᾶν,
⏑ – ⏑ – ⏑ |– ⏑– –
N N P N N

ἄφθιτον ἀκαμάταν, ἀποτρύεται …
– ⏑ ⏑ –⏑ ⏑ – ⏑ ⏑ –⏑ ⏑
P M[1] N N V[1]

Wie wir sehen, greift unser Handwerkszeug recht gut; wir brauchen jetzt nur noch die Längen lang und die Kürzen kurz

1) ›Metrische Dehnung‹ wie in ἀθάνατος bzw. Vokalkürzung wegen des folgenden Vokalanlauts von ἰλλομένων; die letzte Zeile besteht also aus Daktylen – sofern man nicht auf die Anwendung der Ausnahmeregelungen verzichtet!

zu lesen, um den rhythmischen Duktus des Originals erfühlen zu können. Hüten wir uns aber davor, die Längen auch noch durch Akzentuierung herauszuheben! Dieses Mittels bedienen wir uns in deutschen Nachbildungen antiker Metren: Wir ersetzen deren Folgen von langen und kurzen Silben durch entsprechende Reihen betonter und unbetonter, müssen also den Wortakzent beachten. Gerade der aber spielt in der Dichtung der Griechen und Römer nur insofern eine Rolle, als er oft nicht mit dem Versrhythmus zusammenfällt, wodurch eine besondere, von uns kaum nachvollziehbare innere Spannung der gebundenen Sprache bewirkt worden sein dürfte.

Dieses schwer faßbare gewisse Etwas geht deutschen Hexametern auf jeden Fall ab – vielleicht wirken sie deshalb etwas fade und haben sich trotz wiederholter Ansätze kein wirkliches Heimatrecht in unserer Literatur erwerben können. Wer zudem Homer nur dem Namen nach kennt, wird mit Goethes Hermann und Dorothea kaum etwas anfangen können; die behagliche Breite der Erzählung, die in guter epischer Tradition reichlich verwendeten schmückenden Beiwörter werden ihm wohl nur als Marotte erscheinen:

> ... und es versetzte darauf die kluge, verständige Hausfrau:
> »Vater, nicht gerne verschenk ich die abgetragene Leinwand,
> denn sie ist zu manchem Gebrauch und für Geld nicht zu haben ...«
> Aber es lächelte drauf der treffliche Hauswirt und sagte:
> »Ungern vermiß ich ihn doch, den alten, kattunenen Schlafrock
> echt ostindischen Stoffs, so etwas kriegt man nicht wieder ...«

Noch ›homerischer‹ gibt sich Goethe im Reineke Fuchs:

Pfingsten, das liebliche Fest war gekommen; es grünten und blühten
Feld und Wald; auf Hügeln und Höhn, in Büschen und Hecken
übten ein fröhliches Lied die neuermunterten Vögel;
jede Wiese sproßte von Blumen in duftenden Gründen,
Festlich heiter erglänzte der Himmel und farbig die Erde ...

aber wenn dann Fuchs und Dachs und Krähe in so bildreicher Sprache vorgeführt werden, drängt sich die Vermutung auf, Goethe habe mit dem epischen Stil nur einen Verfremdungseffekt angestrebt, der die satirische und wohl auch parodistische Absicht der breit ausgesponnenen Tierfabel für den Augenblick verhüllen, dann aber um so deutlicher herausheben sollte.
Als prunkvolles Gewand im Grunde kritikwürdiger Gedanken benützt Wilhelm Busch den Hexameter, wenn er einen Professor mit dem redenden Namen Klöhn über die Weisheit der Natur reden läßt:

O verehrtester Freund, nichts gehet doch über die hohe
Weisheit der Mutter Natur, erschuf sie doch mancherlei Kräuter,
harte und weiche zugleich, doch letztere mehr zu Gemüse,
schuf auch die Arten der Tiere, erfreulich, harmlos und nutzbar,
hüllte sie außen in Häute, woraus man Stiefel verfertigt,
füllte sie innen mit Fleisch von sehr beträchtlichem Nährwert ...

Daß der in den homerischen Epen auf Haupt- und Staatsaktionen festgelegte Hexameter augenblicklich komisch wirkte, wenn man ihm unangemessene Inhalte unterschob, wurde schon in der Antike entdeckt: die berühmteste der zahlreichen Homerparodien, der ›Froschmäusekrieg‹, bezieht ihre Wirkung aus der Diskrepanz zwischen gewaltigen Worten

und lächerlich winzigen Akteuren. Käseklau und Wasserpantscher, Sumpfdümpfler und Brotfresser heißen die Kontrahenten, deren banale Konflikte sogar die olympischen Götter auf den Plan rufen. Wenn diese Parodie, wie meist angenommen wird, um 500 v. Chr. entstanden ist, darf sie als das älteste Beispiel eines literarischen Ulks gelten und zugleich als ein kleiner Beweis für die Größe Homers: Nur das wirklich Große läßt sich auch wirksam parodieren.
Daß sich die homerischen Epen durch besonders überlegte und kunstvolle Komposition auszeichnen, wurde bereits gesagt; daß die homerische Sprache bei aller Stilisierung höchst lebensvoll, bildhaft, ja drastisch sein kann, mag der Ausschnitt aus dem ersten Gesang der Ilias gezeigt haben, in dem Agamemnon und Achilleus sich wechselweise so lange provozieren, bis es für keinen der beiden mehr ein Zurück gibt aus einer völlig verfahrenen, für die Griechen verhängnisvollen Situation. Überblickt man von diesem Beginn her die Iliashandlung, dann erweist sie sich als psychologisch motiviert und als Drama menschlicher Leidenschaft. Die ausführlich geschilderten Kämpfe sind ihrem Dichter nicht Selbstzweck; unkritische Verherrlichung des Kriegs liegt ihm fern, und gerade die größten seiner Helden stehen im Schatten einer auf ihnen lastenden Tragik: Dem Achilleus ist es bewußt, daß der Preis für seinen Ruhm ein früher Tod sein wird, und Hektor, der Beschützer Trojas, ahnt, daß er für eine verlorene Sache kämpft.
Als sich im sechsten Gesang der Ilias die Troer, hart von den Griechen bedrängt, schon zur Flucht wenden, bringt Hektor mit Mühe die Verzagten dazu, sich den anstürmenden Feinden zu stellen; dann eilt er in die Stadt, um die Frauen zu einem Bittgang und Opfer zu veranlassen, und begegnet dabei seiner Gattin Andromache, die in Sorge um ihn ihr Haus verlassen hat, zusammen mit einer Dienerin, die ihren kleinen Sohn trägt.
Als Andromache Hektor erblickt, bittet sie ihn unter Tränen, sich nicht erneut in Gefahr zu begeben: Ihren Vater und ihre

sieben Brüder habe Achilleus bereits erschlagen, und ihre Mutter sei aus Gram darüber gestorben –

Ἕκτορ, ἀτὰρ σύ μοί ἐσσι[1] πατὴρ καὶ πότνια μήτηρ
ἠδὲ κασίγνητος, σὺ δέ μοι θαλερὸς παρακοίτης.
Ἀλλ' ἄγε[2] νῦν ἐλέαιρε καὶ αὐτοῦ[3] μίμν' ἐπὶ πύργῳ,
μὴ παῖδ' ὀρφανικὸν θήῃς[4] χήρην τε γυναῖκα.

»Hektor, doch du bist mir Vater und ehrwürdige Mutter,
dazu Bruder, du (bist) mir herrlicher Gatte.
Aber wohlan nun, erbarme dich und bleibe hier auf dem Turm,
damit du deinen Sohn nicht zum Waisen machst und zur Witwe dein Weib!« (Ilias VI 429–432)

Überlegen wir, wie Hektor erwidern müßte, wäre er nichts weiter als ein rauher Krieger, dem das Schlachtfeld besondere Chancen zur Bewährung seiner Tapferkeit bietet, und lesen wir dann, wie Homer ihn tatsächlich antworten läßt:

1) ἐσσί = εἶ (T 9.1 a).
2) ἄγε: eigtl. Imperativ zu ἄγειν (führen), also »mach voran!«
3) αὐτοῦ: adverbial erstarrter Genitiv, »an derselben Stelle«, hier.
4) θήῃς = θῇς (T 8.2 b).

## 2. »... einst wird kommen der Tag!«

(Ilias VI 441–465)

»Ἦ καὶ ἐμοὶ τάδε πάντα μέλει, γύναι· ἀλλὰ μάλ' αἰνῶς
αἰδέομαι Τρῶας καὶ Τρῳάδας ἑλκεσιπέπλους,
αἴ κε κακὸς ὣς νόσφιν ἀλυσκάζω πολέμοιο.
Οὐδέ με θυμὸς ἄνωγεν, ἐπεὶ μάθον ἔμμεναι ἐσθλὸς
αἰεὶ καὶ πρώτοισι μετὰ Τρώεσσι μάχεσθαι,
ἀρνύμενος πατρός τε μέγα κλέος ἠδ' ἐμὸν αὐτοῦ.
Εὖ γὰρ ἐγὼ τόδε οἶδα κατὰ φρένα καὶ κατὰ θυμόν·
ἔσσεται ἦμαρ, ὅτ' ἄν ποτ' ὀλώλῃ Ἴλιος ἱρὴ
καὶ Πρίαμος καὶ λαὸς ἐυμμελίω Πριάμοιο.
'Αλλ' οὔ μοι Τρώων τόσσον μέλει ἄλγος ὀπίσσω
οὔτ' αὐτῆς Ἑκάβης οὔτε Πριάμοιο ἄνακτος
οὔτε κασιγνήτων, οἵ κεν πολέες τε καὶ ἐσθλοὶ
ἐν κονίῃσι πέσοιεν ὑπ' ἀνδράσι δυσμενέεσσιν,
ὅσσον σεῦ, ὅτε κέν τις 'Αχαιῶν χαλκοχιτώνων
δακρυόεσσαν ἄγηται, ἐλεύθερον ἦμαρ ἀπούρας.
Καί κεν ἐν Ἄργει ἐοῦσα πρὸς ἄλλης ἱστὸν ὑφαίνοις,
καί κεν ὕδωρ φορέοις Μεσσηίδος ἢ Ὑπερείης
πόλλ' ἀεκαζομένη, κρατερὴ δ' ἐπικείσετ' ἀνάγκη.
Καί ποτέ τις εἴπῃσιν ἰδὼν κατὰ δάκρυ χέουσαν·
›Ἕκτορος ἥδε γυνή, ὃς ἀριστεύεσκε μάχεσθαι
Τρώων ἱπποδάμων, ὅτε Ἴλιον ἀμφεμάχοντο.‹
Ὥς ποτέ τις ἐρέει· σοὶ δ' αὖ νέον ἔσσεται ἄλγος
χήτεϊ τοιοῦδ' ἀνδρός, ἀμύνειν δούλιον ἦμαρ.
'Αλλά με τεθνηῶτα χυτὴ κατὰ γαῖα καλύπτοι,
πρίν γ' ἔτι σῆς τε βοῆς σοῦ θ' ἑλκηθμοῖο πυθέσθαι.«

**Anmerkungen:**

(443) αἴ κε = ἐάν – -οιο = -ου – (444) ἄνωγα (Perf. mit Präs.-Bedeutung wie οἶδα): ich gebiete, veranlasse – (ἔ)μαθον: ›starker‹ Aorist zu μανθάνω (T 10) – ἔμμεναι = εἶναι (445) αἰεί = ἀεί – -οισι = -οις – (448) ἔσσεται = ἔσται (T 9.1 a) -ὅτ(ε) – ποτ(έ) – ὀλώλῃ: 3. Pers. Sg. Konj. Perf. zu (ἀπ)όλλυμαι (T 10) (zum Modus vgl. R 6.4) – (449) ἐυμμελίω: epischer Genitiv zu ἐυμελίης (gut mit einem Eschenspeer bewaffnet) – (452) κεν = ἄν – πολέες = πολλοί – (453) -ῃσι = -αις – πέσοιεν: Opt. Aor. zu πίπτω (T 10) (zum

(Wörtliche Übersetzung)

»Ja, auch mir macht dies alles Sorge, Frau; doch gar sehr
schäme ich mich vor den Troern und den Troerinnen, den langgewandeten,
falls ich feige so fern mich halte vom Kampf.
Auch mein Herz veranlaßt mich nicht (dazu, d. h., den Kampf zu meiden), da ich es gelernt habe, stets tapfer zu sein und mit den ersten Troern zu kämpfen,
wahrend des Vaters großen Ruhm und meinen eigenen.
Gut nämlich weiß ich das im Gemüt und im Herzen:
Es wird (sein) kommen ein Tag, (wenn) an dem einst untergeht Ilios, die heilige (Stadt),
und Priamos und das Volk des speerbewaffneten Königs.
Aber nicht kümmert mich soviel der Schmerz der Troer in Zukunft
noch (der Schmerz) Hekabes selbst noch Priamos', des Herrschers
noch (der) der Brüder, die wohl (noch) zahlreich und als Helden
im Staub fallen werden durch (wörtl. von) feindliche Männer,
wie (ich mich) um dich (bekümmere), wenn dich einer von den Achaiern, den eisengewandeten,
tränenüberströmt mit sich wegführt, die Freiheit (den freien Tag) (dir) raubend.

---

Modus vgl. R 6.7) – (454) σεῦ = σοῦ (T 6.1) – (455) ἄγηται: Medium; ›er führt *für sich* weg‹; zum Modus vgl. R 6.4 – ἀπούρας: Aorist-Partizip zu ἀπαυράω, wegnehmen – (456) ἐοῦσα = οὖσα (T 9.1 a) – (458) πολλ(ά): adverb. Akkusativ, ›vielfach‹ – ἐπι-κείσετ(αι): Futur zu ἐπί-κειμαι, darauf liegen, auferlegt sein – (459) εἴπῃσιν = εἴπῃ (T 10, ἀγορεύω) – ἰδών: Partiz. zu εἶδον (T 10, ὁράω) – κατὰ δάκρυ χέουσαν = δάκρυ καταχέουσαν (AcP, vgl. R 7.3) – (462) ἐρέει = ἐρεῖ (T 10, ἀγορεύω) – (464) τεθνηῶτα = τεθνηκότα, Akk. Sg. m. des Perfekt-Partizips zu (ἀπο)θνῄσκω, sterben – κατὰ γαῖα καλύπτοι = γαῖα κατακαλύπτοι (Optativ als Modus des Wunsches, vgl. R 6.6) – (465) πυθέσθαι: Inf. Aor. zu πυνθάνομαι, erfahren, hören; das Verbum ist hier mit dem Genitiv der direkten Wahrnehmung verbunden (vgl. R 7.3). Der Infinitiv im Temporalsatz drückt ähnlich wie bei ὥστε (R 9.2) eine Möglichkeit aus.

Und vielleicht wirst du in Argos (›seiend‹) bei einer anderen den Webstuhl bedienen
oder etwa Wasser tragen der (Quelle) Messeis oder Hypereia,
vielfach gezwungen, und mächtiger Druck wird (auf dir) lasten.
Und irgendwann mag einer sagen, wenn er dich Tränen vergießen sieht:
›Des Hektor Weib (war) diese da, (dessen), der der erste war im Kampf (zu kämpfen)
von den Troern, den Rossebezwingern, als sie Ilion umkämpften.‹
So wird einmal jemand sagen. Dir aber wiederum wird neu sein der Schmerz
in Sehnsucht nach einem solchen Mann, (der fähig wäre), die Knechtschaft (den Knechtschaft-Tag) abzuwehren.
Aber mich soll, gefallen, aufgeschüttete Erde decken (verbergen),
ehe ich noch dein Schreien vernehme und von deiner Verschleppung erfahre.

(freiere hexametrische Fassung)

»All dies bekümmert auch mich, meine Gattin, jedoch ich empfände
heftige Scham vor den Troern und Troerinnen im Schleppkleid,
bliebe ich feige so ferne dem Krieg; das ist auch mein Wunsch nicht,
habe ich doch gelernt, immer tapfer zu sein und im Kampfe
unter den ersten der Troer zu stehen, indem ich des Vaters
hohen Ruhm bewahre und auch den meinen erhalte.
Dies auch weiß ich wohl und beweg' es voll Kummer im Herzen:
Einst wird kommen der Tag, an dem Ilios fällt, das uns heilig,
Priamos auch und das Volk des lanzenschwingenden Königs.
Doch nicht schmerzt mich so der künftige Kummer der Troer,

auch nicht Hekabes Leid und Priamos' selber, des Herrschers,
auch nicht der Brüder Geschick, die zahlreich nach tapferem Kampfe
in den Staub wohl sinken, bezwungen von feindlichen Männern,
wie deine eigene Qual, wenn ein panzerbewehrter Achaier,
deiner Tränen nicht achtend, dich mit sich führt in die Knechtschaft.
Weben wirst du vielleicht am fremden Webstuhl in Argos,
Wasser tragen gar von den Quellen des fremden Landes,
ungern zwar, doch es zwingt dich die Not, die mächtige Herrin.
Dann mag mancher wohl sagen, der sieht, wie du Tränen vergießest:
»Das ist Hektors Weib, der unter den reisigen Troern
stets der erste war, als der Kampf um Ilios tobte.«
So mag mancher wohl sprechen; das Wort erneuert den Schmerz dir,
sehnst dich umsonst nach dem Mann, der dich schützte vor drückender Knechtschaft.
Doch mich soll vorher, gefallen, die Erde bedecken,
ehe dein Schreien ich höre und sehen muß, wie man dich wegschleppt.«

Nach diesen von Ergebung in ein unabwendbares Schicksal erfüllten Worten will Hektor sich seinem Söhnchen zuwenden, doch der Kleine erschrickt vor dem wippenden Helmbusch des Vaters und klammert sich schreiend an seine Betreuerin. Darüber müssen Vater und Mutter, die eben noch so betrübt waren, lachen; Hektor nimmt den Helm ab, läßt sich sein Kind geben und küßt es und wiegt es in den Armen ... All dies hat wenig Heldisches an sich, aber um so mehr Menschlichkeit, und es ist wohl die größte Leistung ›Homers‹, daß er dem Humanen in der Ilias so viel Raum zu schaffen wußte. Sogar mitten im Kampfgewühl fallen ihm

Vergleiche ein, die für einen Augenblick wie ein Lichtstrahl die Düsternis des Tötens und Fallens durchbrechen: Im achten Gesang der Ilias bilden Aias und Teukros ein Team: Mit seinem Schild gibt Aias dem jungen Bogenschützen Deckung, und dieser sucht nach jedem Schuß bei ihm Schutz:

πάις ὡς ὑπὸ μητέρα –
wie ein Kind bei seiner Mutter ...

Die in den homerischen Epen sehr häufigen, oft breit ausgeführten Vergleiche und Gleichnisse dienen gewiß nicht nur der Verdeutlichung des Gesagten, sondern sollen den Leser auch dadurch entspannen, daß sie ihn für kurze Zeit aus dem Gang der Handlung in ganz andere Erlebensbereiche wegführen; sie sind somit Ausdruck überlegten künstlerischen Gestaltens und bringen, gerade wenn es sich um Naturschilderungen handelt, gewissermaßen Lyrik ins Epos.

Im 21. Gesang der Ilias treibt Achilleus, der, mit Agamemnon ausgesöhnt, wieder am Kampf teilnimmt und blutige Rache für seinen gefallenen Freund Patroklos nehmen will, die Troer vor sich her –

wie Heuschrecken bei einem Steppenbrand suchen sie zu entkommen; viele stürzen sich in den nahen Fluß, doch auch da verfolgt sie Achilleus –

gleich einem Delphin, vor dessen offenen Rachen die kleineren Fische ängstlich zurückweichen;

zwölf junge Troer fängt Achilleus lebend, als Totenopfer für Patroklos – wie Rehe jagt er sie aus dem Wasser.

Ohne Zweifel wäre das geschilderte Massaker ohne die eingefügten Vergleiche in seiner Wirkung auf den Leser noch brutaler, doch liegt es nicht in der Absicht des Dichters, ausschließlich das entmenschte Wüten des Achilleus zu beschreiben; vielleicht entschuldigen die Vergleiche sogar ein wenig durch den Hinweis auf die Allgegenwart des Schrecklichen.

Gerade am Beispiel des Achilleus zeigt die Ilias zweierlei:

Einmal, wozu ein Mensch in seinem Zorn sich hinreißen lassen kann – die entehrende Behandlung des toten Hektor ist dafür das schlagendste Beispiel –, zum andern, daß auch unter der härtesten Verkrustung noch menschliche Regungen schlummern und durch das rechte Wort geweckt werden können. So ist es wohl kein Zufall, daß die Ilias nicht mit der Eroberung Trojas endet, sondern mit der Bestattung Hektors, die nur dadurch möglich wurde, daß Achilleus sich durch die Bitten des alten Königs Priamos rühren ließ.

Waffenlos und heimlich war jener in das Zelt des Mannes gekommen, der Hektor, seinen Lieblingssohn, am Streitwagen um Trojas Mauern geschleift hatte. Priamos hatte die Hände des Mörders geküßt, er hatte ihn an seinen eigenen Vater erinnert – und wenig später erfüllen beide mit ihrer lauten Klage das Zelt: Priamos weint um Hektor, Achilleus weint um seinen gefallenen Freund Patroklos und um seinen alten Vater, den er bald nicht mehr wird schützen können.

Man sollte diesen Schluß mit dem des Nibelungenlieds vergleichen, wo Rachsucht zugleich ihre Erfüllung und entsetzliche Strafe findet, um jenen Unterschied im Humanen deutlich zu sehen, der oberflächlichen Betrachtern beider Heldenlieder nicht ohne weiteres aufgeht.

Versöhnung, nicht Vernichtung steht auch am Schluß der Odyssee: Als der nach zwanzigjähriger Abwesenheit unerkannt heimgekehrte König von Ithaka die frechen Freier, die seine Gattin Penelope bedrängten und seinen Besitz verpraßten, überlistet und bestraft hat, muß die gestörte Ordnung durch Sühneverträge mit den Familien der Getöteten wieder hergestellt werden. Menschen allein wären dazu vielleicht gar nicht fähig – sie würden dem Gesetz der Blutrache folgen. So greift in der Odyssee die Göttin Athene selbst ein und verhindert weiteres Morden.

Daß unsere Leser einmal Zeit und Muße finden, das raffinierte Handlungsgeflecht der Odyssee bis zu diesem Ende zu verfolgen, wünschen wir von Herzen – hier können ja leider nur Kostproben geboten werden.

## 3. An die Muse

(Odyssee I 1–10)

Ἄνδρα μοι ἔννεπε, Μοῦσα, πολύτροπον, ὃς μάλα πολλὰ
πλάγχθη, ἐπεὶ Τροίης ἱερὸν πτολίεθρον ἔπερσεν·
πολλῶν δ᾽ ἀνθρώπων ἴδεν ἄστεα καὶ νόον ἔγνω·
πολλὰ δ᾽ ὅ γ᾽ ἐν πόντῳ πάθεν ἄλγεα ὃν κατὰ θυμόν,
ἀρνύμενος ἥν τε ψυχὴν καὶ νόστον ἑταίρων.
Ἀλλ᾽ οὐδ᾽ ὣς ἑτάρους ἐῤῥύσατο, ἱέμενός περ·
αὐτῶν γὰρ σφετέρῃσιν ἀτασθαλίῃσιν ὄλοντο·
νήπιοι, οἳ κατὰ βοῦς Ὑπερίονος Ἠελίοιο
ἤσθιον· αὐτὰρ ὁ τοῖσιν ἀφείλετο νόστιμον ἦμαρ.
Τῶν ἁμόθεν γε, θεά, θύγατερ Διός, εἰπὲ καὶ ἡμῖν.

(Wörtliche Übersetzung)

Den Mann nenne mir, Muse, den vielgewandten, der gar vielfach
umhergetrieben wurde, nachdem er Trojas heilige Stadt zerstört hatte.
Vieler Menschen Städte sah er und erkannte ihre Gesinnung,
vieles erduldete er auf dem Meer (an) Leiden in seinem Herzen,
(rettend ...) da er sein Leben sichern wollte und die Heimkehr der Gefährten.

**Anmerkungen:**
(2) (ἐ)πλάγχθη: Aorist Passiv zu πλάζομαι, verschlagen werden – (3) ἴδεν = εἶδεν (T 10, ὁράω) – ἔγνω: vgl. T 7.4.4 – (4) ὁ dient hier als Pronomen: dieser, er – (ἔ)παθεν: vgl. T 10 πάσχω – ὅν ist Possessivpronomen zu θυμόν – (5) ἥν vgl. ὅν – (6) ἐῤῥύσατο: Aorist zu ῥύομαι: retten – ἵεμαι (T 8.1 c) hier: bestrebt sein – περ verstärkt die konzessive Sinnrichtung des Partizips ἱέμενος: »obwohl er sich darum bemühte« – (7) σφέτερος, -α, -ον: ihr (Possessivpronomen, verstärkt durch αὐτῶν) – -ῃσιν = -αις – ὀλόντο = (ἀπ)ωλόντο (T 10, ἀπόλλυμαι) – (8) κατὰ βοῦς ἤσθιον = βοῦς κατ-ήσθιον (Imperfekt von κατεσθίω, aufessen) – Ἠελίοιο = Ἡλίου – (9) ὁ vgl. 4 – τοῖσιν = αὐτοῖς – ἀφείλετο: vgl. T 10, (ἀφ)αιρέομαι – τῶν = τούτων – εἰπέ: T 10, ἀγορεύω.

Aber auch so rettete er die Gefährten nicht, obwohl er danach strebte,
denn durch ihre eigenen Freveltaten kamen sie um,
die Toren, die die Rinder des Helios Hyperion
aufaßen; aber dieser nahm ihnen den Heimkehrtag weg.
Davon – von irgendwo an –, Göttin, Tochter des Zeus, künde auch uns!

(Hexametrische Übertragung von Johann Heinrich Voß von 1781)

Sage mir, Muse, die Taten des vielgewanderten Mannes,
welcher so weit geirrt nach der heiligen Troja Zerstörung,
vieler Menschen Städte gesehn und Sitten gelernt hat,
und auf dem Meere so viel unnennbare Leiden erduldet',
seine Seele zu retten und seiner Freunde Zurückkunft.
Aber die Freunde rettet' er nicht, wie eifrig er strebte;
denn sie bereiteten selbst durch Missetat ihr Verderben:
Toren! Welche die Rinder des hohen Sonnenbeherrschers
schlachteten; siehe, der Gott nahm ihnen den Tag der Zurückkunft.
Sage hievon auch uns ein weniges, Tochter Kronions.

»Ich lese jetzt fast nichts als Homer; ich habe mir Vossens Übersetzung der Odyssee kommen lassen, die in der Tat ganz vortrefflich ist, die Hexameter weggerechnet, die ich gar nicht mehr leiden mag; aber es webt ein so herzlicher Geist in dieser Sprache, daß ich den Ausdruck des Übersetzers für kein Original, wäre es noch so schön, missen möchte.« So äußerte sich Schiller in einem Brief acht Jahre nach dem Erscheinen der Odyssee-Übertragung, aus der wir zitiert haben, und würdigte damit eine zweifellos imponierende Leistung; 1793 ließ ihr Voß eine weitere folgen, indem er eine metrische Übersetzung der Ilias herausbrachte. Er gab damit das Vorbild ab für die bereits angesprochenen Versuche, Versmaß und Stil des Epos in deutsche Dichtung zu übernehmen, und bereicherte unsere Sprache durch viele gelungene Wiedergaben schmückender Beiwörter. Mittlerweile muß er sich den Vergleich mit zahlreichen späteren Übersetzern gefallen lassen, die im einzelnen teils treffender, teils origineller formulierten, aber doch insgesamt das vermissen lassen, was Schiller den ›herzlichen Geist‹ nannte. Dazu gehört auch der Verzicht auf Hochtönendes: ἔννεπε bedeutet nicht mehr als »sag' an« und εἰπέ gar nur »sage«, und genau diese Schlichtheit der Aufforderung an die Muse hat Voß beibehalten.

Die Musen, die Göttinnen der Dichtkunst, des Tanzes und des Gesangs, zu Beginn eines Vortrags anzurufen, gehörte gewiß schon vor ›Homer‹ zum Rhapsodenbrauch; so betonte der Dichter seine göttliche Inspiration und konnte, wenn er geschickt war, durch knappe Vorgriffe auf das Kommende bei seinen Zuhörern Spannung wecken. Der Odyssee-Dichter beherrscht diese Kunst großartig: er verzichtet bewußt darauf, den Namen seines Helden zu nennen, sondern umschreibt ihn in eindeutiger Weise, indem er herausragende Charakterzüge und wichtige Etappen aus seinem bewegten Leben nennt. Listenreich, verschlagen ist Odysseus, aber er ist auch der πολύτλας, der Viel-Dulder, und er ist von einem unbändigen Überlebenswillen beseelt. Dabei denkt er nicht nur an sich, sondern auch an seine Begleiter, die er freilich trotzdem nicht retten kann, weil sie durch Freveltaten göttliche Strafe auf sich ziehen. Zu dieser Kurzcharakteristik des Spätheimkehrers von Ithaka kommt noch ein verdeckter Hinweis auf die Komposition des Gesamtwerks: ἁμόθεν, von irgendwo an, soll die Göttin berichten – und das geschieht dann auch, denn nicht mit der Abfahrt von Troja beginnt die Odyssee, sondern mit einer Götterversammlung, in der beschlossen wird, Odysseus endlich von der Zuneigung der Nymphe Kalypso zu befreien, die ihn schon sieben Jahre auf ihrer Insel festhält in der Hoffnung, endlich auf bleibende Gegenliebe zu stoßen. Der Zeitpunkt für die Götterkonferenz ist günstig gewählt, denn Poseidon, Odysseus' unversöhnlicher Feind (warum er das ist, wird noch nicht erklärt) hat sich eben zu den fernen Aithiopen begeben, um sich dort den Rauch eines Opferfests schmecken zu lassen. Zeus eröffnet also die Beratungen, indem er kurz auf das tragische Schicksal des von seiner Gattin Klytaimestra erschlagenen Königs Agamemnon eingeht; Athene erinnert ihn an den schon so lange der Heimat fernen Odysseus, und Zeus begründet nun Poseidons Groll auf den Helden: den Riesen Polyphem, den Sohn des Meergotts, habe er geblendet. Eifrig stellt dann Athene den Antrag, Hermes mit zwingender Weisung zu Kalypso zu senden; sie selbst wolle nach Ithaka eilen und Telemachos, den Sohn des Odysseus, auf die Suche nach seinem Vater schicken.

Auf so geschickte Art stellt der Odysseedichter gleich zu Beginn seines Werks die zweite, höhere Bühne vor, auf der die Götter durch Rat, Hilfe, Täuschung oder Zornesausbruch ins Leben der Menschen einwirken. Ferner greift er den Faden seiner Erzählung bewußt an einer späten Stelle der eigentlichen Handlungsabfolge auf, so daß er reiches Material für Rückblenden in petto behält, und außerdem bringt er mit den Fahrten des Telemachos eine Parallelhandlung in Gang, die zugleich eine zweite Perspektive eröffnet: Der Leser erfährt früher als Odysseus, was diesen zu Hause erwartet.

Da Poseidon kein Veto einlegen kann, haben sich die Götter rasch geeinigt: Kalypso muß Odysseus ziehen lassen, schon schaukelt sein Floß auf dem Meer – doch für den Leser der Odyssee geht es nicht so rasch, denn er begleitet zunächst Athene und Telemachos, bis es so richtig spannend wird: Telemachos soll ermordet werden!

An diesem Punkt vollzieht der Dichter einen kühnen Schwenk: nun befaßt er sich mit der Weiterreise des Odysseus, die freilich gar bald ein böses Ende nimmt: Auf dem Heimweg von den Aithiopen erblickt ihn Poseidon, erkennt sofort die Zusammenhänge,

> »schüttelt zürnend das Haupt und spricht in der Tiefe des Herzens«:

## 4. Der Sturm bricht los

(Odyssee V 286–332)

Ὢ πόποι, ἦ μάλα δὴ μετεβούλευσαν θεοὶ ἄλλως
ἀμφ' Ὀδυσῆϊ, ἐμεῖο μετ' Αἰθιόπεσσιν ἐόντος·
καὶ δὴ Φαιήκων γαίης σχεδόν, ἔνθα οἱ αἶσα
ἐκφυγέειν μέγα πεῖραρ ὀϊζύος, ἥ μιν ἱκάνει·
ἀλλ' ἔτι μέν μίν φημι ἅδην ἐλάαν κακότητος.
Ὣς εἰπὼν σύναγεν νεφέλας, ἐτάραξε δὲ πόντον
χερσὶ τρίαιναν ἑλών· πάσας δ' ὀρόθυνεν ἀέλλας
παντοίων ἀνέμων· σὺν δὲ νεφέεσσι κάλυψε
γαῖαν ὁμοῦ καὶ πόντον· ὀρώρει δ' οὐρανόθεν νύξ.
Σὺν δ' Εὖρός τε Νότος τ' ἔπεσον, Ζέφυρός τε δυσαής,
καὶ Βορέης αἰθρηγενέτης, μέγα κῦμα κυλίνδων.
Καὶ τότ' Ὀδυσσῆος λύτο γούνατα καὶ φίλον ἦτορ,
ὀχθήσας δ' ἄρα εἶπε πρὸς ὃν μεγαλήτορα θυμόν·
Ὤ μοι ἐγὼ δειλός· τί νύ μοι μήκιστα γένηται;
Δείδω, μὴ δὴ πάντα θεὰ νημερτέα εἶπεν,
ἥ μ' ἔφατ' ἐν πόντῳ, πρὶν πατρίδα γαῖαν ἱκέσθαι,
ἄλγε' ἀναπλήσειν· τὰ δὲ δὴ νῦν πάντα τελεῖται.
Οἵοισιν νεφέεσσι περιστέφει οὐρανὸν εὐρὺν
Ζεύς, ἐτάραξε δὲ πόντον, ἐπισπέρχουσι δ' ἄελλαι
παντοίων ἀνέμων· νῦν μοι σῶς αἰπὺς ὄλεθρος.
Τρὶς μάκαρες Δαναοὶ καὶ τετράκις, οἳ τότ' ὄλοντο
Τροίῃ ἐν εὐρείῃ, χάριν Ἀτρείδῃσι φέροντες.

**Anmerkungen:**

(286) μετ-ε-βούλευσαν: Aor. zu μετα-βουλεύω, anders beschließen – (287) ἀμφ(ί) – ἐμεῖο = ἐμοῦ – ἐόντος = ὄντος; ἐμοῦ ... ὄντος: absoluter Genitiv (R 8.4) mit temporalem Sinn – μετ(ά) – (288) σχεδὸν γαίης: nahe dem Land – οἱ = αὐτῷ – (289) ἐκ-φυγέειν = -φυγεῖν (T 10, φεύγω) – μιν = αὐτόν – (290) φημί: (T 9.1 c) – ἐλάαν = ἐλᾶν (Inf. zu ἐλάω) – ἅδην κακότητος (Genitiv des geteilten Ganzen, R 2.1 b): »genug an Elend« – (291) εἰπών: T 10, ἀγορεύω – σύν-αγεν = συν-ῆγεν (Imperfekt zu συν-άγω); zu dieser und den folgenden Imperfektformen vgl. R 5.1 – ἐτάραξε: Aor. zu ταράττω – (292) χερσί: (instrumentaler) Dat. Pl. zu ἡ χείρ – ἑλών: T 10, αἱρέω – (293) (ἐ) κάλυψεν: Aor. zu καλύπτω – (294) ὀρώρει: Plusquamperfekt zu ὄρνυμαι, hereinbre-

(Wörtliche Übersetzung)

»Verdammt, da haben doch tatsächlich die Götter anders beschlossen/über Odysseus, als ich bei den Aithiopen war;/ und nun (ist er) dem Phaiakenland nahe, wo ihm das Schicksal (bestimmt hat),/zu entkommen der großen Schlinge des Jammers, der auf ihm lastet./Doch ich verspreche, ihn noch genug ins Elend zu jagen.«/So sprach er (sprechend) und führte die Wolken zusammen und wühlte das Meer auf,/in (mit) den Händen den Dreizack (nehmend); alle erregte er, die Wirbel/der verschiedenen Winde, mit Wolken verhüllte er/Erde zugleich und Meer, es brach vom Himmel die Nacht herein./Miteinander aber stürmten der Euros und Notos und der schlimmwehende Zephyros heran/und der äthergeborene Boreas, der eine gewaltige Woge (vor sich her) wälzte./Und da zitterten Odysseus' Knie und sein liebes Herz;/kummervoll sprach er zu sich selbst (zu seinem hochgemuten Sinn):/ ›Weh mir, ich Armer, was wird mir nun schließlich widerfahren?/Ich fürchte, daß wohl alles die Göttin untrüglich gesagt hat,/die verkündete, daß ich auf dem Meer, bevor ich meine Heimat erreiche,/Leiden erdulde; das wird nun alles erfüllt./ Mit welchen Wolken bedeckt den weiten Himmel/Zeus! Aufgewühlt hat er das Meer, es ziehen heran die Wirbel/der verschiedenen Winde. Nun ist mir sicher das jähe Verderben./Dreimal selig die Danaer und viermal, die damals umkamen/im weiten Troja, als sie den Atriden dienten (Gegen-

---

chen – -θεν: von-her (295) σύν (hier): miteinander (adverbieller Gebrauch der Präposition) – ἔπεσον: T 10, πίπτω – (297) (ἔ)λυτο: Aor. zu λύομαι, sich lösen, weich werden – (298) ὀχθήσας: Part. Aor. zu ὀχθέω, mißmutig sein – ὅν: seinen (Possessivpronomen) – (299) γένηται: T 10, γίγνομαι; zum Konjunktiv vgl. R 6.3 c – (300) μή (hier): daß; vgl. R 9 – (301) ἔφατ(ο) = ἔφη (T 9.1 c) – μ(ε) ... ἀνα-πλήσειν (Fut. zu ἀνα-πίμπλημι): AcI, vgl. R 7.2 – ἱκέσθαι: T 10, ἀφ-ικνέομαι; der Infinitiv im Temporalsatz betont die bloße Möglichkeit der Heimkehr – (303) -οισιν = -οις – (306) ὄλοντο = ἀπ-ώλοντο:

Ὡς δὴ ἔγωγ' ὄφελον θανέειν καὶ πότμον ἐπισπεῖν
ἤματι τῷ, ὅτε μοι πλεῖστοι χαλκήρεα δοῦρα
Τρῶες ἐπέῤῥιψαν περὶ Πηλεΐωνι θανόντι.
Τῷ κ' ἔλαχον κτερέων, καί μευ κλέος ἦγον Ἀχαιοί·
νῦν δέ με λευγαλέῳ θανάτῳ εἵμαρτο ἁλῶναι.
Ὣς ἄρα μιν εἰπόντ' ἔλασεν μέγα κῦμα κατ' ἄκρης,
δεινὸν ἐπεσσύμενον, περὶ δὲ σχεδίην ἐλέλιξεν.
Τῆλε δ' ἀπὸ σχεδίης αὐτὸς πέσε· πηδάλιον δὲ
ἐκ χειρῶν προέηκε· μέσον δέ οἱ ἱστὸν ἔαξεν
δεινὴ μισγομένων ἀνέμων ἐλθοῦσα θύελλα,
τηλοῦ δὲ σπεῖρον καὶ ἐπίκριον ἔμπεσε πόντῳ.
Τὸν δ' ἄρ' ὑπόβρυχα θῆκε πολὺν χρόνον, οὐδ' ἐδυνάσθη
αἶψα μάλ' ἀνσχεθέειν μεγάλου ὑπὸ κύματος ὁρμῆς·
εἵματα γάρ ῥ' ἐβάρυνε, τά οἱ πόρε δῖα Καλυψώ.
Ὀψὲ δὲ δή ῥ' ἀνέδυ, στόματος δ' ἐξέπτυσεν ἅλμην
πικρήν, ἥ οἱ πολλὴ ἀπὸ κρατὸς κελάρυζεν.
Ἀλλ' οὐδ' ὧς σχεδίης ἐπελήθετο, τειρόμενός περ,
ἀλλὰ μεθορμηθεὶς ἐνὶ κύμασιν ἐλλάβετ' αὐτῆς·
ἐν μέσσῃ δὲ κάθιζε τέλος θανάτου ἀλεείνων.
Τὴν δ' ἐφόρει μέγα κῦμα κατὰ ῥόον ἔνθα καὶ ἔνθα.
Ὡς δ' ὅτ' ὀπωρινὸς Βορέης φορέῃσιν ἀκάνθας
ἂμ πεδίον, πυκιναὶ δὲ πρὸς ἀλλήλῃσιν ἔχονται·
ὣς τὴν ἂμ πέλαγος ἄνεμοι φέρον ἔνθα καὶ ἔνθα·
ἄλλοτε μέν τε Νότος Βορέῃ προβάλεσκε φέρεσθαι,
ἄλλοτε δ' αὖτ' Εὖρος Ζεφύρῳ εἴξασκε διώκειν.

---

T 10, ἀπ-όλλυμαι – (308) ὄφελον: Aor. zu ὀφείλω, sollen, müssen, hier als Einleitung eines unerfüllbaren Wunsches (»ich hätte sollen«, vgl. R 6.1) verwendet – θανέειν = (ἀπο)θανεῖν, Aor. zu (ἀπο)θνήσκειν – ἐπι-σπεῖν: Inf. Aor. zu ἐφ-έπω, verfolgen, erreichen – (309) ἤματι: (temporaler) Dativ zu τὸ ἦμαρ – τῷ = τούτῳ – (310) ἐπ-έῤῥιψαν: Aor. zu ἐπιῤῥίπτω – θανόντι: Dativ des Part. Aor. zu θνήσκω (vgl. 308) – (311) τῷ = τούτῳ (τῷ ἤματι) – ἔλαχον: T 10, λαγχάνω (m. Gen.); der Aorist drückt hier, wie ὄφελον in 308, Unwirkliches aus – ἦγον: Impf. zu ἄγω – (312) εἵμαρτο: Plusquamperfekt Passiv zu μέρω, zuteilen; durch das Plqupf. wird ausgedrückt, daß dieses Schicksal schon seit langem feststand – ἁλῶναι: T 10, ἁλίσκομαι – (313) μιν = αὐτόν – εἰπόντ(α) – ἔλασεν: Aor. zu ἐλάω – (314) δεινόν (hier) = δεινῶς –

dienst erbrachten)./Auch ich hätte sterben und mein Schicksal erfüllen sollen/an dem Tag, als mir die meisten Troer erzbeschlagene Speere/gegen (den Schild) warfen um den gefallenen Peleussohn./Da hätte ich Totenehren erhalten und die Achaier hätten mir Ehre erwiesen;/nun aber war es mir (vom Schicksal) zugeteilt, von einem schmählichen Tod ereilt zu werden.‹/Als er dies gesagt hatte, trieb ihn eine große Woge (davon), die von der Höhe/schrecklich heranbrauste, und wirbelte das Floß herum./Weit entfernt vom Floß fiel er selbst (ins Meer), das Ruder/hatte er aus den Händen fahren lassen; den Mast aber hatte ihm in der Mitte geknickt/ein schrecklicher Wirbelsturm, der aufgekommen war, als die Winde sich mischten./Weit (vom Floß) fielen Segeltuch und Rah ins Meer./Ihn aber drückte (die Woge) unter Wasser für lange Zeit und er konnte/nicht sofort auftauchen infolge des Schwalls der gewaltigen Woge,/denn die Kleider beschwerten (ihn), die ihm die göttliche Kalypso gegeben hatte./Spät erst tauchte er auf, aus dem Mund spie er das Salzwasser,/das bittere, das ihm in Menge (viel) vom Haupt rann./Aber auch so nicht vergaß er das Floß trotz aller Qual (obwohl er gequält wurde),/sondern schwamm nach in den Wellen, erreichte es/

περὶ ... ἐλέλιξεν: Aor. zu περι-ελελίζω – (315) (ἔ)πεσε: T 10, πίπτω – (316) προέηκε = προ-ῆκε, vgl. T 8.2c, ἵημι – οἱ = αὐτῳ – ἔαξεν: Aor. zu ἄγνυμι – (317) μισγομένων ἀνέμων: vgl. R 8.4 – ἐλθοῦσα: Part. Aor. (f) zu ἦλθον (T 10, ἔρχομαι) – (318) ἔμπεσε = ἐν-έπεσε (T 10, πίπτω) – (319) τόν = αὐτόν – ὑπόβρυχα: Akk. zu dem hier prädikativ verwendeten Adjektiv ὑπόβρυξ, »unter Wasser (befindlich)« – (ἔ)θηκε: T 8.2 b – δυνάσθη = ἐδυνήθη (T 10, δύναμαι) – (320) ἀν-σχεθέειν: Inf. Aor. zu ἀνέχω – (321) τά = ἅ – οἱ = αὐτῷ – (ἔ)πόρε: Aor. zum Stamm πορ- (verschaffen) – (322) ἀν-έ-δυ: Wurzelaorist zu ἀνα-δύομαι – στόματος ἐξέπτυσεν = ἐκ στόματος ἔ-πτυσεν – (323) οἱ = αὐτῷ – κρατός: Gen. v. τὸ κάρη – (324) ἐπ-ε-λήθετο: Aor. zu ἐπι-λανθάνομαι (m. Gen.) – περ: betont die konzessive Sinnrichtung des Partizips τειρόμενος (obwohl er gequält wurde/sich plagen mußte) – (325) μεθ-ορμηθείς (›nachgeeilt‹): Part. Aor. (Pass.) zu μεθ-ορμάομαι – ἐνί = ἐν – ἐλλάβετ(ο) = ἐλάβετο (T 10, λαμβάνω); zum damit verbundenen Genitiv vgl. R 2.1 c – (328) φορέῃσιν = φορῇ; der Konjunktiv drückt hier Wiederholung aus, vgl. R 6.4 – (329) ἄμ = ἀνά – -ῃσιν = -αις – (330) (ἔ)φερον – (331) φέρεσθαι: Inf. d. Zwecks (R 7.4) »um mit sich zu tragen« – (332) εἴξασκε: Aor. zu εἴκω.

und setzte sich mitten darauf, das Ziel des Todes vermeidend./Dieses (das Floß) aber trieb eine große Woge mit der Strömung dahin und dorthin,/wie wenn der herbstliche Nordwind Distelsamen weht/über die Ebene – dicht aneinander haften sie –,/so trugen dieses (das Floß) übers Meer die Winde dahin und dorthin:/Bald warf es der Notos dem Boreas zu, es zu tragen,/bald überließ es wieder der Euros dem Zephyros zur Verfolgung.

(Metrische Übertragung der Verse 291–302 von Johann Heinrich Voß)

Also sprach er, versammelte Wolken und regte das Meer auf
mit dem erhobenen Dreizack; rief itzt allen Orkanen,
aller Enden zu toben, verhüllt' in dicke Gewölke
Meer und Erde zugleich, und dem düstern Himmel entsank Nacht.
Unter sich stürmten der Ost und der Süd und der sausende Westwind,
auch der hellfrierende Nord, und wälzte gewaltige Wogen.
Und dem edlen Odysseus erzitterten Herz und Kniee;
tiefaufseufzend sprach er zu seiner erhabenen Seele:
»Weh mir, ich elender Mann! Was werd' ich noch endlich erleben!
Ach, ich fürchte, die Göttin hat lauter Wahrheit geweissagt,
die mir im wilden Meer, bevor ich zur Heimat gelangte,
Leiden die Fülle verhieß! Das wird nun alles erfüllet!
Ha! Wie fürchterlich Zeus den ganzen Himmel in Wolken hüllt ...«

In dieser mitreißenden Sturmschilderung vereinigen sich viele der Merkmale, die für die homerischen Epen kennzeichnend sind:
Göttliches Wirken steht hinter den Naturereignissen, und die ungeheure Wut Poseidons zeigt sich im Aufruhr der von ihm entfesselten Elemente. Gemessen an dieser Übermacht, ist der arme Mensch nur zu bedauern, der auf seinem zerbrechli-

chen Floß in diesen Orkan gerät und dabei gar keine heldische Figur macht: ihm schlottern die Knie, er bekommt Herzflattern und rechnet sich sein letztes Stündchen aus. Eben noch erlebte der Leser, wie Poseidon mit mächtiger Hand einen Wolkenvorhang vor den Himmel zieht, wie in der großartigen Lautmalerei des düsteren

ὀρώρει δ' οὐρανόθεν νύξ

schwarze Nacht sich vom Himmel auf Erde und Meer senkt und wie in jagenden Daktylen die Winde heranstürmen:

Σὺν δ' Εὖρός τε Νότος τ' ἔπεσον, Ζέφυρός τε
– – – ⏑ ⏑ – ⏑ ⏑ – ⏑ ⏑ – ⏑

δυσαής . . .
⏑ – –

Doch vom Logenplatz des Betrachters eines großen Welttheaters versetzt der Dichter seinen Adressaten im Handumdrehen auf das Floß des Odysseus und läßt ihn die Ereignisse aus dessen Perspektive teilweise nochmals miterleben: Was für Wolken verhüllen den Himmel, wie ist das Meer aufgewühlt, wie peitschen es die Sturmböen!
Odysseus erinnert sich der Schlacht um Troja: Warum ist er nicht damals gefallen, als der Kampf um die Leiche Achills tobte (der Odysseedichter bezieht sich hier also nicht auf die Ilias, sondern auf ein anderes Werk aus dem trojanischen Sagenkreis!)? Da hätte man ihm die gebührenden Ehren erwiesen – und jetzt muß er hier einsam ertrinken!
Die folgende Szene, in der Odysseus' Floß zerschmettert und er selbst in das tobende Meer geschleudert wird, ist an Realismus kaum zu überbieten: Quälend lang drückt die riesige Woge Odysseus unter Wasser, und als er endlich wieder hochkommt, spuckt er die Salzbrühe aus, die er geschluckt hat. Aber er gibt nicht auf, bekommt sein Floß wieder zu fassen und ist für den Augenblick gerettet – mit einem schönen Vergleich läßt der Dichter mitten im Sturm Ruhe einkehren. Odysseus würde sich auch weiter an die

Balken seines Floßes klammern – wer wäre in seiner Lage auch riskanter Entschlüsse fähig? So bringt im Anschluß an die von uns ausgewählte Passage göttliches Eingreifen die Handlung voran: Leukothea, einst eine Sterbliche, nun eine Meergöttin, taucht in Gestalt eines Wasserhuhns aus den Wellen und wendet sich mitleidig an Odysseus. Sie rät ihm, das Floß zu verlassen und, geschützt durch ihren Schleier, durch das aufgewühlte Meer zur Küste des nahen Phäakenlandes zu schwimmen. Odysseus ist zunächst mißtrauisch – List und Trug sind den Göttern der Griechen nicht fremd –, doch endlich entschließt er sich, ins Meer zu springen. Tatsächlich erreicht er die Küste, wo ihn die Tochter des Phäakenkönigs findet. Bald wird sie seinen Erzählungen lauschen, der Geschichte vom Zauberlied der Sirenen, der vom menschenfressenden Polyphem oder von den gräßlichen Monstern Skylla und Charybdis –

Auch wir würden gern noch den Faden weiterspinnen: der erzählerische Schwung ›Homers‹ hat etwas Ansteckendes, doch wir wollen uns mit dem Vorgestellten bescheiden – es gibt ja so schöne zweisprachige Ausgaben der Odyssee. Wenn wir dazu ermuntert haben, die eine oder andere aufzuschlagen, haben wir das hier gesetzte Ziel erreicht.

## RUNDSCHAU

Mit dem Seesturm aus der Odyssee hätten wir einen furiosen Schluß für dieses Buch gehabt – wieso fügen wir noch zwei Kapitel an?

Die Einführung in die Sprache ist abgeschlossen, die ganz großen Namen aus der griechischen Literatur sind wohl keine bloßen Namen mehr – und das ganze weite Feld, von dem wir in unsere kleine Scheuer einfuhren, können wir sowieso nicht abernten!

Doch wenn auch das unmöglich ist, so können wir doch da und dort noch ein goldschimmerndes Körnchen aufsammeln und den bislang etwas sprunghaften Erkundungsgang durch die Jahrhunderte etwas systematischer fortsetzen, nachdem wir in ›Homer‹ einen Ausgangspunkt gewonnen haben. Es wäre übrigens nicht ganz korrekt, den ersten griechischen Dichter zugleich als den ersten Europas zu vereinnahmen; seine Sprache ist das Ionische, und so klingt seine Stimme aus Kleinasien herüber, genau wie die des Herodot, des Vaters der Geschichte, der aus dem heutigen Bodrum stammte, und des ersten Philosophen, des Thales von Milet.

Als echter und rechter Europäer gelten darf dagegen Hesiod aus dem mittelgriechischen Boiotien, der – nur wenig jünger als ›Homer‹ – in seiner Theogonie (»Götter-Entstehung«) Ordnung in die Gestaltenfülle des griechischen Mythos brachte:

## 1. Geburt aus dem Chaos

(Hesiod, Theogonie 116–124)

Ἦ τοι μὲν πρώτιστα Χάος γένετ', αὐτὰρ ἔπειτα
Γαῖ' εὐρύστερνος, πάντων ἕδος ἀσφαλὲς αἰεὶ
Τάρταρά τ' ἠερόεντα μυχῷ χθονὸς εὐρυοδείης,
ἠδ' Ἔρος, ὃς κάλλιστος ἐν ἀθανάτοισι θεοῖσι,
λυσιμελής, πάντων δὲ θεῶν πάντων τ' ἀνθρώπων
δάμναται ἐν στήθεσσι νόον καὶ ἐπίφρονα βουλήν.
Ἐκ Χάεος δ' Ἔρεβός τε μέλαινά τε Νὺξ ἐγένοντο·
Νυκτὸς δ' αὖτ' Αἰθήρ τε καὶ Ἡμέρη ἐξεγένοντο.

(Wörtliche Übersetzung)

Fürwahr, zu allererst ist das Chaos entstanden, aber dann
die Erde, die breitbrüstige, aller (Wesen) Wohnsitz, sicher für immer,
und der düstere Tartaros im Innern der Erde, der weit von Wegen durchzogenen,
und Eros (der Liebesgott), der der schönste ist unter den unsterblichen Göttern,
gliederlösend, aller Götter und aller Menschen
Sinn bezwingt er in ihrer Brust und den verständigen Ratschluß.
Aus dem Chaos entstanden das Totenreich und die schwarze Nacht,
aus der Nacht wiederum der Äther und der Tag ...

An dieser Weltentstehungslehre des grüblerischen Boiotiers, der in seinem zweiten Lehrgedicht, den »Tagewerken« auch über Gerechtigkeit und die Ursache des Leidens in der Welt reflektiert, fällt zunächst auf, daß alles entstanden ist; auch

**Anmerkungen:**
(116) (ἐ)γένετ(ο) und (123/124) (ἐξ)εγένοντο: T 10, γίγνομαι – (120) κάλλιστος: καλός T 4 – (123) Χάεος: Gen. v. Χάος.

das Chaos, der leere, gähnende Weltraum, war nicht von Anfang an da. Ferner ist kein Schöpfergott am Werk – das Chaos entsteht spontan, und nun setzt eine Folge von Geburten ein. Allerdings ist unter den Wesenheiten, die da dem Chaos entspringen, nur eine, die wir uns persönlich vorstellen können; der Rest ist Raum und Zeit, hell oder finster, aber von Hesiod auch persönlich gedacht, denn der strahlende Äther und der helle Tag sind bereits die Frucht liebender Vereinigung von Nacht und grausigem Dunkel. Wir stoßen hier auf die auch im biblischen Schöpfungsbericht faßbare Annahme, daß ›am Anfang‹ tiefes Dunkel geherrscht habe. Düsternis liegt auch über weiten Strecken der Theogonie: viele von den dort aufgezählten Wesen sind bedrohliche Ungeheuer und der so menschlichen Götterwelt Homers denkbar fern. Da ist zum Beispiel die Chimaira, ein Mischwesen mit drei Köpfen, vorne ist sie Löwe, in der Mitte Ziege, hinten aber Drache; Feuer schnaubt das Untier und ist »schrecklich, groß und gewaltig«. So, wie Hesiod das Monster beschrieb, hat es ein etruskischer Meister in Bronze gegossen – man kann es im archäologischen Museum von Florenz bewundern und hat damit ein Beispiel für die bildliche Darstellung des Ungestalten, die die griechischen Künstler tunlichst vermieden. Wer Frank Wedekinds Lulu-Tragödie auf der Bühne sieht, befindet sich ebenfalls in enger Berührung mit hesiodeischem Gedankengut. »Die Büchse der Pandora« nannte der Dichter sein Stück zunächst und spielte damit an auf jene von den Göttern geschaffene Frau, die nach Hesiods Meinung die Trägerin des Bösen schlechthin ist, eine Strafe für die Menschen, die sie in ihrer Torheit noch lachend umarmen.
Von Pandora ist es nicht weit zu Prometheus, zum Diebstahl des himmlischen Feuers, doch wir wollen hier nicht den Nachweis führen, daß sich Hesiod an Wirkung bis in unsere Zeit nicht vor ›Homer‹ zu verstecken braucht – uns genügt es, den großen Mythendeuter vorgestellt zu haben.

## 2. Ströme der Nacht

(Pindar, frg. 131)

... ἔνθεν τὸν ἀπείρον' ἐρεύγονται σκότον
βληχροὶ δνοφερᾶς νυκτὸς ποταμοί.

... dort speien die unermeßliche Finsternis aus
trägfließende Ströme tiefdunkler Nacht.

Diese beiden Zeilen aus einem sonst verlorenen Threnos, einer zum Vortrag durch einen Chor gedichteten und komponierten Totenklage, führen uns hinab in die lichtlose Welt der Schatten, die Hesiod Erebos nennt, vielleicht sogar in den Tartaros, in den Zeus die Empörer gegen seine Herrschaft hinabgestürzt hat. Pindar, der Dichter dieser Verse, war Boiotier wie Hesiod; die Zeit seines Wirkens als Chorlyriker fällt in die erste Hälfte des fünften vorchristlichen Jahrhunderts; er war also ein Zeitgenosse des Aischylos, mit dem ihn auch die Wucht seiner Sprache und sein Bilderreichtum verbinden. Das Dunkel der Tiefe, das er suggestiv beschreibt, ist nicht einfach da, ist nicht Ergebnis eines Fehlens von Licht, sondern etwas Materielles, Hervorgebrachtes und ständig Vermehrtes. Dadurch, daß ihm Pindar den Artikel beigibt, erhält es einen besonderen Grad von Realität: Nacht ist's da drunten, Ströme kriechen im Finstern dahin, und dann vor allem diese endlose, undurchdringliche Dunkelheit ... Schemenhaft und ohne Bewußtsein flattern die Toten durch die düsteren Räume – mit Fledermäusen werden sie im letzten Gesang der Odyssee verglichen –, doch kann ihnen das Blut schwarzer Widder für kurze Zeit Erinnerung an ihr Erdendasein zurückgeben. Deshalb segelt Odysseus weit über das Meer nach Westen und betritt das Totenreich, um sich von dem Schatten des Sehers Teiresias die Zukunft künden zu lassen.

Die Vorstellungen von der Art der Weiterexistenz der Verstorbenen, die wir den homerischen Epen entnehmen können, sind denkbar weit entfernt von einem ›besseren Jenseits‹, und selbst Achilleus, der nach seinem Tod die fragwürdige Ehre genießt, über die Schatten als König zu herrschen, wäre hundertmal lieber lebendiger Sklave eines armen Schluckers auf Erden. Das erinnerungs- und wesenlose Dasein der Toten verbietet auch den Gedanken an Lohn oder Strafe im Jenseits; nur wer durch übermenschlichen Frevel die Götter selbst herausgefordert hat wie Tantalos oder Sisyphos, kann mit einer – dann freilich auch exorbitanten – Buße rechnen.
Im Lauf der Zeit entwickelte sich jedoch aus der Annahme, nicht jeder Verstorbene versinke im Vergessen, eine differenziertere Sicht des Jenseits; für die ›Guten‹, so begann man zu glauben, müsse es einen besseren Aufenthaltsort geben, fern vom Acheron, dem sumpfigen Gewässer, über das Charon auf seinem halbverfaulten Binsenboot die Seelen übersetzt, fern vom Kokytos, dem Strom der Klagen, fern auch dem flammenden Pyriphlegethon und der entsetzlichen Styx, vor der sogar den Göttern graut.
›Elysion‹ nannte man diese schöneren Gefilde, die Pindar folgendermaßen beschreibt:

## 3. Seligkeit

(Pindar, frg. 129)

Τοῖσι λάμπει μὲν μένος ἀελίου τὰν ἐνθάδε νύκτα κάτω,
φοινικορόδοις τ' ἐνὶ λειμώνεσσι προάστιον αὐτῶν
καὶ λιβάνῳ σκιαρᾷ καὶ χρυσέοις καρποῖς βέβριθεν.
Καὶ τοὶ μὲν ἵπποισί τε γυμνασίοις τε, τοὶ δὲ πεσσοῖς,
τοὶ δὲ φορμίγγεσσι τέρπονται, παρὰ δέ σφισιν εὐανθὴς
ἅπας τέθαλεν ὄλβος·
ὀδμὰ δ' ἐρατὸν κατὰ χῶρον κίδναται
ἀεὶ θύα μειγνύντων πυρὶ τηλεφανεῖ
παντοῖα θεῶν ἐπὶ βωμοῖς.

... denen leuchtet die Kraft der Sonne, wenn es hier Nacht ist
(die Nacht hier hindurch), drunten;
auf pupurrosenbewachsenen Auen ist ihre Stadt,
vom Weihrauchbaum überschattet (vom schattigen Weihrauchbaum ...) und schwer von goldenen Früchten.
Und die einen erfreuen sich an Pferden und sportlichen Übungen, die andern aber am Würfelspiel,
wieder andere an Musik; bei ihnen ist reichlich jeder Wohlstand aufgeblüht.
Duft erfüllt den lieblichen Ort,
da sie stets Räucherwerk verschiedener Art mit dem weithinstrahlenden Feuer mischen
auf den Altären der Götter.

**Anmerkungen:**

(1) τοῖσι = τούτοις – ἀελίου = ἡλίου – τάν = τήν – τὰν ἐνθάδε νύκτα: Akkusativ der zeitlichen Ausdehnung (R 2.3 c); das Ortsadverb ἐνθάδε ist als Attribut gebraucht (R 1.7) – βέβριθεν: Perf. zu βρίθω, reich sein an etwas (Dat.) – τοί = οἱ – das, woran die Seligen sich freuen, steht im Dativ (R 2.2 e) – σφισίν = αὐτοῖς – τέθαλεν: Perf. zu θάλλω, blühen – μειγνύντων (αὐτῶν): absoluter Genitiv (R 8.4) mit kausaler Sinnrichtung (da sie mischen ...)

Wer schon einmal auf dem Camposanto in Pisa die berühmten Fresken betrachtet hat, mag wohl nach der grausig-detaillierten Schilderung der Höllenregionen das Paradies eher langweilig gefunden haben: da sitzt einiges blasiertes Volk herum, das lustlos an Musikinstrumenten zupft oder gleichfalls gelangweilte Schoßhunde streichelt. Ein ähnlicher Eindruck kann sich auch beim Leser von Vergils Aeneis einstellen: Der Gang des Aeneas durch die Schluchten des Orcus bis hinab zu den feuerumströmten Mauern des Tartarus fasziniert; Dante ließ sich davon zu einer kongenialen Nachgestaltung inspirieren – sein Paradies aber fällt dagegen ebenso ab wie Vergils Elysium. Man kann daraus die Einsicht ableiten, daß die Darstellung des Grauenhaften dichterischen Fähigkeiten mehr Spielraum läßt als seliges Leben, das der Mensch sich nur vorstellen kann als eine Fortsetzung irdischer Glückszustände. Auf grünen Auen lagern sich bei Vergil die Seligen, ein purpurner Himmel spannt sich über dem heiteren Ort, wo sie sich an Sport und Spiel, Gesang und Tanz, an Rossen, Wagen und Waffen freuen. Die Übereinstimmung im Inhaltlichen mit Pindars Schilderung ist beträchtlich; wenn diese dem Leser im ganzen als das reichere Bild seligen Weiterlebens erscheint, so liegt dies wohl an der bildhaften Sprache und am Fehlen eines ausgeführten Kontrastbereichs; sofern der Platz, wo träge Ströme das Dunkel ausspeien, das Gegenbild zu Pindars Elysion war, konnten sich auch die sonnenbeschienenen Auen der Seligen von einem so schwarzen Hintergrund besser abheben als dies möglich ist, wenn die schlimme Seite des Jenseits durch die Vielfalt dessen, was dort geschieht, den Betrachter fesselt: Wer Hieronymus Boschs ›Garten der Lüste‹ vor sich hat, wird vom Geschehen des Mittelteils und von den Schrecknissen der Hölle im rechten Flügel angezogen. Das Paradies auf dem linken Flügel spricht ihn trotz seines Figurenreichtums weniger an.

Man muß allerdings auch zugeben, daß der christlichen Vorstellung vom seligen Leben Elemente abgehen, die Farbe in

Pindars Elysion bringen: da wird gerungen und geboxt, man wirft den Diskos, läuft um die Wette, reitet oder würfelt. Die γυμνάσια, die unbekleidet ausgeführten sportlichen Übungen, sind das Griechischste in Pindars Paradies und spiegeln die Wertschätzung wider, die man überall in Hellas solcher Freizeitgestaltung entgegenbrachte.

Bemerkenswerterweise steht ein großer Teil von Pindars Lyrik in Zusammenhang mit dem Sport: Es war bei den großen Wettkämpfen in Olympia, Nemea, Korinth oder Delphi üblich, daß die Sieger sich durch Chorgesang feiern ließen. Für diesen Zweck sind die meisten der uns erhaltenen, höchst kunstvoll gebauten »Oden« Pindars geschrieben. Wettläufer, Boxer und Ringer werden da auf eine Stufe mit den Göttern gestellt und in hochpoetischer Sprache preziös verherrlicht. Man stelle sich vor, ein heutiger Fußballstar käme auf den Einfall, einen Dichter und Komponisten in Sold zu nehmen, um sein nächstes Torjubiläum durch eine kunstvolle Kantate im Stadion feiern zu lassen! Das Publikum wäre vermutlich perplex.

Daß die schönen Worte auf antike Sieger nicht nur ihren Preis hatten, sondern gelegentlich auch einen üblen Charakter mit unverdientem Ruhm überhäuften, zeigt eine von Cicero (de oratore II, 352f.) erzählte Geschichte:

Der Chorlyriker Simonides, ungefähr ein Zeitgenosse Pindars, hatte auf einen thessalischen Rennstallbesitzer ein Siegeslied gedichtet, in das er, dem Brauch entsprechend, auch Beispiele aus dem Mythos eingeflochten hatte. Der Geehrte dankte ihm das wenig und zahlte nur ein Drittel des vereinbarten Honorars; den Rest solle sich Simonides von den überaus umfänglich gepriesenen Göttern geben lassen. Simonides war tief gekränkt, nahm aber, um die Form zu wahren, am Siegesmahl teil. Da wurde er plötzlich vor die Tür gerufen, und während er sich dort verwundert umsah, weil er niemand vorfand, stürzte der Speisesaal ein und erschlug alle Gäste und den knausrigen Gastgeber dazu. Simonides aber hatte sein Honorar von Götterseite erhalten.

## 4. Wanderer, kommst du ...

Von dem eben erwähnten Simonides stammt auch die wohl berühmteste antike Grabschrift, bestimmt für jene Spartaner, die 480 v. Chr. unter ihrem König Leonidas den Versuch unternahmen, den persischen Vormarsch aufzuhalten, jedoch umzingelt und sämtlich niedergemacht wurden:

Ὦ ξεῖν'[1], ἀγγέλλειν Λακεδαιμονίοις, ὅτι τῇδε
κείμεθα, τοῖς κείνων[2] ῥήμασι πειθόμενοι.

Der römische Redner und Philosoph Cicero hat diese beiden Zeilen ins Lateinische übertragen:

*Dic, hospes, Spartae nos te hic vidisse iacentes,*
*dum sanctis patriae legibus obsequimur.*

(Sag, Fremder, in Sparta, daß du uns hier liegen sahst, während wir den heiligen Gesetzen der Heimat gehorchten.)

Friedrich von Schiller übertrug das Distichon folgendermaßen:

Wanderer, kommst du nach Sparta, verkündige dorten, du habest
uns hier liegen gesehn, wie das Gesetz es befahl.

Beim Vergleich mit dem Original fällt auf, daß Cicero Emotionales ins Spiel bringt, indem er die Gesetze ›heilig‹ nennt und sie noch als die ›der Heimat‹ bezeichnet. Das von ihm ergänzte »du habest gesehen ...« bringt auch Schiller, der außerdem mit »kommst du nach ...« die Unbedingtheit des Originals abschwächt, das an eine jener knappen Weisungen erinnert, für die die Spartaner berühmt waren. Dazu trägt der unübersetzbare, soldatisch wirkende Infinitiv ἀγγέλλειν viel bei:

---

1) ξεῖν(ε) = ξένε (Vok. zu ὁ ξένος)
2) κεῖνος = ἐκεῖνος

Wanderer: In Sparta melden, daß wir hier
liegen, den Gesetzen jener gehorsam –

das ist der Klang des Originals, und er steht, wie wir meinen, dem Leonidas und seinen Männern wohl an.

Die Grabschrift der Thermopylenkämpfer gehört einer von der Antike bis in die Neuzeit hochgeschätzten und intensiv gepflegten literarischen Gattung an, sie ist ein ἐπί-γραμμα, eine Aufschrift.

Von einer ›gewöhnlichen‹ Beschriftung in der Art von

Φειδίας μ' ἐποίησεν (Pheidias hat mich geschaffen)

unterscheidet sich das literarische Epigramm durch seine Form: Es ist meist ein Zweizeiler (Di-stichon), gebildet aus Hexameter und Pentameter und im Idealfall auch hinsichtlich seines Aufbaus zweiteilig, indem der Hexameter Spannung weckt, die im Pentameter gelöst wird:

Im Hexameter steigt des Springquells flüssige Säule,
im Pentameter drauf fällt sie melodisch herab –

so beschreibt Schiller mit großer Meisterschaft den akustischen Eindruck, den man beim Vortrag eines solchen Verspaars empfindet. Nicht auf das Epigramm des Simonides, wohl aber auf viele der von Späteren geschaffenen trifft die folgende epigrammatische Definition des Amerikaners James Brander Matthews zu:

What is an epigram? a dwarfish whole,
its body brevity and whit its soul.

Witzige Pointiertheit wäre den frühen griechischen Epigrammen schon deshalb nicht angemessen gewesen, weil sie auch in metrischer Gestalt dem Zweck dienten, nach dem sie benannt waren: Sie forderten ›den Wanderer‹ auf, eines Verstorbenen zu gedenken, verkündeten, rühmten. Erst im dritten Jahrhundert v. Chr. wurde es üblich, Kurzgedichte zur Unterhaltung vorzutragen:

Die Literaten des Hellenismus bevorzugten Kleinformen gegenüber den klassischen großen Gattungen; für sie war »ein großes Buch ein großes Übel« (Μέγα βιβλίον, μέγα κακόν).

Kallimachos aus Alexandria, von dem dieses Urteil stammt, schuf eine ganze Reihe von Epigrammen, die sich als Weihungen und Aufschriften geben, sich aber durch sprachliches Raffinement von deren üblichem Stil weit entfernen (34):

Τίν με, λεοντάγχ', ὦνα, συοκτόνε, φήγινον ὄζον
θῆκε[1]. »Τίς;« – »Ἀρχῖνος.« – »Ποῖος;« – »Ὁ Κρής.« – »Δέχομαι.«

Dir (hat) mich, Löwenwürger, Herr, Wildschweintöter, einen Buchenast, geweiht.
»Wer?« »Archinos.« »Welcher?« »Der Kreter.« »Ich nehme (ihn).«

Als echtes Epigramm müßte das, was Kallimachos aussagt, etwa lauten: Der Kreter Archinos hat dem Herakles diese Keule geweiht.

Daraus macht der Alexandriner einen Dialog zwischen Weihgeschenk und Gott, dessen Name in gelehrter Manier umschrieben wird: Herakles hat unter anderem den Nemeischen Löwen und den Erymanthischen Eber bezwungen. Dorische Formen (τίν statt σοί und ὦνα für ὦ ἄναξ, »Herrscher«) sorgen für Lokalkolorit, einen tieferen Gehalt wird man jedoch in diesem Distichon vergeblich suchen: seine Wirkung auf Zeitgenossen und Spätere verdankt es wie zahllose vergleichbare Scheinweihungen der äußeren Form. Wie bei keiner anderen literarischen Gattung können wir die Entstehung und Entfaltung der Epigrammatik an einer Fülle von Beispielen aus fast eineinhalb Jahrtausenden studieren; die sechzehn Bücher der Anthologia Palatina[2] sind eine unerschöpfliche Fundgrube von Kleingedichten hochberühmter, mittelmäßiger und namenloser Dichter.

---

1) (ἔ)θηκε: vgl. T 8.2 b.

2) »Pfälzer Blütenlese«, so benannt nach ihrem früheren Aufbewahrungsort Heidelberg.

Tiefsinniges steht da neben Frivolem und Obszönem, freche Übertreibung neben edler Bescheidenheit, auf Weihungen folgen Spott und Liebesgeständnisse, Klagen über die Vergänglichkeit des Menschen, Verwünschungen von Grabschändern – es scheint kaum etwas zu geben, was die Anthologie, dieses Ergebnis emsigen Sammlerfleißes, nicht enthält. Vieles davon besticht durch formale Vollendung, oft gelingt es, eine ganze Geschichte auf zwei Verszeilen zu verdichten wie im folgenden Epigramm (9, 448):

Ἄνδρες ἀπ' Ἀρκαδίης ἁλιήτορες, ἦ ῥ' ἔχομέν τι; –
»Ὅσσ' ἕλομεν, λιπόμεσθ', ὅσσ' οὐχ ἕλομεν, φερόμεσθα.«

Männer von Arkadien, Fischer, haben wir was (erwischt)?
»Was wir erwischten, ließen wir (dort), was wir nicht erwischten, tragen wir mit uns.«

Ebenso wie die Scheinweihung des Kallimachos gibt sich dieses kleine Rätsel dialogisch; der Sage nach war es Homer, der heimkehrenden Fischern die Frage nach ihrem Fang stellte und die merkwürdige Antwort erhielt, sie hätten Gefangenes zurückgelassen, während sie Entgangenes noch bei sich hätten.
Trotz allem Grübeln, so berichten einige antike Autoren, sei es Homer nicht gelungen, hinter den Sinn dieser Aussage zu kommen. Dabei sprachen die Fischer von nichts Geheimnisvollem, sondern von ihren Läusen!
Wer streng über diese Geschichte und über das Epigramm, zu dem sie verdichtet wurde, urteilen will, mag sie einen Kalauer nennen, und tatsächlich erfüllten die Epigramme seit der Zeit des Hellenismus die Funktion unserer Witze. Es wurde geradezu zum Volkssport, Erheiterndes in Distichen zu quetschen, so daß der Römer Martial in einem ebenfalls dialogisch

**Anmerkungen:**
ἕλον = εἷλον (T 10, αἱρέω) – (ἐ)λιπόμην (T 10, λείπω) – -μεσθα = -μεθα.

angelegten Epigramm die Bitte eines Jemand, ihm doch seine Epigramme vorzutragen, mit der Bemerkung abwehren konnte: »Nein, lieber nicht, sonst liest du mir deine vor!« Martial gelang im übrigen etwas, was nur wenige römische Literaten schafften: Durch sein eminentes formales Talent übertraf er seine griechischen Vorbilder in einem Maße, daß Lessing, der ihn mit eigenen Epigrammen nachzuahmen suchte, mit Recht von ihm schrieb: »Es hat unzählige Dichter vor dem Martial, bei den Griechen sowohl als auch bei den Römern gegeben, welche Epigrammen gemacht; aber einen Epigrammatisten hat es vor ihm nicht gegeben.«

Sieht man freilich bei einem Epigramm nicht vor allem auf die kunstvolle Fügung der Worte, die sichere Plazierung der überraschenden Pointe und auf frappierenden Witz, sondern auf den Gehalt, dann wiegt das Thermopylen-Epigramm des Simonides schwerer als viele, wenn nicht sogar schwerer als alle Martial-Epigramme, und zwar vielleicht vor allem deshalb, weil ihm die später für das Epigramm typischen Eigenschaften zum Teil fehlen; man könnte es, wenn man auf seinen Zweck und auf die disziplinierte Knappheit des Gesagten schaut, auch eine lakonische Elegie nennen, denn bevor das Distichon zum Versmaß des Epigramms wurde, diente es längst schon der elegischen Dichtung. In dem Wort ἔλεγος kann sich eine aus Kleinasien übernommene Bezeichnung der Flöte verbergen, des Begleitinstruments stark affektbetonter Gesänge; antike Erklärer brachten ἔλεγος mit ἒ λέγειν, »wehe rufen« in Zusammenhang und hoben damit *eine* Aufgabe der Elegie hervor, die der Klage um Verstorbene. Im elegischen Versmaß konnten aber ebensogut politische Appelle, philosophische Reflexionen und Liebeserklärungen formuliert werden; daß die Ars amatoria des Ovid, ein bald verspieltes, bald hintergründig-ironisches Handbuch der Liebeskunst, in Distichen geschrieben ist, braucht somit nicht zu verwundern. Die uns vertraute Bedeutung des Wortes ›elegisch‹ trifft also nur einen, freilich wichtigen Aspekt.

## 5. Was das Beste wäre

(Theognis, 425–428)

Πάντων μὲν μὴ φῦναι ἐπιχθονίοισιν ἄριστον
  μηδ' ἐσιδεῖν αὐγὰς ὀξέος ἠελίου,
φύντα δ' ὅπως ὤκιστα πύλας 'Αίδαο περῆσαι
  καὶ κεῖσθαι πολλὴν γῆν ἐπαμησάμενον.

Von allem (ist) nicht geboren zu werden für die Erdbewohner am besten
  und nicht zu erblicken die Strahlen der hellen Sonne,
Geboren aber möglichst schnell die Pforten des Hades zu erreichen
  und (im Grab) zu liegen, (nachdem man) viel Erde auf sich gehäuft (hat).

Diese für unser Gefühl, wenn schon nicht elegischen, so doch von tiefer Daseinsverachtung erfüllten Verse schrieb in der Mitte des 6. vorchristlichen Jahrhunderts Theognis aus Megara im Rahmen einer an einen jungen Mann namens Kyrnos gerichteten Unterweisung. Er wollte diesen Jüngling, der nach verbreitetem griechischen Brauch sein Geliebter war, für die Ideale jener Adelswelt begeistern, die damals bereits ihrem Ende entgegenging: Gestützt auf die πολλοί, die Masse der kleinen Leute, suchten ehrgeizige Politiker Alleinherrschaften zu errichten und die bisher mächtigen Aristokraten auszuschalten. Diese äußeren Gegebenheiten, dazu erlittene Vermögensverluste, mögen die Resignation des Theognis verständlich machen, doch ist die Vorstellung, daß der Mensch am besten gar nicht geboren werde oder, wenn ihm schon dieses Unglück widerfahre, so rasch wie möglich sterben solle, auch anderwärts anzutreffen. So verkündet der Chorlyriker Bakchylides, ein Zeitgenosse Pindars:

**Anmerkungen:**
φῦναι/φύντα: T 10, φύομαι – -οισιν = -οις – ἐσιδεῖν = εἰσ-ιδεῖν: T 10, ὁράω – περῆσαι: Inf. Aor. zu περάω, fahren, erreichen – ἐπ-αμησάμενον: Part. Aor. zu ἐπ-αμάομαι, häufen (auf sich).

... θνάτοισι μὴ φῦναι φέριστον
μηδ' ἀελίου προσιδεῖν φέγγος.

... für die Sterblichen (ist) nicht geboren zu werden das Beste
und nicht der Sonne Licht zu schauen.

Die bei Theognis genannte Alternative dazu – wenn schon geboren, frühzeitig zu sterben – spinnt Herodot zu einer kleinen Geschichte aus:
Kleobis und Biton, die beiden schönen und starken Söhne einer Herapriesterin aus Argos, hatten – weil die benötigten Stiere gerade auf der Weide waren – sich selbst vor den schweren Kultwagen der Mutter gespannt und ihn über eine weite Strecke bis zum Tempel gezogen. Stolz auf solche Söhne, bat die Priesterin Hera, den jungen Männern das zu gewähren, was für die Menschen das Beste sei. Die beiden legten sich, ermüdet von ihrer Arbeit, im Tempel schlafen – und erwachten nicht wieder:

Διέδεξέ τε ἐν τούτοισι ὁ θεός, ὡς ἄμεινον εἴη ἀνθρώπῳ τεθνάναι ἢ ζῆν –

Es zeigte an diesen der Gott, daß es besser sei für einen Menschen, tot zu sein, statt zu leben.

Diese Feststellung klingt äußerst pessimistisch, zumal in einem Zusammenhang, in dem von besonders glücklichen Menschen die Rede ist. Die Geschichte von Kleobis und Biton läßt Herodot nämlich den attischen Staatsmann, Weltreisenden und Philosophen Solon erzählen, als ihn der sagenhaft reiche Lyderkönig Kroisos mit der Frage bedrängt, wem er denn in der Reihe der vom Glück Begünstigten die zweite Stelle einräume.
Als ersten hatte Solon einen gewissen Tellos aus Athen genannt, der wohlgeratene Söhne und Enkel heranwachsen

**Anmerkungen:**
δι-έ-δε(ι)ξε: T 10, δείκνυμι – -οισι = -οις – εἴη: T 9.1 a.

sah, die alle am Leben blieben, und der schließlich im Kampf für seine Heimat den Heldentod starb. So ist also nach Meinung des Weisen aus Athen ein erfülltes Leben doch noch etwas mehr wert als ein sanftes Entschlafen in der Blüte der Jugend. Auf jeden Fall kann aber über Glück oder Unglück eines Menschen erst geurteilt werden, wenn sein Dasein beendet ist, und daher weigerte sich Solon auch, Kroisos glücklich zu nennen.

Der König war über diese Mißachtung entrüstet und erfaßte erst als Besiegter, zum Tod in den Flammen des Scheiterhaufens Verurteilter, wie recht Solon gehabt hatte.

Daß er damals schmerzerfüllt den Namen des weisen Mannes rief, rettete ihm nach der Sage das Leben: Der Perser Kyros, der ihn bezwungen und zum Tode verurteilt hatte, wollte wissen, was es mit jenem Solon auf sich habe, und wurde durch die Erzählung des Kroisos an die mögliche Vergänglichkeit eigenen Glücks gemahnt. So schonte er das Leben des Lyderkönigs.

## 6. Macht der Rede

Daß Solon ein ungewöhnlich kluger Diplomat von großer Überzeugungskraft war, ist historisch belegbar: Er schaffte es, die zwischen den verschiedenen sozialen Gruppen seiner Heimat ausgebrochenen schweren Konflikte durch maßvolle Reformen der Verfassung und des Rechtssystems zu dämpfen und die spätere Entwicklung zur Demokratie damit vorzubereiten.

Mut, Einfallsreichtum und Beredsamkeit hatte Solon bereits früher bewiesen, als es ihm gelang, seine Mitbürger zur Wiederaufnahme des Kampfes um die Attika vorgelagerte wichtige Insel Salamis zu bewegen, die von Athens Handelskonkurrentin Megara okkupiert worden war. Der Überlieferung zufolge hatten die Athener, der verlustreichen Kämpfe mit den überlegenen Feinden müde, bei Todesstrafe verboten, noch einen Feldzug gegen Salamis zu beantragen.

Da erschien Solon wie ein Rasender auf dem Marktplatz und trug eine Elegie vor, in der er die Athener aufforderte (frg. 2 Diehl):

Ἴομεν ἐς Σαλαμῖνα μαχησόμενοι περὶ νήσου
ἱμερτῆς χαλεπόν τ' αἶσχος ἀπωσόμενοι.

Gehen wir nach Salamis, bereit, um die Insel zu kämpfen,
die liebliche, und die schwere Schande zu tilgen!

Der gespielte Wahnsinn und wohl auch die dichterische Form seines Appells schützte Solon damals vor der angedrohten Strafe – aus Verrückten und aus Poeten sprach nach antiker Auffassung eine Gottheit. Allerdings hätte eine in Prosa vorgetragene Mahnung an der Wende vom siebten zum sech-

**Anmerkungen:**
ἴομεν: T 9.1 b (= ἴωμεν) – μαχησόμενος (Part. Futur): einer, der kämpfen will, bzw. (final) um zu kämpfen (R 8.3); entspr. auch ἀπ-ωσόμενος zu ἀπωθέομαι, von sich abwehren.

sten Jahrhundert womöglich nicht die Wirkung gehabt, die Solons Elegie erreichte, denn die späterhin im Rechtswesen und in der Politik so wichtige Rhetorik war noch nicht erfunden! Erst eineinhalb Jahrhunderte nach Solons flammendem Aufruf entwickelten die Siziliengriechen Korax und Teisias ein Lehrsystem der Redekunst, und von Sizilien brachte zu Beginn des Peloponnesischen Kriegs der Sophist Gorgias die Prunkrede als eine neue Form des Ohrenschmauses nach Athen und erhielt für seinen Unterricht in der neuen Kunst geradezu fürstliche Honorare. Die attische Demokratie, in der die politisch führenden Männer die wankelmütige Masse stets aufs neue für ihre Absichten gewinnen mußten, schien auf Leute wie Gorgias oder Protagoras geradezu gewartet zu haben, und wenn es skrupellosen Demagogen gelang, mit der Macht des Wortes die Menschen in ihren Bann zu schlagen, wirkte das wie ein Beweis für die Richtigkeit aller von den Redelehrern gemachten Versprechungen: Ὁ σοφιστὴς δεινὸν ποιεῖ λέγειν ... (S. 211).

So wurde die Rhetorik zum wichtigsten Unterrichtsgegenstand und nahm auch durch Athens Niederlage gegen Sparta keinen Schaden: Aristoteles, der bedeutendste Schüler Platons, verbreiterte ihre theoretischen Grundlagen, Isokrates entwickelte einen vierjährigen Studiengang der Redekunst und wurde zum ersten ›Professor‹ und Schöpfer eines allgemeinbildenden Unterrichts, und Demosthenes setzte seine Wortgewalt in der Auseinandersetzung Athens mit Philipp von Makedonien ein; noch heute bezeichnen wir eine temperamentvolle und bissige rhetorische Attacke als Philippika.

Mit dem Ende der freien griechischen Stadtstaaten verlor auch die politische Rede an Bedeutung: An den Fürstenhöfen der Diadochen waren Verherrlichung des Herrschers und blumige Propaganda gefragt. Die sogenannten Asianer, die Rhetoren in den Griechenstädten Kleinasiens, übten nun sich und ihre Schüler in barockem Schwulst. Dagegen machten die Attizisten, die Befürworter eines schlichteren Stils, energisch Front und beriefen sich auf die großen Vorbilder der Vergangenheit, die Redeschmuck nur sparsam verwendeten, auf Sprachrichtigkeit und Deutlichkeit achteten und vor allem darauf bedacht waren, daß die gewählten Worte dem behandelten Gegenstand angemessen waren.

Als eines jener Vorbilder wurde Lysias geschätzt, der selbst kaum als Redner aufgetreten war, sondern den Beruf des λογο-γράφος, des Redenschreibers, ausgeübt hatte. Da es in Athen die Einrichtung des Rechtsanwalts nicht gab, mußte jeder Bürger vor Gericht seine Sache selbst vertreten, ob er nun klagte oder verklagt wurde. Wer dazu nicht die nötige Eloquenz besaß, ließ sich von einem Logographen eine Rede verfassen, die er auswendig lernte und dann, so gut es eben ging, vortrug. Die Kunst des ›Ghostwriters‹ bestand nun darin, die Möglichkeiten seines Kunden nicht zu überfordern und ihm eine nach Stil und Wortwahl möglichst passende Rede ›auf den Leib zu schneidern‹.

Lysias brachte es auf diesem Feld zu unerreichter Meisterschaft, so daß jede seiner Reden dem heutigen Leser durch treffsichere Charakterisierung von Personen, plastische Schilderung von Sachverhalten und raffinierte Argumentation ein neues ästhetisches Erlebnis vermittelt.

Da steht zum Beispiel ein Invalide vor Gericht, dem seine kleine Rente aberkannt werden soll, weil er nach Ansicht des Klägers gar nicht ἀδύνατος sei; sogar hoch zu Roß habe man ihn schon sehen können! Dieser Vorwurf wiegt schwer, weil er zugleich die Bedürftigkeit des Beklagten in Frage stellt, und er trifft zu – doch unser Invalide kontert in der Pose der tief verletzten Unschuld:

Περὶ δὲ τῆς ἐμῆς ἱππικῆς, ἧς οὗτος ἐτόλμησε 10
μνησθῆναι πρὸς ὑμᾶς, οὔτε τὴν τύχην δείσας οὔτε
ὑμᾶς αἰσχυνθείς, οὐ πολὺς ὁ λόγος. Ἐγὼ γάρ, ὦ
βουλή, πάντας οἶμαι τοὺς ἔχοντάς τι δυστύχημα
τοῦτο ζητεῖν καὶ τοῦτο φιλοσοφεῖν, ὅπως ὡς ἀλυ-
πότατα μεταχειριοῦνται τὸ συμβεβηκὸς πάθος. Ὧν
εἷς ἐγώ, καὶ περιπεπτωκὼς τοιαύτῃ συμφορᾷ 11
ταύτην ἐμαυτῷ ῥᾳστώνην ἐξηῦρον εἰς τὰς ὁδοὺς τὰς
μακροτέρας τῶν ἀναγκαίων. Ὃ δὲ μέγιστον, ὦ
βουλή, τεκμήριον ὅτι διὰ τὴν συμφορὰν ἀλλ' οὐ
διὰ τὴν ὕβριν, ὡς οὗτός φησιν, ἐπὶ τοὺς ἵππους
ἀναβαίνω ῥᾴδιόν ἐστι μαθεῖν· εἰ γὰρ ἐκεκτήμην
οὐσίαν, ἐπ' ἀστράβης ἂν ὠχούμην, ἀλλ' οὐκ ἐπὶ 12
τοὺς ἀλλοτρίους ἵππους ἀνέβαινον· νυνὶ δ' ἐπειδὴ
τοιοῦτον οὐ δύναμαι κτήσασθαι, τοῖς ἀλλοτρίοις
ἵπποις ἀναγκάζομαι χρῆσθαι πολλάκις. Καίτοι
πῶς οὐκ ἄτοπόν ἐστιν, ὦ βουλή, τοῦτον ἄν, εἰ μὲν
ἐπ' ἀστράβης ὀχούμενον ἑώρα με, σιωπᾶν (τί γὰρ
ἂν καὶ ἔλεγεν;), ὅτι δὲ ἐπὶ τοὺς ᾐτημένους ἵππους
ἀναβαίνω, πειρᾶσθαι πείθειν ὑμᾶς ὡς δυνατός εἰ-
μι; καὶ ὅτι μὲν δυοῖν βακτηρίαιν χρῶμαι, τῶν
ἄλλων μιᾷ χρωμένων, μὴ κατηγορεῖν ὡς καὶ τοῦτο
τῶν δυναμένων ἐστίν, ὅτι δ' ἐπὶ τοὺς ἵππους ἀνα-
βαίνω, τεκμηρίῳ χρῆσθαι πρὸς ὑμᾶς ὡς εἰμὶ τῶν
δυναμένων; Οἷς ἐγὼ διὰ τὴν αὐτὴν αἰτίαν ἀμφοτέ-
ροις χρῶμαι.

**Anmerkungen:**

(2) μνησθῆναι: Inf. Aor. zu μιμνῄσκομαι, erwähnen; das Verb verlangt den Genitiv, daher ἧς (T 6.7) – δείσας: Part. Aor. zu δείδω, fürchten – (3) αἰσχυνθείς (T 7.4.3/T 10) – (4) πάντας ... φιλοσοφεῖν: AcI (R 7.2) – (5) ἀλυπότατα (T 5) – (6) μεταχειριοῦνται Futur zu μεταχειρίζομαι (T 7.3 Anm.) – συμβεβηκός: Part. Perf. Akt. (n) zu συμβαίνειν, zustoßen – (7) περιπεπτωκώς: Part. Perf. Akt. (m) zu περι-πίπτω (T 10) – (8) ἐξ-ηῦρον: s.

»Über meine Reitkünste aber, die der da zu erwähnen wagte vor euch, ohne sich vor dem Schicksal zu fürchten noch sich vor euch zu schämen, ist nicht viel zu sagen. Ich glaube nämlich, hohes Gericht, daß alle, die irgendein Gebrechen haben, danach suchen und darauf spekulieren, daß sie möglichst schmerzlos mit der Macke zurecht kommen, die sie abgekriegt haben. So einer (von diesen einer) bin ich, und da ich so ins Pech getreten bin, habe ich mir diese Erleichterung herausgefunden für die längeren Wege der (unbedingt) nötigen. Der größte Beweis aber, hohes Gericht, daß ich wegen meines Unglücks und nicht aus Hochmut, wie der da sagt, auf die Pferde hinaufsteige, ist leicht zu verstehen: Wenn ich nämlich Vermögen besäße, dann käme ich auf einem Maultier daher und würde nicht auf die fremden Pferde steigen. Nun aber, da ich mir dergleichen nicht verschaffen kann, bin ich gezwungen, fremde Pferde zu benützen (und zwar) oft. Doch (wie) ist das nicht widersinnig, hohes Gericht, daß der da, wenn er mich auf einem Maultier daherkommen sähe, den Mund hielte (was könnte er auch schon sagen?), daß er jedoch, weil ich auf die gemieteten Pferde steige, euch einreden will, ich sei kerngesund? Und daß er, weil ich zwei Krücken brauche, während die andern nur eine benützen, nicht klagt, als ob das typisch sei für die Gesunden, daß ich aber auf die Pferde steige, als Beweis nimmt euch gegenüber, daß ich zu den Gesunden gehöre? Dabei brauche ich beides (d. h. die Stöcke und die Pferde) aus demselben Grund.«

---

εὑρίσκω (T 10) – (12) μαθεῖν: s. μανθάνω (T 10) – ἐ-κε-κτήμην: Plusquamperfekt zu κτάομαι, hier in Verbindung mit ὠχούμην ἄν zum Ausdruck der Unwirklichkeit (R 6.2) – (17) τοῦτον ἄν ... σιωπᾶν: unwirkliche Aussage im AcI (R 6.2/7.2/7.6) – (18) ἑώρα: Imperfekt zu ὁράω (T 10) – (19) ᾐτημένος: Part. Perf. Pass. zu αἰτέομαι, für sich verlangen, mieten – (21) βακτηρίαιν: Dual-Form zur Bezeichnung der Zweizahl, vgl. δυοῖν (T 6.8.1) – τῶν ἄλλων ... χρωμένων: absoluter Genitiv (R 8.4) – (23/24) τῶν δυναμένων: Genitiv zur Bezeichnung der Zugehörigkeit (R 2.1 a)

Diese kleine Passage ist ein schönes Beispiel sophistischer Argumentation: Was vom Kläger als Beweis für die Gesundheit und fehlende Bedürftigkeit des Angeklagten ins Feld geführt wurde, wird von diesem zum scheinbar stichhaltigen Argument für seine Invalidität und Armut umgeschmiedet: Hätte er Geld, dann könnte er sich ein Maultier mit bequemem Sattel kaufen, und wenn ihn dann der Kläger sähe, müßte er ja wohl schweigen. Das gar nicht vorhandene Muli erfüllt bei diesem Trick eine doppelte Aufgabe: da es nicht existiert, erweist es durch sein Fehlen die materielle Not des Beklagten; wäre es da, dann würde es schlagend seine Invalidität beweisen, denn wer benützt sonst schon Maultiere! Natürlich trägt jeder dieser Scheinschlüsse seinen Gegenbeweis bereits in sich, zumal der ἀδύνατος noch die Unverfrorenheit besitzt, die *häufige* Benützung von Mietpferden zuzugeben: Das Wörtchen πολλάκις steht gar herausgehoben am Ende des Satzes. Die sachliche Basis seiner Argumentation ist also denkbar schwach, doch er sucht sie durch Pfiffigkeit zu stärken und rechnet wohl auch mit der schmunzelnden Sympathie der Richter, wenn er ihnen einredet, wie sauer es ihm doch wird, auf diese Mietpferde hinaufzuklettern (ἀνα-βαίνειν). Und damit will der Kläger, dieser unverschämte Mensch, seine Gesundheit nachweisen! Dabei ist die Sache doch ganz einfach:

> Ein Gesunder reitet nicht, weil er ja zu Fuß gehen kann; also ist jeder Reiter ein Invalide!

Wem diese logische Kapriole noch nicht einleuchtet, dem wird's noch dicker gegeben:

> Der Invalide unterscheidet sich vom Gesunden durch den Gebrauch einer Krücke.
> Also ist zu vermuten, daß ein Benützer von zwei Krükken kein Invalide ist.

Indem der Angeklagte dem Kläger abwegige Gedankengänge unterschiebt, sucht er die Lacher auf seine Seite zu ziehen, indem er auf den anderen als unverschämten Kerl eindrischt, deckt er seine eigene Unverschämtheit mit der Maske des Biedermannes. Ob er mit einer solchen Strategie vor einem heutigen Gericht durchkäme, ist mehr als fraglich: Wir suchen das Gewicht der vorgebrachten Argumente zu prüfen, während sich antike Richter eher durch die Wahl der Worte und die geschickte Plazierung an sich gar nicht so stichhaltiger Beweisgründe bluffen ließen – doch damals dominierte das gesprochene Wort, das rasch verklingt; heute bleibt alles, was vorgebracht werden kann, in Akten und Protokollen zur Nachprüfung verfügbar.

Die erhaltenen Reden des Lysias können allerdings für denjenigen, der sich mit dem Rechtssystem im antiken Athen befaßt, die Funktion solcher Aufzeichnungen teilweise ersetzen; vielfach ist Raum gelassen für den Wortlaut der Gesetze, auf die man sich berief, und für die Aussagen von Zeugen; und die Argumente des Prozeßgegners können aus den Gegenargumenten erschlossen werden. Wie freilich die Richter schließlich entschieden, das ist nicht mehr in Erfahrung zu bringen, und auch der Fall selbst entzieht sich durch die notwendigerweise subjektive Darstellung oft unserem Urteil.

Da steht ein Mann vor Gericht, dem die Anklage vorwirft, er habe den Liebhaber seiner Frau arglistig ins Haus gelockt, um ihn dort ermorden zu können; der Beklagte aber stellt die Sache so dar:

... ἐκεῖνος μὲν ἀπιὼν ᾤχετο, ἐγὼ δ' ἐκάθευδον.
Ὁ δ' Ἐρατοσθένης, ὦ ἄνδρες, εἰσέρχεται, καὶ ἡ
θεράπαινα ἐπεγείρασά με εὐθὺς φράζει ὅτι ἔνδον
ἐστί. Κἀγὼ εἰπὼν ἐκείνῃ ἐπιμέλεσθαι τῆς θύρας,
καταβὰς σιωπῇ ἐξέρχομαι, καὶ ἀφικνοῦμαι ὡς τὸν
καὶ τόν, καὶ τοὺς μὲν οὐκ ἔνδον κατέλαβον, τοὺς δὲ
οὐδ' ἐπιδημοῦντας ηὗρον. Παραλαβὼν δ' ὡς οἷόν 24
τε ἦν πλείστους ἐκ τῶν παρόντων ἐβάδιζον. Καὶ
δᾷδας λαβόντες ἐκ τοῦ ἐγγύτατα καπηλείου εἰσερ-
χόμεθα, ἀνεῳγμένης τῆς θύρας καὶ ὑπὸ τῆς ἀνθρώ-
που παρεσκευασμένης. Ὤσαντες δὲ τὴν θύραν τοῦ
δωματίου οἱ μὲν πρῶτοι εἰσιόντες ἔτι εἴδομεν αὐ-
τὸν κατακείμενον παρὰ τῇ γυναικί, οἱ δ' ὕστερον
ἐν τῇ κλίνῃ γυμνὸν ἑστηκότα. Ἐγὼ δ', ὦ ἄνδρες, 25
πατάξας καταβάλλω αὐτόν, καὶ τὼ χεῖρε περια-
γαγὼν εἰς τοὔπισθεν καὶ δήσας ἠρώτων διὰ τί ὑβρί-
ζει εἰς τὴν οἰκίαν τὴν ἐμὴν εἰσιών. Κἀκεῖνος ἀδι-
κεῖν μὲν ὡμολόγει, ἠντεβόλει δὲ καὶ ἱκέτευε μὴ
ἀποκτεῖναι ἀλλ' ἀργύριον πράξασθαι. Ἐγὼ δ' 26
εἶπον ὅτι ›οὐκ ἐγώ σε ἀποκτενῶ, ἀλλ' ὁ τῆς πόλεως
νόμος, ὃν σὺ παραβαίνων περὶ ἐλάττονος τῶν
ἡδονῶν ἐποιήσω, καὶ μᾶλλον εἵλου τοιοῦτον
ἁμάρτημα ἐξαμαρτάνειν εἰς τὴν γυναῖκα τὴν ἐμὴν
καὶ εἰς τοὺς παῖδας τοὺς ἐμοὺς ἢ τοῖς νόμοις πεί- 27
θεσθαι καὶ κόσμιος εἶναι‹.

**Anmerkungen:**

(1) ἀπ-ιών (T 9.1 b) ᾤχετο (Impf. zu οἴχομαι, weggehen): »er ging weggehend weg« = er entfernte sich rasch – (3) ἐπ-εγείρασα: Part. Aor. Akt. (f) zu ἐπ-εγείρω, wecken – (4) κἀγώ (Krasis) = καὶ ἐγώ – εἰπών: s. T 10, ἀγορεύω – ἐπιμέλεσθαι: s. R 7.4 (Infinitiv zum Ausdruck einer Absicht) – (5) κατα-βάς: s. T 7.4.4 – ὡς = πρός (6) κατ-έλαβον: s. T 10, λαμβάνω – (7) ηὗρον: T 10, εὑρίσκω – παρα-λαβών: s. T 10, λαμβάνω – ὡς οἷόν τε ἦν πλείστους: ›wie es möglich war sehr viele‹, ausführlichere Formulierung statt ὡς πλείστους, möglichst viele – (8) παρ-ών (T 9.1 a): anwesend – (9) ἐγγύτατα: Adverb als Attribut, vgl. R 1.7/T 5 – (10) ἀν-εῳγμένης (Part. Perf. Pass. zu ἀν-οίγνυμι, öffnen) τῆς θύρας καὶ ... παρ-ε-σκευασμένης: absoluter Genitiv (R 8.4) –

»... jener (ein später Gast des Sprechers) ging rasch weg, ich aber legte mich schlafen. Eratosthenes (der Liebhaber) aber, meine Herren, kommt (ins Frauengemach), und die (vom Hausherrn instruierte) Dienerin weckt mich gleich und sagt, daß er drin ist. Und ich sage ihr, daß sie auf die Tür achten soll, gehe leise (in Schweigen) hinab (ins Erdgeschoß) und verlasse (das Haus), und ich komme zu dem und dem, und die einen traf ich nicht daheim (drinnen) an, die andern fand ich nicht einmal außer Haus (sich auswärts aufhaltend). Ich nahm mir nun möglichst viele von denen, die da waren, und ging los. Und wir holten Fackeln aus dem nächsten Kramladen und gingen 'rein, weil die Tür offen war und von der Frau (dem Mensch) präpariert. Als wir die Tür des (Frauen-)Zimmers aufstießen, sahen wir, die wir als erste hineinrannten, ihn noch bei meiner Frau liegen, die Späteren sahen ihn nackt auf dem Bett stehen. Ich aber, meine Herren, schlage zu und werfe ihn hin, und während ich seine Hände nach hinten drücke (herumführe) und binde, fragte ich, weshalb er sich die Frechheit herausnehme, in mein Haus einzudringen.
Und jener gab zu, im Unrecht zu sein, flehte mich aber an und beschwor mich, ihn nicht zu töten, sondern Geld zu verlangen. Ich aber sagte: ›Nicht ich werde dich töten, sondern das Gesetz der Stadt, das du übertreten und (damit) geringer geachtet hast als deine Begierden, und du hast es vorgezogen, solch ein Verbrechen zu begehen gegenüber meiner Frau und meinen Kindern, statt den Gesetzen zu gehorchen und anständig zu sein.‹«

---

ἡ ἄνθρωπος: abwertende Bezeichnung der Sklavin, die bei der Aktion mithilft – (11) ὤσαντες: Part. Aor. Akt. zu ὠθέω, stoßen – (12) εἰσ-ιόντες: s. T 9.1 b – εἴδομεν: s. T 10, ὁράω – αὐτὸν κατα-κείμενον: AcP (R 7.3) bei direkter Wahrnehmung – (13) οἱ ὕστερον: Substantiviertes Adverb, ähnlich dem Deutschen ›die drunten‹ – (14) ἑστηκότα: Part. Perf. zu ἵσταμαι (T 10) – πατάξας Part. Aor. Akt. zu πατάσσω, schlagen – (15) τὼ χεῖρε: Dual zur Bezeichnung der Zweizahl – περι-αγαγών: s. T 10, ἄγω – (16) τοὔπισθεν: Krasis statt τὸ ὄπισθεν – δήσας: Part. Aor. Akt. zu δέω, binden – ἠρώτων: Impf. zu ἐρωτάω, fragen – (17) εἰσ-ιών: s. T 9.1 b – (18) ὡμολόγει: Impf. zu

Auch in dieser Rede bemüht sich Lysias, durch Wortwahl und Stil einen ›Mann aus dem Volke‹ zu charakterisieren, der an dem schlimmen Verführer Eratosthenes die ihm als betrogenem Ehemann zustehende Rache vollzieht. Trotz der großen Worte, die in der abschließenden Moralpredigt fallen, bleibt allerdings die Frage für uns offen, ob Eratosthenes nicht doch in eine sorgfältig ausgelegte Schlinge getappt ist.

---

ὁμολογέω, zugeben – ἠντ-ε-βόλει: mit doppeltem Augment versehenes Impf. zu ἀντιβολέω, sich vor jemand hinwerfen, flehen – (19) ἀποκτεῖναι: s. T 10 – πράξασθαι: Inf. Aor. zu πράττομαι, (Geld) eintreiben, fordern – (20) εἶπον: s. T 10, ἀγορεύω – ὅτι entspricht hier als Signal für den Beginn einer wörtlichen Rede dem Doppelpunkt im Deutschen – ἀποκτενῶ: s. T 10, ἀποκτείνω – (21) περὶ ἐλάττονος (T 4.2) ἐποιήσω (T 7.4.1 ἐπαύσω): du hast als weniger wichtig betrachtet – τῶν ἡδονῶν: Vergleichsgenitiv (R 2.1 h) – (22) εἵλου: s. T 10, αἱρέομαι.

# AUSKLANG

Mit dem Siegeszug Alexanders bis an die Grenzen der damals bekannten Welt wurde Griechisch zur Weltsprache, zum allgemeinen (κοινός) Verständigungsmittel, der Koiné. Die alten geistigen Zentren im Mutterland traten an Bedeutung zurück hinter den Residenzen der Diadochen, der Nachfolger des großen Makedonenkönigs, die Philosophen, Literaten und Rhetoren in ihren Dienst nahmen und die Schätze der Vergangenheit sammeln und sichten ließen. Bibliotheken von Weltrang entstanden im kleinasiatischen Pergamon und im ägyptischen Alexandria, dessen ›Museion‹ als Vorläuferin unserer Universitäten gelten darf.

Aus der höchst umfangreichen, für uns aber zum größten Teil verlorenen literarischen Produktion dieser Epoche greifen wir noch einige Beispiele heraus, bevor wir uns dem Werk in Koiné zuwenden, von dem eine geradezu weltverändernde Wirkung ausging.

## 1. ... ohne mich!

(Theophrast, Charaktere 27)

(... ὁ δὲ δειλὸς τοιοῦτός τις, οἷος ...) στρατευόμενος δὲ πεζοῦ ἐκβοηθοῦντος τοὺς ⟨δημότας⟩ προσκαλεῖν, κελεύων πρὸς αὐτὸν στάντας πρῶτον περιιδεῖν, καὶ λέγειν, ὡς ἔργον διαγνῶναί ἐστι, πότεροί εἰσιν οἱ πολέμιοι· καὶ ἀκούων κραυγῆς καὶ ὁρῶν πίπτοντας εἴπας πρὸς τοὺς παρεστηκότας, ὅτι τὴν σπάθην λαβεῖν ὑπὸ τῆς σπουδῆς ἐπελάθετο, τρέχειν ἐπὶ τὴν σκηνήν, τὸν παῖδα ἐκπέμψας καὶ κελεύσας προσκοπεῖσθαι, ποῦ εἰσιν οἱ πολέμιοι, ἀποκρύψαι αὐτὴν ὑπὸ τὸ προσκεφάλαιον, εἶτα διατρίβειν πολὺν χρόνον ὡς ζητῶν.

»(... der Feigling aber ist von der Art, daß er ...)
wenn er ins Feld zieht und die Infanterie sich zum Sturmangriff formiert, seine Kameraden herbeiruft und sie, wenn sie bei ihm stehen, dazu auffordert, erst einmal Umschau zu halten, und (sodann) erklärt, es sei ein Problem, herauszubekommen, welches denn nun die Feinde seien. Und wenn er Geschrei hört und Leute fallen sieht, sagt er zu den Umstehenden, daß er in der Eile vergessen habe, sein Schwert mitzunehmen, rennt zum Zelt, schickt seinen Burschen weg und befiehlt ihm aufzupassen, wo die Feinde stehen, und versteckt das Schwert unter dem Kopfkissen. Dann aber bringt er lange Zeit hin, während er angeblich danach sucht.«

**Anmerkungen:**
(1) πεζοῦ ἐκ-βοηθοῦντος: absoluter Genitiv (R 8.4) – (2) προσ-καλεῖν: dieser und die folgenden Infinitive sind von (τοιοῦτος) οἷος abhängig; sie drücken die als möglich gedachten Folgen der Feigheit aus (R 9.2) – στάντας: Part. zum Wurzelaorist ἔστην (T 8.2/7.4.4) – (3) περι-ιδεῖν: s. T 10, ὁράω – διαγνῶναι: s. T 7.4.4, ἔγνων – (4) κραυγῆς: Gen. der direkten Wahrnehmung – (5) εἴπας = εἰπών s. T 10, ἀγορεύω – παρ-εστηκότας: Part. Perf. zu παρίσταμαι (T 10) – (6) λαβεῖν: s. T 10, λαμβάνω – ἐπελάθετο: s. T 10, ἐπιλανθάνομαι – (7) ἐκ-πέμψας (πέμπω)/κελεύσας: Part. Aor. Akt. – (8) ἀποκρύψαι: Inf. Aor. Akt. zu ἀπο-κρύπτω – (10) ὡς ζητῶν: »wie ein Suchender«.

Dieses Textchen stammt aus einer Sammlung von Charakterbildern, die der Lieblingsschüler und Erbe des Aristoteles, Theophrast, um 320 v. Chr. veröffentlichte. Für den höchst erfolgreichen, literarisch fruchtbaren Forscher und Lehrer, der an die 2000 Schüler um sich geschart haben soll, waren diese mosaikhaft aus Einzelbeobachtungen zusammengesetzten Skizzen kleinerer und größerer menschlicher Schwächen wohl nur eine Materialsammlung, die ihm selbst dazu diente, seine Vorlesungen mit anschaulichen Beispielen zu würzen. Doch ungeachtet ihrer Kunstlosigkeit hatten die »Charaktere« eine erstaunliche Nachwirkung, die wir über den Komödiendichter Menander und seine römischen Nachahmer, über den Satiriker Petron, der in seinem großangelegten Schelmenroman Theophrasts additive Personenschilderung weiterentwickelte, über Shakespeare und Molière bis in die neueste Zeit verfolgen können.

Dabei trat die Absicht des Theophrast, durch Darstellung falscher Verhaltensweisen für das rechte Maß zwischen den Extremen zu sensibilisieren, mit der Zeit zurück hinter dem Unterhaltungswert dieser Skizzen; denn die Nachfrage nach unterhaltender Literatur in der griechischen Welt des Hellenismus scheint außerordentlich groß gewesen zu sein. Ihrer Befriedigung dienten die bürgerlichen Lustspiele der ›Neuen Komödie‹ mit ihrem Repertoire an festen Typen, die schon erwähnte Fülle der Schein-Epigramme, dazu Anekdoten, Fabeln und andere Kleinformen und schließlich Wunder-, Abenteuer- und Liebesgeschichten, deren längste den Umfang eines durchschnittlichen modernen Romans leicht erreichen.

## 2. Die Verwandlung

(Λούκιος ἢ ὄνος 13)

... Ἐγὼ δὲ σπεύδων ἤδη ἀποδύσας χρίω ὅλον ἐμαυτόν, καὶ ὄρνις μὲν οὐ γίγνομαι ὁ δυστυχής, ἀλλά μοι οὐρὰ ὄπισθεν ἐξῆλθε καὶ οἱ δάκτυλοι πάντες ᾤχοντο οὐκ οἶδ' ὅποι, ὄνυχας δὲ τοὺς πάντας τέσσαρας εἶχον καὶ τούτους οὐδὲν ἄλλο ἢ ὁπλάς, καί μοι αἱ χεῖρες καὶ οἱ πόδες κτήνους πόδες ἐγένοντο, καὶ τὰ ὦτα δὲ μακρὰ καὶ τὸ πρόσωπον μέγα. Ἐπεὶ δὲ κύκλῳ περιεσκόπουν, αὐτὸν ἑώρων ὄνον.

Ich aber, der ich mich eilends ausgezogen hatte, salbte mich ganz ein, und ein Vogel wurde ich nicht, ich Pechvogel, sondern mir kam hinten ein Schwanz heraus und die Finger allesamt verschwanden, weiß nicht, wohin, Fingernägel aber hatte ich insgesamt vier und zwar (= diese) nichts anderes als Hufe, und die Hände und Füße wurden mir zu den Füßen eines Stücks Vieh und die Ohren lang und das Mundwerk groß. Und wie ich mich rundherum anschaute, da sah ich exakt einen Esel!

Den Bericht über diese peinliche Verwandlung legte ein uns unbekannter Autor einem jungen Mann namens Lukios in den Mund, weswegen die uns erhaltene Kurzfassung (ἐπιτομή) der Wundergeschichte unter dem Namen des scharfzüngigen Essayisten und Satirikers Lukianos von Samosata überliefert ist. Dieser machte sich allerdings in seinen Schriften gern über die Wundergläubigkeit seiner Zeitgenossen

**Anmerkungen:**

(1) ἀπο-δύσας: Part. Aor. Akt. zu ἀπο-δύω – (3) ἐξ-ῆλθε: s. T 10, ἔρχομαι – ᾤχοντο: Impf. zu οἴχομαι – οἶδ(α): s. T 9.2 – (4) εἶχον: Impf. zu ἔχω – (6) κτήνους: Gen. zu τὸ κτῆνος (Stamm von κτάομαι, erwerben), das (gekaufte) Stück Vieh, das Haustier – ἐγένοντο: s. T 10, γίγνομαι – τὰ ὦτα: Pl. zu τὸ οὖς, ὠτός, das Ohr – (7) περι-ε-σκόπουν: Impf. zu περι-σκοπέω – (8) ἑώρων: Impf. zu ὁράω – αὐτόν: »selbst«, persönlich, genau.

lustig und attackierte besonders die phantastischen Reiseberichte in seiner von A bis Z erlogenen »Wahren Geschichte« (ἀληθὴς ἱστορία). In ihr durchqueren Seefahrer einen Ozean aus Milch, landen an einer Käseinsel, werden von einem Sturm auf den Mond verschlagen, dessen Bewohner sich mit Lanzen aus Spargel und Pfifferlingsschilden grimmige Gefechte liefern, und geraten am Ende in einen ›Krieg der Sterne‹ hinein! Viele von den abenteuerlichen Einfällen Lukians finden wir wieder in den »Wunderbaren Reisen zu Wasser und zu Lande«, in denen G. A. Bürger den Aufschneidereien des Freiherrn von Münchhausen literarische Form verlieh.
Die Geschichte von Lukios, dem Esel, brachte im 2. Jh. n. Chr. der gebürtige Afrikaner Apuleius dem römischen Lesepublikum mit all den sprachlichen Effekten nahe, deren es als geschulter Rhetor fähig war. Er beschreibt die Metamorphose des Lukios folgendermaßen:

... abiectis propere laciniis totis avide manus immersi et haurito plusculo uncto corporis mei membra perfricui, iamque alternis conatibus libratis bracchiis in avem similem gestiebam – nec ullae plumulae nec usquam pinnulae, sed plane pili mei crassantur in setas et cutis tenella duratur in corium et in extimis palmulis perdito numero toti digiti coguntur in singulas ungulas et de spinae meae termino grandis cauda procedit. Iam facies enormis et os prolixum et nares hiantes et labiae pendulae. Sic et aures immodicis horripilant auctibus, nec ullum miserae reformationis video solacium, nisi quod mihi iam nequeunti tenere Phtotidem natura crescebat. Ac dum salutis inopia cuncta corporis mei considerans non avem me, sed asinum video ...

(Apuleius, Eselsroman III 24, 2 ff.)

»... ich werfe eilig all meine Lappen von mir, tauche gierig meine Hände in die Salbe, hole einen tüchtigen Batzen heraus und reibe mich damit am ganzen Körper kräftig ein – und schon unternehme ich meinerseits einen Versuch, balanciere mit den Armen und führe mich ganz wie ein Vogel auf – doch da ist kein Fläumchen, kein Federchen, nein, meine Haare verdicken sich zu Borsten und meine zarte Haut wird hart wie Leder und an den Endchen meiner hübschen Händchen verklumpen unter Verlust der rechten Zahl sämtliche Finger zu einzelnen Hufen und am Endpunkt meiner Wirbelsäule schiebt sich ein mächtiger Schwanz hervor.. Schon gerät meine Visage aus allen Fugen, mein Mundwerk springt vor, die Nasenlöcher klaffen, die Lefzen schlabbern, die Ohren haarsträuben sich in maßlosem Wuchs, und ich sehe keinen Trost bei dieser miesen Metamorphose als den, daß mir, der ich Photis allerdings nicht mehr halten kann, auch der Penis zu wachsen beginnt. Und wie ich nun ohne ein Mittel zur Rettung alles, was an mir ist, angelegentlich anschaue und konstatiere, daß ich kein Vogel, sondern ein Esel bin (fehlen mir bereits die Worte, um mich bei Photis zu beklagen).«

Beim Vergleich dieser rhetorisch aufgedonnerten Passage mit ihrem vermutlichen griechischen Vorbild drängt sich ein abfälliges Urteil über Apuleius auf, doch sollten wir dabei bedenken, daß er für ein Publikum schrieb, das nach kräftigem Tobak verlangte.

Hat man sich in den sprunghaft die Sprachebenen wechselnden Stil des Apuleius eingelesen, dann kann man sein Werk durchaus goutieren als schönes Beispiel der Mischung von Phantastik und krassem Realismus, von sex und crime mit zarten Liebesidyllen, von Räuberromantik und Schauergeschichten, wie sie für den antiken Roman kennzeichnend war. Die mißglückte Metamorphose des allzu neugierigen Lukios, den die Magd einer thessalischen Hexe eigentlich in einen Vogel verwandeln wollte, stellt nämlich nur den Rahmen dar, der – fast Boccaccios Decamerone vergleichbar – in den zehn Büchern des Eselsromans eine Fülle heterogener Einzelhandlungen umspannt, darunter auch das berühmte Märchen von Amor und Psyche, das eine betrunkene Räubergroßmutter am nächtlichen Lagerfeuer einer entführten jungen Dame zum Trost erzählt.

Wer auf dem in der Schule üblichen Weg ein Stück weit in die lateinische Literatur eingedrungen ist und damit die Vorstellung von dubiosen militärischen Operationen (die sich bei Asterix zu stereotypen Keilereien verwandeln) und langwierigen Reden verbindet, mag bei so ganz andersartigen Stoffen verblüfft feststellen, daß er solche Lektüre den alten Griechen und Römern gar nicht zugetraut habe, während ein anderer, der in antiken Texten nur nach Hohem und Edlem sucht, von dergleichen ›Trivialliteratur‹ abgestoßen wird. Wir sollten uns aber nicht zu gut sein für die Betrachtung der leider nur geringen Reste einer einst überreichen Produktion, die sogar gelegentlich das Interesse des großen Goethe erregte:

> ... aus dem Grabe werd ich ausgetrieben,
> noch zu suchen das vermißte Gut,
> noch den schon verlornen Mann zu lieben
> und zu saugen seines Herzens Blut.
> Ist's um den geschehn,
> muß nach andern gehn,
> und das junge Volk erliegt der Wut.

Diese Strophe stammt aus der Ballade »Die Braut von Korinth«, in der die schaurige Geschichte einer Wiedergängerin erzählt wird; zur Nachtzeit entsteigt sie dem Grab und schleicht sich auf das Lager ihres einstigen Verlobten, dem ihr früher Tod verschwiegen wurde – bis ihre Mutter die Eiseskalte in den Armen des Geliebten überrascht.

Goethes Quelle waren die nur bruchstückhaft erhaltenen Wundergeschichten des Phlegon von Tralleis, der erst als Sklave, dann als Freigelassener das Reisetagebuch des vielseitig interessierten Kaisers Hadrian führte und neben anderen Werken auch eines περὶ μακροβίων καὶ θαυμασίων (über langlebige und erstaunliche Menschen) verfaßte, worin er das Interesse seiner Leser an Rekorden und an Abartigem durch Schilderung von Mißgeburten, Geschlechtswandel, Auferstehung Totgeglaubter und dergleichen zu befriedigen suchte – sozusagen ein antiker Sensationsjournalist.

## 3. Heile Welt

Als sich über Frankreich schon jene Gewitterwolken zusammenzogen, die sich in der Großen Revolution schrecklich entluden, ließ die Königin Marie Antoinette sich im Park von Versailles ein hübsches Dörfchen mit einer Mühle en miniature errichten, wo sie mit den Damen und Herren ihres Hofstaats in bäuerlicher Tracht sich zu vergnügen pflegte. Daß diese zeitweilige Flucht ins gespielte Landleben keine spezielle Marotte der unglücklichen Königin war, läßt sich an zahlreichen Schöpfungen der Dichtung und darstellenden Kunst des 17. und 18. Jahrhunderts nachweisen: Auf Meißner Porzellan und in Öl, im Schauspiel und in langen Gedichten schmachten da adrett gekleidete Schäfer ihre reifrocktragenden Schäferinnen an, die Amaryllis oder Phyllis heißen und nicht allzulang die Spröde spielen.

Die sanges- und instrumentenkundigen Liebhaber nennen sich Daphnis, Menalkas oder Meliboios, tragen gut griechische Namen und erinnern daran, daß auch die Hirtendichtung, die Bukolik, sich im griechischen Sprachraum entwikkelte, allerdings nicht in klassischer Zeit und in deren Zentrum, Athen, sondern in den menschenwimmelnden Metropolen der hellenistischen Welt, Syrakus und Alexandria.

Als Begründer dieser literarischen Gattung gilt Theokrit aus Syrakus, der im 3. vorchristlichen Jahrhundert seine »Bildchen« (εἰδύλλια) aus dem Hirtenleben schrieb. Daß in ihnen die Wirklichkeit verklärend überhöht wurde, schwingt auch im heutigen Bedeutungsinhalt des Fremdworts Idylle noch mit: Ganz und gar ›idyllisch‹ geht es bei jenen Hirten zu, die Zeit haben für Wettgesänge und für endloses Liebeswerben:

Κωμάσδω ποτὶ τὰν Ἀμαρυλλίδα, ταὶ δέ μοι αἶγες
βόσκονται κατ' ὄρος, καὶ ὁ Τίτυρος αὐτὰς ἐλαύνει.
Τίτυρ', ἐμὶν τὸ καλὸν πεφιλημένε, βόσκε τὰς αἶγας,
καὶ ποτὶ τὰν κράναν ἄγε, Τίτυρε· καὶ τὸν ἐνόρχαν,
τὸν Λιβυκὸν κνάκωνα, φυλάσσεο μή τυ κορύψῃ.

Ὦ χαρίεσσ᾽ Ἀμαρυλλί, τί μ᾽ οὐκέτι τοῦτο κατ᾽ ἄντρον
παρκύπτοισα καλεῖς, τὸν ἐρωτύλον; ἦ ῥά με μισεῖς;
ἦ ῥά γέ τοι σιμὸς καταφαίνομαι ἐγγύθεν ἦμεν,
νύμφα, καὶ προγένειος; ἀπάγξασθαί με ποήσεις.

(Theokrit, 3. Idylle, 1–9)

Hin will ich zu Amaryllis, ein Ständchen ihr bringen, die Ziegen
sollen weiden am Berg, und der Tityros kann sie ja hüten.
Tityros, der du so schön mir verbunden bist, weide die Ziegen
und zu der Quelle hin treibe sie, Tityros, und vor dem Leitbock,
dem aus Libyen, dem Fahlen, da nimm dich acht, denn sonst stößt er!
Ach, Amaryllis, du Schöne, was rufst du mich nie in die Grotte,
schenkst deinem Liebhaber nie einen Blick – ja, haßt du mich etwa?
Schein' ich dir denn aus der Nähe stumpfnäsig zu sein oder, Mädchen,
springt dir mein Kinn zu weit vor? Daß ich mich noch hänge, du schaffst es!

**Anmerkungen:**

(1) κωμάσδω: im dorischen Dialekt, den die Bukolik bevorzugt (die Landschaft Arkadien lag im dorischen Sprachraum!), entspricht dem attischen ζ der Laut σδ; der Stamm von κωμάζω ist uns bereits aus der Komödie bekannt, dem »Gesang beim lustigen Umzug (κῶμος)«, das Verbum selbst bezeichnet unter anderem »mit Musik herumziehen«, »an einem Fest teilnehmen« und auch »betrunken jemand aufsuchen« – ποτί = πρός – τάν = τήν – ταί = αἵ – (2) κατ(ά) – (3) Τίτυρ(ε) – ἐμίν = ἐμοί – πε-φιλη-μένος: Partizip Perfekt Passiv zu φιλέω – (5) φυλάσσεο = φυλάττου (Imperativ zu φυλάττεσθαι: sich hüten) – τύ = σέ – κορύψῃ: Konjunktiv Aorist zu κορύπτω (mit den Hörnern stoßen) – (6) χαρίεσσ(α) – μ(έ) – (7) παρκύπτοισα = παρα-κύπτουσα: Partizip Präsens Aktiv im Feminin, bezogen auf Amaryllis (›herausblickend‹) – (8) τοί = σοί – ἦμεν = εἶναι – (9) ἀπ-άγξασθαι: Infinitiv Aorist zu ἀπ-άγχεσθαι (sich aufhängen), abhängig von ποήσεις (= ποιήσεις, Futur von ποιέω).

Natürlich ist die Drohung mit dem Aufhängen nicht ernster gemeint als die des Papageno in der Zauberflöte, der dieser falschen Welt Adieu sagen will, wenn ihn nicht augenblicklich ein hübsches Mädchen erhört. Wäre es anders, dann verlören sowohl Papageno wie unser Hirt jene durch ein ganz klein wenig Tragik gewürzte Komik, die den überlegenen Betrachter an ihnen entzückt. Beide Figuren sind, auch wenn sie sich in Versen äußern, naive Naturmenschen, die aus ihrem Herzen keine Mördergrube machen und, wenn sie sich schon einmal einer kleinen List bedienen wollen, unweigerlich durchschaut werden. Sie sind mit bescheidenem Glück im Winkel zufrieden und haben keine höheren Ambitionen – doch sie sind keineswegs die tölpelhaften Gegenbilder einer auf ihren Intellekt und ihren Fortschritt stolzen Gesellschaft, sondern die Personifikationen eines anderen, bescheideneren und wohl problemloseren Daseins.

Die bukolischen Dichter, die ihrem Publikum im übervölkerten, hektischen Alexandria eine heile Hirtenwelt beschrieben, befriedigten damit gewiß viele unausgesprochene Sehnsüchte, doch kam keiner ihrer Hörer und Leser auf den Einfall, sich auf den Weg nach Arkadien zu machen, wo jene heiteren und glücklichen Menschen leben sollten: Arkadien ist das Herzstück der Peloponnes, ein rauhes, gebirgiges Land, dessen Bevölkerung tatsächlich zu einem beträchtlichen Teil aus βου-κόλοι, Rinderhirten, und αἰ-πόλοι, Ziegenhirten, bestand.

Allerdings dürften diese antiken Cowboys im harten Kampf ums Dasein wenig Zeit für Idyllen gehabt haben, und so war es gut, daß sich nicht einmal der böse Lukian veranlaßt fühlte, ›die Wahrheit über Arkadien‹ ans Licht zu bringen und damit den Glauben zu erschüttern, daß es irgendwo auf dieser Welt noch ein Stück vom Paradies gebe. Verfolgt man die Geschichte der Bukolik durch die Jahrhunderte, so kann man feststellen, daß gerade in Krisenzeiten die vom angeblich unbeschwert-heiteren Hirtenleben ausgehende Faszination besonders groß war. So wurde vier Jahre vor dem Ende des

Dreißigjährigen Kriegs, der Deutschland auf weite Strecken hatte veröden lassen, in Nürnberg der »Orden der Gesellschaft der Pegnitzschäfer« gegründet, dessen Versammlungen zunächst in Privatgärten seiner Mitglieder, später in einem »Irrhain« nahe der Stadt abgehalten und durch Schäferspiele, Gesänge und Rezitationen verschönert wurden. Der führende Dichter dieses Kreises, Georg Philipp Harsdörffer, verfaßte einen »Nürnberger poetischen Trichter«, mit dessen Hilfe jedem Adepten die Regeln der deutschen Reimkunst in wenigen Stunden eingegossen werden sollten. Das Büchlein selbst ist fast vergessen, sein Titel aber wurde sprichwörtlich als Bezeichnung eines unfehlbaren Mittels, womit ein hohler Kopf mit Wissen angefüllt werden kann. Man mag sich natürlich fragen, ob jene aus den Fugen geratene Zeit, in der Harsdörffer wirkte, nicht anderes nötiger gehabt habe als Dichter-Schnellkurse, Frawen-Zimmer-Gesprech-Spiele, Schäpfereyen und Frühlings-Wechsel-Gesänge zwischen zwei Pegnitzschäfern in der Art des folgenden:

Helianthus: Es klappern und plappern und pappern
Montano: in Nestern die Störche.
Es tiriliret, tilieret, umschwirret
Helianthus: in Lüften die Lerche.
Es kittert und flittert, sich wittert
Montano: der Stieglitz bei Tag.
Es zwitzert und wizert und zizert
Helianthus: das Zeislein im Hag ...

Gerade vor dem welthistorischen Hintergrund wirkt solches Dichten hohl und kindisch. Bevor man jedoch über den braven Georg Philipp Harsdörffer und seine Mit-Schäfer den Stab bricht, sollte man auch daran denken, daß sie mit ihren gewiß oft sehr unbeholfenen Versuchen zwei gar nicht so unwichtige Ziele verfolgten: Sie wollten durch eingängige Belehrung den durch den langen Krieg bedingten Niedergang der Allgemeinbildung aufhalten und die Menschen, indem sie ihnen zeigten, daß die Welt doch schön ist, ein wenig ablenken von ihrer Angst vor dem Schwarzen Tod und den Schweden. Daß sie ihr Arkadien nicht in unbestimmter Ferne, sondern an der Pegnitz suchten, verdient gleichfalls Lob – die Flucht nach Wolkenkuckucksheim wäre wohl leichter gewesen als die Verklärung der eigenen, vielfach geschundenen Umgebung – und rückt diese wackeren Poeten wenigstens in einer Hinsicht in die Nähe eines ganz großen Dichters, der Theokrits Hirtenromantik hereinnahm in seine aufgewühlte Zeit und in seine vom Bürgerkrieg und seinen Folgen gepeinigte Heimat:

*Tityre, tu patulae recubans sub tegmine fagi*
*silvestrem tenui musam meditaris avena –*
*nos patriae finis et dulcia linquimus arva.*
*Nos patriam fugimus. Tu, Tityre, lentus in umbra*
*formosam resonare doces Amaryllida silvas.*

Tityrus, du liegst unter dem Laubdach der stattlichen Buche
und übst auf dünnem Rohr ein ländliches Lied.
Wir verlassen das Heimatland und die lieblichen Fluren.
Wir fliehen aus unserer Heimat. Du, Tityrus, liegst gelassen im Schatten
und lehrst den Wald, den Namen der schönen Amaryllis widerhallen zu lassen.

Ganz wie Theokrit eröffnet Vergil sein erstes Hirtengedicht: Ein Tityrus wird angesprochen, der Sprecher heißt, wie man später erfährt, Meliboeus, der schattige Baum steht für liebliche Landschaft, ein ländliches Lied erklingt, wobei die vielen T-Laute der ersten beiden Verse den Klang einer Flöte zu malen suchen, und ein Mädchen wird besungen, dessen klangvollen Namen das Echo wiederholt.
Doch in diese perfekte Idylle drängt sich unüberhörbar die Realität: Flüchtlinge tauchen auf und konfrontieren den entrückten Tityrus mit ihrem Leid. Zweimal sagt Meliboeus, daß sie zum Verlassen ihrer Heimat genötigt seien, ehe Tityrus erklärt, wer ihm inmitten allgemeiner Vertreibung

sein Haus und seine Herden erhalten habe: ein gottgleicher Jüngling im fernen Rom ...

Indem Vergil bukolische Motive und eigenes Erleben verschmilzt – er hatte seinen ererbten Besitz in der Nähe von Mantua zunächst verloren, da dort ausgediente Soldaten angesiedelt werden sollten, dann aber dank einer Intervention des späteren Kaisers Augustus zurückerhalten –, übertrifft er seine griechischen Vorbilder an kompositorischer Kühnheit und gedanklicher Tiefe und wird auch für alle künftigen Bukoliker zum unerreichten Maßstab. Insbesondere seine vierte Ekloge, wohl das berühmteste, immer wieder neu interpretierte Gedicht lateinischer Sprache, fasziniert durch Sprachgewalt und Bildhaftigkeit. Dabei wird das Bukolische allerdings überlagert von weitausholender Prophetie: Ein Kind wird geboren werden, mit dessen Erscheinen wunderbare Ereignisse und die schrittweise Entfernung alles Bösen aus dieser Welt verbunden sein werden. Im Zusammenhang mit dem Chorlied aus Sophokles' »Antigone« wurden einige dieser Zukunftsvisionen bereits zitiert (S. 214f.) und als Ausdruck der Sehnsucht nach einem einfachen Leben gedeutet, in dem der Mensch sich im Einklang mit der Natur befindet und keiner Techniken mehr bedarf, die ihm nicht angemessen sind, die andere Lebewesen quälen und die der Erde Wunden schlagen.

Daß hier die Friedenssehnsucht und Heilserwartung der von einem Jahrhundert der Bürgerkriege erschöpften antiken Welt einen mehr als bukolischen Ausdruck fand, steht außer Frage, und frühe christliche Deutung der Ekloge war der festen Meinung, daß in diesem Werk der Heide Vergil, wenn auch verhüllend, die Geburt Jesu vorausgesagt habe.

## 4. Die Botschaft

(Κατὰ Λούκαν 2,1–15)

Ἐγένετο δὲ ἐν ταῖς ἡμέραις ἐκείναις ἐξῆλθεν δόγμα παρὰ Καίσαρος Αὐγούστου ἀπογράφεσθαι πᾶσαν τὴν οἰκουμένην. Αὕτη ἀπογραφὴ πρώτη ἐγένετο ἡγεμονεύοντος τῆς Συρίας Κυρηνίου. Καὶ ἐπορεύοντο πάντες ἀπογράφεσθαι, ἕκαστος εἰς τὴν ἑαυτοῦ πόλιν. Ἀνέβη δὲ καὶ Ἰωσὴφ ἀπὸ τῆς Γαλιλαίας ἐκ πόλεως Ναζαρὲθ εἰς τὴν Ἰουδαίαν εἰς πόλιν Δαυὶδ ἥτις καλεῖται Βηθλέεμ, διὰ τὸ εἶναι αὐτὸν ἐξ οἴκου καὶ πατριᾶς Δαυίδ, ἀπογράψασθαι σὺν Μαριὰμ τῇ ἐμνηστευμένῃ αὐτῷ, οὔσῃ ἐγκύῳ. Ἐγένετο δὲ ἐν τῷ εἶναι αὐτοὺς ἐκεῖ ἐπλήσθησαν αἱ ἡμέραι τοῦ τεκεῖν αὐτήν, καὶ ἔτεκεν τὸν υἱὸν αὐτῆς τὸν πρωτότοκον, καὶ ἐσπαργάνωσεν αὐτὸν καὶ ἀνέκλινεν αὐτὸν ἐν φάτνῃ, διότι οὐκ ἦν αὐτοῖς τόπος ἐν τῷ καταλύματι. Καὶ ποιμένες ἦσαν ἐν τῇ χώρᾳ τῇ αὐτῇ ἀγραυλοῦντες καὶ φυλάσσοντες φυλακὰς τῆς νυκτὸς ἐπὶ τὴν ποίμνην αὐτῶν. Καὶ ἄγγελος κυρίου ἐπέστη αὐτοῖς καὶ δόξα κυρίου περιέλαμψεν αὐτούς, καὶ ἐφοβήθησαν φόβον μέγαν. Καὶ εἶπεν αὐτοῖς ὁ ἄγγελος· μὴ φοβεῖσθε· ἰδοὺ γὰρ εὐαγγελίζομαι ὑμῖν χαρὰν μεγάλην, ἥτις ἔσται παντὶ τῷ λαῷ, ὅτι ἐτέχθη ὑμῖν σήμερον σωτήρ, ὅς ἐστιν χριστὸς κύριος, ἐν πόλει Δαυίδ. Καὶ τοῦτο ὑμῖν σημεῖον, εὑρήσετε βρέφος ἐσπαργανωμένον καὶ κείμενον ἐν φάτνῃ. Καὶ ἐξαίφνης ἐγένετο σὺν τῷ ἀγγέλῳ πλῆθος στρατιᾶς οὐρανίου αἰνούντων τὸν θεὸν καὶ λεγόντων· δόξα ἐν ὑψίστοις θεῷ καὶ ἐπὶ γῆς εἰρήνη ἐν ἀνθρώποις εὐδοκίας.

(Übersetzung nach der Luther-Bibel)

Es begab sich aber zu der Zeit, daß ein Gebot von dem Kaiser Augustus ausging, daß alle Welt geschätzt würde.
Und diese Schätzung war die allererste und geschah zu der Zeit, da Cyrenius Landpfleger in Syrien war.
Und jedermann ging, daß er sich schätzen ließe, ein jeglicher in seine Stadt.
Da machte sich auf auch Joseph aus Galiläa, aus der Stadt Nazareth, in das jüdische Land zur Stadt Davids, die da heißt Bethlehem, darum daß er aus dem Hause und Geschlechte Davids war, auf daß er sich schätzen ließe mit Maria, seinem vertrauten Weibe, die war schwanger.
Und als sie daselbst waren, kam die Zeit, daß sie gebären sollte. Und sie gebar ihren ersten Sohn und wickelte ihn in Windeln und legte ihn in eine Krippe, denn sie hatten sonst keinen Raum in der Herberge.
Und es waren Hirten in derselben Gegend auf dem Felde bei den Hürden, die hüteten des Nachts ihre Herde.
Und siehe, des Herrn Engel trat zu ihnen, und die Klarheit des Herrn leuchtete um sie, und sie fürchteten sich sehr.
Und der Engel sprach zu ihnen: »Fürchtet euch nicht; siehe, ich verkündige euch große Freude, die allem Volk widerfahren wird, denn euch ist heute der Heiland geboren, welcher ist Christus, der Herr, in der Stadt Davids.
Und das habt zum Zeichen: ihr werdet finden das Kind in Windeln gewickelt und in einer Krippe liegen.«
Und alsbald war da bei dem Engel die Menge der himmlischen Heerscharen, die lobten Gott und sprachen:
»Ehre sei Gott in der Höhe und Friede auf Erden und den Menschen ein Wohlgefallen.«

**Anmerkungen:**
(1) ἐγένετο: γίγνομαι (T 10) – ἐξ-ῆλθεν: ἔρχομαι (T 10) – (2) ἀπο-γράφεσθαι: finaler Infinitiv (R 7.4) »daß ... werde« – (4) ἡγεμονεύοντος ... Κυρηνίου: absoluter Genitiv (R 8.4); der Genitiv τῆς Συρίας ist abhängig von ἡγεμονεύειν (herrschen über etw.) – ἐ-πορεύοντο: Imperfekt zu πορεύομαι – (5) ἀπογράφεσθαι: s. (2) – (6) ἀν-έβη: Wurzelaorist zu ἀνα-βαίνω (T 7.4.4) – (7) Δαυίδ: hier Genitiv; fremdsprachliche Namen werden im Griechischen oft nicht dekliniert – (8) διὰ τὸ εἶναι ...: substantivierter Infinitiv (R 7.7): »wegen des ... Seins«, weil er war – (9) ἀπο-γράψασθαι (Inf. Aorist Medium): s. (2) – (10) ἐ-μνηστευ-μένη: Part. Perf. Passiv, »verlobt« – οὔσῃ: attributives Partizip (R 8.1) zu Maria – ἔγ-κυος, -ον, schwanger, hat wie die meisten zusammengesetzten Adjektiva keine eigenen Femininformen (T 2.1 Anm.) – ἐν τῷ εἶναι: »bei dem ... Sein«, als sie waren (R 7.7), vgl. oben (8) – (11) ἐ-πλήσ-θησαν: Aorist Passiv (T 7.4.3) – τοῦ ... τεκεῖν (R 7.7): »des Gebärens« – τεκεῖν, ἔ-τεκεν: ›starke‹ Aoristformen (T 7.4.2) zu τίκτειν – (12) αὐτῆς: s. T 6.2 – ἐ-σπαργάνωσεν: Aorist Aktiv – (13) ἀν-έ-κλιν-εν: Aorist Aktiv zu ἀνα-κλίνω; vgl. T 7.4 Anm. – (14) αὐτοῖς: Dativ des Besitzers (R 2.2 c); »ihnen war/gehörte ...« – (15) ὁ αὐτός: T 6.4 – ἀγραυλοῦντες: Part. Präsens Aktiv zu ἀγραυλέω (sich im Freien aufhalten), bezogen auf die Hirten – (16) φυλακάς (zu ἡ φυλακή: Wache) φυλάσσειν: Wache halten – τῆς νυκτός: »des Nachts«, Genitiv der Zeit (R 2.1 g) – (17) ἐπ-έστη: Wurzelaorist zu ἐφ-ίσταμαι (T 8.2/T 7.4.4) – (18) περι-έ-λαμψεν: Aor. Aktiv zu περιλάμπω – ἐφοβήθησαν: Aor. zu φοβέομαι (T 10); dem Verb ist ein seinem Bedeutungsbereich zugehöriges Objekt zur Verstärkung beigegeben: »sie fürchteten eine große Furcht«; vgl. dazu im Deutschen: »Ich habe einen guten Kampf gekämpft«. – (19) εἶπεν: ἀγορεύω (T 10) – ἰδού = ἰδέ (ὁράω T 10) – (20) ἔσται: T 9.1 a – (21) ἐτέχθη: Aor. Passiv zu τίκτω – (22) εὑρήσετε: εὑρίσκω (T 10) – (25) αἰνούντων καὶ λεγόντων: die Partizipialformen sind zu beziehen auf den Genitiv στρατιᾶς (des Heeres); weil dieser Begriff eine Menge von Individuen umfaßt, stehen die Partizipien im Plural – (26) εὐδοκίας: wohl kein Akk. Plural, wie Luther annahm, sondern ein Genitiv der Beschaffenheit (R 2.1 e): den Menschen guter Wesensart.

Am Endpunkt unserer langen Wanderung durch die griechische Literatur angelangt, finden wir Vertrautes in originalem Wortlaut vor uns und werden daran erinnert, daß sämtliche Schriften des Neuen Testaments von vornherein nicht in der Sprache Jesu, dem Aramäischen, sondern in der damaligen lingua franca des Ostens, der Koiné, abgefaßt wurden. Wer nachprüfen möchte, ob unser grammatisches Rüstzeug auch für diese dem Attischen schon ziemlich ferne und insgesamt schlichtere Form des Griechischen hinreicht, kann sich von besonders reichlichen Anmerkungen führen lassen – doch ist der Text eigentlich viel zu schade für Grammatikbetrachtungen, und wir leisten dem Evangelisten Lukas Abbitte dafür, daß wir uns darauf eingelassen haben.

Wenn wir uns nach der Lektüre dieses Berichts von der Geburt des göttlichen Kindes noch einmal daran erinnern, welche Hoffnungen um die Zeitenwende die Menschen des von generationenlangem Kampf erschöpften Mittelmeerraums erfüllten, dann erscheint das Evangelium, die frohe Botschaft (εὐ-αγγέλιον) wie eine Antwort auf Vergils bukolische Weissagung, und wir können sogar Bukolisches bei Lukas entdecken: ... und es waren Hirten in derselben Gegend auf dem Felde, die hüteten des Nachts ihre Herden.

Ohne Zweifel hätte sich die junge Lehre nicht wie ein Lauffeuer ausgebreitet, wenn ihre Botschaft nicht überall auf erwartungsvolle Herzen gestoßen wäre; sie kam gerade zur rechten Zeit und sie bediente sich außerdem der rechten Sprache – denn auch im lateinischen Westen des Reichs sprachen viele Menschen Griechisch, und zwar keineswegs nur die Gebildeten, sondern vor allem die aus dem Osten importierten Sklaven sowie die aus dieser Schicht hervorgegangenen Freigelassenen. Da das Christentum den Bedrückten und Gedemütigten in besonderer Weise Trost spenden konnte, drang es sozusagen von unten in die römische Gesellschaft ein, verkündet in einer Sprache, die zwar meist nicht die Muttersprache der Verkünder und ihrer Gemeinden war, aber von allen benützt und verstanden wurde. So konnte sich der Apostel Petrus, wiewohl nur ein Fischer vom See Genezareth, auf Griechisch ausdrücken, und der Apostel Paulus, der aus einer angesehenen jüdischen Familie in Tarsos stammte, vermochte sogar die kritischen Athener mit einer Rede auf dem Areopag zu beeindrucken, in der er geschickt an die Weihung 'Αγνώστῳ θεῷ (Dem unbekannten Gott) anknüpfte, die er auf einem der vielen Altäre in der Stadt gelesen hatte, und erklärte (Apostelgeschichte 17, 22f.):

Ὃ οὖν ἀγνοοῦντες εὐσεβεῖτε, τοῦτο ἐγὼ καταγγέλλω ὑμῖν.

Was ihr, ohne es zu kennen, fromm verehrt, das verkünde ich euch.

Wer die Lektüre der Paulusbriefe anhand des griechischen Originals versucht, kann sich, sofern er entsprechend dem antiken Brauch laut liest, ein großartiges Klangerlebnis verschaffen und etwas spüren von der suggestiven Rhetorik des so erfolgreichen Missionars (1. Korintherbrief 13,1):

Ἐὰν ταῖς γλώσσαις τῶν ἀνθρώπων λαλῶ
καὶ τῶν ἀγγέλων,
ἀγάπην δὲ μὴ ἔχω,
γέγονα χαλκὸς ἠχῶν ἢ κύμβαλον ἀλαλάζον.

Luther übersetzte die Stelle so:

Wenn ich mit Menschen- und mit Engelszungen redete
und hätte der Liebe nicht,
so wäre ich ein tönend Erz und eine klingende Schelle.

In genialer Weise trifft diese Wiedergabe sich in Rhythmus und Lautmalerei mit dem Original – und läßt sich doch nicht völlig mit diesem zur Deckung bringen: Während Luther im Irrealis formuliert (wenn ich redete, dann wäre ich ...), drückt sich Paulus wesentlich bestimmter aus: Wenn ich rede ..., dann bin ich[1].

Mit der »klingenden Schelle« wird bei uns die Vorstellung vom dünnen Klang eines kleinen Glöckchens geweckt; κύμβαλα aber waren metallene Becken, Rhythmusinstrumente, die, oft zusammen mit κρόταλα – den spanischen Kastagnetten ähnlichen Klappern – oder Handtrommeln (τύμπανα) Instrumental- und Vokalmusik begleiteten und vor allem in orgiastischen orientalischen Kulten eine Rolle spielten.

Das vorandrängende ta-ta-tam-tam dieser ›Zimbeln‹ wird mit dem Verbum ἀλαλάζειν (◡ ◡ – –) klangmalend dargestellt,

1) γέγονα: γίγνομαι (T 10).

und zugleich stellt sich die Assoziation von Angriff und Kriegsgeschrei ein, denn ἀλαλά war der Hurraruf der Griechen, mit dem ihre Phalangen sich auf den Gegner stürzten.
Mit diesen Anmerkungen wollen wir die Leistung des großen Übersetzers Luther in keiner Weise schmälern, sondern am Ende dieses Buchs noch einmal zeigen, daß die Beschäftigung mit einem antiken Originaltext selbst dann noch eine lohnende Aufgabe ist, wenn eine im Deutschen schlechthin mustergültige Übersetzung vorliegt: nicht einmal diese kann alle Valenzen und Zwischentöne der Vorlage erfassen; wieviel mag uns dann dort vorenthalten sein, wo nicht gerade ein Luther am Werke war!
Eine bescheidene Grammatik und ein Wörterbuch von mittlerem Umfang genügen jedem als Rüstzeug, der dem womöglich noch nicht Ausgedrückten nachspüren möchte; uns bleibt nur noch ein passender Abschiedsgruß:

**θαρρεῖτε – nur Mut!**

# ANHANG

## Kurzgrammatik des Griechischen

Die folgende Übersicht bringt zunächst in Tabellenform die wichtigsten Informationen zur Formenlehre der Nomina und Verben (T 1–10) und faßt dann die Lehre vom Satz und seinen Teilen in möglichst knappe Regeln, denen, wo es wünschenswert schien, Beispiele zugeordnet sind (R 1–10).
Vollständigkeit, vor allem in Hinblick auf Besonderheiten, Ausnahmen und Raritäten, kann nicht Ziel einer Kurzgrammatik sein, die nichts anderes beabsichtigt als dem Leser dieses Buchs einen Ariadnefaden durch ein Gebäude an die Hand zu geben, das – in Gestalt einer ›richtigen‹ Grammatik – wahrhaft labyrinthische Ausmaße annimmt. Wer in die dargestellte Materie tiefer eindringen möchte, wird somit auf eine ausführlichere Darstellung der Griechischen Grammatik nicht verzichten können, für den Liebhaber jedoch, der nur einmal sehen möchte, wie das Altgriechische formal und syntaktisch funktioniere, reicht das Vorhandene voll aus, das in möglichst ökonomischer Weise angeordnet ist. Deshalb wird immer da, wo zunächst Divergentes zu einer gemeinsamen Linie findet, nur noch diese eine Linie dargestellt und nicht, der schematischen Vollständigkeit zuliebe, in getrennten Kästchen weiterdekliniert oder -konjugiert.
Dieses Bestreben nach Ökonomie stellt zwar gewisse Ansprüche an die Kombinationsfähigkeit des Benützers unserer Kurzgrammatik, erspart ihm jedoch den Eindruck der Überfülle an Formen, der durch ungebührlich viele Paradigmenkästchen erweckt wird.

# Tabellenteil

## A. NOMINA[1]

### T 1: *a-Deklination*

| | | T 1.1 Stammauslaut α | T 1.2 Stammauslaut η | T 1.3 Mischklasse |
|---|---|---|---|---|
| | | ἡ θεά: die Göttin | (ἡ) δίκη: Recht | (ἡ) δόξα: Ruhm |
| Singular | Nom. | ἡ θεά | δίκ-η | δόξ-α |
| | Gen. | τῆς θεᾶς | -ης | -ης |
| | Dat. | τῇ θεᾷ | -ῃ | -ῃ |
| | Akk. | τὴν θεάν | -ην | -αν |

Das ͅ unter dem α bzw. η des Dativ Singular ist Rest einer alten Endung, hat aber keinen Einfluß auf die Aussprache.

1) Die verwendeten grammatischen Fachbegriffe sind in R 1 (S. 350ff.) erklärt.

SELTEN

| | | T 1.4 Maskulina auf -ης | T 1.5 Maskulina auf -ας | | T 1.1–1.5: Plural[1] |
|---|---|---|---|---|---|
| | | ὁ πολίτης: der Bürger | (ὁ) νεανίας: junger Mann | | αἱ θεαί: die Göttinnen |
| Singular | Nom. | ὁ πολίτης | νεανί-ας | N | αἱ θε-αί |
| | Gen. | τοῦ πολίτου | -ου | G | τῶν θε-ῶν |
| | Dat. | τῷ πολίτῃ | -ᾳ | D | ταῖς θε-αῖς |
| | Akk. | τὸν πολίτην | -αν | A | τὰς θε-άς |

1) Im Plural folgen, abgesehen von unterschiedlicher Akzentsetzung, *alle* Substantive der a-Deklination demselben Schema; zum Artikel der Maskulina s. T 2.1 bzw. die Übersicht auf S. 28.

## T 2: *o-Deklination*

| | T 2.1 Maskulina | | T 2.2 Neutra | |
|---|---|---|---|---|
| | ὁ θεός: der Gott | | τὸ τέκνον: das Kind | |
| | Singular | Plural | Singular | Plural |
| N | ὁ θεός | οἱ θεοί | τὸ τέκνον | τὰ τέκνα |
| G | τοῦ θεοῦ | τῶν θεῶν | τοῦ τέκνου | τῶν τέκνων |
| D | τῷ θεῷ | τοῖς θεοῖς | τῷ τέκνῳ | τοῖς τέκνοις |
| A | τὸν θεόν | τοὺς θεούς | τὸ τέκνον | τὰ τέκνα |

Für die Anrede verwendet das Griechische gelegentlich einen eigenen Fall, den Vokativ; er hat in der o-Deklination im Singular den Ausgang -ε, im Plural ist er gleich dem Nominativ.
Beispiel: (ὦ) κύριε: Herr!

Einzelne Substantive der o-Deklination haben weibliches Geschlecht, z. B.
ἡ ὁδός: der Weg (vgl. die Syn-ode!)
ἡ νῆσος: die Insel (vgl. die Peloponnes!)

Adjektive auf -ος, -α, -ον oder -ος, -η, -ον werden wie die entsprechenden Substantive dekliniert.

Eigene Formen für das Femininum fehlen v. a. bei zusammengesetzten Adjektiven (z. B. ἄ-δικος, -ον).

## T 3: *Dritte Deklination*

### T 3.1 Stammauslaut -ν

| (ὁ) ἀγών: Wettkampf | | |
|---|---|---|
| | S | P |
| N | ἀγών | ἀγῶν-ες |
| G | ἀγῶν-ος | ἀγών-ων |
| D | -ι | ἀγῶ-σιν[1] |
| A | -α | ἀγῶν-ας |

1) das ν im Dativ Plural kann fehlen.

Zu dieser Deklinationsgruppe gehören z. B.:

| | |
|---|---|
| ὁ δαίμων, δαίμον-ος | (Dämon) |
| ὁ Ἕλλην, Ἕλλην-ος | (Grieche) |
| ὁ ποιμήν, ποιμεν-ος | (Hirte) |
| ὁ κύων, κυν-ός | (Hund), |
| ferner Adjektive wie | |
| σώφρων (m, f), σῶφρον (n) | (besonnen) |
| G: σώφρον-ος | und – in m/n – |
| μέλας, μέλαινα, μέλαν | (schwarz) |
| G: μέλαν-ος, μελαίν-ης, μέλαν-ος | (f → T 1.3) |

### T 3.2 Stammauslaut -ρ oder -λ

Die Endungen sind dieselben wie in T 3.1; wir geben daher nur N/G Sing. und D Pl. an:

| | | | | | | | | | |
|---|---|---|---|---|---|---|---|---|---|
| N | Sing. | ὁ σωτήρ | (Retter) | ὁ ῥήτωρ | (Redner) | ἡ χείρ | (Hand) | ἅλς | (Salzkorn) |
| G | Sing. | σωτῆρ-ος | | ῥήτορ-ος | | χειρ-ός | | ἁλ-ός | |
| D | Pl. | -σιν | | -σιν | | χερ -σίν | | -σίν | |

T 3.3 Formenbildung mit Dehnung oder Schwund von Stammvokalen

| | S (Vater) | P | S (Mann) | P |
|---|---|---|---|---|
| N | (ὁ) πατήϱ | πατέϱ-ες | (ὁ) ἀνήϱ | ἄνδϱ-ες |
| G | πατϱ-ός | -ων | ἀνδϱ-ός | ἀνδϱ-ῶν |
| D | -ί | πατϱά-σιν | -ί | ἀνδϱά-σιν |
| A | πατέϱ-α | πατέϱ-ας | ἄνδϱ-α | ἄνδϱ-ας |

Wie πατήϱ gebeugt werden ἡ μήτηϱ, μητϱός (Mutter) und ἡ θυγάτηϱ, θυγατϱός (Tochter) Dat. Pl. μητϱά-σιν, θυγατϱά-σιν

T 3.4 Stammauslaut auf ›stummen‹ Konsonanten (K/P/T-Laut)

K-Laut verschmilzt mit Endungs -s zu ξ, P-Laut zu ψ, T-Laut entfällt.
Endungen wie in T 3.1.

| | | (Wächter) | (Frau) | (Kind) | (all, ganz) | (Herrscher) |
|---|---|---|---|---|---|---|
| N | Sg. | ὁ φύλαξ | ἡ γυνή | ὁ/ἡ παῖς | πᾶς, πᾶσα, πᾶν | ὁ ἄϱχων |
| G | Sg. | φύλακ-ος | γυναικ-ός | παιδ-ός | παντ-ός, πάσης, παντ-ός | ἄϱχοντ-ος |
| D | Pl. | φύλαξιν | γυναιξίν | παι-σίν | πᾶ-σιν (f → T 1.3) | ἄϱχ<u>ου</u>-σιν |

Ebenso wie παῖς wird ἡ ἐλπίς, -ίδος (Hoffnung) gebeugt; dagegen hat ἡ χάϱις, χάϱιτος (Charme) den Akkusativ χάϱιν.

Der Deklination von ἄρχων folgen die Adjektive und Partizipien auf -ων, -οντος / -εις, -εντος / -ας, -αντος / -υς, -υντος.
Im Dat. Pl. bewirkt der Ausfall des -ντ- wie bei ἄρχων Ersatzdehnung des vorangegangenen Vokals: -έντσιν > -εῖσιν / -άντσιν > -ᾶσιν, -ύντσιν > -ῦσιν.

## T 3.5 Neutra mit τ-Stamm

| | τὸ πρᾶγμα | die Sache |
|---|---|---|
| | S | P |
| N/A[1] | πρᾶγμα | πράγματ-α |
| G | πράγματ-ος | πραγμάτ-ων |
| D | -ι | πράγμα -σιν |

wie τὸ πρᾶγμα werden dekliniert:
τὸ γάλα, γάλακτ-ος (Milch)
τὸ ὄναρ, ὀνείρατ-ος (Traum)
τὸ ὕδωρ, ὕδατ-ος (Wasser)

1) Die Formen von Nominativ und Akkusativ sind bei Neutra stets einander gleich.

## T 3.6 S-Stämme

Da S-Laut zwischen Konsonanten entfällt, treten Verschmelzungen (Kontraktionen) von Stammauslaut und Endung ein.

| | τὸ γένος: das Geschlecht | | Σωκράτης: Sokrates | ἀληθής, -ές: wahr | |
|---|---|---|---|---|---|
| | S | P | S | S (m/n) | P (m/n) |
| N | τὸ γένος | τὰ γένη (< εα) | Σωκράτ ης | ἀληθ-ής/-ές | ἀληθ-εῖς/-ῆ |
| G | γένους (< εος) | γενῶν (< εων) | ους | -οῦς | -ῶν |
| D | γένει (< ει) | γένεσιν (< εσσιν) | ει | -εῖ | -έσιν |
| A | γένος | γένη | η(ην) | -ῆ/-ές | -εῖς/-ῆ |

## T 3.7 Vokalische Stämme

Längentausch mit dem letzten Stammvokal erklärt Genitive wie πόλεως (aus: πόλη-ος); ursprünglich vorhandener V-Laut (Digamma) wird bisweilen durch υ vertreten.

| | ἡ πόλις: die Stadt | | ὁ ἰχθύς: der Fisch | | ἡ ναῦς: das Schiff | |
|---|---|---|---|---|---|---|
| | S | P | S | P | S | P |
| N | πόλ ις | πόλ εις | ἰχθ ύς | ἰχθ ύες | ναῦς | νῆες |
| G | εως | εων | ύος | ύων | νεώς | νεῶν |
| D | ει | εσιν | ύι | ύσιν | νηί | ναυσίν |
| A | ιν | εις | ύν | ῦς | ναῦν | ναῦς |

| | ὁ βασιλεύς: der König | | ὁ/ἡ βοῦς: das Rind | | ἡ ἠχώ: das Echo |
|---|---|---|---|---|---|
| | S | P | S | P | S |
| N | βασιλ εύς | βασιλ εῖς | βοῦς | βόες | ἠχώ |
| G | έως | έων | βοός | βοῶν | ἠχοῦς (< οος) |
| D | εῖ | εῦσιν | βοΐ | βουσίν | ἠχοῖ |
| A | έα | έας | βοῦν | βοῦς | ἠχώ (< οα) |

Der Göttername Ζεύς bildet G/D/A vom Stamm Δι-: Διός, Διί, Δία: Vokativ ὦ Ζεῦ.
Insgesamt entfällt in den Vokativen der Dritten Deklination die im Nominativ häufige Dehnung des letzten Stammvokals und vielfach auch auslautendes -ς: ὦ πάτερ, ὦ βασιλεῦ.
Wie ἡ ἠχώ (T 3.7) gebeugt wird ἡ αἰδώς (die Scham), Stamm αἰδοσ-; das Neutrum τὸ ἄστυ (die Stadt) bildet G/D wie ἡ πόλις (T 3.7).
Neutra auf -ας wie τὸ κρέας (das Fleisch) haben im G den Ausgang -ως, im D -ᾳ.

## T 3.8 Zu den Adjektiven der Dritten Deklination (vgl. auch T 3.4/3.6)

Die Adjektive der Dritten Deklination haben entweder keine eigenen Formen für das Femininum (vgl. ἀληθής, -ές T 3.6) oder bilden es nach der a-Deklination (T 1.1/1.3), z. B.

| | | | | |
|---|---|---|---|---|
| N | χαρίεις | χαρίεσσα | χαρίεν | (reizend) |
| G | χαρίεντ-ος | χαριέσσης | χαρίεντ-ος | |
| | (T 3.4) | (T 1.3) | (T 3.5) | (D Pl. χαρίεσιν) |
| N | ἡδύς | ἡδεῖα | ἡδύ | (süß, angenehm) |
| G | ἡδέος | (T 1.1) | ἡδέος | |
| D | ἡδεῖ | | ἡδεῖ | (N/A Pl. n.: ἡδέα) |
| A | ἡδύν | | ἡδύ | |
| | (Plural, mit anderem Akzent, wie ἡ πόλις T 3.7) | | | |

Nur im N/A Sg. von m/n nach der Dritten Deklination gebeugt werden πολύς (viel) und μέγας (groß); alle anderen Formen bilden sie von den Stämmen πολλ- und μεγάλ- nach der a-/o-Deklination (T 1.2/2.1/2.2):

| | | | | | | |
|---|---|---|---|---|---|---|
| N | πολύς | πολλή | πολύ | μέγας | μεγάλη | μέγα |
| G | πολλοῦ | πολλῆς | πολλοῦ | μεγάλου | μεγάλης | μεγάλου |
| | ... | ... | ... | ... | ... | ... |
| A | πολύν | | πολύ | μέγαν | | μέγα |

## T 4: *Komparation*

| | | |
|---|---|---|
| ›Positiv‹ | Σόλων *σοφός* ἐστιν. | Solon ist *weise.* |
| ›Komparativ‹ | *Σοφώτερός* ἐστι τῶν ἄλλων. | Er ist *weiser* als die anderen. |
| ›Elativ‹ | *Σοφώτατός* ἐστιν. | Er ist *sehr/äußerst/überaus weise.* |
| ›Superlativ‹ | *Σοφώτατός* ἐστι πάντων. | Er ist *der weiseste* von allen. |

## T 4.1 Bei den meisten griechischen Adjektiven tritt im

| | |
|---|---|
| Komparativ<br>-τερος, -τερα, -τερον | Superlativ/Elativ<br>-τατος, -τατη, -τατον |

an den (bei kurzer vorletzter Silbe gedehnten) Stamm:

| | | | |
|---|---|---|---|
| πονηρός | schlecht | πονηρότερος, -α, -ον | πονηρότατος, -η, -ον |
| σοφός | weise | σοφώτερος, -α, -ον | σοφώτατος, -α, -ον |

Verkürzungen und Erweiterungen sind selten:

| | | | |
|---|---|---|---|
| γεραιός | alt | γεραίτερος | γεραίτατος |
| σώφρων | besonnen | σωφρονέστερος | σωφρονέστατος |

**T 4.2** Eine kleine Gruppe von Adjektiven hat im

| Komparativ | Superlativ |
|---|---|
| -(ί)ων (m/f) -(ι)ον (n) | -ιστος, -ίστη, -ιστον |

Hier sind Verkürzungen oder Veränderungen des Stamms die Regel.

| | | | | | |
|---|---|---|---|---|---|
| κακός | schlecht | κακίων/κάκιον<br>G: κακίον-ος (T 3.1) | | κάκιστος, -η, -ον | |
| καλός | schön | καλλίων, κάλλιον | | κάλλιστος | |
| αἰσχρός | schimpflich | αἰσχίων, -ον | | αἴσχιστος | |
| ἐχθρός | feindlich | ἐχθίων, -ον | | ἔχθιστος | |
| ἡδύς | angenehm | ἡδίων, -ον | | ἥδιστος | |
| ταχύς | schnell | θάττων, θᾶττον | | τάχιστος | |
| μέγας | groß | μείζων, μεῖζον | | μέγιστος | |
| ῥᾴδιος | leicht | ῥᾴων, ῥᾷον | | ῥᾷστος | |
| πολύς | viel | πλείων, πλέον<br>πλέονος | | πλεῖστος | |
| (ἀγαθός) | gut | ἀμείνων, -ον | (tüchtiger) | ἄριστος | |
| | | βελτίων, -ον | (moralisch besser) | βέλτιστος | |
| | | κρείττων, -ον | (stärker) | κράτιστος | |
| ὀλίγος | gering | ἐλάττων, -ον | | ἐλάχιστος | |
| (κακός) | | ἥττων, ἧττον | (schwächer) | (Adv. ἥκιστα) | (am wenigsten) |
| | | χείρων, χεῖρον | (weniger gut, mangelhafter) | χείριστος | |

## T 5: *Adverbbildung*

| | | | | |
|---|---|---|---|---|
| ›Positiv‹ | Ἀρίων | καλῶς | ᾄδει. | Arion singt schön. |
| ›Komparativ‹ | | Κάλλιον | ᾄδει τῶν ἄλλων. | Er singt schöner als die anderen. |
| ›Superlativ/ Elativ‹ | | Κάλλιστα<br>auf welche Weise (singt er)? | ᾄδει. | Er singt am schönsten/<br>sehr schön/wunderschön. |

Von Adjektiven abgeleitete Adverbien bezeichnen eine Art/Weise. Sie haben im Positiv den Ausgang -ως, der an den Wortstock bzw. Stamm[1] tritt:
κακός: κακῶς – ἡδύς(ἡδε-): ἡδέως – σώφρων (σωφρον-): σωφρόνως
Als Komparativform dient der Akkusativ Singular des Neutrums, als Superlativform die entsprechende Pluralform: σοφώτατα.

| | | |
|---|---|---|
| πονηρῶς | πονηρότερ<u>ον</u> | πονηρότατ<u>α</u> |
| κακῶς | κάκι<u>ον</u> | κάκιστ<u>α</u> |

1) Genitiv Singular des Maskulinums abzüglich Ausgang/Endung.

# T 6: *Pronomina und Zahlen*

## T 6.1 Personal-Pronomina

| | ich | du | wir | ihr |
|---|---|---|---|---|
| N | ἐγώ | σύ | ἡμ εῖς | ὑμ εῖς |
| G | (ἐ)μοῦ | σού | ῶν | ῶν |
| D | (ἐ)μοί | σοί | ῖν | ῖν |
| A | (ἐ)μέ | σέ | ᾶς | ᾶς |

Als Personal-Pronomen der 3. Person wird αὐτός, -ή, -ό (T 6.4) verwendet.

Im G/D/A geben unbetonte Formen von ἐγώ und σύ ihren Akzent ab; nur betont verwendet werden ἐμοῦ, ἐμοί, ἐμέ.

## T 6.2 Possessiv-Pronomina und Reflexiva

| | | | |
|---|---|---|---|
| mein | ἐμός, -ή, -όν | unser | ἡμέτερος, -α, -ον |
| dein | σός, σή, σόν | euer | ὑμέτερος, -α, -ον |

Besitzerangaben können auch durch Genitiv des Personal-Pronomens erfolgen: φίλος μου (ein Freund von mir) mein Freund. In der 3. Person dienen dazu die Genitive von αὐτός (T 6.4) bzw. des aus ἑ- (lat. se, sich) und αὐτός zusammengerückten Reflexiv-Pronomens: ἑαυτοῦ, ἑαυτῆς, ἑαυτῶν.

*Reflexive* Formen der 1. und 2. Person (als Personal-Pronomen und als Ersatz des Possessiv-Pronomens) rücken im Singular zusammen: ἐμαυτῷ (< ἐμοὶ αὐτῷ), σεαυτόν (< σὲ αὐτόν), σεαυτῇ (< σοὶ αὐτῇ). Im Plural tritt αὐτός zu den Formen von ἡμεῖς und ὑμεῖς.

## T 6.3 Demonstrativ-Pronomina

6.3.1 ὅδε, ἥδε, τόδε dieser (da), der folgende – dekliniert wie der Artikel (T 1 und 2)
6.3.2 οὗτος, αὕτη, τοῦτο dieser (der schon genannte)

| | S | | | P | | |
|---|---|---|---|---|---|---|
| | m | f | n | m | f | n |
| N | οὗτος | αὕτη | τοῦτο | οὗτοι | αὗται | ταῦτα |
| G | τούτ ου | ταύτ ης | τούτ ου | τούτ ων | τούτ ων | τούτ ων |
| D | ῳ | ῃ | ῳ | οις | ταύτ αις | οις |
| A | - ον | ην | - ο | ους | ας | ταῦτ α |

6.3.3 ἐκεῖνος, -η, -ο jener
(Deklination nach T 1.2/T 2.1/2.2)

## T 6.4 αὐτός, αὐτή, αὐτό: er/sie/es; selbst (= persönlich); derselbe/dieselbe/dasselbe

| | |
|---|---|
| διαλέγομαι αὐτῷ | ich spreche mit ihm |
| αὐτὸς ἧκε | er kam selbst |
| ὁ βασιλεὺς αὐτός | der König selbst |
| ὁ αὐτὸς βασιλεύς[1] | derselbe König (= der gleiche, der nämliche) |

1) Stellung als Attribut, vgl. Genitiv: ὁ τοῦ πατρὸς οἶκος (das Haus des Vaters).

**T 6.5** ἄλλος, -η, -ο: ein anderer ἀλληλ-: einander

Aus ἄλλοι ἄλλους βοηθοῦσιν (die einen helfen den anderen) entwickelten sich durch Verschmelzung Formen wie ἀλλήλους: ἀλλήλους βοηθοῦσιν: sie helfen einander.
Solche Formen kommen nur im G/D/A des Plurals vor (ἀλλήλ-ων/-οις/-αις/-ους/-ας/-α).

**T 6.6** Interrogativ- und Indefinit-Pronomen

Das Pronomen τίς, τί hat in der Bedeutung »wer/was?« den Akzent stets auf der Stammsilbe, in der Bedeutung »jemand, etwas« lehnt es sich in der Betonung an das vorangehende Wort an.

| | wer/was | | jemand/etwas | |
|---|---|---|---|---|
| | S | P | S | P |
| N | τίς/τί | τίνες/τίνα | τις/τι | τινες/τινα |
| G | τίνος | τίνων | τινος | τινῶν |
| D | τίνι | τίσιν | τινι | τισιν |
| A | τίνα/τί | τίνας/τίνα | τινα/τι | τινας/τινα |

Im G/D Sg. auch τοῦ, τῷ bzw. του, τῳ.

## T 6.7 Relativ-Pronomen

Die Formen des bestimmten Relativ-Pronomens (der, die, das/welcher, welche, welches) entsprechen bis auf den Nom. Sing. m ὅς den behauchten Ausgängen des Artikels.
Verallgemeinert wird das Relativ-Pronomen durch Zusammenrückung mit τις/τι; in diesem Falle werden beide Bestandteile dekliniert (G Sg. m: οὗ τινος).

| | welcher/welche/welches | | | wer auch immer/alles, was | | |
|---|---|---|---|---|---|---|
| N | ὅς | ἥ | ὅ | ὅστις | ἥτις | ὅ τι |
| G | οὗ | ἧς | οὗ | οὗτινος | ἧστινος | οὗτινος |
| | usw. | | | usw. | | |

Im G/D m/n begegnen auch die Formen ὅτου, ὅτῳ, ὅτων, ὅτοις.

## T 6.8 Zahlen

### T 6.8.1 Grundzahlen 1–4

| | | m/n | f | | | m/f | n | | m/f n |
|---|---|---|---|---|---|---|---|---|---|
| N | 1 | εἷς/ἕν | μία | 2 | δύο | 3 | τρεῖς | τρία | 4 | τέτταρ ες / α |
| G | | ἑνός | μιᾶς | | δυοῖν | | τρι ῶν | | | ων |
| D | | ἑνί | μιᾷ | | δυοῖν | | σίν | | | σιν |
| A | | ἕνα/ἕν | μίαν | | δύο | | τρεῖς | τρία | | ας / α |

## T 6.8.2 Weitere Grundzahlen; Ordnungszahlen

Grundzahlen geben eine Menge an: πέντε – fünf; Ordnungszahlen den Platz in einer Reihenfolge: ὁ πέμπτος – der fünfte.
Von den Grundzahlen werden außer 1–4 (T 6.8.1) die Hunderter ab 200, Tausender und Zehntausender nach der a-/o-Deklination (T 1/T 2) dekliniert, desgleichen alle Ordnungszahlen.

| Grundzahlen | | | Ordnungszahlen | |
|---|---|---|---|---|
| 1 | εἷς, μία, ἕν | eins | πρῶτος, η, ον | der erste |
| 2 | δύο | | δεύτερος, α, ον | |
| 3 | τρεῖς, τρία | | τρίτος | |
| 4 | τέτταρες, τέτταρα | | τέταρτος | |
| 5 | πέντε | | πέμπτος | |
| 6 | ἕξ | | ἕκτος | |
| 7 | ἑπτά | | ἕβδομος | |
| 8 | ὀκτώ | | ὄγδοος | |
| 9 | ἐννέα | | ἔνατος | |
| 10 | δέκα | | δέκατος | |
| 11 | ἕνδεκα | | ἑνδέκατος | |
| 12 | δώδεκα | | δωδέκατος | |
| 13 | τρεῖς καὶ δέκα | | τρίτος καὶ δέκατος | |
| 14 | τέτταρες καὶ δέκα | | τέταρτος καὶ δέκατος | |
| 15 | πεντεκαίδεκα | | πέμπτος καὶ δέκατος | |
| 16 | ἑκκαίδεκα | | ἕκτος καὶ δέκατος | |

| | | |
|---|---|---|
| 17 | ἑπτακαίδεκα | ἕβδομος καὶ δέκατος |
| 18 | ὀκτωκαίδεκα | ὄγδοος καὶ δέκατος |
| 19 | ἐννεακαίδεκα | ἔνατος καὶ δέκατος |
| 20 | εἴκοσι(ν) | εἰκοστός |
| 30 | τριάκοντα | τριακοστός |
| 40 | τετταράκοντα | τετταρακοστός |
| 50 | πεντήκοντα | πεντηκοστός |
| 60 | ἑξήκοντα | ἑξηκοστός |
| 70 | ἑβδομήκοντα | ἑβδομηκοστός |
| 80 | ὀγδοήκοντα | ὀγδοηκοστός |
| 90 | ἐνενήκοντα | ἐνενηκοστός |
| 100 | ἑκατόν | ἑκατοστός |
| 200 | διακόσιοι, -αι, -α | διακοσιοστός |
| 300 | τριακόσιοι | τριακοσιοστός |
| 400 | τετρακόσιοι | τετρακοσιοστός |
| 500 | πεντακόσιοι | πεντακοσιοστός |
| 600 | ἑξακόσιοι | ἑξακοσιοστός |
| 700 | ἑπτακόσιοι | ἑπτακοσιοστός |
| 800 | ὀκτακόσιοι | ὀκτακοσιοστός |
| 900 | ἐνακόσιοι | ἐνακοσιοστός |
| 1000 | χίλιοι | χιλιοστός |
| 2000 | δισχίλιοι | δισχιλιοστός |
| 10000 | μύριοι | μυριοστός |
| 20000 | δισμύριοι | δισμυριοστός |

# B. VERBA

## T 7: *Verba auf -ω*

### T 7.1 Präsens und Imperfekt Aktiv und Medium/Passiv

A: Aktiv – παύω: ich beruhige
M/P: Medium/Passiv – παύομαι: ich beruhige mich/ich werde beruhigt

| | | A<br>Indikativ | Optativ | Konjunktiv | M/P<br>Indikativ | Optativ | Konjunktiv |
|---|---|---|---|---|---|---|---|
| Sg. | 1 | παύ ω | παύ οι μι | παύ ω | παύ ομαι | παυ οί μην | παύ ωμαι |
| | 2 | εις | ς | ῃς | ῃ | ο | ῃ |
| | 3 | ει | | ῃ | εται | το | ηται |
| Pl. | 1 | ομεν | μεν | ωμεν | όμεθα | μεθα | ώμεθα |
| | 2 | ετε | τε | ητε | εσθε | σθε | ησθε |
| | 3 | ουσι(ν) | εν | ωσι(ν) | ονται | ντο | ωνται |

| | | | | |
|---|---|---|---|---|
| Infinitiv: | παύ ειν | παύ εσθαι | | |
| Partizip: | παύ ων, -ουσα, παῦ ον;<br>– – οντος, – ης παύ οντος | | | παυ όμενος, -η, -ον |
| Imperativ | Sg. | Pl. | Sg. | Pl. |
| 2 | παῦ ε | παύ ετε | παύ ου | παύ εσθε |
| 3 | παυ έτω | όντων | έσθω | έσθων |
| Indikativ Imperfekt | | | | |
| | Singular | Plural | Singular | Plural |
| 1 | ἔ παυ ον | ἐ παύ ομεν | ἐ παυ όμην | ἐ παυ όμεθα |
| 2 | ες | ετε | ′ ου | ′ εσθε |
| 3 | ε(ν) | ʺ ον | ′ ετο | ′ οντο |

*Das Augment*

tritt als Zeichen für die Vergangenheit vor den Stamm, und zwar

a) bei konsonantisch anlautenden Verben als ε:
ἔ παυ ον: ich beruhigte (immer wieder), suchte zu beruhigen

b) bei vokalisch anlautenden Verben in Gestalt einer Dehnung des Anlauts:

| | |
|---|---|
| ἄγω (ich führe): ἦγον | ἐλπίζω (ich hoffe): ἤλπιζον |
| εἰκάζω (ich vermute): ᾔκαζον | εὑρίσκω (ich finde): ηὕρισκον |
| οἴομαι (ich glaube): ᾠόμην | ὁπλίζω (ich bewaffne): ὥπλιζον |

Die Dehnung verwandelt
ε/α zu η, ει/αι/ᾳ zu ῃ, αυ/ευ zu ηυ, ο zu ω, οι zu ῳ

Nicht auf das Schriftbild wirkt sich die Dehnung von ι und υ aus; lange Vokale (η, ω) und ου verändern sich nicht.

Bei einigen ursprünglich mit σ anlautenden Verben wird aus ἐσε/ἐε – εἰ: ἔχω (ich habe): εἶχον; ἕπομαι (ich folge, lat. sequor): εἱπόμην. Sonderformen bilden ὁράω (ich sehe): ἑώρων (zur Konjugation s. T 7.2) und ἁλίσκομαι (ich werde gefangen): ἑάλων (Aorist, vgl. T 7.4.4).

Bei Verben, die mit einer Präposition zusammengesetzt sind, schiebt sich das Augment *hinter* diese:

| | | |
|---|---|---|
| προ-λέγω | (ich sage voraus): | προ-έλεγον |
| ὑπ-ακούω | (ich gehorche): | ὑπ-ήκουον |

Endet die Präposition auf einen Vokal, entfällt dieser; nur περί und πρό bleiben unverändert:

| | | |
|---|---|---|
| παρα-σκευάζω | (ich bereite vor): | παρ-ε-σκεύαζον |
| δια-λέγομαι | (ich unterhalte mich): | δι-ε-λεγόμην |

Veränderungen von ἐξ und σύν durch Assimilation (Lautangleichung) werden aufgehoben:

| | | |
|---|---|---|
| συγ-καλέω | (ich rufe zusammen): | συν-ε-κάλεον > συνεκάλουν (T 7.2). |
| ἐκ-λέγω | (ich wähle aus): | ἐξ-έ-λεγον |

**T 7.2** Präsens und Imperfekt Aktiv und Medium/Passiv der Verben auf -αω, -εω, -οω

Vorbemerkungen:
Auslautendes α/ε/ο wird mit dem Anlaut des Ausgangs verschmolzen (kontrahiert), und zwar nach folgenden Regeln:

| Verben auf -αω | Verben auf -εω | Verben auf -οω |
|---|---|---|
| α + ε -Laut > α[1] | ε + ε > ει | ο + ε/ο/ου > ου |
| α + ο-Laut > ω | ε + ο > ου[2] | ο + ι-Diphthong (auch ͅ) > οι |
| ι > ͅ (ᾳ, ῳ) | ε + langer Laut > langer Laut[2] | ο + η/ω > ω |

Im Optativ Präsens Aktiv haben die Verben auf -εω oft, die auf -αω und -οω immer die Singularausgänge -(οι)ην/ης/η.

1) Stämme auf -η kontrahieren entsprechend zu -η: ζῆτε, ihr lebt, aus ζή-ετε, χρῆσθαι, gebrauchen, aus χρή-εσθαι.
2) Bei einsilbigen Stämmen unterbleibt diese Kontraktion meist: δέομαι, ich bitte, aber δεῖσθε, ihr bittet.

## Formenbildung der Verben auf -αω/-εω/-οω im Präsens und Imperfekt

### T 7.2.1 Aktiv

| | | α) τιμάω: ich ehre | | ε) ποιέω: ich tue | | ο) ἀξιόω: ich beanspruche | |
|---|---|---|---|---|---|---|---|
| Indikativ Präsens | | | | | | | |
| Sg. | 1 | τιμ ῶ | (< -άω) | ποι ῶ | (< -έω) | ἀξι ῶ | (< -όω) |
| | 2 | ᾷς | (< -άεις) | εῖς | (< -έεις) | οῖς | (< -όεις) |
| | 3 | ᾷ | (< -άει) | εῖ | (< -έει) | οῖ | (< -όει) |
| Pl. | 1 | ῶμεν | (< -άομεν) | οῦμεν | (< -έομεν) | οῦμεν | (< -όομεν) |
| | 2 | ᾶτε | (< -άετε) | εῖτε | (< -έετε) | οῦτε | (< -όετε) |
| | 3 | ῶσιν | (< -άουσιν) | οῦσιν | (< -έουσιν) | οῦσιν | (< -όουσιν) |
| Konjunktiv Präsens | | | | | | | |
| Sg. | 1 | formgleich | (< -άω) | ποι ῶ | (< -έω) | ἀξι ῶ | (< -όω) |
| | 2 | dem | (< -άῃς) | ῇς | (< -έῃς) | οῖς | (< -όῃς) |
| | 3 | Indikativ | (< -άῃ) | ῇ | (< -έῃ) | οῖ | (< -όῃ) |
| Pl. | 1 | | (< -άωμεν) | ῶμεν | (< -έωμεν) | ῶμεν | (< -όωμεν) |
| | 2 | | (< -άητε) | ῆτε | (< -έητε) | ῶτε | (< -όητε) |
| | 3 | | (< -άωσιν) | ῶσιν | (< -έωσιν) | ῶσιν | (< -όωσιν) |

| | | | | | | | |
|---|---|---|---|---|---|---|---|
| **Optativ Präsens** | | | | | | | |
| Sg. | 1 | τιμ ῴ ην | (< -α οί ην) | ποι οί ην | (< -ε οί ην) | ἀξι οί ην | (< -ο οί ην) |
| | 2 | ης | | (Endungen wie bei τιμῴ ην) | | | |
| | 3 | η | | | | | |
| Pl. | 1 | ῷ μεν | | | | | |
| | 2 | τε | | | | | |
| | 3 | εν | | | | | |
| **Infinitiv:** | | τιμᾶν | (< -άεεν) | ποιεῖν | (< -έεεν) | ἀξιοῦν | (< -όεεν) |
| **Partizip:** | | τιμῶν, -ῶσα, -ῶν (-άων, -άουσα, -ον) | | ποιῶν, -οῦσα, -οῦν (-έων, -έουσα, -έον) | | ἀξιῶν, -οῦσα, -οῦν (-όων, -όουσα, -όον) | |
| **Imperativ** | | | | | | | |
| Sg. | 2 | τίμ α | (< -αε) | ποί ει | (< -εε) | ἀξί ου | (< -οε) |
| | 3 | άτω | (< -αέτω) | είτω | (< -εέτω) | ούτω | (< -οέτω) |
| Pl. | 2 | ᾶτε | (< -άετε) | εῖτε | (< -έετε) | οῦτε | (< -όετε) |
| | 3 | ώντων | (< -αόντων) | ούντων | (< -εόντων) | ούντων | (< -οόντων) |
| **Indikativ Imperfekt** | | | | | | | |
| Sg. | 1 | ἐ τίμ ων | (< -αον) | ἐ-ποί ουν | (< -εον) | ἠξί ουν | (< -οον) |
| | 2 | ας | (< -αες) | εις | (< -εες) | ους | (< -οες) |
| | 3 | α | (< -αε) | ει | (< -εε) | ου | (< -οε) |
| Pl. | 1 | ῶμεν | (< -άομεν) | οῦμεν | (< -έομεν) | οῦμεν | (< -όομεν) |
| | 2 | ᾶτε | (< -άετε) | εῖτε | (< -έετε) | οῦτε | (< -όετε) |
| | 3 | ων | (< -αον) | ουν | (< -εον) | ουν | (< -οον) |

## T 7.2.2 Medium/Passiv[1]

| | | α) | | ε) | o) | |
|---|---|---|---|---|---|---|
| **Indikativ Präsens** | | | | | | |
| Sg. | 1 | τιμ ῶμαι | | ποι οῦμαι | ἀξι οῦμαι | |
| | 2 | ᾷ | (< -άῃ) | ῇ | οῖ | (< -όῃ) |
| | 3 | ᾶται | | εῖται | οῦται | |
| Pl. | 1 | ώμεθα | | ούμεθα | ούμεθα | |
| | 2 | ᾶσθε | | εῖσθε | οῦσθε | |
| | 3 | ῶνται | | οῦνται | οῦνται | |
| **Konjunktiv Präsens** | | | | | | |
| Sg. | 1 | formgleich | | ποι ῶμαι | ἀξι ῶμαι | |
| | 2 | dem | | ῇ | οῖ | |
| | 3 | Indikativ | | ῆται | ῶται | |
| Pl. | 1 | | | ώμεθα | ώμεθα | |
| | 2 | | | ῆσθε | ῶσθε | |
| | 3 | | | ῶνται | ῶνται | |

1) Kontraktionen sind nur noch in Einzelfällen aufgelöst; vgl. die Vorbemerkungen zu T 7.2 und die Tabellen des Aktivs (T 7.2.1).

| | | | | | | | |
|---|---|---|---|---|---|---|---|
| **Optativ Präsens** | | | | | | | |
| Sg. | 1 | τιμ ῴ μην | | ποι οί μην | | ἀξι οί μην | |
| | 2 | ῀ ο | | ῀ ο | | ῀ ο | |
| | 3 | το | | (Endungen wie bei τιμῴ μην) | | | |
| Pl. | 1 | ´ μεθα | | | | | |
| | 2 | ῀ σθε | | | | | |
| | 3 | ντο | | | | | |
| Infinitiv: | | τιμᾶσθαι | | ποιεῖσθαι | | ἀξιοῦσθαι | |
| Partizip: | | τιμώμενος, -η, -ον | | ποιούμενος, -η, -ον | | ἀξιούμενος, -η, -ον | |
| **Imperativ** | | | | | | | |
| Sg. | 2 | τιμ ῶ | (< -άου) | ποι οῦ | (< -έου) | ἀξι οῦ | |
| | 3 | άσθω | | είσθω | | ούσθω | |
| Pl. | 2 | ᾶσθε | | εῖσθε | | οῦσθε | |
| | 3 | άσθων | | είσθων | | ούσθων | |
| **Indikativ Imperfekt** | | | | | | | |
| Sg. | 1 | ἐ τιμ ώμην | | ἐ ποι ούμην | | ἠξι ούμην | |
| | 2 | ῶ | (< -άου) | οῦ | (< -έου) | οῦ | (< -όου) |
| | 3 | ᾶτο | | εῖτο | | οῦτο | |
| Pl. | 1 | ώμεθα | | ούμεθα | | ούμεθα | |
| | 2 | ᾶσθε | | εῖσθε | | οῦσθε | |
| | 3 | ῶντο | | οῦντο | | οῦντο | |

## T 7.3 Futur

| | |
|---|---|
| παύ σ ω: | ich werde beruhigen |
| παύ σ ομαι: | ich werde mich beruhigen |
| παυ θήσ ομαι: | ich werde beruhigt werden |

Das Futur der meisten griechischen Verba wird im Aktiv und Medium mit dem Tempuszeichen σ, im Passiv mit dem Element -θησ- und den jeweils entsprechenden Ausgängen des Präsens gebildet.

| | Indikativ | (Optativ) | Infinitiv | Partizip "moriturі" |
|---|---|---|---|---|
| A | παύ σ ω<br>εις<br>… | παύ σ οιμι<br>οις<br>…(T 7.1 A) | παύ σ ειν | παύ σ ων<br>ουσα<br>ον |
| M | παύ σ ομαι<br>η<br>… | παυ σ οίμην<br>οιο<br>… (T 7.1 M/P) | παύ σ εσθαι | παυ σ όμενος, -η, -ον |
| P | παυ θήσ ομαι<br>η<br>… | παυ θησ οίμην<br>οιο<br>… (T 7.1 M/P) | παυ θήσ εσθαι | παυ θησ όμενος, -η, -ον |

Die Verben auf -ίζω und die, deren Stamm auf -λ/μ/ν/ϱ endet, haben ein kontrahiertes Futur, dessen Formenbildung der des Präsens von ποιέω (T 7.2e) entspricht: νομίζω (ich glaube): νομιῶ, εῖς, -εῖ usw., ϰϱίνω (ich urteile): ϰϱινῶ, -εῖς, -εῖ ... (vgl. auch T 7.4).

Mediales Futur kann gelegentlich aktive (ἀϰούσομαι: ich werde hören), selten passive Bedeutung haben (τιμήσομαι ich werde geehrt werden). Kurze Stammauslaute werden im Futur und in den übrigen Tempora (außer dem Präsens) gedehnt: ποι έ ω: ποι ή σ ω, τιμ ά ω: τιμ ή σ ω.

Endet der Stamm auf einen K-, P- oder T-Laut, verbindet sich dieser mit dem Tempuszeichen σ, und zwar wird aus

| | | | | | | | | | | | |
|---|---|---|---|---|---|---|---|---|---|---|---|
| K-Lauten: | γ | / | ϰ | / | χ | / | ττ | + | σ | > | ξ |
| P-Lauten: | β | / | π | / | φ | / | πτ | + | σ | > | ψ |
| T-Lauten: | δ | / | τ | / | θ | / | ζ | + | σ | > | σ |

| | | | | | |
|---|---|---|---|---|---|
| ἄγω | (ich führe): | ἄξω | τάττω | (ich stelle auf): | τάξω |
| γϱάφω | (ich schreibe): | γϱάψω | ϰλέπτω | (ich stehle): | ϰλέψω |
| πείθω | (ich überrede): | πείσω | σῴζω | (ich rette): | σώσω |

Sonderformen bilden πλάττω (ich forme): πλάσω
τϱέφω (ich ernähre): θϱέψω

Im Futur Passiv kann das θ bei manchen Verben entfallen:
γϱάφω (ich schreibe): γϱαφ ήσ εται (es wird geschrieben werden)

Im übrigen wird im Futur Passiv unter dem Einfluß des θ (behauchter T-Laut) aus

| | | | | | | | | | | | | |
|---|---|---|---|---|---|---|---|---|---|---|---|---|
| K-Lauten: | γ | / | κ | / | χ | / | ττ | > | χ | (ἄγω) | ἀχ θήσ ομαι | (ich werde geführt werden) |
| P-Lauten: | β | / | π | / | φ | / | πτ | > | φ | (πέμπω[1]) | πεμφ θήσ ομαι | (ich werde gesandt werden) |
| T-Lauten: | δ | / | τ | / | θ | / | ζ | > | σ | (πείθω) | πεισ θήσ ομαι | (ich werde überredet werden) |

## T 7.4 Aorist

Vorbemerkungen:
Der Aorist (ἀ-όριστος: un-begrenzt) kann im Indikativ und Infinitiv sehr unterschiedliche Zeitaspekte ausdrücken:
a) einmalige Ereignisse der Vergangenheit (im Deutschen: Präteritum)
b) Beginn und Abschluß von Handlungen in der Vergangenheit
c) immer Gültiges (im Deutschen: Präsens)
d) Vorzeitigkeit in der Vergangenheit (im Deutschen: Plusquamperfekt)
Als Vergangenheitstempus hat der Aorist im *Indikativ* Augment (→ T 7.1); dieses fehlt in den übrigen Modi (Konjunktiv, Optativ, Imperativ) sowie beim Infinitiv und Partizip, weil diese Formen nicht auf Vergangenes festgelegt sind.

---
1) ich sende, schicke.

Von den Verben auf -ω wird der *Aorist im Aktiv und Medium*, ähnlich dem Futur, mit dem Tempuszeichen σ gebildet[1], an das, meist in Verbindung mit einem α als Kennvokal, z. T. neue Endungen treten. Dieses α fehlt in allen Formen des Konjunktivs.
Der *passive Aorist* weist das Bildungselement -θη- auf, das im Konjunktiv und Optativ mit den Ausgängen verschmilzt (-θῶ, -θῇς/θείην). Eine Reihe von Verben bildet den passiven Aorist wie das entsprechende Futur ohne θ, bei manchen kommen beide Bildungsweisen (-θην und -ην) nebeneinander vor:

βλάπτω (ich schädige): ἐβλάφθην und ἐβλάβην (ich wurde geschädigt).

Als ›*starken*‹ *Aorist* des Aktivs und Mediums bezeichnet man eine Bildungsweise, bei der an durch Vokalschwächung (φεύγω, ich fliehe, ἔφυγον) veränderte oder völlig selbständige Stämme (ὁράω, ich sehe, εἶδον) im Indikativ die Ausgänge des Imperfekts, sonst die des Präsens treten.

Im sog. *Wurzelaorist* schließlich treten die Endungen/Ausgänge an den bis auf die ›Wortwurzel‹ verkürzten Stamm und verschmelzen z. T. mit ihm:

γιγνώσκω (ich erkenne): ἐ-γνω-ν (ich erkannte); Optativ: γνοίην.

---

1) für die Formenbildung gelten die vom Futur bekannten Regeln; Verben mit stammauslautendem λ/μ/ν/ϱ dehnen den letzten Stammvokal, weil das σ entfällt; vgl. ἀγγέλλω – ἤγγε͟ι͟λα (aus ἤγγελ-σα).

* κύριε ἐλέησον !
Herr, erbarme dich (jetzt)

## Übersicht über die Formenbildung im Aorist

### T 7.4.1 σ-Aorist/Aktiv (A) – Medium (M)

ἔ παυ σ α/ἐ παυ σ άμην    ich beruhigte/(mich)

| A | | Indikativ | Konjunktiv | Optativ | Infinitiv: παῦσαι |
|---|---|---|---|---|---|
| Sg. | 1 | ἔ παυ σ α | παύ σ ω | παύ σ αι μι | Partizip: |
| | 2 | ας | ῃς | ς | παύ σ ας (-αντος) |
| | 3 | ε(ν) | . . . | | ασα (-άσης) |
| | | | (→ T 7.1, | | αν (-αντος) |
| Pl. | 1 | ΄ αμεν | Konj. Präs.) | μεν | Imperativ: |
| | 2 | ΄ ατε | | τε | S 2 παῦ σ ον * |
| | 3 | ἔ αν | | εν | S 3 άτω |
| | | | | | P 2 ΄ ατε |
| | | | | | P 3 άντων |
| M | | | | | Inf.: παύ σ α σθαι |
| Sg. | 1 | ἐ παυ σ ά μην | παύ σ ω μαι | παυ σ αί μην | Part.: παυ σ ά μενος |
| | 2 | ΄ ω | ῃ | ΄ ο | Imperativ |
| | 3 | α το | η ται | το | S 2 παῦ σ αι |
| | | . . .[1] | . . . (T 7.1) | . . .[1] | P 2 ΄ α σθε |

1) Im Plural folgen die vom Indikativ Imperfekt und vom Optativ vertrauten Endungen der sog. Nebentempusreihe: -μην, -σο (> ο/ου/ω), -το, -μεθα, -σθε, -ντο.
Die ›Haupttempusreihe‹ -μαι, -σαι (> ῃ), -ται, -μεθα, -σθε, -νται begegnet im Indikativ des Präsens, Futur, Perfekt und stets im Konjunktiv.

ου + μη = Verneinung
↓ ↓
Tatsache Möglichkeit

**T 7.4.2** ›Starker‹ Aorist/Aktiv (A) – Medium (M)

ἔ βαλον: ich warf

| A | | Indikativ | Konjunktiv | Optativ | Infinitiv: βαλεῖν |
|---|---|---|---|---|---|
| Sg. | 1<br>2 | ἔ βαλ ον<br>ες<br>... (T 7.1: Ind. Imperfekt) | βάλ ω<br>ῃς<br>(T 7.1: Konj./Opt./Imperativ Präsens) | βάλ οι μι<br>ς | Part.: βαλ ών/οῦσα/όν<br>Imperativ: βάλ ε<br>... |
| M | | | | | Inf.: βαλ έ σθαι |
| Sg. | 1 | ἐ βαλ ό μην<br>... (T 7.1: Ind. Imperfekt) | βάλ ω μαι<br>(T 7.1: Konj./Opt. Präsens) | βαλ οί μην | Part.: βαλ ό μενος<br>Imperativ<br>S 2 βαλοῦ<br>P 2 βάλεσθε |

## T 7.4.3 Aorist Passiv

ἐ παύ θη ν: ich wurde beruhigt

| | | Indikativ | Konjunktiv | Optativ | Infinitiv: παυ θῆ ναι |
|---|---|---|---|---|---|
| Sg. | 1 | ἐ παύ θη ν | παυ θ ῶ | παυ θ είη ν | Part.: παυ θείς/θέντος |
| | 2 | ς | ῇς | ς | θεῖσα/ης |
| | 3 | ἐπαύθη | ῇ | | θέν/θέντος |
| Pl. | 1 | μεν | ῶμεν | μεν | Imperativ: |
| | 2 | τε | ῆτε | τε | 2 παύ θη τι |
| | 3 | σαν | ῶσιν | σαν | 3 ´ τω |
| | | | | | 2 ´ τε |
| | | | | | 3 θέ ντων |

Ohne θ gebildete Aoristformen des Passivs folgen im übrigen diesem Schema: ἐ βλάβ η ν (ich wurde geschädigt): βλαβ ῶ, βλαβ είην.

**T 7.4.4** Wurzelaorist

ἔ γνω ν: ich erkannte/ἔ βη ν: ich ging

| | | Indikativ | | Konjunktiv | | Optativ | | Infinitiv: βῆ ναι/γνῶ ναι |
|---|---|---|---|---|---|---|---|---|
| Sg. | 1 | ἔ βη/ | ν | β ῶ | γν ῶ | βαί η/ | ν | Part.: βάς, βᾶσα, βάν |
| | 2 | ἔ γνω | ς | ῇς | ῷς | γνοί η | ς | (βάντος/βάσης) |
| | 3 | | | ῇ | ῷ | | | γνούς, γνοῦσα, γνόν |
| | | | | | | | | (γνόντος, γνούσης) |
| Pl. | 1 | | μεν | ὦμεν | ὦμεν | | μεν | Imperativ: |
| | 2 | | τε | ἦτε | ὦτε | | τε | S 2 βῆ θι γνῶ θι |
| | 3 | | σαν | ὦσιν | ὦσιν | βαῖ/γνῶ | εν | S 3 βή τω γνώ τω |
| | | | | | | | | P 2 βῆ τε γνῶ τε |
| | | | | | | | | P 3 βά ντων γνό ντων |

Wie der Vergleich mit T 7.4.3 (Aorist Passiv) zeigt, stimmen die Bildungsprinzipien des Wurzelaorists mit dem passiven Aorist weitgehend überein; der Hauptunterschied ist die Verschmelzung von Stammvokal und Modussignalen im Konjunktiv und Optativ (z. B. γνο (ε)ιην > γνοίην).

## T 7.5 Perfekt

Das griechische Perfekt bezeichnet das (fortdauernde) Ergebnis abgeschlossener Handlungen, z. B.

| | | | |
|---|---|---|---|
| τέ θνη κ ε<br>(zu θνῄσκειν: sterben) | er ist gestorben/<br>er ist tot | κέ κτη μαι<br>(zu κτᾶ σθαι: erwerben) | ich habe erworben/<br>ich besitze |

Dieses Tempus ist im Griechischen viel seltener als im Lateinischen oder Deutschen.
Gebildet wird es durch Anlautverdopplung des Stamms, Dehnung vokalischer Stammanlaute bzw. vorgesetztes ε, wobei Behauchung entfällt und Doppellaute vereinfacht werden:

| | |
|---|---|
| τέ θνη κε | κέ κτη μαι |

Im Aktiv *kann* außerdem als Tempuszeichen ein κ zwischen Stamm und Ausgänge treten (die im Indikativ bis auf die 3. Pers. Plural – ασι(ν) – mit denen des Aorist Aktiv, T 7.4.1, übereinstimmen).
Im Passiv treten die Endungen der Haupttempusreihe (s. T 7.4.1, Anm. 1) direkt an den Stamm, wobei vielfach Angleichungen zum Zweck besserer Sprechbarkeit erfolgen, z. B. βέ βλαψαι, du hast Schaden erlitten, aus βέ βλαβ σαι, oder κέ κρυμμαι (ich bin verborgen) aus κέ κρυπτ μαι[1].
Gelegentlich kommen auch Umschreibungen vor, bei denen dann, wie im Deutschen, zum Perfektpartizip eine Form des Hilfszeitworts ›sein‹ tritt:

| | |
|---|---|
| πε πεισ μένοι εἰσίν[2] | sie sind überzeugt |

Besonders bei den Verben, die das Perfekt Aktiv ohne κ bilden, sind Behauchung (Aspiration) des auslautenden Konsonanten und/oder Lautveränderungen (Ablaut) von Stammvokalen häufig, z. B.:

| Aspiration: | | Ablaut (ggf. mit Aspiration): | |
|---|---|---|---|
| (κρύπτω) | κέ κρυφ α | (πέμπω ich sende) | πέ πομφ α |
| (ἄγω ich führe) | ἦχ α | (τρέφω ich nähre) | τέ τροφ α |
| (πράττω ich tue) | πέ πραχ α | (κλέπτω ich stehle) | κέ κλοφ α |

Im Perfekt Passiv entfallen diese Veränderungen, dafür treten die Endungsangleichungen hervor:

| | | | |
|---|---|---|---|
| (κρύπτω) | κέκρυφθε | (< κε κρυπτ σθε) | ihr seid verborgen |
| (πράττω) | πεπρᾶχθαι | (< πε πρακ σθαι) | vollbracht worden zu sein |
| (ἄγω) | ἦξαι | (< ἦγ σαι) | du bist geführt[3] |

1) zu κρύπτω: ich verberge.
2) zu πείθω: ich überrede.
3) die Seltenheit des Perfekts und der Umstand, daß ungewöhnliche Formen i. d. R. in Wörterbüchern angeführt werden, verbietet eine breitere Behandlung, die einer Kurzgrammatik sowieso nicht anstünde, zumal die Formenbildung insgesamt den in T 7.5.1/2 dargestellten Prinzipien folgt.

## T 7.5.1 Perfekt Aktiv

πέ παυ κ α: ich habe beruhigt

| | | Indikativ | Konjunktiv | Optativ | Infinitiv: πε παυ κ έναι |
|---|---|---|---|---|---|
| Sg. | 1 | πέ παυ κ α | πε παύ κ ω | πε παύ κ οιμι | Part.: πεπαυκώς/ότος |
| | 2 | ας | ης | ς | υῖα/ας |
| | 3 | ε(ν) | (T 7.1: Konj./ | Opt. Präsens) | ός/ότος |
| Pl. | 1 | αμεν | | | Imperativ: |
| | 2 | ατε | | | S 2: πέ παυ σο |
| | 3 | ασι(ν) | | | P 2: σθε |

## T 7.5.2 Perfekt Passiv

πέ παυ μαι: ich bin beruhigt

| | | Indikativ | Konjunktiv | Optativ | Inf.: πε παῦ σθαι |
|---|---|---|---|---|---|
| Sg. | 1 | πέ παυ μαι | πε παυ μένος ὦ | πεπαυμένος εἴην | Part.: πε παυ μένος |
| | 2 | σαι | | | |
| | … | (T 7.1) | | | |
| | | | (Umschreibung mit Perfekt-Passiv-Partizip und εἶναι T 9.1a) | | |

**T 7.6** Plusquamperfekt Aktiv: ἐ πε παύ κ ειν ich hatte beruhigt
Medium/Passiv: ἐ πε παύ μην ich hatte mich beruhigt/war beruhigt gewesen

Das griechische Plusquamperfekt ist, wie das Perfekt, ziemlich selten; es bezeichnet das Ende von Zuständen in der Vergangenheit:

| | |
|---|---|
| Perfekt: κέ κτη μαι<br>ich habe mir erworben, besitze | Plusquamperfekt: ἐ κε κτή μην<br>ich besaß |

Das Plusquamperfekt wird vom Perfektstamm gebildet, wobei vor die Anlautverdopplung noch ein Augment tritt; vokalische Anlaute werden bisweilen gedehnt:

ἕστη κ α: ich stellte mich/stehe (Perfekt)
εἱστή κ ειν: ich stand (Plusquamperfekt)

Indikativ Plusquamperfekt

| | | Aktiv | Medium/Passiv |
|---|---|---|---|
| Sg. | 1 | ἐ πε παύ κ ειν | ἐ πε παύ μην |
| | 2 | εις | ʹ σο |
| | 3 | ει | ʹ το |
| Pl. | 1 | εμεν | ʹ μεθα |
| | 2 | ετε | ʹ σθε |
| | 3 | εσαν | ʹ ντο |

## T 8: *Die Verba auf -μι*

Diese Verbengruppe stimmt in ihrer Formenbildung weitgehend mit den Verba auf -ω überein; die auffälligsten Abweichungen sind:

1. Teilweise andere und stets ohne Bindevokal an den Stamm tretende Endungen im Indikativ Präsens Aktiv:

| | | | | | | |
|---|---|---|---|---|---|---|
| Verba auf -ω: | ω | εις | ει | ομεν | ετε | ουσι(ν) |
| Verba auf -μι: | μι | ς | σι(ν) | μεν | τε | ασι(ν) |

2. Kontrahierte Formen in der 2. Pers. Sg. des Imperativ Präsens Aktiv, z. B. δίδου gib!
3. Fehlen eines Bindevokals im Imperfekt; Endung -σαν in der 3. Person Plural des Indikativ Aktiv.
4. Unterschiedliche Länge der Stammvokale im Singular und Plural des Indikativ Präsens und Aorist Aktiv, teilweise Stammerweiterung mit κ, z. B. ἔδωκα ich gab, aber ἔδομεν wir gaben.
5. Eine auf Präsens und Imperfekt beschränkte Anlautverdopplung, ähnlich wie bei γι γνώ σκω: δί̣ δω μι, τί θη μι.

## T 8.1 Formenbildung häufiger Verba auf -μι (Präsens/Imperfekt)

| Aktiv | | | | a) ἵστημι (ich stelle) | b) τίθημι (ich stelle/setze) | c) ἵημι (ich schicke) | d) δίδωμι (ich gebe) |
|---|---|---|---|---|---|---|---|
| Präsens | Indikativ | Sg. | 1 | ἵστ η μι | τί θη μι | ἵ η μι | δί δω μι |
| | | | 2 | ς | ς | ς | ς |
| | | | 3 | σι(ν) | σι(ν) | σι(ν) | σι(ν) |
| | | Pl. | 1 | α μεν | τί θε μεν | ἵ ε μεν | δί δο μεν |
| | | | 2 | τε | τε | τε | τε |
| | | | 3 | ᾶσι(ν) | ´ ασι(ν) | ἱ ᾶσι(ν) | ´ ασι(ν) |
| | Konj. | Sg. | 1 | ἱστ ῶ | τι θῶ | ἱῶ | διδ ῶ |
| | | | 2 | ῇς | ῇς | ἱ ῇς | ῷς |
| | | | | … (vgl. T 7.4.3 παυθῶ, ῇς) | | | (vgl. T 7.4.4 γνῶ) |
| | Opt. | Sg. | 1 | ἱσταί η ν | τιθείην | ἱείην | διδοίην |
| | | | … | (T 7.4.4 βαίην) | (T 7.4.3 παυθείην) | | (T 7.4.4 γνοίην) |
| | Imperativ | Sg. | 2 | ἵστ η | τίθ ει | ἵ ει | δίδ ου |
| | | | 3 | άτω | έτω | έτω | ότω |
| | | Pl. | 2 | ατε | ετε | ετε | οτε |
| | | | 3 | άντων | έντων | έντων | όντων |
| | Inf. | | | ἱστ άναι | τιθ έναι | ἱ έναι | διδ όναι |
| | Part. | | | ἱστ άς/άντος | τιθ είς | ἱ είς | διδ ούς |
| | | | | ᾶσα/ης | (T 7.4.3 παυθ είς) | | (T 7.4.4 γνούς) |
| | | | | άν/άντος | | | |
| Imperfekt | Ind. | Sg. | 1 | ἵστ η ν | ἐ τίθ η ν | ἵ ει ν | ἐ δίδ ου ν |
| | | | 2 | ς | εις | ς | ς |
| | | | 3 | | ει | | |
| | | Pl. | 1 | α μεν | ε μεν | ἵ ε μεν | ο μεν |
| | | | 2 | τε | τε | τε | τε |
| | | | 3 | σαν | σαν | σαν | σαν |

Medium/Passiv: Die seit T 7.1 bekannten Endungen treten im Indikativ ohne Bindevokal an den ungedehnten Stamm. In der 2. Pers. Sg. findet keine Kontraktion statt: δίδο μαι, δίδο σαι/ ἵεμαι, ἵεσαι ... ἐ τιθέ μην, ἐ τίθε σο ...

Im Konjunktiv entstehen durch Kontraktion von Stammauslaut und Endung wie im Aktiv ῶ, ῇ, η, bei δίδωμι ῶ, ῷ: διδῶμαι, διδῷ, διδῶται/ἱστῶ, ἱστῇ, ἱστῆται ...

Im Optativ treten die Endungen -μην, -ο (< -σο), -το, -μεθα, -σθε, -ντο an die Stämme ἱσται-/τιθει-/ἱει-/διδοι-:

ἱσταί μεθα, διδοί μην, τιθεῖ ο.

Keine Kontraktion erfolgt in der 2. Pers. Sg. des Imperativs:

τίθε σο, δίδο σο (3. P.: τιθέ σθω, διδό σθω).

Infinitiv und Partizip weisen keine Besonderheiten auf:

ἵε σθαι, τιθέ μενος, -η, -ον.

**T 8.2** Formenbildung häufiger Verba auf -μι (Aorist Aktiv/Medium)

a) ἔστησα: ich stellte
ἐστησάμην: ich stellte für mich: T 7.4.1

b) ἔθηκα: ich stellte
ἐθέμην: M

c) ἧκα: ich schickte
εἵμην: M

d) ἔδωκα: ich gab
ἐδόμην: M

| | A | | b) | c) | d) | M b) | c) | d) |
|---|---|---|---|---|---|---|---|---|
| Indikativ | Sg. | 1 | ἔ θη κ α | ἧ κ α | ἔ δω κ α | ἐ θέ μην | εἵ μην | ἐ δό μην |
| | | 2 | ας | ας | ας | ἔ θ ου | εἷ σο | ἔ δ ου |
| | | 3 | ε(ν) | ε(ν) | ε(ν) | ἔ θε το | το | ἐ δο το |
| | Pl. | 1 | ἔ θε μεν | εἷ μεν | ἔ δο μεν | ʹ μεθα | . . . | . . . |
| | | 2 | τε | τε | τε | ˇ σθε | | |
| | | 3 | σαν | σαν | σαν | ντο | | |
| Konj. | Sg. | 1 | θῶ | ὥ | δῶ | θῶ μαι | ὥ μαι | δῶ μαι |
| | | 2 | θῇς | ᾗς | δῷς | θῇ | ᾗ | δῷ[1] |
| | | | . . . | | | | | |
| Opt. | Sg. | 1 | θείην | εἵην | δοίην | θεί μην | εἵ μην | δοί μην |
| | | 2 | . . . | | | ˜ ο | εἷ ο | ˜ ο[1] |
| | | 3 | | | | το | | |
| Imp. | Sg. | 1 | θέ ς | ἕ ς | δό ς | θοῦ | οὗ | δοῦ |
| | | 2 | τω | τω | τω | θέ σθω | ἕ σθω | δό σθω |
| | | | . . . | | | | | |
| | Inf. | | θεῖ ναι | εἷ ναι | δοῦ ναι | θέ σθαι | ἕ σθαι | δό σθαι |
| | Part. | | θείς/θεῖσα | εἵς/εἷσα | δούς/δοῦσα[1] | θέ μενος | ἕ μενος | δό μενος |

Der Wurzelaorist zu ἵσταμαι, ἔστην: ich stellte mich, ich trat, wird wie ἔβην (T 7.4.4) gebeugt.

Die übrigen Tempora der hier aufgeführten Verben unterscheiden sich in ihrer Formenbildung nicht von der der Verba auf -ω (z. B. Perfekt: δέ δω κ α, Aorist Passiv: ἐ τέ θην: sie sind in T 10 eingereiht.

1) Die Aoristformen des Konjunktivs, Optativs und Partizips entsprechen denen des Präsens nach Weglassen der Anlautverdopplung.

## T 8.3 Weitere Verba auf -μι

a) Wie ἵστημι konjugiert werden
ὀνίνημι (ich nütze), πίμπλημι (ich fülle), πίμπρημι (ich verbrenne)

b) Bei den Verba auf – (ν)νυμι treten die Endungen/Ausgänge an den Stammauslaut -υ; es finden keine Kontraktionen statt: δείκνυ-μι (ich zeige), δείκνυ-σαι (du zeigst dich)

| | Indikativ | Konjunktiv | Optativ | Imperativ | Imperfekt |
|---|---|---|---|---|---|
| A | δείκνυ μι<br>ς<br>… | δεικνύ ω<br>ῃς | δεικνύ οιμι<br>οις | δείκνυ<br>ύτω | ἐδείκνυ ν<br>ς |
| M/P | δείκνυ μαι<br>σαι<br>… | δεικνύ ωμαι<br>ῃ | δεικνυ οίμην<br>΄ οιο | δείκνυ σο<br>΄ σθω | ἐδεικνύ μην<br>΄ σο |

## T 9.1 ›Kleine‹ Verba auf -μι

a) *εἰμί: ich bin*

| | Präs. | Indikativ | Konj. | Optativ | Imperativ | Imperfekt | Futur |
|---|---|---|---|---|---|---|---|
| Sg. | 1 | εἰμί | ὦ | εἴην | | ἦ(ν) | ἔσ ομαι |
| | 2 | εἶ | ἦς | εἴης | ἴσ θι | ἦ σθα | η |
| | 3 | ἐστί(ν) | . . . | . . . | ἔσ τω | ἦν | ται |
| Pl. | 1 | ἐσμέν | (vgl. T 8.2) | | | μεν | όμεθα |
| | 2 | ἐστέ | | | τε | τε | εσθε |
| | 3 | εἰσί(ν) | | | των | σαν | ονται |
| Inf. Präsens: εἶναι<br>Part. Präsens: ὤν/οὖσα/ὄν (ὄντος/οὔσης/ὄντος) | | | | | | | Inf.: ἔσεσθαι<br>Part.: ἐσόμενος |

Mit Ausnahme der 2. Pers. Sg. lehnen sich die Formen des Indikativ Präsens im Ton an das vorhergehende Wort an, sofern sie nicht die Bedeutung »vorhanden sein/existieren« haben:

Ζεὺς θεός ἐστιν — Zeus ist ein Gott
Ἔστι θεός — Gott existiert/es gibt einen Gott

b) *εἶμι: ich werde gehen*

| Präs. | | Indikativ | Konj. | Optativ | Imperativ | Imperfekt | Infinitiv: ἰέναι |
|---|---|---|---|---|---|---|---|
| Sg. | 1 | εἶμι | ἴ ω | ἴ οι μι | | ἤ ειν (ἦα) | Partizip: |
| | 2 | εἶ | ῃς | ς | ἴ θι | εις | ἰών, ἰοῦσα, ἰόν |
| | 3 | εἶσι(ν) | . . . | | τω | ει(ν) | (ἰόντος, ἰούσης, ἰόντος) |
| Pl. | 1 | ἴ μεν | | μεν | | ἦ μεν | |
| | 2 | τε | | τε | τε | τε | |
| | 3 | ασι(ν) | | εν | όντων | σαν | |

c) *φημί: ich sage, erkläre*

| Präs. | | Indikativ | Konj. | Optativ | Imperativ | Imperfekt | Infinitiv: φάναι |
|---|---|---|---|---|---|---|---|
| Sg. | 1 | φη μί | φῶ | φαί ην | | ἔ φη ν | Futur.: φή σω |
| | 2 | ´ς | φῇς | . . . | φά θι | σθα | |
| | 3 | σί(ν) | . . . | | τω | | Aorist: ἔ φη σα |
| Pl. | 1 | φα μέν | (T 7.4.4: βῶ, βαίην) | | | ἔ φα μεν | |
| | 2 | τέ | | | τε | τε | |
| | 3 | σί(ν) | | | ντων | σαν | |

Wie bei εἰμί lehnen sich die Formen des Indikativ Präsens von φημί in der Betonung an das vorhergehende Wort an.

T 9.2 οἶδα: ich weiß (Perfekt mit präsentischer Bedeutung)

| | | Indikativ | Konjunktiv | Optativ | Imperativ | ›Plusquamperfekt‹ |
|---|---|---|---|---|---|---|
| Sg. | 1 | οἶδα | εἰδῶ | εἰδείην | | ᾔδειν (ᾔδη) |
| | 2 | οἶσθα | ῇς | ς | ἴσ θι | ᾔδεις (ᾔδησθα) |
| | 3 | οἶδεν | ... | ... | τω | ει |
| Pl. | 1 | ἴσ μεν | | | | ᾔδε μεν |
| | 2 | τε | | | τε | τε |
| | 3 | ασιν | | | τωσαν | σαν |
| | | Infinitiv: εἰδέναι<br>Futur: εἴσ ομαι | | Partizip: εἰδ ώς/-ότος<br>υῖα/-υίας<br>ός/-ότος | | |

## T 10: *Alphabetisches Verzeichnis schwierigerer Verbalformen*

(In diese Übersicht wurden nur solche Verben aufgenommen, deren Stammformen mit Hilfe der bisherigen Tabellen und eines kleineren Wörterbuchs nicht ohne weiteres identifiziert werden können und in Texten häufiger begegnen.)

| ›Lexikonform‹/ Deutsche Bedeutung | | Futur A/M/P | Aorist A/M/P | Perfekt A/M/P |
|---|---|---|---|---|
| ἀγορεύω | (ich)[1] spreche | ἐρῶ (-εῖς) | εἶπον | εἴρηκα |
| ἄγω | führe | ἄξω | ἤγαγον (ἀγαγεῖν) | ἦχα |
| αἰσθάνομαι | bemerke | | ᾐσθόμην | |
| αἱρέω | nehme | αἱρήσω | εἷλον | ᾕρηκα |
| ομαι | wähle | ομαι | όμην | μαι |
| | | αἱρεθήσομαι | ᾑρέθην | |
| αἰσχύνομαι | schäme mich | | ᾐσχύνθην | |
| ἀκούω | höre | ἀκούσομαι | ἤκουσα | ἀκήκοα |
| ἁλίσκομαι | werde gefangen | ἁλώσομαι | ἑάλων (T 7.4.4) | ἑάλωκα |
| ἀνοίγνυμι | öffne | ἀνοίξω | ἀνέῳξα | |
| ἀπαλλάττομαι | werde frei (von) | ἀπαλλάξομαι | ἀπηλλάγην (T 7.4.3) | |
| ἀπο-κτείνω | töte | ἀπο-κτενῶ (-εῖς) | ἀπ-έκτεινα | ἀπ-έκτονα |
| ἀπόλλυμι | verderbe, verliere | ἀπολῶ (εῖς) | ἀπώλεσα | ἀπολώλεκα |
| μαι | gehe zugrunde | ἀπολοῦμαι | ἀπωλόμην | ἀπόλωλα |
| ἀφικνέομαι | komme an | ἀφίξομαι | ἀφικόμην | ἀφῖγμαι |
| βαίνω | gehe | βήσομαι | ἔβην (T 7.4.4) | βέβηκα |

| | | | | | |
|---|---|---|---|---|---|
| βούλομαι | will | βουλήσομαι | ἐβουλήθην | | |
| γίγνομαι | werde | γενήσομαι | ἐγενόμην | γέγονα/γεγένημαι | |
| γιγνώσκω | erkenne | γνώσομαι | ἔγνων (T 7.4.4) | ἔγνωκα | |
| δείκνυμι | zeige | δείξω | ἔδειξα | | |
| | | | ἐδείχθην | δέδειγμαι | |
| δέω | habe nötig | δεήσω | ἐδέησα | | |
| ομαι | bitte | ομαι | ήθην | | |
| διαλέγομαι | unterrede mich | διαλέξομαι | διελέχθην | διείλεγμαι | |
| δίδωμι | gebe | δώσω | ἔδωκα | δέδωκα | |
| | | δοθήσομαι | ἐδόθην | δέδομαι | |
| δοκέω | (er)scheine (als) | δόξω | ἔδοξα | δέδοκται | es ist beschlossen |
| δύναμαι | kann | δυνήσομαι | ἐδυνήθην | | |
| ἐλαύνω | treibe, ziehe | ἐλῶ (ἐλᾷς) | ἤλασα | | |
| ἐπιλανθάνομαι | vergesse | ἐπιλήσομαι | ἐπελαθόμην | | |
| ἐπίσταμαι | verstehe | | ἠπιστήθην | | |
| ἕπομαι | folge | ἕψομαι | ἑσπόμην | | |
| ἔρχομαι | gehe | εἶμι (T 9.1b) | ἦλθον | | |
| εὑρίσκω | finde | εὑρήσω | ηὗρον | ηὕρηκα | |
| ἔχω | habe | ἕξω/σχήσω | ἔσχον | | |
| ζεύγνυμι | verbinde | ζεύξω | ἔζευξα | | |
| ἥδομαι | freue mich | | ἥσθην | | |
| ἵημι | (ent)sende | ἥσω | ἧκα | | |
| ἵεμαι | eile | | εἵμην | εἷμαι | |
| ἵστημι | stelle (auf) | στήσω | ἔστησα | | |

1) entfällt bei den weiteren Bedeutungsangaben.

| ›Lexikonform‹/ Deutsche Bedeutung | | Futur A/M/P | Aorist A/M/P | Perfekt A/M/P | |
|---|---|---|---|---|---|
| ἵστ αμαι | stelle (für mich) | στήσ ομαι | ἐστησ άμην | | |
| | stelle mich | | ἔστην (T 7.4.4) | ἕστηκα | stehe |
| λαγχάνω | bekomme | | ἔλαχον | εἴληχα | |
| λαμβάνω | nehme | λήψομαι | ἔλαβον | εἴληφα | |
| | | ληφθήσομαι | ἐλήφθην | εἴλημμαι | |
| λανθάνω | bin verborgen | λήσω | ἔλαθον | λέληθα | |
| λείπω | (ver)lasse | λείψω | ἔλιπον | λέλοιπα | |
| μανθάνω | lerne | μαθήσομαι | ἔμαθον | μεμάθηκα | |
| μιμνήσκομαι | erinnere mich | μνησθήσομαι | ἐμνήσθην | μέμνημαι | denke (stets an) |
| οἴομαι | glaube, meine | οἰήσομαι | ᾠήθην | | |
| ὄμνυμι | schwöre | ὀμοῦμαι | ὤμοσα | ὀμώμοκα | |
| ὀνίνημι | nütze | ὀνήσω | ὤνησα | | |
| ὁράω | sehe | ὄψομαι | εἶδον (ἰδεῖν) | ἑώρακα | |
| | | | ὤφθην | | |
| ὀργίζομαι | bin wütend | | ὠργίσθην | | |
| ὁρμάομαι | marschiere ab | | ὡρμήθην | | |
| πάσχω | erleide, erlebe | πείσομαι | ἔπαθον | πέπονθα | |
| πείθομαι | gehorche | πείσομαι | ἐπείσθην | πέπεισμαι | |
| | | | | πέποιθα | vertraue |
| πίμπλημι | fülle | πλήσω | ἔπλησα | πέπληκα | |
| πίνω | trinke | | ἔπιον | | |
| πίπτω | falle | πεσοῦμαι | ἔπεσον | πέπτωκα | |
| πλέω | fahre, segle | | ἔπλευσα | | |

| | | | | |
|---|---|---|---|---|
| σφάλλομαι | täusche mich | σφαλήσομαι | ἐσφάλην (T 7.4.3) | |
| τίθημι | setze, stelle | θήσω | ἔθηκα | τέθηκα |
| | | τεθήσομαι | ἐτέθην | (κεῖμαι) |
| τρέπομαι | fliehe | τρέψομαι | ἐτράπην/ | |
| | | | ἐτραπόμην | |
| τυγχάνω | bekomme | τεύξομαι | ἔτυχον | |
| | (zufällig) | | | |
| ὑπισχνέομαι | verspreche | ὑποσχήσομαι | ὑπεσχόμην | |
| φέρω | trage | οἴσω | ἤνεγκον/-α | ἐνήνοχα |
| | | | ἠνέχθην | |
| φεύγω | fliehe | φεύξομαι | ἔφυγον | πέφευγα |
| φθείρω | vernichte, | φθερῶ (-εῖς) | ἔφθειρα | ἔφθαρκα |
| | besteche | | ἐφθάρην (T 7.4.3) | |
| φοβέομαι | fürchte mich | φοβήσομαι | ἐφοβήθην | |
| φύομαι | werde, wachse | | ἔφυν (T 7.4.4) | πέφυκα |
| χαίρω | freue mich | | ἐχάρην (T 7.4.3) | |
| ψεύδομαι | täusche mich | | ἐψεύσθην | |
| | lüge | | ἐψευσάμην | |

## Regeln zur griechischen Satzlehre

### R 1: *Der Satz und seine Glieder*

1.1 Das *Prädikat* (die Satzaussage) wird entweder
- durch ein *Verbum* (Zeitwort), z. B. λέγει (er sagt), oder
- durch ein Hilfszeitwort, z. B. εἶναι (sein), in Verbindung mit einem *Nomen* (Namenwort) ausgedrückt:

| Ζεὺς | θεός | ἔστιν. | Zeus ist ein Gott. |
|---|---|---|---|
| Subjekt | Prädikatsnomen | Hilfsverb | |
| | Prädikat | | |

1.2 Zu den *Nomina* (Plural/Mehrzahl) zu Nomen, gehören
- Substantive (Hauptwörter), z. B. ὁ κύριος der Herr
- Adjektive (Eigenschaftswörter), z. B. καλός schön
- Partizipien (Mittelwörter), z. B. οἰκούμενος bewohnt
- Pronomina (Fürwörter), z. B. ἐκεῖνος jener (vgl. T 6)
- Zahlwörter, z. B. δύο zwei

Nomina können nach Kasus (Fall), Numerus (Zahl) und Genus (Geschlecht) verändert (dekliniert, gebeugt) werden.

Das Griechische hat
- fünf Kasus (Nominativ, Genitiv, Dativ, Akkusativ, Vokativ),
- drei Numeri (Singular/Einzahl; Plural/Mehrzahl sowie gelegentlich den sog. Dual für die Zweizahl)
- drei Genera (Maskulinum/männliches<br>Femininum/weibliches<br>Neutrum/sächliches Geschlecht)

1.3 *Verben* können in fünffacher Hinsicht verändert (konjugiert) werden, nämlich nach
- Person (1.: ich/wir 2.: du/ihr, 3.: er, sie, es/sie)
- Numerus (Singular: ich; Plural: wir)

– Modus (Aussageweise): Indikativ/Wirklichkeitsform;

| | |
|---|---|
| Konjunktiv<br>Optativ | Formen der eingeschränkten Wirklichkeit |

Imperativ/Befehlsform)

– Tempus (Zeitstufe): Präsens (Gegenwart)

Futur (Zukunft)

| | |
|---|---|
| Imperfekt<br>Aorist<br>Perfekt<br>Plusquamperfekt | Zeiten der Vergangenheit |

– Diathese (Aktiv/Tätigkeitsform – Passiv/Leideform – Medium, einer dem Griechischen eigenen Diathese zwischen Aktiv und Passiv)

1.4 Das *Subjekt* (der Satzgegenstand) ist entweder im Prädikat enthalten (z. B. λέγει: er (S) sagt (P)) oder wird durch ein Nomen (R 1.2) bzw. einen sonstigen Ausdruck, der durch Hinzutreten des Artikels (Geschlechtsworts) substantiviert wurde, vertreten:

| | |
|---|---|
| οἱ νῦν | (die jetzt) die Leute von heute |
| οἱ παρ' αὐτόν | (die bei ihm) seine Umgebung |

Ferner können Infinitive (Nennformen) und Gliedsätze (Nebensätze) die Subjektsrolle übernehmen.

1.5 In der Regel stimmen Subjekt und Prädikat in Numerus und Genus überein; bei Neutrum Plural als Subjekt steht jedoch das Prädikat meist im Singular, da sich die griechischen Neutra aus ursprünglichen Sammelbegriffen wie Dt. ›Gehölz‹, ›Gesinde‹ entwickelt haben:

| | |
|---|---|
| τὰ ἄστρα λάμπει | die Sterne strahlen |

1.6 Die drei Kasus Genitiv/Dativ/Akkusativ (2./3./4. Fall) können sowohl als *Objekte* (Satzergänzungen) wie als

*Prädikatsnomina* und als *Adverbialia* (Umstandsbestimmungen) fungieren:

| | | |
|---|---|---|
| πρῶτον | τὸν Πείσονα | μῶρον ἡγούμην |
| Adverbiale | Objekt | Präd. N. |
| | im Akkusativ | |
| zuerst | Peison | für dumm |
| hielt ich | | |

Der Genitiv dient außerdem häufig als *Attribut* (Beifügung), wobei er in ›geschlossene‹ Wortstellung genommen wird:

| | |
|---|---|
| οἱ *τοῦ δήμου* εὐεργέται | die Wohltäter *des Volks* |

1.7 Als *Attribute* können ferner dienen

Adjektive, Pronomina, Partizipien, Zahlwörter, Adverbien und adverbiale Bestimmungen, z. B.

| | |
|---|---|
| οἱ *νῦν* ἄνθρωποι | die *heutigen* Menschen |
| οἱ *παρ' αὐτὸν* στρατιῶται | die Soldaten *in seiner Umgebung* |

Ferner haben Relativsätze (zum Relativpronomen s. T 6.7) oft attributive Funktion.

Substantivische Attribute nennt man Appositionen; bei ihnen findet sich nicht selten das (nicht übersetzbare) Partizip von εἶναι: Σωκράτης γέρων ὤν (Sokrates, ein alter Mann seiend) Sokrates als alter Mann.

1.8 Eine wichtige Aufgabe des *Artikels* (des Geschlechtsworts) ist die ›Verklammerung‹ der Attribute mit ihrem Beziehungswort (s. 1.7). Außerdem steht er bei Eigennamen, um Bekanntheit zu signalisieren:

| | |
|---|---|
| ὁ Σωκράτης | der (eben erwähnte/berühmte) Sokrates |

Bisweilen verallgemeinert er auch:

| | |
|---|---|
| ὁ βουλόμενος | (der Wollende) jeder, der will |

1.9 Artikel und Wortstellung können auch Wortbedeutungen bedingen:

| | |
|---|---|
| ὁ μόνος φίλος | der einzige Freund (attributive Wortstellung) |
| μόνος ὁ φίλος | allein/nur der Freund (prädikative Wortstellung) |

vgl. dazu auch αὐτός in T 6.4 und πᾶς (S. 55)

## R 2: *Zur Funktion der Kasus*

2.1 *Genitiv*

a) Der Genitiv bezeichnet – wie im Deutschen – *Zugehörigkeit:*

| | |
|---|---|
| οἱ τῶν φιλοσόφων λόγοι | die Worte der Philosophen |
| φιλοσόφου ἐστίν | es ist Aufgabe eines Philosophen,<br>gehört (zu) einem Philosophen,<br>ist kennzeichnend für einen Philosophen<br>(vgl. im Dt.: er ist des Todes!) |

b) Er gibt das Ganze an, von dem ein Teil genannt ist (sog. *partitivus*):

| | |
|---|---|
| οἱ πρῶτοι τῶν Περσῶν | die (ersten) führenden Männer der Perser |

c) Er gibt als Objekt zahlreicher Verben den von einer Handlung betroffenen *Bereich* an:

| | |
|---|---|
| ἀρετῆς ἐπιθυμῶ | ich strebe nach Vollkommenheit |

d) In Verbindung mit Substantiven, die eine Handlung oder einen Vorgang in sich schließen, kann er sowohl das *Subjekt wie das Objekt* dieses Vorgangs bezeichnen:

| | |
|---|---|
| ὁ τῶν πολεμίων φόβος | die Furcht der Feinde<br>die Furcht vor den Feinden |

e) Er nennt *Beschaffenheit und Wert/Preis*

| | |
|---|---|
| μιᾶς ἡμέρας ὁδός | eine Tagereise (Weg eines Tages) |
| πολλοῦ/ὀλίγου ὠνεῖσθαι | um viel (teuer)/um wenig (billig) kaufen |

f) Er nennt das *Vergehen,* dessentwegen jemand gerichtlich belangt, überführt oder verurteilt wird:

| | |
|---|---|
| προδοσίας ἁλίσκεσθαι | des Verrats überführt werden |

g) Er bezeichnet *Zeiträume:*

| | |
|---|---|
| νυκτός | nachts |

h) Ähnlich dem lateinischen Ablativ kann er schließlich Trennung von etwas (τῶν παθῶν ἀπαλλάττεσθαι: von den Leidenschaften befreit werden),
Ursache von etwas (φθονῶ σε τῆς εὐδαιμονίας: ich beneide dich um dein Glück) und den
Bezugspunkt eines Vergleichs (κρείττων τῶν ἄλλων: stärker als die anderen) angeben.

**2.2** *Dativ*

a) Der Dativ bezeichnet – weitgehend wie im Deutschen – die von einer Verbalhandlung betroffene Person, und zwar

als ›echter‹ Dativ ein Objekt: (auch denjenigen, zu dessen Vor- oder Nachteil etwas geschieht)

| | |
|---|---|
| βοηθῶ σοι | ich helfe dir |
| σοὶ μανθάνεις | du lernst für dich |

b) aber auch den, der etwas tut:

| | |
|---|---|
| ἡμῖν ἀσκητέον ἐστίν | (für) uns ist (es nötig) zu üben/wir müssen üben |

c) – und den, der etwas besitzt:

| | |
|---|---|
| ζῴοις ψυχή ἐστιν | (Tieren ist eine Seele eigen) Tiere haben eine Seele |

d) Als Adverbiale gibt der Dativ Ort oder Zeitpunkt an:

| | |
|---|---|
| Ἐλευσῖνι | in Eleusis |
| τούτῳ τῷ ἐνιαυτῷ | in diesem Jahr |

e) Entsprechend dem lateinischen Ablativ kann er auch

| | | |
|---|---|---|
| Mittel | (ξίφει κτείνειν | mit dem Schwert töten) |
| Art und Weise | (τούτῳ τῷ τρόπῳ | auf diese Weise) |
| Grund | (τῷ ἐπαίνῳ χαίρειν | sich über das Lob freuen) |
| Maßstab | (κρίνετε αὐτὸν τοῖς ἔργοις | beurteilt ihn nach seinen Taten) sowie |
| Unterschied | (πολλῷ κάλλιον | viel schöner) bezeichnen. |

f) Häufig ist der Dativ bei Verben, die ein Zusammentreffen oder ein gemeinsames Tun bezeichnen:

| | |
|---|---|
| διαλέγεσθαι τοῖς φίλοις | sich mit den Freunden unterreden |

g) Auch mit vielen Adjektiven, die eine soziale Beziehung ausdrücken (φίλος, befreundet; ἐχθρός, feindlich), Gleichheit oder Ähnlichkeit und Nutzen bzw. Schaden angeben, wird der Dativ verbunden, dgl. mit dem Pronomen αὐτός (derselbe).

### 2.3 *Akkusativ*

a) Wie im Deutschen bezeichnet der Akkusativ als Objekt Person oder Sache, auf die eine Handlung direkt abzielt:

| ὁ κύριος καλεῖ σε | παρακελεύεταί σοί (τι) |
|---|---|
| (der Herr ruft dich) | (er ruft dir [etwas] zu) |

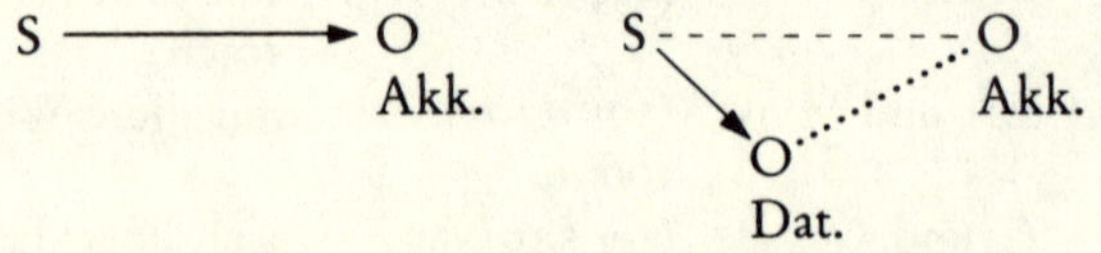


b) In diesem Sinne kann der griechische Akkusativ auch ein im Verbum bereits enthaltenes ›inneres‹ Objekt akzentuieren:

| | |
|---|---|
| νίκην νικᾶν | (›einen Sieg siegen‹) einen Sieg erringen |

c) In adverbialer Funktion bezeichnet der Akkusativ Raum und Zeit eines Handlungsablaufs:

| | |
|---|---|
| πολὺν χρόνον ἀναμένειν | lange Zeit warten |

den von einem Vorgang besonders betroffenen Bereich:

| | |
|---|---|
| οἱ στρατηγοὶ ἀπετμήθησαν τὰς κεφαλάς | Die Generale wurden (›abgeschnitten in Bezug auf ihre Köpfe‹) enthauptet |

d) Wenn von *einem* Prädikat zwei Akkusative abhängen, sind es entweder zwei Objekte –

| | |
|---|---|
| τί ἡμᾶς ἐρωτήσει; | Was wird er uns fragen? |

oder Objekt und Prädikatsnomen –

| | |
|---|---|
| ’Αλκιβιάδην στρατηγὸν ἑλώμεθα | Wählen wir Alkibiades zum General! |

## R 3: *Präpositionen*

Von den griechischen Präpositionen haben einige – in z. T. erheblich verschiedener Bedeutung – sowohl Genitiv, Dativ und Akkusativ bei sich, andere werden nur mit Genitiv oder

Akkusativ verbunden, eine kleine Gruppe ist auf jeweils einen einzigen Kasus beschränkt.
Die Bedeutungen der einzelnen Präpositionen haben sich aus Ortsbestimmungen entwickelt:

| | |
|---|---|
| ἐκ τῆς πόλεως | aus der Stadt (örtlich) |
| ἐξ ἀρχῆς | von Anfang an (zeitlich) |
| ἐκ τούτου | infolgedessen (›übertragene‹, von Orts- und Zeitbestimmung weiterentwickelte Bedeutung) |

Bei der Ermittlung des Bedeutungsbereichs einer Präposition anhand des Wörterbuchs ist somit der Kasus, mit dem sie verbunden ist, und der vom Kontext vorgegebene Aspekt (Orts-, Zeitangabe) wichtig.

R 5: *Die Diathesen des Verbums*

4.1 Aktiv und Passiv unterscheiden sich hinsichtlich ihrer Verwendung nicht wesentlich vom Deutschen.

4.2 Das dem Griechischen eigentümliche *Medium* betont die Beteiligung des Subjekts an einem Vorgang:
a) Das Subjekt vollzieht die Handlung an sich:
λούω ich wasche — λούομαι ich wasche mich
b) Das Subjekt vollzieht die Handlung für sich:
παρασκευάζω ich richte her — παρασκευάζομαι ich richte für mich her
c) Das Subjekt vollzieht in enger Verbindung mit anderen die Handlung:
διαλέγομαι — ich unterhalte mich

R 5: *Die Tempora des Verbums*

5.1 Das *Imperfekt* bezeichnet lange andauernde, wiederholte oder versuchte Handlungen:

| | |
|---|---|
| ἔπειθε τοὺς πολίτας | er redete (immer wieder/lange) auf seine Mitbürger ein/er versuchte seine Mitbürger zu überreden |

5.2 Der **Indikativ des Aorists** bezeichnet Beginn und Abschluß von Handlungen in der Vergangenheit –

| | |
|---|---|
| ἐβούλευσα | ich wurde Ratsherr |
| | ich war Ratsherr (gewesen) |

und, als Tempus der Erzählung, einmalige Ereignisse und Fakten aus der Vergangenheit.

5.3 Das *Perfekt* bezeichnet in der Vergangenheit abgeschlossene, in ihrem Ergebnis fortwirkende Handlungen:

| | |
|---|---|
| τέθνηκεν | er ist gestorben, er ist tot |

## R 6: *Die Modi des Verbums*

6.1 Wie im Deutschen ist der *Indikativ* der Modus der Wirklichkeit; bisweilen drückt das Griechische durch ihn eine tatsächlich gegebene Möglichkeit oder Notwendigkeit aus, die wir irreal formulieren:

| | |
|---|---|
| ἐξῆν Σωκράτει φυγεῖν | Es wäre Sokrates möglich (gewesen), zu fliehen. |

6.2 Die Partikel ἄν beim Indikativ signalisiert Unwirklichkeit:

| | |
|---|---|
| εἴ τι εἶχον, ἐδίδουν ἄν σοι | wenn ich etwas hätte, gäbe ich es dir |
| εἴ τι ἔσχον, ἔδωκα ἄν σοι | wenn ich etwas gehabt hätte, hätte ich es dir gegeben. |
| Hier entspricht also | |
| der Indikativ Imperfekt | deutschem Konjunktiv Imperfekt, |
| der Indikativ Aorist | deutschem Konjunktiv Plusquamperfekt. |

6.3 Der *Konjunktiv* steht in Hauptsätzen bei

a) Aufforderungen an die 1. Person Plural:

| | |
|---|---|
| ἴωμεν | gehen wir! |

b) Verboten:

| | |
|---|---|
| μὴ τοῦτο ποιήσῃς | tu das nicht! |

c) Zweifelnden Fragen:

| | |
|---|---|
| τί ποιήσω; | was soll ich tun? |

6.4 In Verbindung mit ἄν drückt der Konjunktiv aus, daß sich etwas in der Gegenwart wiederholt oder daß die Verwirklichung des besprochenen Vorgangs als möglich erscheint:

| | |
|---|---|
| ἀναμένετε, ἕως ἂν ἔλθῃ | wartet, bis er kommt |

6.5 In Absichtssätzen kennzeichnet der Konjunktiv die Verbalhandlung als vom übergeordneten Subjekt gewollt:

| | |
|---|---|
| ἐπιμελεῖτε, ἵνα εἰρήνη γένηται | Sorgt dafür, daß Friede geschlossen wird. |

6.6 Der *Optativ* dient zur Formulierung erfüllbar gedachter Wünsche:

| | |
|---|---|
| εἴθε ἥκοι | wenn er nur käme/hoffentlich kommt er! |

(unerfüllbare Wünsche stehen im Indikativ, vgl. 6.2:

| | |
|---|---|
| εἴθε φίλον εἶχον | wenn ich nur einen Freund hätte (aber ich habe keinen)) |

6.7 In Verbindung mit ἄν dient der Optativ dazu, einen Sachverhalt als möglich bzw. als nur angenommen zu bezeichnen:

| | |
|---|---|
| ἴσως ἂν εὐδαίμων γένοιο | Vielleicht wirst du glücklich. |

6.8 In Gliedsätzen (Nebensätzen) kam der Optativ

a) die Wiederholung von Handlungen betonen –

| | |
|---|---|
| ἐπεὶ οἱ ἱππεῖς πλησιάζοιεν | immer wenn die Reiter sich näherten – |

b) den Inhalt des Gliedsatzes als subjektiv kennzeichnen:

| | |
|---|---|
| ἐπεδείξατο, ὅτι πλεῖστα δύναιτο | er deutete an, daß er viel Macht habe |

## R 7: *Infinitiv-Konstruktionen*

7.1 In der Funktion des Subjekts oder Objekts eines Satzes wird der Infinitiv weitgehend ebenso wie im Deutschen verwendet:

| | |
|---|---|
| χαλεπόν ἐστι σιγᾶν | es ist schwer zu schweigen |
| ὁ ἀνὴρ ἔφασκεν Ἀθήνησι δεδουλευκέναι | der Mann behauptete, in Athen Sklave gewesen zu sein |

7.2 Ist das Subjekt der Infinitiv-Konstruktion *nicht* mit dem des übergeordneten Prädikats identisch, steht es im Akkusativ:

| | |
|---|---|
| δεῖ *με* διακινδυνεύειν (lat.: oportet *me* perferre) | es ist nötig, *daß ich* (die Sache) durchstehe |

Der sogenannte AcI (Accusativus cum Infinitivo) ist im Griechischen nicht so häufig wie im Lateinischen, zumal an seine Stelle Gliedsätze mit ὅτι oder ὡς (daß) treten können. Für seine Übersetzung bieten sich folgende Möglichkeiten an:

| | |
|---|---|
| ἀκούω τινά με διαβάλλειν | Ich höre/mir ist zu Ohren gekommen, *daß* mich jemand verleumdet<br>Wie ich höre, verleumdet mich einer.<br>Dem Vernehmen nach verleumdet mich einer. |

7.3 In Verbindung mit dem AcI ist die Bedeutung von ἀκούειν festgelegt auf das Hören von Gerüchten; bei unmittelbarer Wahrnehmung verlangt das Verbum eine Partizipialkonstruktion im Genitiv:

| | |
|---|---|
| ἀκούω Κύρου λέγοντος | ich höre Kyros sprechen |

Beim Hören von Tatsachen steht Akkusativ mit Partizip (AcP):

| | |
|---|---|
| οἱ Ἕλληνες ἤκουσαν Κῦρον τεθνηκότα | die Griechen hörten, daß Kyros tot sei/Kyros sei tot/(hörten) vom Tod des Kyros |

Wie das Beispiel zeigt, ist hinsichtlich der Übersetzung kein Unterschied zwischen AcI und AcP zu machen; eine

Auflistung der Fälle, wann die eine oder die andere Konstruktion zu erwarten ist, erübrigt sich somit.

7.4 Ähnlich wie im Deutschen kann der Infinitiv im Griechischen auch Zweck und Ziel ausdrücken:

| | |
|---|---|
| δεινὸς λέγειν | befähigt zu reden |
| αἱρεθεὶς ἄρχειν | gewählt, um zu herrschen |

7.5 Adverbial erstarrt sind die Infinitive in Wendungen wie

| | |
|---|---|
| ὀλίγου δεῖν | beinahe |
| ὡς (ἔπος) εἰπεῖν | sozusagen |

7.6 Die Beifügung von ἄν schwächt die im Infinitiv enthaltene Information ab (›wohl, vermutlich‹) oder läßt sie als unwirklich erscheinen:

| | |
|---|---|
| Κῦρος δοκεῖ ἄριστος ἂν ἄρχων γενέσθαι. | Kyros, so scheint es, wäre wohl ein ausgezeichneter Herrscher geworden. |

7.7 Mit Hilfe des Artikels kann der Infinitiv substantiviert und durch die verschiedenen Kasus dekliniert werden:

| | |
|---|---|
| Τὸ πειθομένους τοὺς στρατιώτας παρέχεσθαι ἐκ τοῦ συναδικεῖν αὐτοῖς (Μένων) ἐμηχανᾶτο. | (›Das »gehorsam-die-Soldaten-Machen« bewerkstelligte Menon »aus dem mit-ihnen-Unrecht-Tun«‹) Die Ergebenheit seiner Soldaten erwarb sich Menon dadurch, daß er sich an ihren Gewalttaten beteiligte. |

Im Deutschen gibt man solche Konstruktionen mit Substantiven (der Gehorsam der Soldaten) oder Gliedsätzen der Art und Weise (indem/dadurch, daß) wieder.

## R 8: *Partizipialkonstruktionen*

Das Griechische verfügt im Präsens, Futur, Aorist und Perfekt des Aktiv, Medium und Passiv über Partizipia; dementsprechend häufig ist diese Wortart in den Texten.

8.1 Als Attribut wird das Partizip wie im Deutschen gebraucht; ggf. ist Wiedergabe mit einem Relativsatz nötig:

| | |
|---|---|
| οἱ Ἕλληνες οἱ ἐν Σικελίᾳ οἰκοῦντες | die in Sizilien wohnenden Griechen/die Griechen, die in Sizilien wohnen |

8.2 In enger Verbindung mit dem Prädikat kann das Partizip, je nach seinem Kasus auf Subjekt oder Objekt(e) bezogen, die Satzaussage ergänzen:

| | |
|---|---|
| δῆλος ἦν ἐπιθυμῶν ἄρχειν | (›er war offenkundig bestrebt ...‹) er strebte offenkundig danach, eine führende Position einzunehmen |

Wie unser Beispiel zeigt, wird bei der Übersetzung ins Deutsche

| | | | |
|---|---|---|---|
| aus griechischem | Prädikat | deutsches | Adverb |
| | δῆλος ἦν | ⟶ | *offenkundig* |
| aus griechischem | Partizip | deutsches | Prädikat |
| | ἐπιθυμῶν | ⟶ | *strebte er* |

Deckungsgleichheit mit dem Deutschen ist sehr selten:

| | |
|---|---|
| ἐτύγχανε | παρών |
| Er war zufällig | anwesend |
| (Prädikat) | (Partizip) |

In der Regel wird an die Stelle der Partizipialkonstruktion ein deutscher Gliedsatz oder eine Infinitiv-Konstruktion treten:

| | |
|---|---|
| δῆλος ἦν ἐπιθυμῶν | es war klar, daß er ... strebte |
| χαίρω ἀποκρινόμενος | ich freue mich, antworten zu können/wenn ich antworten kann (adverbial: ich gebe gern Auskunft) |
| ᾤετο εἰδέναι ῥᾷστον ὄν | er glaubte zu wissen, daß es kinderleicht sei ... |

(zum sog. AcP vgl. 7.3; wenn die Bedeutung eines Verbs

durch eine bestimmte Konstruktion bedingt ist, wird dies in den Wörterbüchern vermerkt).

8.3 In adverbialer Funktion kann das Partizip, bezogen auf Subjekt oder Objekte des Satzes, das Prädikat näher bestimmen, indem es z. B. eine zeitliche Angabe macht, einen Grund nennt oder eine Absicht ausdrückt:

| | |
|---|---|
| οἱ ὄνοι προδραμόντες ἔστασαν | (›die Esel, fortgelaufen, blieben (wieder) stehen‹) Wenn die Esel ein Stück weit gelaufen waren, blieben sie stehen/ Die Esel liefen fort, blieben aber dann wieder stehen |

Dem Beispielsatz läßt sich zweierlei entnehmen:

a) Die Zeitstufe des Partizips gibt ein zeitliches Verhältnis zum übergeordneten Prädikat an:
Partizip Präsens = zeitgleich zur Prädikatshandlung
Partizip Futur = später als die Prädikatshandlung
Partizip Aorist = früher als die Prädikatshandlung (›vorzeitig‹)
Das Partizip Perfekt gibt, ebenso wie dieses Tempus, einen abgeschlossenen, aber fortdauernden Zustand an.
b) Neben diesem Zeitverhältnis zum Prädikat ist bei der Übersetzung die Sinnrichtung des Partizips zu beachten. In unserem Beispiel ist sie temporal: (dann), wenn; (immer), wenn; als.

Die Übersetzung zeigt ferner, daß sich drei Wege für die Auflösung einer Partizipialkonstruktion anbieten:

1. nominale Wiedergabe (da wörtliche Übersetzung nur selten möglich ist, formt man den Partizipialausdruck, wenn möglich, in einen Präpositionalausdruck um, z. B. ›nach rascher Flucht (blieben die Esel wieder stehen)‹.
2. Beiordnung als Hauptsatz (die Esel rannten weg, blieben aber wieder stehen)

3. Unterordnung als Gliedsatz (wenn sie weggerannt waren ...)

Da 1. nicht immer möglich ist und 3. die genaue Bestimmung der Sinnrichtung voraussetzt, empfiehlt es sich, Partizipien nach Möglichkeit zunächst beizuordnen, d. h. als selbständige Informationsträger wiederzugeben:

| | |
|---|---|
| Ξενοφῶν συγκαλέσας τοὺς Ἕλληνας εἶπεν ... | Xenophon rief die Griechen zusammen und sprach ... |

Die Sinnrichtung von Partizipialkonstruktionen muß, wenn sie nicht durch Partikel festgelegt ist, dem Kontext entnommen werden. Sinngebende Partikel sind:

| | |
|---|---|
| ἅτε | weil |
| ὡς | weil/als ob |
| ὡς | um ... zu (nur bei Partizip Futur) |
| καίπερ | wenn auch, obwohl |

Die Wiedergabe von Partizipien verschiedener Sinnrichtung auf den gezeigten drei Übersetzungswegen erleichtert folgende Übersicht:

| Sinnrichtung | Wiedergabe durch | | |
|---|---|---|---|
| | Beiordnung | Gliedsatz | Präpositionalausdruck |
| temporal (zeitlich) | während-dessen; (und) dann | während, als, nachdem, bevor | während, bei, nach, vor |
| kausal (begründend) | deshalb | da, weil | wegen, aufgrund |
| kondizional (bedingend) | | wenn | bei, im Fall eines/r ... |
| konzessiv (einräumend) | trotzdem | obwohl | trotz |
| modal (Art/Weise) | (und) so; dadurch | indem; dadurch, daß | bei, in |
| final (Absicht) | | damit | zu (m), zu (r) |

8.4 Adverbiale Partizipialkonstruktionen, die nach Kasus, Numerus und Genus weder auf das Subjekt noch auf sonstige nominale Glieder des Satzes bezogen sind, stehen im ›absoluten Genitiv‹ (Genitivus absolutus):

| | |
|---|---|
| ταῦτα ἦν | dies geschah, |
| ἔτι δημοκρατουμένης τῆς πόλεως | als der Staat noch demokratisch regiert wurde (›bei noch demokratisch regiertem Staat‹) |

Hier ist eine wörtliche Wiedergabe nie möglich, wohl aber alle anderen in 8.3 gezeigten Wege. Auch hinsichtlich Zeitverhältnis und Sinnrichtungen gilt das dort Gesagte.
Eine ausführliche Übersetzungsanleitung findet sich auf S. 116f.

## R 9: *Gliedsätze* (Nebensätze)

Gliedsätze können als ›Entfaltungen‹ von Satzgliedern (Subjekt, Objekt, Attribut, Adverbiale) verstanden werden:

δεινόν ἐστι, μὴ ἀπορήσωμεν
es ist zu befürchten, daß wir Mangel leiden
(was ist zu befürchten?)
Gliedsatz als Subjekt

Daß nach Ausdrücken, die eine Befürchtung beinhalten, μή in der Bedeutung ›daß‹ erscheint, erklärt sich daraus, daß jeder Befürchtung ein gegenteiliger Wunsch zugrundeliegt: »... *daß* wir nur *nicht* Mangel leiden!«

9.1 Objekts- und Subjektssätze sind
- die Aussagesätze mit ὅτι, ὡς (daß)
- die abhängigen Fragesätze, eingeleitet mit Fragepronomina, εἰ (ob) oder πότερον – ἤ (ob – oder)
- die Begehrsätze mit ὅπως, ὡς (daß); zu diesen gehören auch die verneinten Wunschsätze nach Ausdrücken des Fürchtens.

9.2 Adverbialsätze sind

- die Kausalsätze, eingeleitet mit ἐπεί, ὅτι, ὡς (da, weil)
- die Finalsätze, eingeleitet mit ἵνα, ὅπως, ὡς (damit)
- die Konsekutivsätze, eingeleitet mit ὥστε, ὡς (so daß); wird ὥστε mit dem Infinitiv verbunden, so ist ausgedrückt, daß die Folge nur *möglich*, nicht aber zwangsläufig ist:

| | |
|---|---|
| οἱ στρατιῶται πολλὴν κραυγὴν ἐποίησαν, ὥστε καὶ τοὺς πολεμίους *ἀκούειν* | die Soldaten machten viel Lärm, so daß ihn auch die Feinde hören *konnten* |

- die Temporalsätze, eingeleitet mit

| | | | |
|---|---|---|---|
| ἐπεί, ὡς, ἡνίκα | (als, nachdem) | ὅτε, ὁπότε | (als, sooft, wenn) |
| ἕως, μέχρι | (solange als, bis) | ἀφ' οὗ | (seitdem) |

[Wiederholt sich die Handlung des Temporalsatzes in der Gegenwart oder ist sie nur als möglich gedacht, verschmilzt die Partikel ἄν mit dem einleitenden Bindewort, z. B. ἐπάν (ἐπεί + ἄν), ὅταν].

- die Kondizionalsätze (Bedingungssätze), eingeleitet mit εἰ, ἐάν (wenn).

Während der Modus der übrigen Gliedsätze (Indikativ, Konjunktiv, Optativ) bei der Übersetzung ins Deutsche nicht besonders zu berücksichtigen ist, kommt ihm bei den Kondizionalsätzen erhöhte Wichtigkeit zu:

Indikativ in Haupt- und Gliedsatz erweist die Aussage als wirklich,
Indikativ zusammen mit ἄν im Hauptsatz erweist die Aussage als unwirklich (vgl. R 6.2)
Optativ zusammen mit ἄν im Hauptsatz erweist die Aussage als denkbar.

Für ἐάν (aus εἰ + ἄν) mit Konjunktiv gilt das bereits bei den Temporalsätzen mit ἄν Gesagte.

9.3 Relativsätze (zum Relativpronomen vgl. T 6.7) erfüllen in der Regel attributive Funktion; gelegentlich können sie auch Subjekt oder Objekt vertreten.

a) Steht ein Relativum am Anfang eines Hauptsatzes, so stellt es eine im Deutschen nicht nachahmbare logische Verknüpfung mit dem vorher Gesagten dar und wird demonstrativ übersetzt:

| | |
|---|---|
| Ὧν ἕνεκα (weswegen ...) | deswegen |

b) Ziemlich selten sind Verbindungen eines Relativsatzes mit Infinitiv- oder Partizipialkonstruktionen bzw. anderen Gliedsätzen:

| | |
|---|---|
| Πρόξενος ὑπισχνεῖτο Ξενοφῶντι φίλον αὐτὸν Κύρῳ ποιήσειν, ὃν αὐτὸς ἔφη κρείττω (= κρείττονα) ἑαυτῷ νομίζειν τῆς πατρίδος (R 2.1 h) | Proxenos versprach Xenophon, ihn mit Kyros zu befreunden,<br>von dem er sagte, daß er ihm mehr bedeute als seine Vaterstadt<br>der ihm, wie er sagte, mehr bedeutete ...<br>der ihm angeblich mehr bedeutete ... |

Bei der Übersetzung ist es zweckmäßig, das Relativum durch ein Demonstrativum im gleichen Fall zu ersetzen, den so verselbständigten Gliedsatz ins Deutsche zu übertragen (*τοῦτον* ἔφη κρείττω ἑαυτῷ νομίζειν ... – er sagte, daß *dieser* ihm mehr bedeute) und dann eine neue Verbindung herzustellen.

c) Häufig ist die Angleichung des Relativpronomens an den Kasus seines Beziehungsworts:

| | |
|---|---|
| οὐδὲν ἐπίστασθε ὧν λέγετε (= τούτων, ἃ λέγετε) | Ihr habt keine Ahnung von dem, was ihr sagt. |

d) Mitunter wird, wie im vorliegenden Fall, auf das Beziehungswort verzichtet, mitunter wird es auch in den Relativsatz einbezogen:

| | |
|---|---|
| οὐδὲν ἐπίστασθε (τούτων τῶν πραγμάτων, ἃ ...) ὧν λέγετε πραγμάτων. | Ihr habt keine Ahnung von den Dingen, über die ihr redet. |

**R 10:** *Verbaladjektive*

a) Von Verbstämmen abgeleitete Adjektive auf – τός bezeichnen eine unumstößliche Gegebenheit oder (Un-)-Möglichkeit:
ἀνίκητος unbesieg*t* – unbesieg*bar*

b) Verbaladjektive auf – τέος bezeichnen eine Notwendigkeit; die Person, die die Verbalhandlung (Verbaladjektiv + εἶναι) ausführen soll, steht im Dativ (vgl. R 2.2 b):

| | |
|---|---|
| ἡμῖν ἀσκητέον ἐστίν | wir müssen üben (›uns ist zu üben‹) |

# VERZEICHNIS DES BASISVOKABULARS

Dieses Verzeichnis enthält die im Anschluß an die Texte jeweils zusammengestellten häufigeren Vokabeln samt den dort aufgeführten deutschen Bedeutungen. Es kann dem Leser als Erinnerungshilfe beim Erwerb eines Basiswortschatzes dienlich sein; ein Wörterbuch ersetzt es jedoch nicht.

**A**

| | |
|---|---|
| ἀγαθός, -ή, -όν | gut |
| ἄγω | führen |
| ἀδελφός, ὁ | Bruder |
| ἀδικέω | Unrecht tun |
| ἄδικος, -ον | ungerecht |
| ἀεί | immer |
| αἱρέω | wählen, nehmen |
| αἰσχύνομαι | sich schämen |
| αἰτία, ἡ | Ursache, Schuld |
| αἰτιάομαι | beschuldigen |
| ἀλήθεια, ἡ | Wahrheit |
| ἀληθής, -ές | wahr |
| ἁλίσκομαι | gefangen werden |
| ἀλλά | aber, sondern |
| ἀλλάττω | verändern |
| ἄλλος, -η, -ο | (ein) anderer |
| ἀλλότριος, -α, -ον | fremd(artig), unpassend |
| ἅλς, ὁ/ἡ | Salz; Meer |
| ἀμφί (Präp. m. Akk.) | um – herum |
| ἀναιρέω | aufheben; weissagen; bestatten |
| ἀναγκαῖος, -α, -ον | nötig |
| ἀνδρεία, ἡ | Tapferkeit |
| ἄνθρωπος, ὁ | Mensch |

| | |
|---|---|
| ἀνήρ, ὁ (ἀνδρός) | Mann |
| ἄξιος, -α, -ον (m. Gen.) | wert, würdig |
| ἀξιόω | für würdig halten |
| ἄπιστος, -ον | untreu, unzuverlässig |
| ἀπό (Präp. m. Gen.) | von – her, von – weg; seit |
| ἀποθνῄσκω | sterben |
| ἀποκρίνομαι | antworten |
| ἀποκρύπτω | verbergen |
| ἀπορέω | keinen Weg wissen, in Not sein |
| ἀποφαίνω | zeigen, darlegen |
| ἀργύριον, τό | Silber, Geld |
| ἀρετή, ἡ | Tüchtigkeit, ›Tugend‹, ›Bestform‹ |
| ἄριστος, -η, -ον | (der) beste |
| ἀρχή, ἡ | Herrschaft, Amt; Anfang |
| ἄρχω (m. Gen.) | herrschen |
| ἄρχομαι (m. Gen.) | anfangen |
| ἀσκέω | üben, treiben |
| ἀστήρ, ὁ (-έρος) | Stern |
| ἀσφάλεια, ἡ | Sicherheit |
| αὐτός, -ή, -ό | er (sie/es), dieser (diese/dieses); selbst, derselbe |
| ἀφικνέομαι | ankommen, kommen |

**B**

| | |
|---|---|
| βαίνω | gehen, steigen, schreiten |
| βασιλεύς, ὁ (-έως) | König |
| βέλτιστος, -η, -ον | (der) beste |
| βία, ἡ | Macht, Gewalt |
| βλάπτω | schaden, schädigen |
| βουλεύω | beraten, Rat suchen, Ratsherr sein |
| βουλεύομαι | sich beraten, beschließen |
| βούλομαι | wollen |
| βοῦς, ὁ/ἡ (βοός) | Rind |

## Γ

| | |
|---|---|
| γάλα, τό (γάλακτος) | Milch |
| γάρ | denn, nämlich |
| γελάω | lachen |
| γένος, τό (-ους) | Geschlecht, Art, Gattung |
| γῆ, ἡ | Erde |
| γίγνομαι | werden, entstehen |
| γιγνώσκω | erkennen, kennen |
| γνῶθι | erkenne! (Imperativ Aorist) |
| γράφω | schreiben |

## Δ

| | |
|---|---|
| δέ, δ' | aber, nun |
| δεῖ | es ist nötig |
| δείκνυμι | zeigen |
| δεινός, -ή, -όν | erschreckend, furchtbar, beeindruckend, tüchtig |
| δένδρον, τό | Baum |
| δέομαι (m. Gen.) | bedürfen, brauchen, (um etw.) bitten |
| δέχομαι | an-/aufnehmen, empfangen, ›akzeptieren‹ |
| δῆλος, -η, -ον | offenkundig |
| δηλόω | offenbaren, klarstellen, verdeutlichen |
| δῆμος, ὁ | Volk; Unterschicht |
| διά (Präp. m. Gen.) | durch |
| διαβολή, ἡ | Verleumdung |
| διαλέγομαι | sprechen, sich unterhalten |
| διαλύω | auflösen |
| διατρίβω | (Zeit) verbringen, sich aufhalten |
| διαφθείρω | vernichten, zerstören |
| δίδωμι | geben |
| δίκη, ἡ | Recht |
| δικαιότης, ἡ (-ότητος) | Gerechtigkeit |

| | |
|---|---|
| δίκαιος, -α, -ον | gerecht |
| διώκω | verfolgen |
| δοκέω | scheinen |
| δοκεῖ μοι | es scheint mir gut, ich beschließe |
| δόξα, ἡ | Ruhm, (guter) Ruf, (An-)Schein |
| δοῦλος, ὁ | Sklave |
| δουλεύω | Sklave sein, dienen |
| δουλόω | versklaven |
| δράω | tun, handeln |
| δύναμαι | können |
| δύναμις, ἡ (-εως) | Macht, Gewalt |
| δύω | tauchen, untergehen |

**E**

| | |
|---|---|
| ἐγώ | ich |
| ἐθέλω | wollen |
| εἰ / ἐάν | wenn, falls |
| εἶδος, τό (-ους) | Gesicht, Aussehen |
| εἰμί } (T 9.1) | sein, sich befinden, existieren |
| εἶμι } (T 9.1) | ich werde gehen |
| εἰρήνη, ἡ | Frieden |
| εἰς / ἐς (Präp. m. Akk.) | in, nach |
| εἴσοδος, ἡ | Eingang |
| ἐκ / ἐξ (Präp. m. Gen.) | aus, heraus |
| ἐκεῖνος, -η, -ο | jener |
| ἐκπλήττω | erschrecken |
| Ἑλλάς, ἡ (-άδος) | Griechenland |
| ἐλπίς, ἡ (-ίδος) | Hoffnung |
| ἐν (Präp. m. Dat.) | in, an, auf |
| ἐναντίος, ὁ | Gegner |
| ἐναντίος, -α, -ον | gegensätzlich, entgegen (-gerichtet) |
| ἐνταῦθα | da |
| ἐπαινέω | loben |

| | |
|---|---|
| ἐπεί / ἐπειδή | als |
| ἔπειτα | dann |
| ἐπί (Präp. m. Dat.) | an, auf |
| (Präp. m. Akk.) | auf, nach, zu, bis |
| ἐπιβουλεύω | nachstellen |
| ἐπιβουλεύομαι | auflauern, planen |
| ἐπιθυμέω (m. Gen.) | verlangen (nach etw.) |
| ἐπιμελέομαι (m. Gen.) | sich kümmern (um etw.) |
| ἐπιχειρέω (m. Gen.) | in Angriff nehmen |
| ἐργάζομαι | bewerkstelligen |
| ἔργον, τό | Tat, Werk |
| ἔρχομαι | gehen, marschieren |
| ἐρωτάω | fragen |
| ἐσθλός, -ή, -όν | edel(-mütig) |
| ἑσπέρα, ἡ | Abend |
| ἔσχατος, -η, -ον | (der) äußerste, letzte |
| ἑταῖρος, ὁ | Gefährte |
| ἔτι | noch |
| ἕτοιμος, -η, -ον | bereit |
| ἔτος, τό (-ους) | Jahr |
| εὖ (Adverb) | gut |
| εὐδαίμων, -ονος | glücklich, wohlhabend |
| εὐθύς | sofort |
| ἔφη | er sagte |
| ἔχθρα, ἡ | Feindschaft |
| ἐχθρός, ὁ | (persönlicher) Feind |
| ἔχω | haben |
| ἕως | bis |

**H**

| | |
|---|---|
| ἤ (beim Komparativ) | als |
| ᾗ | wie, wo(-hin) |
| ἡγέομαι | führen, meinen, halten (für etw.) |
| ἤδη | schon |
| ἡδύς, -εῖα, -ύ | angenehm |

| | |
|---|---|
| ἥδιστον, τό | das angenehmste |
| ἡδονή, ἡ | Freude, Lust |
| ἦλθον | ich kam |
| ἡμεῖς | wir |
| ἡμέρα, ἡ | Tag |
| ἠρόμην | ich fragte |
| ἡσυχία, ἡ | Ruhe |
| ἡσυχίαν ἄγω | sich ruhig verhalten |

**Θ**

| | |
|---|---|
| θάλασσα (-ττα), ἡ | Meer |
| θάνατος, ὁ | Tod |
| θέλω | wollen |
| θεός, ὁ | Gott |
| θεραπεύω | pflegen, verehren |
| θήρ, ὁ (θηρός) | (wildes) Tier |
| θηρίον, τό | Tier |
| θυγάτηρ, ἡ (-τρός) | Tochter |

**I**

| | |
|---|---|
| ἵημι | senden, lassen |
| ἱμάτιον, τό | Mantel, Kleidungsstück |
| ἵνα | daß, damit |
| ἱππεύς, ὁ (-έως) | Reiter |
| ἵππος, ὁ | Pferd |
| ἵστημι | stellen |
| ἴσως | vielleicht |

**K**

| | |
|---|---|
| καθεύδω | schlafen |
| καί | und, auch |
| καιρός, ὁ | Zeitpunkt, Augenblick, (günstige) Gelegenheit |
| κακός, -ή, -όν | schlecht |
| καλός, -ή, -όν | schön |
| κατά (Präp. m. Gen.) | von- herab |
| καταγελάω (m. Gen.) | verspotten |

| | |
|---|---|
| κεῖμαι | liegen, sich befinden |
| κελεύω | befehlen, auffordern |
| κίνδυνος, ὁ | Gefahr, Prozeß |
| κοινός, -ή, -όν | gemeinsam |
| κρατέω (m. Gen.) | beherrschen, überwältigen |
| κρατήρ, ὁ (-ῆρος) | (Misch-)Krug |
| κρίνω | (ver-)urteilen |
| κτάομαι | erwerben |
| κτῆμα, τό (-ατος) | Besitz |
| κωλύω | hindern |

**Λ**

| | |
|---|---|
| λαμβάνω | nehmen |
| λέγω | sagen |
| λείπω | (zurück-)lassen |
| λευκός, -ή, -όν | weiß |
| λόγος, ὁ | Wort, Rede, Verstand |
| λύω | lösen, auflösen |

**M**

| | |
|---|---|
| μάλιστα | am meisten |
| μᾶλλον | mehr, lieber |
| μανθάνω | lernen, erfahren |
| μαρτυρέω | bezeugen |
| μέγας, μεγάλη, μέγα | groß |
| μέγιστος, -η, -όν | (der) größte |
| μέλας, μέλαινα, μέλαν | schwarz |
| μέλει μοι (m. Gen.) | es liegt mir (an etw.) |
| μέλλω | im Begriff sein; zögern |
| μετά (Präp. m. Gen.) | mit |
| (Präp. m. Akk.) | nach (zeitlich) |
| μέτρον, τό | Maß |
| μή | nicht, daß nicht |
| μηδέ | und nicht, auch nicht |
| μηδέν (-ενός) | nichts |
| μηκέτι | nicht mehr |

| | |
|---|---|
| μήτηρ, ἡ (μητρός) | Mutter |
| μηχανάομαι | ersinnen, sich ausdenken |
| (σ)μικρός, -ά, -όν | klein |
| μόνος, -η, -ον | allein |

**N**

| | |
|---|---|
| ναῦς, ἡ (νεώς) | Schiff |
| νέος, -α, -ον | neu, jung |
| νομίζω | glauben, halten (für etw.) |
| νόμος, ὁ | Gesetz |
| νύξ, ἡ (νυκτός) | Nacht |

**O**

| | |
|---|---|
| ὁ δέ, ἡ δέ, τὸ δέ | dieser aber, der aber |
| ὁδός, ἡ | Weg |
| οἰκία, ἡ / οἶκος, ὁ | Haus |
| οἶνος, ὁ | Wein |
| οἴομαι (οἶμαι) | glauben |
| οἷός τέ εἰμι | ich kann |
| ὀνειδίζω | Vorwürfe machen |
| ὄνομα, τό (-ατος) | Name |
| ὀξύς, -εῖα, -ύ | scharf, schneidend, rasch, heftig, hitzig, wild |
| ὅπως | daß, damit |
| ὁράω | sehen |
| ὄρος, τό (-ους) | Berg |
| ὅτι | daß |
| οὐ / οὐκ / οὐχ | nicht |
| οὐδέ | und nicht, auch nicht |
| οὐδέν (-ενός) | nichts |
| οὐκέτι | nicht mehr |
| οὐ μή (m. Konjunktiv) | sicher nicht |
| οὖν | nun, also |
| οὔτε – οὔτε | weder – noch |
| οὗτος, αὕτη, τοῦτο | dieser |
| οὕτως | so |

## Π

| | |
|---|---|
| παιδεύω | erziehen, ausbilden |
| παῖς, ὁ / ἡ (παιδός) | Kind |
| παντοῖος, -α, -ον | verschieden |
| παρά (Präp. m. Gen.) | von – her |
| (Präp. m. Dat.) | bei |
| (Präp. m. Akk.) | hin – zu, entlang, während, gegen |
| παράδειγμα, τό (-ατος) | Beispiel, Zeichen |
| πάρειμι | da sein, anwesend sein |
| παρέχομαι | (zu etw.) machen |
| πᾶς, πᾶσα, πᾶν | all, ganz, jeder |
| πάσχω | leiden, dulden, erfahren |
| πατήρ, ὁ (πατρός) | Vater |
| πατρίς, ἡ (-ίδος) | Vaterland, Heimat(-stadt) |
| παύω | aufhören machen, zur Ruhe bringen, ›stoppen‹ |
| πεδίον, τό | Ebene |
| πείθω | überreden |
| πείθομαι | gehorchen |
| πειράομαι | versuchen, erproben |
| πέμπω | schicken |
| -περ | (verstärkendes Suffix) |
| περί (Präp. m. Gen.) | über, hinsichtlich |
| πίστις, ἡ (-εως) | Treue, Vertrauen |
| πιστός, -ή, -όν | treu, zuverlässig |
| πλεῖστοι, οἱ | die meisten |
| πλήρης, -ες (m. Gen.) | voll (von etw.) |
| πλουτέω | reich sein / werden |
| ποιέω | tun, machen |
| πολέμιος, ὁ | Feind (im Krieg) |
| πόλεμος, ὁ | Krieg |
| πόλις, ἡ (-εως) | Stadt |
| πολίτης, ὁ (-ου) | (Mit-)Bürger |
| πολύς, πολλή, πολύ | viel |
| ποταμός, ὁ | Fluß |

| | |
|---|---|
| πότε | wann |
| ποτέ | einmal |
| ποῦ | wo, wie |
| που | irgendwo/-wie |
| πρέπει | es gehört sich |
| πρεσβύτερος, -α, -ον | älter |
| πρός (Präp. m. Akk.) | nach, auf, zu |
| πρότερον | früher, eher |
| πρῶτος, -η, -ον | (der) erste |
| πρῶτον | zuerst |

**Ρ**

| | |
|---|---|
| ῥήτωρ, ὁ (-ορος) | Redner, Rhetor (Redelehrer) |

**Σ**

| | |
|---|---|
| σαφής, -ές | deutlich, klar |
| σελήνη, ἡ | Mond |
| σῖτος, ὁ | Getreide, Speise |
| σκέπτομαι / σκοπέω | betrachten, erwägen |
| σοφία, ἡ | Weisheit, Sachverstand |
| σοφός, -ή, -όν | weise, verständig |
| στέργω | lieben, schätzen |
| στόμα, τό (-ατος) | Mund, Öffnung |
| στρατιά, ἡ / στρατός, ὁ | Heer |
| στρατηγός, ὁ | General, Feldherr |
| συμβαίνει | es ereignet sich, trifft ein, trifft zu (auf etw.) |
| συμβουλεύω | raten |
| σύν / ξύν (Präp. m. Dat.) | mit |
| σύνειμι | zusammen sein (mit) |
| συνόντες, οἱ | die Umgebung (von jemand) |
| σῴζω | retten |
| σωτήρ, ὁ (-ῆρος) | Retter, Heiland |
| σῶμα, τό (-ατος) | Körper, Leib |
| σώφρων, -ονος | vernünftig, verständig |

**T**

| | |
|---|---|
| τάλαντον, τό | Talent (hohe Geldsumme) |
| τάττω | aufstellen |
| τέ / τ' | und |
| τέ–καί (τέ–τέ/καί–καί) | sowohl – als auch |
| τέκνον, τό | Kind |
| τελευτάω | beenden, sterben |
| τίθημι | stellen, setzen |
| τιμή, ἡ | Ehre, Anerkennung |
| τιμάω | ehren |
| τίς, τί | wer, was |
| τις, τι | jemand, etwas |
| τόπος, ὁ | Ort, Platz |
| τοσοῦτον – ὅσον | so sehr/so viel – wie |
| τότε | damals |
| τρέπω | wenden |
| τρέφω | ernähren |
| τρέχω | laufen |
| τυγχάνω | zufällig (etwas) sein |

**Υ**

| | |
|---|---|
| ὕδωρ, τό (ὕδατος) | Wasser |
| ὕλη, ἡ | Holz, Gehölz, Material |
| ὑμεῖς | ihr |
| ὑπακούω | gehorchen |
| ὕστερος, -α, -ον | (der) spätere |
| ὕστερον | später |

**Φ**

| | |
|---|---|
| φανερός, ά, -όν | offenbar |
| φάσκω | sagen |
| φαῦλος, -η, -ον | schlecht |
| φέρω | tragen, bringen |
| φίλος, ὁ | Freund |
| φιλία, ἡ | Freundschaft, Liebe |
| φιλέω | lieben |

| | |
|---|---|
| φοβέομαι | fürchten |
| φροντίζω | denken, sorgen (für etw.) |
| φύλαξ, ὁ (-ακος) | Wächter |
| φῦλον, τό | Stamm, Sippe, Geschlecht |
| φύσις, ἡ (-εως) | Natur, Wesen |
| φωνή, ἡ | Stimme |

**X**

| | |
|---|---|
| χαλεπός, -ή, -όν | schwer, schwierig |
| χάρις, ἡ (-ιτος) | Charme |
| χειμών, ὁ (-ῶνος) | Winter, Sturm |
| χρῆμα, τό (-ατος) | Sache, Ding; Pl.: Geld |
| χρήομαι (m. Dat.) | gebrauchen, behandeln (als) |
| χρόνος, ὁ | Zeit |
| χρυσός, ὁ | Gold |
| χώρα, ἡ | Land |
| χωρίον, τό | Ort, Platz, Gelände |

**Ψ**

| | |
|---|---|
| ψεῦδος, τό (-ους) | Lüge |
| ψεύδομαι | lügen, sich irren |
| ψυχή, ἡ | Seele |

**Ω**

| | |
|---|---|
| ὤν, οὖσα, ὄν | seiend, befindlich, existent |
| ὥρα, ἡ | Stunde, Jahreszeit |
| ὡς | wie |
| ὥσπερ | wie |
| ὥστε | so daß; (im Hauptsatz:) somit, also |

# STICHWORTVERZEICHNIS

In diesen Index wurden nur solche Belegstellen für Namen und Begriffe aufgenommen, die ein gewisses Maß an Information bieten; bloße Erwähnung ohne weitere Behandlung wurde nicht erfaßt.
Grammatische Stoffe sind – im Kursivdruck – nur insoweit nachgewiesen, als sie nicht schon über das Inhaltsverzeichnis leicht zu finden sind.